SENHOWER

森豪威尔传

刘珍丽 著

吉林出版集团股份有限公司

图书在版编目（CIP）数据

艾森豪威尔传 / 刘珍丽著 . —长春：吉林出版集团
有限责任公司，2011.7
ISBN 978-7-5463-5790-4

Ⅰ.①艾… Ⅱ.①刘… Ⅲ.①艾森豪威尔，
D. D.（1890～1969）—传记 Ⅳ.①K837.127＝5

中国版本图书馆 CIP 数据核字（2011）第 130752 号

艾森豪威尔传

著　　者：刘珍丽
出版统筹：博文天下
责任编辑：崔文辉　张晓华
封面设计：盛世博悦
版式设计：边学成
开　　本：710 mm×1000 mm　1/16
字　　数：243 千字
印　　张：19.75
版　　次：2011 年 8 月第 1 版
印　　次：2020 年 8 月第 3 次印刷

出　　版：吉林出版集团股份有限公司
地　　址：长春市人民大街 4646 号（130021）
电　　话：总编办：010—63109269
　　　　　发行科：010—85725399
印　　刷：三河市燕春印务有限公司

ISBN 978-7-5463-5790-4　　　　定价：59.80 元

目　录

第一章

德国人的后裔

艾森豪威尔出生于一个贫穷的家庭。读小学时，他就趁寒暑假的时间出去打工。虽然没有华丽的衣服、没有可口的佳肴，但他依然觉得很快乐。艾森豪威尔说："富贵不值得炫耀，贫穷也不是可耻的事情。只有自强自立，学有所成才是最重要的。"

第二章

壮志难酬

艾森豪威尔一直渴望上战场，但他一次又一次与战争擦肩而过。他不得不坐在办公室从事令他讨厌的参谋工作，为此他非常沮丧。艾森豪威尔深知军人的职责，所以没有把不满的情绪带到工作中来。他一直非常努力地工作，是一个很出色的参谋。

第三章

战争中的新星

艾森豪威尔终于被分配到军中，总算如愿以偿。他工作十分忙碌，经常要带领部队到野外演习。他说："在军中，我的事情很多，忙得连睡觉的时间都没有，从来没有连着睡过两小时。虽然很累，但与部队在一起我总是非常快乐。"

第四章

向意大利进军

艇长一声令下，尸体慢慢地漂向大海深处。几分钟后，伦敦就收到了行动实施完毕的信号。行动结束后，艇长严肃地说："事关英国的胜利，大家必须忘记今晚看到的一切。任何人都不许走漏风声，否则将严惩不贷。"

第五章

诺曼底登陆

这是一场不同寻常的赌博，到底赌还是不赌，艾森豪威尔犹豫不决。他背着双手、低着头，烦躁地在房间里踱来踱去。突然，艾森豪威尔停了下来，微笑着说："6月6日，大家认为如何？我决定干，就让该死的天气见鬼去吧！"

第六章

解放巴黎

巴黎终于解放了，成千上万的市民涌向街头欢呼。姑娘们甚至爬上缓缓驶来的坦克，拥抱、亲吻着解放她们的士兵。当游行的人群看见艾森豪威尔走过来时，他们齐声高喊着艾森豪威尔的名字。一个高个子法国男人还冲到艾森豪威尔面前，在他的脸上一边亲了一下。兴奋的人们都尖叫着，都想挤上去亲这个解放他们的英雄。

第七章

向德国本土进军

丘吉尔认为世界上最可恶的敌人是苏联共产党，他决定单方面接受德国人的投降。艾森豪威尔对此非常气愤，他打电话给丘吉尔说："这是自取灭亡，刚刚取得反法西斯的胜利，怎么能和德国结盟？除非德国全面投降，否则我不会安排受降仪式。"

第八章

从将军到总统

选举的结果出来了，艾森豪威尔赢了。他以 55.5% 的选票战胜了民主

DWIGHT EISENHOWER

党候选人，顺利登上美国总统的宝座。艾森豪威尔就这样被推到了历史的前沿，人们相信他们的英雄会为他们创造和平的环境，领导他们走向繁荣与富强。

第九章

入主白宫

"艾森豪威尔主义"并没有给各国人民带来一丝好处，它导致了新的军事冲突，使得国际局势越来越紧张。在中东建立的新战争策源地，严重威胁着世界和平，中东国家的人民一致强烈谴责美国的侵略行径。

第十章

告别白宫

阳春三月，艾森豪威尔步入天堂，一个传奇的生命静静地结束了。作为军事家，他尽到了战胜对手的职责；作为政治家，他的名字却和冷战政策连在了一起。关于他的功过是非，美国人民和世界人民心中自有看法。

DWIGHT EISENHOWER

第一章

德国人的后裔

　　艾森豪威尔出生于一个贫穷的家庭。读小学时，他就趁寒暑假的时间出去打工。虽然没有华丽的衣服、没有可口的佳肴，但他依然觉得很快乐。艾森豪威尔说："富贵不值得炫耀，贫穷也不是可耻的事情。只有自强自立，学有所成才是最重要的。"

1 艾森豪威尔家族
DWIGHT EISENHOWER

德怀特·艾森豪威尔的祖先是德国人，原本一直生活在欧洲的莱茵地区，直到 18 世纪 40 年代才移居美洲大陆。他们远走异国他乡，并非出于自愿，而是迫不得已。当时欧洲的宗教迫害非常严重，一种叫做"门诺教"的教派受到教会和政府的残酷打击，而艾森豪威尔家族所信仰的正是门诺教。

门诺教是 16 世纪中叶荷兰神学家门诺·西门斯创建的，该教派认为，《圣经》原著是宗教信仰的唯一根源，每个人都应该直接从《圣经》中得到启示，"直接回应天主"，而不应该听从基督教传教士的随意阐释。这种教义否定了基督教以及传教士的特权地位，因此被当局视为异教邪说。到了 17、18 世纪，门诺教信徒遭到残酷的迫害。

作为门诺教的忠实信徒，艾森豪威尔家族不得不背井离乡，以逃脱宗教迫害。他们先是逃往瑞士，然后又漂洋过海来到美洲大陆。1741 年，艾森豪威尔的高祖父汉斯·尼古拉斯·艾森豪威尔带领家人从瑞士乘坐"欧罗巴"号海船抵达美洲，定居在宾夕法尼亚州的贝塞尔镇。

尽管在美洲远离了宗教迫害，但艾森豪威尔一家的日子并不是永远平静的。1862 年，美国内战爆发。此时艾森豪威尔的祖父雅科布还不到 40 岁，他在宾夕法尼亚的伊丽莎白维尔担任江河教友会的地方首领。这个教会是门诺教的分支，因教徒在河上洗礼而得名。

南北战争时期，雅科布有几个亲属为联邦政府服务，但是他没有加入其中。因为雅科布爱好和平，反对任何形式的战争，他认为任何事情都可以通过谈判解决，用不着打仗。虽然雅科布没有加入联邦政府和"南部同盟"任何一方，但他在心里是支持林肯总统的。他非常敬仰林肯总统，甚至还为他的二儿子起名为亚伯拉罕。

南北战争爆发的时候，雅科布的妻子丽贝卡正身怀六甲。战争爆发后的第 12 个星期，丽贝卡生下儿子戴维。这名在战火中出生的婴儿就是德怀特·艾森豪威尔的父亲，他一共有 14 个兄弟姐妹。

DWIGHT EISENHOWER

　　南北双方经过激烈的交战，1865 年，持续四年之久的内战以"南部同盟"的彻底失败而告终。内战结束后，美国掀起了西部移民的热潮。受到这股热潮的影响，1878 年，雅科布率领家人和信徒迁往遥远的堪萨斯州，在斯莫基希尔河南岸的迪金森县定居。那是一个土地肥沃、交通便利的小县城，位于东堪萨斯弗林特山通向西堪萨斯大平原的交通要道上。雅科布买了 160 英亩未经开发的土地，修建了宽敞的新居。1886 年，江河教友会的信徒在雅科布的带领下建立了百利思普灵乳制品工厂。工厂所获取的利润，按照每个出资者的股份分给他们红利。这对出资开办乳制品工厂的人而言，是一笔极其重要的收入。1890 年，乳制品厂搬到了阿比林，比以前发展得更好了。它是艾森豪威尔家族的经济来源之一，也是阿比林社区的经济支柱。

　　雅科布在堪萨斯一帆风顺，没有任何波折。他每周在农场工作 6 天，星期天就在宽敞的家里为教友们讲道。经过几年的辛勤劳作，他过上了富裕的生活。雅科布非常慷慨地向孩子们承诺：等你们结婚的时候，我会送给你们每人 2 000 美元和 150 英亩的农场。

　　雅科布带领全家迁至堪萨斯的时候，他的长子戴维正好 14 岁。为了使农场获得好收成，雅科布一家每天起早贪黑地干活。雅科布对这种生活很满意，而他的儿子戴维却不这样想。处于反叛年龄的戴维不喜欢农耕生活，他想成为工程师或者商人。为了达到这个目的，他向父亲提出上大学的要求。"老顽固"雅科布坚决反对，说种田是上帝的活儿，并且想尽一切办法要把戴维留在农场。后来，在戴维的再三请求下，雅科布终于屈服了，他答应将儿子送入江河教友会创办的兰恩大学。这是一所不大的学校，位于堪萨斯州兰康普顿。

　　1883 年秋，20 岁的戴维进入兰恩大学，在那儿学习力学、数学、希腊文、修辞学、书法以及工程学。他立志将来不再依靠父母，要凭借自己的能力开创一片新天地。可是雄心勃勃的戴维并没有实现自己的愿望，因为一段突如其来的爱情改变了他的人生。

　　1884 年，即第二学年开始时，戴维邂逅了年轻貌美的艾达·斯托佛，很快便双双坠入爱河。艾达的出身和戴维很相似，也是江河教友会的会员。她的祖先也是从欧洲逃亡到美洲的新教徒，他们是 1730 年从莱茵迁到美洲的。艾达的父母很早就去世了，从 12 岁起她就和舅舅毕利·林克一起

DWIGHT EISENHOWER

生活。艾达天资聪敏，曾因一口气背出 1325 行《圣经》而在悉尼山获奖，这个奖项是艾达一生的骄傲。

1885 年 9 月 23 日，戴维·雅科布·艾森豪威尔和艾达·斯托佛这对感情炽热的年轻人中断学业，在兰恩大学的教堂里举行了婚礼。结婚之后，按照风俗，艾达·斯托佛的名字改成艾达·艾森豪威尔。对于戴维而言，结婚是他一生的转折，对于艾达也是如此。他们的儿子曾这样说："结婚让母亲找到了一位如意郎君，从此她瘦弱的双肩挑起了生活的重担，没有毕业就要承担生儿育女的重大责任。"

戴维和艾达的结合，在外人看来很不般配。戴维性格内向、孤僻、缺乏幽默感，而且脾气暴躁，正如他的大学同学所描述的那样，是个很难交往的人，喜欢他的人不多。而艾达的性格则完全相反，她活泼开朗、温柔大方，很受人欢迎。由于性格不同，他们有时会产生摩擦，但是聪明的艾达总有办法应对。有一次，艾达让戴维帮她修理关不好的窗户，戴维说："我不想干，这种事情应该由你们女人干。"艾达并没有发火。第二天，她这样对丈夫说："戴维，我不知道你能不能把窗户修好，我试了几次都没有修好。"戴维听后，立刻跳起来去修窗户。艾达后来教育孩子们说，如果你要说服别人，或者要想做成某件事，并非只有一种方法。这种温和的性格和开阔的思路，对艾森豪威尔家族的兴起也许是至关重要的。她不仅弥补了戴维性格上的弱点，在生活和事业上给予戴维莫大的帮助，更重要的是，她的孩子们也都受益匪浅。

戴维结婚的时候，父亲雅科布遵守承诺，送给他 160 英亩农场和 2 000 美元的贺礼。雅科布希望他们能够尽快安定下来，走自己希望他们走的路——好好经营农场。可是戴维有自己的想法，结婚第三天，父亲的贺礼就被他换成一家杂货店，跟一个名叫弥尔顿·古德的人合伙做起了生意。年轻的戴维干劲十足，甚至亲自站柜台接待顾客，杂货店很快有了起色。但是好景不长，两年以后，也就是 1888 年，美国遭受了严重的经济危机，所有的小店铺都陷入困境。一天早晨，戴维发现自己破产了，合伙人卷走了全部货款，留给自己的仅仅是一屁股的账单。

杂货店倒闭之后，戴维聘请了一名律师，委托他收回所有拖欠的账款。结果，律师将客户赊欠的货款收齐之后，竟然也携款潜逃了。戴维经受了第二次打击，心灰意冷，从此再也不进行类似的尝试了。在他情绪最低落的时候，艾达给了他很大的帮助，许多年后，他们的儿子德怀特·艾森豪威尔回忆说："父亲两次破产，母亲每次都只是微微一笑，更加努力工作。如果没有她的支持，父亲很难渡过难关，是母亲的支持使这只破败的小船始终没有沉没。"

关于戴维经商的这段历史，当时还流传着另外一种说法：杂货店之所以倒闭，完全是因为戴维经营不善，所谓"合伙人携款潜逃"的故事纯属子虚乌有，是他编造出来用以推卸责任的借口。事实上，他们的杂货店是经过协商之后解体的。两位合伙人在经过一年多的合作后很难再相处下去，于是戴维买下弥尔顿所有的股份，解除了他们的合作关系。第二天，戴维还在《霍普快报》上刊登了与弥尔顿解除合作关系的正式声明。后来，戴维和自己的弟弟亚伯拉罕合作，成立了"艾森豪威尔兄弟公司"。不久以后，戴维对经商失去兴趣，退出了公司。

经商彻底失败的时候，戴维已经是两个孩子的父亲了。为了养活妻儿，他不得不去寻找工作。经过努力，戴维终于在得克萨斯的铁路部门找到一份差事，周薪10美元。在丈夫寻找工作的时候，艾达带着孩子们借住在一个朋友家里。1889年1月，丈夫找到工作后不久，艾达领着两个孩子来到得克萨斯与丈夫团聚。他们在工人居住区租了一间简陋的小木屋。小屋离铁路很近，经常被经过的火车喷出的浓烟熏得漆黑。

1890年10月，一个电闪雷鸣、风雨交加的夜晚，戴维的第三个儿子降生了，艾达为他取名叫戴维·德怀特·艾森豪威尔。这个名字为家人带来不便，因为叫一声戴维就会有两个人答应，于是艾达将儿子的名字改为德怀特·艾森豪威尔，昵称艾克。谁也不会想到艾克后来会成为美国第三十四届总统。

在艾森豪威尔呱呱落地的时候，他的父母已经一贫如洗，只有几套简单的衣服、日用品和一架乌木钢琴。这架钢琴是艾达结婚的时候用父亲留给她的遗产买的。她酷爱音乐，一生都非常珍爱这架钢琴，即使在最艰难的时候也没有卖掉它。

戴维一家在得克萨斯生活的时候，他的父亲雅科布已带领家人迁居阿比林。父亲非常牵挂戴维一家，1891年春天来看望他们，儿子一家的穷困生活使他震惊。他不断暗示儿子应该搬到阿比林，但戴维一直犹豫不决，因为父亲没有给他一个明确的工作保证。

DWIGHT EISENHOWER

直到 1891 年冬天，戴维才决定举家搬往阿比林。因为这时他已通过朋友的帮助，在阿比林找到一份在食品加工厂维修机器的工作，月薪 50 美元。就这样，戴维一家带着仅有的 24.25 美元来到阿比林。他们一家在城南第二街租了一间简陋的小木屋住下，这是戴维微薄的工资所能负担的最好的房子。

"阿比林是个混乱的地方，脏乱得让人无法生活。"这是一位历史学家描述的 1867 年的阿比林。当戴维一家搬到这里的时候，阿比林已经和 1867 的时候大不相同了，此时的阿比林是个井然有序、干净美丽的小镇。

1892 年春，艾森豪威尔的父母迁居阿比林的时候，他还是一个婴儿。艾森豪威尔的童年就是从这里开始的。

2 多彩的童年
DWIGHT EISENHOWER

迁居阿比林之后，戴维一家仍然过着贫困的生活。1899 年，戴维已经是 7 个男孩的父亲，他们的名字分别是阿瑟、埃德加、艾克、罗伊、波尔和厄尔、弥尔顿。7 个儿子中，波尔因猩红热夭折，其他的几个都长得非常结实、健壮。尽管戴维的工资比以前多了，但是供养这样一大家子还是挺不容易的。直到 1898 年，戴维一家的生活才发生了变化。

1898 年夏天，艾森豪威尔的叔父因业务需要离开阿比林城，将自己的一栋两层小楼留给了侄子一家。这样，他们一家拥有了比较宽敞的新居。在戴维一家看来，这幢房子简直就是一座宫殿。干净的地下室，可以用来储藏东西；宽敞明亮的客厅，可以放置艾达珍爱的那架钢琴；屋后的牲口棚，可以堆放草料，饲养家畜；还有一间熏房，可以用来熏肉。他们买了一匹健壮的马、两头奶牛，还养了鸡、鸭、鹅等。房子周围三英亩的土地除了种饲料外，还留出一块很大的菜地，艾达种上了各种各样的水果和蔬菜。收获后，除留足一家人吃的之外，剩余的还可以卖给附近的居民。至此，艾森豪威尔一家的生活得到很大改善，除了买盐和面粉一些生活必需品外，他们几乎都不用去食品杂货店了。戴维夫妇总算摆脱了朝不保夕的日子，孩子们可以放开肚皮吃东西、自由自在地玩耍。

新家对他们来说太重要了，正如艾森豪威尔的弟弟厄尔回忆的那样："那房子对我们而言意味着一切，它是餐馆、足球场、橄榄球场、拳击台、小教堂、生产线、学习室、烹饪学校、急救室和娱乐中心。总而言之，它就是'家'——一个培养男子汉的好地方。"

艾森豪威尔一家乐于助人，深受镇上居民的尊敬。无论发生什么事情，他们一家人从来不拒绝邻居的求助。一个冬天的夜晚，一位邻居敲开艾森豪威尔家的门，向戴维求助。邻居说："我的儿子得了重病，丈夫不在家，我身上又没有钱，所以才深夜来打扰，希望得到你们的帮助。"戴维夫妇二话没说，立即把邻居的孩子送到医院，还帮邻居交上了住院费。对于这件事情，艾森豪威尔曾回忆说："那几天夜里，我要起来很多次，无论是暴风雨还是下大雪，我都会提着灯和父母到患病的邻居家去帮忙。"

戴维和艾达笃信宗教，每日诵念《圣经》。每天早晚全家人都虔诚地向上帝祈祷，祈求赐给他们和平安定的生活。戴维一家爱好和平，反对战争，认为战争最该受到诅咒。所以，艾达千方百计地给孩子们灌输和平的思想。艾森豪威尔回忆说："母亲仇视战争，她觉得战争能把人变成野兽。"

戴维夫妇对孩子们的管教非常严格，为了让他们养成勤劳的好习惯，要求每个孩子从小就必须参加劳动。成年后的艾森豪威尔回忆说，小的时候他总偷懒，以为哭鼻子就可以不用干活。有一天，他又不想干活了，就大哭起来，哭声引来了一位邻居。她对母亲说："艾达，你打孩子了，他为什么不停地哭？"母亲回答说："哦，没有，只要他把柴火抱进来就没事了。"那天他搬完柴火，母亲这样教育他："艾克，不要找借口推脱本应该是你做的事情，男子汉就要勇敢地面对困难，想办法去解决问题，而不是逃避。"当时他不太懂母亲的话，但从此以后他再也不想办法偷懒了。那时，在他幼小的心里，衡量男子汉的标准就是认真做父母安排的事情。

每到夏天，家里的男孩都要到玉米地、菜地、果园去干活。他们都分到了一小块地，收获后要自己推着车子出去兜售。艾森豪威尔是几个兄弟中最能干的，他照看的果树结的果子又大又甜。而且他是个很有经济头脑的孩子，专门种那些需求量大的农作物，如黄瓜、玉米之类的。这样，他的东西卖得比兄弟们都快，当然挣的钱也比他们多。为此，艾森豪威尔经常得到父母的夸奖，成为兄弟们学习的榜样。

DWIGHT EISENHOWER

为了补贴家用，艾达经常用家里的小马车把艾森豪威尔和埃德加送到城北去卖玉米、豌豆、蚕豆、西红柿和鸡蛋等。对兄弟俩来说，卖东西的时候，讨价还价是件很有趣的事。可是他们也有烦恼，偶尔会碰到势利、刁蛮的买家。在那些傲慢无礼的家伙看来，他们这样和乞丐没有什么差别。

随着年龄的增长，艾森豪威尔和兄弟们为父母分担的事越来越多。他们不仅要帮父母做农活，而且还要轮流值班做家务。做家务必须4点半钟起床，把厨房里的炉火生旺，给父亲准备早餐，然后备马送父亲上班。每当轮到艾森豪威尔值班的时候，他总会受到父亲的严厉批评。因为爱睡懒觉的他无法按时起床干活，耽误了父亲上班。

年纪较大的男孩要给弟弟弥尔顿和厄尔摇摇篮，哄他们睡觉。干这个活的时候，艾森豪威尔总是按自己的方式来做。他躺在地板或草地上，用脚有节奏地晃动摇篮。弟弟睡得非常香甜，从来都不哭闹。这是艾森豪威尔既做家务，又满足自己读书爱好的一种方式。

所有的家务活里，最令孩子们厌恶的是清扫鸡舍、洗衣服和洗尿布。每当他们任性、贪玩、不想做的时候，戴维夫妇总有办法对付。有一次，埃德加扔下手中正在洗的尿布，和邻居家的孩子捉迷藏去了。艾达发现后，立刻命令他回来干活，干不完就不许去玩。但倔强的儿子就是不听话，他讨厌洗臭烘烘的尿布。最后，他威胁妈妈说："我要离家出走。"结果，戴维给他提供了几条出走的路线，艾达还主动为他准备了干粮。埃德加从未单独出过远门，他被父母的举动吓坏了，只好乖乖地继续干活。发生这件事情以后，戴维夫妇这样教育孩子们：做任何事情都要有始有终，不要半途而废；不要单凭个人喜好做事，要用心去做每一件事，哪怕是微不足道的小事；只有做好点滴小事，才能干成大事。从此，兄弟几个都养成了有始有终、认真做事的好习惯。

男孩们除了帮父母干活之外，从来都不放过任何玩耍的机会，即使在厨房里也不例外。艾森豪威尔刷盘子的时候，经常都是一边玩一边刷的。他像玩"击鼓传花"一样，把洗好的盘子传给哥哥埃德加，然后埃德加再把盘子扔给阿瑟，阿瑟把盘子扔给弥尔顿，最后，弥尔顿把洗好的盘子放在橱柜里。就这样，他们在游戏中洗完了盘子，而且从来没有打碎过。

艾森豪威尔生性活泼好动，几乎没有他不参加的活动。打水仗、游泳、划船、钓鱼、打兔子、野营都是他经常玩的。打水仗的时候，艾森豪威尔总是将冷水直接泼到某个倒霉蛋的脸上，自己则以胜利者的姿态站在一旁哈哈大笑。游泳的时候，他没有游泳衣，但照样游泳。关于游泳的事情，一个朋友曾回忆说："艾克因为穿着'天然泳装'，结果皮肤都被太阳灼伤了。"

艾森豪威尔和兄弟们买不起玩具，经常就地取材做成自己想要的东西。不管多普通的材料，到了他们手中都可以变成玩耍的东西。他们用树枝做弹弓打鸟、用竹竿做枪玩警察抓小偷的游戏……

艾森豪威尔兄弟最爱玩的是"莽骑兵游戏"，这个游戏源于美国与西班牙之间的战争。1898年，美西战争爆发后，西奥多·罗斯福曾担任美国莽骑兵的指挥官，莽骑兵勇猛地冲锋陷阵，在古巴的圣·胡安山取得重大胜利。莽骑兵的战绩家喻户晓，当时的美国儿童都很崇拜他们，喜欢模仿他们玩一种叫做"莽骑兵"的游戏。艾森豪威尔兄弟也不例外，他们常常把小土丘当成圣·胡安山，在那里模仿莽骑兵的战斗。他们玩得非常高兴，但是偶尔也会为谁扮莽骑兵的事情争论不休。有一天，他们的争论引起了艾达的注意。得知事情的原委之后，艾达非常生气。因为反对战争，她不喜欢孩子们玩打仗的游戏。平生第一次，艾达给孩子们详细讲述了战争年代的事情，讲起了战争的邪恶。从那以后，一玩打仗的游戏，孩子们就会有一种隐隐约约的罪恶感。

游戏给艾森豪威尔带来了无穷无尽的乐趣，但是游戏也在他心头留下挥之不去的阴影。艾森豪威尔永远也无法忘记那个下午，那场灾难让他后悔了一辈子。那天下午，艾森豪威尔在工具室里忙着做一件玩具，他的弟弟厄尔就在旁边玩耍。艾森豪威尔怕伤着厄尔，他很小心地把一柄用完的刀放在附近的窗台上。他太专心了，没有注意到厄尔已经爬到椅子上，伸手去够刀。结果刀掉了下来，砸在厄尔的左眼上。他的左眼受伤了，视力明显下降。几年之后，在一次与六弟弥尔顿的疯闹中，厄尔的左眼彻底失明。艾森豪威尔心里很难过，觉得是自己不小心，让弟弟厄尔变成了瞎子。厄尔的失明让家人很伤心，但是戴维夫妇从来没有责备任何人，他们怕儿子有心理负担。发生这件事情之后，他们努力让孩子们明白这样一个道理：生活就是冒险，要学会承担自己的行为所带来的后果；要面对现实，不要在事情发生后悔恨不已。

DWIGHT EISENHOWER

除了玩游戏之外，胡闹、打架也是孩子们的乐趣之一。虽然戴维夫妇不允许孩子们打架、争吵，但艾森豪威尔却发现，有时候在父亲眼中这么做却是允许的。有一天下午，艾森豪威尔被一个年龄相仿的小孩追得满街跑。那个男孩个头很高，而且非常结实，艾森豪威尔不敢迎战，只想赶快跑回家，摆脱那个家伙的纠缠。那个男孩在追打，艾森豪威尔在拼命地跑，这一幕正好被下班回家的戴维看见了。他生气地责问儿子："你为什么被那小子追得满街跑？你这个胆小鬼！"听到父亲的责骂，艾森豪威尔停住了脚步，非常委屈地说："如果我还手的话，不论输赢，你都会用鞭子抽我。何况……"

"何况什么？有本事就把那小子赶走。"父亲厉声打断了他的话。

艾森豪威尔没有想到父亲会说出这样的话，于是他猛地转过身，握紧拳头，向追赶他的男孩冲了过去。

那个男孩没有想到艾森豪威尔会突然反击，他被艾森豪威尔的气势吓住了，慌忙夺路而逃。但是艾森豪威尔很快就追上他，并一把抓住他的衣领，抢起胳膊，朝那张已经被吓得变形的胖脸重重地打了一拳。只听一声惨叫，那个男孩被打倒在地。

艾森豪威尔没有想到，这个男孩如此的外强中干、不堪一击。他俯视着躺倒在地的男孩，轻蔑地说："你以后要是再敢找我麻烦，我就每天揍你一顿！"说完，艾森豪威尔带着胜利者的微笑大踏步朝家里走去。看到儿子赶跑挑衅者，父亲严肃的脸上露出几分笑意。这时艾森豪威尔突然明白，那些平日里称王称霸、耀武扬威的人，其实不过是吓唬人的纸老虎，虚张声势、外强中干。只要敢于斗争，就一定能取得胜利。

艾森豪威尔觉得很意外，这次打架居然得到父亲的赞许。戴维是个相当严厉的人，当儿子们忘了做家务或者干得很糟糕的时候，他总会大发雷霆；如果是打架或胡闹，他会用鞭子"伺候"。艾达则和戴维不一样，她是个温柔慈祥的人，她很少发脾气。不管孩子们犯了什么错，她都不会轻易打他们。但是在众兄弟中，埃德加和艾森豪威尔却领教过母亲鞭子的厉害。

有一年，堪萨斯遭受到历史上最严重的一次洪灾，阿比林南部被水淹没了。在埃德加和艾森豪威尔看来，这场洪灾是一次绝好的冒险机会。一天中午，趁为父亲送午饭的机会，他们用一块木板做船，顺水而下。他们把自己当成了海盗，大喊大叫，玩得非常高兴，给父亲送饭的事情早被他们忘到九霄云外了。他俩玩意正浓的时候，突然听见一声暴喝："马上穿过河水，回阿比林去。"他们看见一个骑马的男人停在河对面。直到这时，冒险的小家伙才知道水都过腰了，再任由木板往前漂，他们很可能会被洪水淹死的。当两个浑身湿透的孩子出现在艾达面前的时候，她被激怒了，拿起鞭子狠狠地揍了兄弟俩一顿。多年以后，埃德加还记得很清楚，他回忆说："那顿揍使我们明白了一个童年时的规矩：不管怎样，都不能忘了父亲的午饭。"

7岁那年，艾森豪威尔经历了一件终生难忘的事情。那天中午，父亲回家吃饭，发现埃德加逃学，于是大发雷霆。他脸色铁青，抓起鞭子狠狠地抽打埃德加。站在一旁的艾森豪威尔大声喊叫着让父亲住手，可是生气的父亲并不理会。于是他便放声大哭，想用哭声把母亲艾达引过来，可是他失望了。最后艾森豪威尔猛地扑上去，拉住父亲的手，这令父亲怒不可遏。他大声呵斥道："走开，再不走我连你一块儿打。"艾森豪威尔不知从哪儿冒出的勇气，竟然顶撞父亲："你不该这样打他，即使是动物你也不能这么狠心，何况是你的儿子，你不心痛吗？我们犯了错，你应该像妈妈那样和我们讲道理，动不动就用鞭子打人，你以为这样我们就能改过吗？"听到这番话，戴维扔掉鞭子，沮丧地走了。也许他认为儿子的话有道理，的确不该总动手打他们。这件事情一直深深地影响着艾森豪威尔，后来他做了父亲，从来没有打过自己的孩子。

艾森豪威尔慢慢长大了。当时的美国发展得非常迅速，小镇也日新月异。阿比林新建的发电厂能日夜供电，自来水厂能让人们喝上干净卫生的水，电话在小镇已经很普遍了。多年以后，艾森豪威尔回阿比林时曾经这样说："阿比林有健康的户外生活环境、有众多的工作机会，生活在这里的人们总是非常快乐、无忧无虑的……阿比林是个开明的小镇，这里没有种族歧视和宗教迫害……小镇的人都非常纯朴、友善、正直。在这里无忧无虑地度过童年，我觉得非常幸运。"

不知不觉中，艾森豪威尔到了入学的年龄，他再也不用眼巴巴地看着哥哥们去上学了。

3 青年时期的教育
DWIGHT EISENHOWER

　　1900 年秋，艾森豪威尔进入了阿比林小学。这是一所很小的学校，阴沉灰暗的教室里总是充满着单调乏味的读书声。学校开设的课程，大致上都是强调死记硬背。所有的课程中，只有拼写比赛和算术能激起艾森豪威尔的兴趣。在拼写比赛中，艾森豪威尔能认识到自己的细心，也能激起他的好胜之心。而算术在他眼中则是一门直截了当的课程，问题的答案总是在对与错之间选择。

　　枯燥的课堂吸引不了艾森豪威尔，他真正感兴趣的是丰富多彩的课外活动。鲍勃·戴维斯是艾森豪威尔的课外活动老师，对他有很大的影响，被他称为"真正的老师"。鲍勃做过向导、渔夫、猎人，是一位通晓事理的老人。他非常喜欢艾森豪威尔，经常带他到山里去探险，教他辨别方向、驾舟、撒网、打猎、玩扑克牌。鲍勃牌技精湛，他把多年的经验都教给了这个机灵、聪明的学生。艾森豪威尔没有辜负老师的希望，很快就掌握了玩牌的技巧。在他当上美国总统之后，玩牌居然成为政敌们攻击他的把柄。他们说："艾森豪威尔一生酷爱玩牌，对他来说，打扑克比处理政务还重要。"

　　艾森豪威尔从小就崇拜英雄，他崇拜乔治·华盛顿，他的勇气、胆识，以及他精彩的演讲都令艾森豪威尔非常着迷。他废寝忘食地研究普林斯顿、瓦利·福哥等人写的华盛顿传记。他说："在我眼里，他是一位魅力非凡的人物。"在古代的英雄中，艾森豪威尔最崇拜汉尼拔，因为汉尼拔军事才能卓著，而且还精通当时的逻辑学。尽管大批历史学家对汉尼拔的评价不佳，但这并不影响他在艾森豪威尔心中的形象。此外，艾森豪威尔心中的英雄还有苏格拉底、伯里克利、恺撒、大流士等人。

　　在好奇心的驱使下，艾森豪威尔经常去邻居达布利家，央求他讲述英雄比尔的故事。比尔是阿比林著名的警察局局长，枪法惊人，他能准确无误地击中抛向空中的硬币。有一次，人们看见手持双枪的比尔同时打死了两个向相反方向逃窜的匪徒。英雄比尔的故事，深深地吸引着艾森豪威尔，他甚至偷偷地跑到郊外看警察真枪实弹的演习。

受鲍勃·戴维斯和比尔故事的影响，年幼的艾森豪威尔总渴望去冒险。有一年圣诞节前夕，他的两个哥哥征得父母的同意，和朋友结伴去远游。这在艾森豪威尔看来，是一次绝好的冒险机会，于是他想尽一切办法让父母同意他和哥哥们同行。但戴维和艾达拒绝了他，他们觉得他太小，无法照顾自己。失去冒险机会的艾森豪威尔气坏了，哭着冲出屋子。为了发泄自己的不满，他用拳头狠狠地捶打院子里的果树。他一面哭一面打，双手鲜血直流。最后，父亲制止了他的鲁莽行为。当艾森豪威尔平静下来后，母亲语重心长地对他说："能控制自己感情的人才是真正的英雄。"母亲的话深深地印在他的心上。在以后的日子里，艾森豪威尔不论遇到什么事情从来都不乱发脾气。

四年的小学生活很快就过去了，1904年，艾森豪威尔进入阿比林中学。这所学校有个传统，每年新生入学的时候，来自南部和北部的新生都要推选一名代表，参加拳击比赛。艾森豪威尔被选为南部的代表，与北部代表韦斯利·梅里菲尔德进行比赛。这对艾森豪威尔而言，是为南部争光的绝好机会。他在心里对自己说：为了南部的荣誉，我一定要赢。

艾森豪威尔个子比较矮、身体瘦弱，比赛刚开始的时候，并没有人看好他。而对手韦斯利个子很高、身体结实，还曾获得北部拳击冠军。没有人会想到，真实的比赛完全是另外一种境况。

在人群的包围下，艾森豪威尔和韦斯利摩拳擦掌，跃跃欲试。刚开始，在观众的呐喊声中，艾森豪威尔一次次重拳出击。但他的拳头都被韦斯利频频挡回，并还以重拳。韦斯利的力量很大，打得艾森豪威尔鼻青脸肿、左右摇晃。但艾森豪威尔并没有放弃，他咬紧牙关，死命还击。十分钟、二十分钟、一个小时过去了，他们气喘吁吁，嗓音嘶哑，比赛仍在艰难地进行着。突然，艾森豪威尔的眼睛被击中，他在观众的惊呼声中倒下，脸上满是伤痕，眼眶肿得很高，鲜血也从鼻子里流了出来。喧闹的人群突然安静下来，每个人都认为南部选手输定了。然而，艾森豪威尔猛地站起来，拼命地挥拳还击，拳头雨点般地砸在韦斯利的脸上。人群中爆发出雷鸣般的掌声，大家都为这个顽强的男孩加油。

比赛仍在继续，两位拳击手都是鼻青脸肿，但没有人认输。即使裁判劝解，要求他们停止比赛，也没有人肯退出。最后，韦斯利小声地说：

"艾克，我打不赢你！""我也没法打赢你！"艾森豪威尔精疲力竭地说。

最后，这场激烈的比赛以平局收场。两位选手都伤得不轻，艾森豪威尔浑身疼痛，但他没有掉下一滴眼泪。在家里休息了两天后，他就去上学了。

在同韦斯利比赛之后，鼻青脸肿的艾森豪威尔回到家里，他的父母没有惩罚他。艾达心疼地用热毛巾给儿子敷脸，戴维则在一旁偷笑。他们觉得自己的儿子是好样的，比赛锻炼了他的毅力。

俗话说"不打不相识"，赛场上的对手并没有成为生活中的敌人，艾森豪威尔与韦斯利因为比赛成了好朋友。艾森豪威尔在回忆录中写道："拳击比赛没有埋下怨恨的种子，我们成了亲密无间的朋友。后来，当我们再相见，回想起那场拳击比赛的时候，不禁相视而笑。"

自信的艾森豪威尔很受女孩子欢迎，可他不敢和女生约会。他认为自己瘦弱、笨拙、不会跳舞、没有风度，和女生在一起非常害羞。尽管如此，艾森豪威尔在中学还是谈过恋爱的。他的女朋友叫鲁比·诺曼，是一位非常漂亮、活泼，擅长拉小提琴的姑娘。他们经常约会，相处得非常愉快，差点儿就结婚了。

艾森豪威尔很聪明，各科成绩都非常优秀。中学一年级，他所有的成绩都是 B；到了二年级，他的成绩直线上升；三四年级的时候，除了拉丁文的成绩是 B 外，其余各科成绩都是 A。他的几何成绩非常出色，校长还和他签订了一个不同寻常的君子协定：拿走几何课本，艾森豪威尔若能自己解答所有的问题，就在期末考试的时候给他最高分。被平面几何的逻辑性吸引的艾森豪威尔非常自信，他称君子协定是"智力的冒险"。当时教他的老师都说，他是个很有潜力的学生。

在所有科目中，艾森豪威尔的历史课成绩尤为出色。他的朋友约翰·龙说："很小的时候，艾克就对历史表现出非同寻常的兴趣。1904 年，日本进攻俄国。艾克对日俄战争表现出极大的兴趣，为了了解日俄战争的每个动向，他几乎每天都看《报刊文摘》，通过它来了解最新的战争报道和评论。"

在中学时期，艾森豪威尔就开始阅读近代美洲和欧洲军事史。他如饥似渴地阅读历史、军事书籍，疏忽了家务事和其他功课。为此，他的母亲非常不安。于是，她偷偷地把军事方面的书籍藏在柜子里。奇怪的是，艾森豪威尔总能找到母亲藏起来的书。当母亲到菜园干活或去城里买东西的时候，他就把书偷出来读。读完后，他又会神不知鬼不觉地把书放回原处。书中栩栩如生的战争场面，令艾森豪威尔着迷，他甚至能一字不漏地复述书里的内容。1967 年，美国参谋长联席会议前主席哈罗德·K. 约翰森前来拜访艾森豪威尔，在交谈的时候，约翰森说："希罗多德在《伯罗奔尼撒战争史》中写道：'绝不能当一个远离前线 20 英里、坐在椅子上发号施令的将军。'"后来，一位在场的白宫发言人问艾森豪威尔这句话是否准确，他回答说："这句话是阿米留斯·伯兰诺斯说的，而不是希罗多德；作者这句话是用在古罗马与迦太基之间的布匿战争，并非是伯罗奔尼撒战争的时候。"上了年纪的艾森豪威尔尚能如此准确地指出别人引用历史知识的错误，学生时代他的历史成绩名列前茅，大家甚至认为他将来会当上耶鲁大学的历史学教授，就不足为怪了。

除了学习以外，艾森豪威尔还经常参加体育运动。他最喜欢的体育运动是橄榄球和棒球。艾森豪威尔是个引人注目的运动员，但是并不出类拔萃。他的长处是技术全面、身体素质好、意志顽强。他喜欢同年纪比他大、个子比他高的人争高低，觉得这样才可以知道自己的不足，不断进步。

艾森豪威尔是个谦虚、自信的人，一向严格要求自己，时时反省自己的失误。每当球队输球时，他都会对队友说是自己的错；而赢球后，他总会说是全队合作的结果。有一次，他送给队友一张明信片，上面写道：

> 下星期五，我们会再次参加比赛。上次对手击球竟五次得手，而我们只有三次，我严重失算。在下周五的比赛中，大家一起努力吧。我相信，我们一定会赢得比赛！

那时美国小城镇之间的体育比赛还不是非常规范。他们没有很正式的裁判，有时候会由队员自己来裁决比赛。这样难免会有不公正的事情发生，可是艾森豪威尔总能坚持公平的原则。每当发现有人犯规时，他会非常生气，即使是自己球队的队员也不例外。如果犯规的是对方队员，他会阻挡对方队员并绊倒他。有一次，橄榄球队到另一个城市去比赛，阿比林队的队员发现对方球队有一名黑人，在比赛的时候他们故意违规，总是撞那名黑人。艾森豪威尔气坏了，比赛结束后，他主动和那名黑人握手。事后，他还教训那些歧视黑人的队友说，大家都是平等的，以后不准这样，否则就不允许参加比赛。

随着技术的提高和比赛次数的增多，艾森豪威尔表现出非凡的领导才能。后来，他被选为新一届运动联合会的主席。这个组织是学生为了筹集资金，支持棒球队和橄榄球队而成立的。在联合会，艾森豪威尔工作非常勤奋。为了确保联合会的生存，他领导一群人制定了运动联合会的章程。这份章程非常缜密，40 年之后，这个组织仍然在使用这份章程。

无忧无虑地学习、参加体育比赛、和同学们结伴去郊游是件很幸福的事情。14 岁那年春天发生的事情，差一点儿让艾森豪威尔永远失去了这样的机会。

那天下午，艾森豪威尔和朋友在玩闹着，远远地就能听见他们的吵闹声。

"轮到你了，艾克，快跳下来！"朋友在大声叫喊着。"我马上就跳。"艾森豪威尔站在一个废弃的木台子上应道。这是个长满了苔藓的台子，下面是长满野草的土地。艾森豪威尔和同伴们站在一人多高的台子上，伸手动脚表演一番，然后再"勇敢"地跳下来。原来他们是在这里比赛，看谁跳得最远。

突然，正在做热身运动的艾森豪威尔从台子上跌了下来，重重地摔在地上。

"艾克，你没事吧？"同伴们围了上来关切地问道。"没事的，只是一点儿小伤。都怪该死的苔藓，不然也不会滑下来。"艾森豪威尔强忍着疼痛，装作若无其事的样子说道。他坐在草地上摸了一下膝盖，发现草丛里的石子碰伤了膝盖，周围有一些红肿。

"该谁跳了？"见艾森豪威尔没事，孩子们接着比赛。

晚上回到家里，艾森豪威尔倒头就睡。他累坏了，早就把受伤的事忘得一干二净了。第二天早上，伤口不疼了，他背着书包去了学校。晚上放学回家后，艾森豪威尔感觉不舒服。他在沙发上躺了一会儿，昏昏沉沉地睡着了。当父母回家的时候，发现儿子的头非常烫，还在不停地说胡话。他发高烧了，膝盖受伤的地方发炎感染，透入骨髓的剧痛使他卧床不起。他的父母吓坏了，因为那时还没有发明抗生素，疾病随时都有可能夺去人的性命。

几个星期过去了，艾森豪威尔仍然没有退烧，受伤的腿整个都肿了起来，大腿上还有一条黑色的痕迹。心急如焚的父母请来当时在阿比林很有名望的医生特雷西·R.康克林，他诊断出的结果是血毒症。

药物治疗对艾森豪威尔已经没有多大用处，他依然昏迷不醒，整日说着胡话，偶尔才会清醒一会儿。医生建议立即截肢，他认为只有这样才能挽救艾森豪威尔的生命。

一天早晨，艾森豪威尔隐隐约约听见了父母和医生的对话。

"病情一天比一天严重，如果不趁早截肢，恐怕艾克很难渡过难关，你们还是好好考虑吧。"这是康克林医生的声音。

"还有别的办法吗？孩子太小，没有了腿以后的日子他怎么过啊！"父亲难过地说。母亲也哭着哀求医生："求求你，再想想别的办法吧。"

"我也不愿意看见艾克失去双腿啊，实在没有别的办法了，必须截肢！"康克林无可奈何地对艾森豪威尔的父母说。

艾森豪威尔终于听清楚了，医生要给他做截肢手术。他知道自己随时都会昏迷不醒，害怕一觉醒来已经是残疾人了，于是他绝望地喊道："我绝不截肢，失去了腿我还能做什么啊！"说完就又晕了过去。当他再醒来的时候，二哥埃德加刚好放学回来，他央求埃德加守候在他的床边，不让任何人锯他的腿，埃德加答应了。他在艾森豪威尔的床边整整守了两天，只允许医生进屋给弟弟换药、打针。

"再这样下去，生命将无法挽救了，你们简直是在谋杀。"康克林沮丧、无助地对艾森豪威尔的父母说。

埃德加说："我们没有权利使艾克成为残疾人，我们要尊重他的选择，否则他将永远不会原谅我们。"本来犹豫不决的父母听了埃德加的话，也表示不同意截肢。此时，他们只有渴望上帝能保佑儿子恢复健康。他们每天都在祈祷，企盼奇迹出现。幸运的是，奇迹终于发生了。有一天，艾森豪威尔醒了过来，他的炎症在慢慢地减轻，体温也逐渐恢复正常，大腿上那条不祥的黑线也消失了。经过几个月的休养，他恢复了健康。

关于艾森豪威尔需要截肢的事情还有这样一种说法：康克林要给艾森豪威尔截肢的事情根本都不是事实，那只是一些心怀叵测的家伙们的谣言。康克林的妻子曾对很多人说，根本不是那回事，她丈夫从来没有建议锯掉艾森豪威尔的腿，截肢的传闻严重损害了她丈夫的名声。

4 难忘的毕业典礼
DWIGHT EISENHOWER

　　艾森豪威尔因为腿伤耽误了一年学业，直到 1909 年 5 月才从阿比林中学毕业。这一年，艾森豪威尔的二哥埃德加和他同时从中学毕业。

　　毕业典礼令艾森豪威尔终生难忘。他和埃德加都参加了莎士比亚的名剧《威尼斯商人》的表演。哥哥埃德加扮演威尼斯公爵，艾森豪威尔扮演夏洛克的仆人朗斯洛特。他脸上涂着油彩，身上穿着滑稽的服装。两个人都表演得非常好，有一份报纸称埃德加"扮演得出神入化、惟妙惟肖"。而艾森豪威尔得到这样的好评：艾森豪威尔的表演赢得了观众的热烈掌声，他是受之无愧的；艾森豪威尔是这届毕业生中最出色的业余演员，他的演技并不比职业演员差。得到这样的评价，艾森豪威尔兄弟俩觉得非常自豪。

　　毕业典礼给他们留下深刻印象的是亨利·J. 艾伦的讲话，他说："一个人如果不努力争取高等教育就去奋斗，就像缺少一条腿一样，走起路来很困难。"艾伦是一家报纸的编辑，他的话深深地印在艾森豪威尔兄弟俩的心上。

　　按照当地的习俗，预言家要为每位毕业生预测未来。预言家们预言艾森豪威尔会成为一名优秀的运动员或者演员，而与他同年毕业的哥哥埃德加则会有更好的前程，他将会当上总统，还会获得连任。然而，历史证明，预言家们的预测是错的，埃德加并没有当上总统。

　　中学毕业之后，埃德加想上密歇根大学攻读法律，当一名律师，而艾森豪威尔暂时还没有选定到底上哪所大学。父亲戴维坚决反对埃德加攻读法律，就像当年他的父亲反对他上大学一样。戴维说："埃德加，如果你上堪萨斯大学学医的话，我将负担全部费用，若你一意孤行的话，我不会掏一分钱给你。"在父亲眼里，律师都不值得信任，他不希望儿子将来从事这一职业。可是最后，倔强的埃德加还是选择了去学法律。在银行工作的叔叔借给他 200 美元，他准备用这笔钱去交第一年的学费。可是以后的学费怎么办，埃德加每天都心事重重。看着哥哥每日为学费的事情忧心，艾森豪威尔也非常着急。最后哥俩想出一个两全其美的办法：他们俩决定第一年由埃德加先上大学读书，艾森豪威尔去打工为埃德加交学费；第二年则由埃德加去打工，挣的钱让艾森豪威尔去读书。

1909年夏天，哥俩全部的时间都用来打工赚钱。埃德加在乳制品厂工作，艾森豪威尔则干着装运马口铁的活。9月，埃德加离开阿比林去上大学，艾森豪威尔接替了他在乳制品厂的工作。艾森豪威尔要从下午6点一直工作到早晨6点，每星期工作7天，月薪90美元，这几乎和父亲的工资一样多，可是艾森豪威尔很节俭，从不乱花一分钱。

在乳制品厂忙碌地工作，艾森豪威尔觉得非常充实。因为他认识了狄金森县新闻报社的编辑约瑟夫·豪，偶尔他会抽时间去那里看报。在上中学的时候，他常去这家报社干活。那时，艾森豪威尔就给约瑟夫·豪留下非常好的印象，他常常夸艾森豪威尔工作认真负责、任劳任怨，从不报怨工作的辛苦，也不惹麻烦。从那时起，他们就结下了深厚友谊。这为艾森豪威尔读报看书提供了方便，因为当时阿比林还没有公共图书馆。狄金森县新闻报社的报纸种类很齐全，信息量非常大，艾森豪威尔就是通过这种方式来了解外面的世界。

在与约瑟夫·豪的交往中，激起了艾森豪威尔到别的地方去探寻生命意义的热情，因为他给艾森豪威尔描述了许多阿比林之外的新鲜事情。他们总是在一起谈论政治、军事等，经常会吵得不可开交。艾森豪威尔说："就是从这时起，我懂得了什么时候说话更有力，什么时候保持沉默好。"

艾森豪威尔眼界开阔、见多识广，常常和报社的工作人员讨论各种问题。和他们辩论的时候，艾森豪威尔总是先听对方的观点。他一边听，一边思索，然后有条不紊地驳倒对方的观点。偶尔，当艾森豪威尔被人驳得哑口无言时，他总是自我解嘲地笑笑。母亲遗传给他的爱笑的性格，让他摆脱了很多尴尬的场面。约瑟夫·豪说："艾克是个聪明的小伙子，他善于思考，喜欢讨论。在辩论的时候，他独特的思维、诙谐的语言、与众不同的辩论技巧常常令人措手不及。所以，他总能轻松地击败对手。"

1909年冬天，艾森豪威尔应邀参加了狄金森县民主党俱乐部的年度聚会，并在会上发表了演讲。他演讲的题目是《政治与青年》，直到聚会开始的前一天晚上，他还在准备自己的演讲稿。在演讲结束的时候，艾森豪威尔说："对于关心政治的青年来说，你们应该投民主党的票，而不是共和党的票。因为共和党是搞特权的政党，只有民主党才是人民的政党。"这是他第一次参加演讲，他表现得非常出色。约瑟夫·豪说："艾克的表现非常棒。我敢肯定，他已经把自己当做一个民主党人了。"多年后，艾森豪威尔以共和党的候选人参加总统竞选使约瑟夫·豪非常难过。他说："我觉得艾克背叛了我，背叛了民主党。"其实，年轻的艾森豪威尔也许根本没有很明确的党派观念。这次演讲也只是根据民主党的要求准备的，也许在他心里并没有留下什么深刻的印象。

在工作的几年里，艾森豪威尔好打斗、容易发怒的坏脾气已经改了许多。他已经不是少不经事的鲁莽人了，人们从未见过他惹是生非。艾森豪威尔日渐成熟，逐渐变成了一名富有魅力的青年。他彬彬有礼、诚实正直、举止稳重，深受姑娘们青睐；他光明磊落、热心帮助他人，并且性格和善、易于接近，深受小伙子们喜欢。有一次，一位瘦小的男同事在街上受到痞子们的欺负，正好被艾森豪威尔看见，他二话没说，就去为同事解了围。为此，同事一直很感激他。

按照先前的约定，艾森豪威尔定期把钱寄给埃德加。但是后来埃德加并没有履行自己挣钱供艾森豪威尔读书的承诺。1910 年暑假，埃德加没有回来，艾森豪威尔不得不继续工作赚钱。他从未抱怨埃德加食言，只是偶尔开玩笑说："埃德加，你真不够意思，没有履行承诺，好好地干活供我读书。"

1910 年 6 月，艾森豪威尔和镇上一名医生的儿子埃弗雷特·斯维德·赫兹利特成为朋友。1910 年，斯维德报考安纳波利斯的海军军官学校，但是因为数学不及格而落榜。和艾森豪威尔认识的时候，他正在家里复习，准备第二年 6 月重新参加考试。斯维德非常健谈，同艾森豪威尔一样见多识广。一到晚上，他俩经常到乳制品厂的锅炉旁煎鸡蛋，吃冰淇淋。他们一边吃一边聊天。艾森豪威尔和斯维德结成了莫逆之交，而且终身保持着友谊。多年以后，艾森豪威尔回忆起与斯维德的友谊时，深情地说："我们的友谊一直持续到 1958 年他离开人世之时。斯维德和我是无话不谈的好朋友，我们 40 多年来的往来书信可以编成一本厚厚的书。"同样，谈起艾森豪威尔时，斯维德说，他特别喜欢艾森豪威尔的镇静、谦虚、耿直、坦率和明智。

在斯维德·赫兹利特的鼓励下，艾森豪威尔决定报考安纳波利斯海军军官学校。艾森豪威尔从来没有见过大海，如果考上了，他不但可以见到大海，而且可以在海边生活，整天与大海为伴。另外，要是上了大学，他会结识许多同龄的朋友，可以和他们一起玩球。最重要的是，可以获得免费教育，毕业之后还会有一份工作。

艾森豪威尔家里没有政治势力，想获得报考的提名是非常困难的。大胆的艾森豪威尔直接去找邮政局长、银行家等地方知名人士，托他们写信给布里斯托议员推荐自己，他们都同意了。1910 年 8 月 20 日，艾森豪威尔自己也给布里斯托写了一封信，信的内容大致是这样的：

尊敬的布里斯托议员：

我是今年毕业的中学生，到十月的时候就满二十岁了。我渴望进安纳波利斯海军军官学校或西点军校继续学习。我企盼能在上述任何一处得到提名，特意写信求助，希望能得到您的帮助。若您能帮助我获得提名，我将非常感激。

烦劳赐复，并候佳音。

德怀特·艾森豪威尔敬上

艾森豪威尔之所以在信上提到西点军校，是因为他担心报考安纳波利斯海军军官学校的人太多，自己弄不到名额。艾森豪威尔的信以及当地其他知名人士写的信都有如石沉大海，统统没有回音。由于要求布里斯托议员提名的人太多，为了不得罪任何人，他决定实行一次公开的选拔考试。1910 年 9 月，报纸上刊登了一则这样的消息：凡申请报考军官学校的考生都必须参加选拔考试，成绩合格者才可以参加军官学校的入学考试；选拔考试将于 10 月 4 日和 5 日两天在堪萨斯州的教育督察办公室举行。

艾森豪威尔看到报纸上的消息后，为了进一步确认，提笔给布里斯托议员写了第二封信：

尊敬的布里斯托议员：

前不久曾给您写信申请报考安纳波利斯海军军官学校或西点军校，至今未得到您的答复。我从日报上得知将对申请者进行考核，如果您无法提名，不知我是否有权利参加选拔考试？

德怀特·艾森豪威尔敬上

艾森豪威尔很快就收到了布里斯托议员的回信，说他有权利参加考核。获悉可以参加考试，艾森豪威尔开始了复习备考。斯维德因为参加过一次考试，有些经验，经常指导艾森豪威尔。艾森豪威尔在考试中取得了优异的成绩，在 8 名竞争者中名列第二名。

11月初，艾森豪威尔接到了西点军校的提名，让他于1911年1月参加在圣路易斯举行的入学考试。斯维德和艾森豪威尔都感到非常意外，斯维德不断催促艾森豪威尔写信给布里斯托，请求重新提名，否则艾森豪威尔将无法实现当海军的愿望。在重读了海军学校的入学须知之后，艾森豪威尔放弃了，因为他已经超过了入学年龄。斯维德觉得这样放弃太可惜了，于是建议艾森豪威尔隐瞒一岁，但是艾森豪威尔不想撒谎，他选择了西点军校。

1910年秋，艾森豪威尔开始认真准备西点军校的入学考试。他回阿比林中学参加了化学、数学、物理的补习班。1911年1月，他以优异的成绩通过入学考试，正式被西点军校录取。

西点军校的录取通知书规定，新生必须在1911年6月14日报到。1911年6月，艾森豪威尔告别了阿比林。一家人把艾森豪威尔送到火车站，母亲艾达平静地与艾森豪威尔拥抱告别，目送他提着行李上车，直到火车开走很远才转身走上回家的路。送别的时候母亲没有流泪，然而回到家后，母亲把自己关在房里难过地哭了。后来弟弟弥尔顿对艾森豪威尔说，这是他第一次看到坚强的母亲落泪，她哭得那么伤心。

自信的艾森豪威尔对未来充满了希望，他迈着轻快的步子，踏上行程。他相信自己一定会把握住每一次机会，开创属于自己的未来。

5 西点的明星
DWIGHT EISENHOWER

从阿比林到西点军校，乘火车需要三天。因为离报到还有几天，所以艾森豪威尔就在芝加哥站下车，去看望在音乐学院上大学的初恋女友鲁比。他们一起看电影、浏览城市风光，度过了一段浪漫的时光。告别鲁比后，艾森豪威尔又绕道去密执安大学看望二哥埃德加。和二哥道别之后，艾森豪威尔踏上了去西点的路。

风景秀丽、气势雄伟的西点军校坐落在纽约市北部80公里的西点镇。在美国独立战争时期，西点镇是抗英据点，美军曾在这里重创英军。美国总统华盛顿生前就曾考虑在这里创建一所军校，可惜他的愿望并没有实现。直到1802年7月，国会才批准正式建立西点军校。建校后，西点培养了许多优秀的军事人才，艾森豪威尔所在的班级后来成为西点历史上有名的将军班，班上162名同学中有2名获得五星上将军衔，3名获得上将军衔，59名获得准将或准将以上军衔。

1911年，西点军校已经步入成年时期。灰色花岗石学员大教堂刚刚竣工，高高地矗立在山上，彩色的玻璃窗在阳光下闪闪发光，坚厚的大理石拱门古朴典雅。世界上最大的跑马场正在修建之中，一座全新的体育馆也即将建成。色彩斑斓的战旗迎风飘扬，像在对新学员说：欢迎你们！

1911年6月14日，军校的新学员开始报到。新学员们穿梭于各座大楼之间缴费、领被褥、找班级。当搬进比斯特兵营的卧室后，他们彻底地向平民生活告别了，连同他们的名字也一起告别。在教官和高年级同学的嘴里，"混蛋约翰先生"或者"混蛋加德先生"代替了他们的名字。

1911年入学的新生一共有650名，分成A、B、C、D、E、F六个连，每个连由一名军需官指挥。艾森豪威尔被分配到F连，这个连有287名新生，他们是当时西点人数最多、身材最高的新生。他们毕业的时候，只剩下162人了，淘汰率将近44%。

进入西点的学生都必须接受最严格的军事训练。开学后的前三个星期，新生们领教了"野兽兵营"的艰苦训练。他们要接受基本军事技能和仪式训练，参加无数的操练、执勤、检阅。在训练的时候，教员们就像训练野兽一样对待他们。在雨后，教员们让他们卧倒、前进，不管脚下多脏，他们必须服从命令。在炎炎烈日下进行方队操练，他们一个个反应迟钝，甚至连步子都走不齐。不符合要求的时候，教员会大声地呵斥："挺胸！收腹！再挺一些，头抬高！下巴往里收，听见了吗？动作要快！"半个世纪以后，艾森豪威尔回忆起1911年的夏天时说，再也没有什么比新生训练更令人痛苦的了。事实上，在西点的四年就是他们的苦役，只有到第二学年结束的时候，每年夏天才会有两个月的假期，学习成绩优秀者才可以得到一两次的圣诞节假期。

西点军校一直被人称为"军事修道院"，说那里面的人"不会患上商业主义和拜金主义的疾病"。麦克阿瑟曾把西点军校比做"一座恐怖、野蛮的管教所"。

西点军校的纪律非常严，学校将学生起床、睡觉、运动的时间规定得

23

死死的，甚至连上楼梯学校也规定必须一步迈两级台阶。只要学生违纪，都会被无情地记过。记大过者将受到惩罚——每周四小时背着步枪和背包徒步行军。严重违纪者必须当面向新生主管解释，99%会被开除。约瑟夫·C.豪是1915届的一名毕业生，他说："有一名学生因碰了一位女士的胳膊而被记过，这似乎是不可能的，但这是无可争辩的事实。实际上，他只是扶自己的母亲过马路而已。"其他的违纪还包括骑马时心不在焉、屋里香水味太浓、宿舍有烟味等。因为无法忍受西点的纪律，很多人中途放弃了。艾森豪威尔同寝室有一位来自堪萨斯的学员，刚满17岁，他离开家乡时是由乐队吹吹打打送上火车的。然而，到了军校，他才发现和想象中的完全不一样。他实在无法忍受军校的生活，入校的第一天晚上就哭个不停，以后夜夜如此。艾森豪威尔曾劝他，说别人能够经受考验，他也一样能。但那位同学说："这里就是修道院，我再也受不了了！"不久他便离开了西点军校。

西点军校没有多少便利的生活设施，居住条件也不好，学生宿舍非常阴暗，夏天的时候像地狱一样炎热，冬天则像冰窖一样，奇冷无比。艾森豪威尔说："军校的生活严格而清苦，但我每天总能从生活小事——数不胜数的恶作剧、持续不断地追逐打闹中找到乐趣，因为除此之外再也找不到其他有趣的事。"

有一天，艾森豪威尔和同学汤米违反了军规，不小心被下士艾德勒发现了。艾德勒傲慢地对他们说："知道犯了什么错吗？"

艾森豪威尔和汤米低着头，小声说："知道。"

艾德勒下士趾高气扬地说："知道就好，在归营号吹过之后，穿军装到我寝室来，我要好好教训你们这两个不守纪律的家伙。"说完，他甩甩头就走了。

那时，高年级的学生总是欺负新生，艾森豪威尔对此非常反感。这回被艾德勒逮住了机会，他们肯定要遭殃的。于是，艾森豪威尔决定戏弄一下艾德勒。

晚上，艾森豪威尔和汤米穿戴整齐地来到艾德勒的寝室。他们俩没有穿衬衣，光着身子穿了一件军装外套。这是西点学生的传统绝招之一，故意拘泥于条例或命令的某个字眼来戏弄人。他们在规定的时间跨进艾德勒的寝室，刚喊一声"报告"，艾德勒的室友就笑成了一团，甚至还响起热烈的掌声。起初，艾德勒很纳闷，明白真相后，他气愤地说："太不像话了，你们……你们居然如此大胆！"艾德勒的室友也止住笑，附和道："你们两个无视纪律、目无尊长的混蛋，简直太过分了。"愤怒的艾德勒命令他们在熄灯之后扛着步枪、带上枪弹、穿戴整齐再回来，若身上少一件衣服将会受到很重的处罚。这次，他俩乖乖地服从了命令。虽然被艾德勒训斥了一顿，但他们非常得意，因为艾德勒快被他们活活气死了。

年轻人的恶作剧、违纪并不是出于恶意，这是他们逃避军校枯燥生活、寻找乐趣的方法。

美国非常重视对军事人才进行体育技能培训。西点军校的体育活动有橄榄球、棒球、篮球、足球、摔跤、击剑、游泳等，几乎所有的体育项目都有。艾森豪威尔进入西点军校时，身高5.15英尺，是当时最魁梧的学员之一。因为身高的原因，他被分在高个子士官生才能进入的干训队。在体育活动中，艾森豪威尔找到了新的乐趣，而且在拳击、摔跤、游泳等项目上有非常好的成绩。他的同学说，要是有必要的话，他可以游过英吉利海峡，与敌人短兵相接进行搏斗。艾森豪威尔的出色表现和良好的体育道德使他在同学中享有很高的威望，他的不少队友回忆说："每次比赛，艾森豪威尔都严于律己，宽以待人。当赢球时，他总表扬全体队友，说是大家一起努力的结果，却很少提到自己；而球队输球时，他总是引咎自责。"在球场外，他与周围的人相处得非常融洽，很多人都对他有好感，即使是志趣、观点和性格大相径庭的人也是如此。

1912年橄榄球赛季开始了，艾森豪威尔首次参加军校的橄榄球大赛，初战告捷。比赛结束之后，他和队友一起去更衣室，突然有人叫住他："艾森豪威尔，你的球服是从哪里来的？"艾森豪威尔一愣，他站住了，原来是教练格雷夫上尉和管理员。

"艾森豪威尔，你的球服是从哪里来的？"见艾森豪威尔愣着没有回答，格雷夫又问了一遍。艾森豪威尔低下头，瞅了一眼自己肥大的球服答道："报告上尉，是从管理员那里借来的。"

"给他一套合体的球服。"格雷夫对管理员说。

艾森豪威尔高兴极了，因为得到合适的球服，就意味着他是校橄榄球队的正式成员了。艾森豪威尔善于判断、观察仔细，拥有出众的球技，他很快就成为球队的主力中卫。在与"拉特格斯"队的比赛中，艾森豪威尔的表现非常棒，他的进攻无人能挡，最终西点队以 19∶0 的比分大获全胜。这场比赛结束后，《纽约时报》称艾森豪威尔是"美国东部球队中最优秀的中卫之一"，并用两栏的篇幅刊登了他凌空射门的精彩照片。那时，艾森豪威尔的好朋友斯维德·赫兹利特是安纳波利斯海军军官学校二年级的学生，他把这张照片剪下来，贴在寝室的墙上。他毫不夸张地说，报纸的体育版上刊登了陆军球队中一名出色的中卫，他的球技令安纳波利斯海军军官学校的学生惊讶不已。艾森豪威尔的军校同学曾这样说："我们拥有一名正在崛起的中卫。"

艾森豪威尔出色的球技引起了美国橄榄球运动专家的注意，被吸收参加美国军联队。在军联队与印第安人的比赛中，艾森豪威尔为球队取得了好成绩。从此，美国的报刊、杂志不断向读者介绍艾森豪威尔参加球赛的情况。他们称艾森豪威尔为"堪萨斯的龙卷风"。人们一致认为，一颗橄榄球新星升起来了，他不仅是西点军校和美国军队的，而且也是全国的。

好景不长，这颗新星没有闪耀多长时间就陨落了。在一场比赛中，艾森豪威尔的膝盖受了重伤，被抬下球场，在医院躺了 30 天。出院时，西点军校的外科大夫塞勒警告艾森豪威尔以后必须谨慎，要时刻记住膝盖受过伤，并特别提醒他，在参加骑术训练时绝对不能进行下马练习。对于医生的精心治疗和提醒，艾森豪威尔表示衷心的感谢，他说："谢谢您，我会谨记您的忠告。"塞勒回答说："不必感谢我，这是我的工作，而且我们不能失去像你这样的中卫。"

自信的艾森豪威尔并没有把伤放在心上，依然和其他士官生一起参加练习骑马术。一次训练的时候，别的士官生在疾驰中潇洒地跳下马背，只有他骑在马上不慌不忙地绕圈。严厉的教官并不知道艾森豪威尔这样做的原因，说他不认真，要求他参加全部训练内容。艾森豪威尔非常气愤，他不做任何解释坚持训练。他一言不发地反复做难度大的骑马动作，受伤的膝盖钻心般的疼痛，但他咬紧牙关，一声不吭。后来他眼前一黑，晕倒了。同学们将艾森豪威尔从训练场扶进医院，医生检查后，遗憾地说："艾森豪威尔再也不能玩橄榄球了。"两年半后，在进行毕业前体检时，塞勒大夫十分担心艾森豪威尔的腿，怕他不适合服兵役。

艾森豪威尔因膝盖的重伤不能打橄榄球了，但他并没有放弃棒球、游泳、体操等运动。据他的儿子约翰·艾森豪威尔后来回忆说："在中年，父亲仍能在双杠上轻松自如地做只有专业运动员才能做的复杂动作，在 50 多岁后仍能打一手好网球。"

告别心爱的橄榄球，艾森豪威尔的精神受到沉重打击。后来发生了一些不大愉快的事情令他情绪非常低落。在第一学年期末，他被授予军士军衔。但是第二学年的时候，因违纪被校长当场抓住，他被降为士兵。这时，他的成绩也由第 57 名降到了第 81 名。所有这一切，都令艾森豪威尔非常沮丧。

按照西点军校的规定，1913 年，艾森豪威尔可以回家享受两个月的假期。这是他离家两年之后，第一次回阿比林。为了给父母一个惊喜，他没有告诉任何人休假的事情。傍晚，火车到达阿比林后，他一口气跑回家。儿子突然归来，母亲十分高兴，拉着儿子看了又看。艾森豪威尔深受感动，情不自禁地和母亲拥抱。

艾森豪威尔离家的两年，家里发生了很大的变化。父亲戴维离开了工作多年的食品厂，到新建的瓦斯厂担任管理人员。母亲在过去的两年明显地变老，行动比以前迟缓了。如今，家中只剩下两个弟弟——厄尔和弥尔顿。对艾森豪威尔的归来，全家人都感到非常高兴，特别是两个弟弟，简直对艾森豪威尔佩服极了。艾森豪威尔穿着在阿比林从来没有见过的军服，给两个弟弟描绘外面的世界，他的博学和举止给他们留下深刻的印象。在弟弟眼里，他简直就是一个城市英雄！

6 告别西点
DWIGHT EISENHOWER

休假结束后，艾森豪威尔返回军校。此时，他已经摆脱了往日的阴影，重新振作起来。艾森豪威尔把心思逐渐用在学习上，苦攻自己的专业。有一次，他在积分课上竟找到了解答难题的新方法，他的方法比教科书上的还合理。

那天，老师在讲授一道非常复杂的题目，他发现艾森豪威尔在睡觉。于是，他径直走向艾森豪威尔说："我讲得太精彩了吧，你都听得神情恍惚。请你把这道题目按我讲的做一遍。"老师的话引来哄堂大笑，调皮的学生甚至还吹起了口哨，幸灾乐祸地看着艾森豪威尔。

艾森豪威尔知道老师是照本宣科，所以没有认真听讲。他走上讲台，苦苦思索后，用另一种更为合理、简便的方法解出那道难题。看到同学们钦佩的眼光，艾森豪威尔觉得很有成就感，他挑衅地看了老师一眼。没有想到老师连他的解题过程看都不看就嘲讽道："艾森豪威尔同学的记忆力真好，不听课就能够用毫无意义的数字得出一个正确的答案，你这是在欺骗大家。"

艾森豪威尔的心都凉了，他并不是在乎老师的批评，只是不能容忍自己的努力被说成欺骗。艾森豪威尔说："老师，请你仔细看看我的解题过程，我觉得自己做的没有错，方法比书上的简捷。"老师傲慢地说："不用看我就知道什么是对，什么是错。"艾森豪威尔坚持己见，他说："解题的方法不止一种，请你先看看解题过程再判断对错。"老师怒道："你上课睡觉，目无师长，你到底想做什么？"

遇到这种事情，其他同学都会乖乖地坐下，但艾森豪威尔无法容忍。他与老师在课堂上发生争执，并差一点儿被开除。幸好他们的争吵声引来了数学系的助理教授富兰克林·贝尔少将，否则艾森豪威尔很难逃过这一劫。他让艾森豪威尔用自己的方法重解了那道题，看了艾森豪威尔的解题方法之后，他说，艾森豪威尔的解题方法比原来的更简单、更符合逻辑。贝尔很吃惊，艾森豪威尔居然能想出数学老师想不到的方法，他宣布把艾森豪威尔的解题方法纳入教程。多年以后，艾森豪威尔写信给贝尔，感谢贝尔挽救了他。他在信上这样写道："要不是你，我就完蛋了，我的军旅生涯也许那天就结束了，真的非常感谢！……你使我避免了灾难，那时被说成欺骗，我无法控制自己心中的怒火。"

心思用在功课上的艾森豪威尔还是想回橄榄球队，他便坚持长跑来治疗损伤的膝盖，但效果并不明显。因为他只要稍一用力，膝盖就痛得厉害。继续回球队的希望破灭了，艾森豪威尔听取教练格雷夫的建议，决定担任一年级"卡勒姆·霍尔"橄榄球队的教练。艾森豪威尔注重协调球员之间的关系，充分发挥他们的特长。此外，他还十分讲究战术。他对球队的管理十分严格。"卡勒姆·霍尔"球队的一名球员深有体会，他说："对赛球，艾森豪威尔的要求一直都很高，他不允许任何事情影响到比赛。有一次，我借了教官的马，在夜晚骑了一圈，结果被学校抓住了。学校领导罚我负重走队列，并且不能参加球队的活动。艾森豪威尔得知后，怕影响我几天后的比赛，想尽一切办法为我取消了惩罚。他还警告我说，如果我再犯错误，他就取消我的比赛资格，以后不准我参加任何比赛。后来，我因为溜出去参加舞会被艾森豪威尔抓住了。他对我说，要是再敢越雷池一步，他就用弹子棒打我的头。于是，我只好乖乖听话。他之所以这样做，是为了保证球员顺利参加比赛，不影响全队的发挥。"

艾森豪威尔凭借对橄榄球的热爱和了解，调整了"卡勒姆·霍尔"队的训练方法。在他和球员的共同努力下，"卡勒姆·霍尔"队的水平有了很大提高，他们的比赛成绩直线上升。一位队员说，艾森豪威尔是一个非常出色的教练，因为他的努力，他们队才在比赛中取得了好成绩。

在担任橄榄球队教练的同时，艾森豪威尔成了拉拉队队长。球队每场比赛之前，他总是向军校全体学生发表演说，号召他们要像球迷一样为球队加油，他俨然成为球队的形象代言人。1914年11月，艾森豪威尔率领他的拉拉队为陆军队助阵，他们以独特的方法为陆军队加油，帮助陆军队打败实力雄厚的海军队，这在西点传为佳话。

四年很快就过去了，1915年6月12日是西点军校的毕业典礼。按照惯例，艾森豪威尔的父母被邀请参加毕业典礼。他们从阿比林来到西点军校。这一天艾森豪威尔收到了毕业厚礼——西点军校考试委员会授予艾森豪威尔美国少尉军衔。

在军校的四年，艾森豪威尔学会了如何做一名合格的陆军军官。他掌握了大量的军事历史知识，成为一名具有敏锐眼光的军人，为他的军事生涯打下了坚实的基础。他熟悉陆军的传统、组织、习俗和行话；懂得怎样写作战命令，怎样行军；学会了怎样使用步枪和小型火炮等武器，对架设简单的渡桥和构筑防御工事也略知一二。

艾森豪威尔懂得，一名好军官要把自己的一生奉献给祖国。作为一名军人，他深知自己的职责，时刻准备为祖国效力。然而，因为膝盖曾经严重受伤，他很可能无法继续服役。当时，美国的军队并不庞大，每年军校的毕业生大大超过部队需要的军官人数。要是把身有残疾的人委派下去，万一因病提前退役的话，政府必须要发给他们抚恤金，这给政府带来很大的经济负担。因此，每年安排毕业生的时候，政府都特别慎重。

毕业前夕，医务所所长肖上校叫走艾森豪威尔，他们进行了一次长谈。肖上校坦率地对艾森豪威尔说："我不得不告诉你，因为腿伤，你可能会不适宜在军队服役。"艾森豪威尔若无其事地回答："对此，我感到非常遗憾，谢谢上校先生提醒。"肖上校好心地说："你可以到海岸炮兵部队去服役。"艾森豪威尔觉得海岸炮兵部队单调、乏味，一点儿也不刺激，于是他说："我还有其他事情可以做。"肖上校眼里流露出赞赏，他惊讶地说道："那你打算做什么？"艾森豪威尔回答说："如果有机会的话，我愿意在阿根廷住上几年。我觉得它像美国古老的西部一样神秘莫测，我一直很感兴趣。"艾森豪威尔的乐观和勇敢感动了肖上校，他说："如果你不要求去骑兵部队的话，我乐意帮助你。"后来，在肖上校的帮助下，艾森豪威尔选择了步兵。

1915 年 6 月，刚从西点军校毕业的艾森豪威尔。

艾森豪威尔深信自己会被委派到菲律宾，因为全班只有他一个人选择菲律宾作为服役的地点。艾森豪威尔喜欢那里的异国情调，觉得在那里能更好地观察世界。然而他没有被派往遥远的菲律宾，而是派往距堪萨斯州不远的休斯敦港口服役。

1915 年 6 月，艾森豪威尔回到阿比林。这年夏天，令他永远无法忘怀。他和格拉迪斯·哈丁相爱了，这段刻骨铭心的恋情让艾森豪威尔神魂颠倒。格拉迪斯是镇上最漂亮的姑娘，擅长弹钢琴。上中学的时候，她和艾森豪威尔就是好朋友，但那时他们并不是恋人。

当艾森豪威尔鼓起勇气约格拉迪斯的时候，她愉快地接受了。每次去约会前，艾森豪威尔都要精心准备，让母亲艾达给他熨裤子，他说："一定要熨到裤子自己能站起来为止，否则穿不出效果，会影响我的形象。"每当此时，母亲总是温和地笑笑说："儿子，我知道了，你就放心吧。"他的弟弟弥尔顿后来回忆说："为了不弄坏裤线，每次三哥艾克都要躺在床上穿裤子。这就苦了我和弟弟厄尔，我们必须小心翼翼地拿着他笔直的裤子，伺候他一条腿一条腿地穿上。"

1915 年夏天，尽管艾森豪威尔和格拉迪斯天天见面，但艾森豪威尔仍然给她写情书，并当面交给她。艾森豪威尔陷入了爱河，这些情书表达了他的浓浓爱意。在一封信里，他说："格拉迪斯，我的爱人，我需要你，我渴望得到你，我从来没有觉得自己如此幸福……我真的很爱你。"艾森豪威尔认为，他把最纯洁、最甜蜜的爱给了格拉迪斯，他一心一意地爱着格拉迪斯，希望有一天她能成为自己的妻子。

格拉迪斯对艾森豪威尔的感情也在加深，她把艾森豪威尔写给她的情书都保存起来，不能见面的时候她总拿出来读。格拉迪斯曾在日记里记下了他们的恋情，她写道："1915 年夏天，艾克从西点回来了，我们在一起非常开心。有一天，艾克向我求婚。我既没有拒绝，也没有答应。对他的求婚我很高兴，可是我的父亲……"格拉迪斯的父亲是一名商人，他经常劝女儿不要和艾森豪威尔来往。他觉得学音乐的女儿将来是要当音乐家的，会成为名人，而艾森豪威尔是军人，工资少得可怜，没有前途。

1915 年 9 月，格拉迪斯要返回乐团参加巡回演出。眼看离别的日子一天天临近，而格拉迪斯还没有答应求婚，艾森豪威尔非常不安。8 月 17日，他又写了一封情书给心爱的姑娘。信的内容大致是这样的：

格拉迪斯：

我最亲爱的姑娘，认识你我真的很幸运。我比以前更爱你了……我多么渴望听到你甜美的声音，听到你对我说我期盼已久的话。

……

　　离别的钟声就要敲响，我真的很害怕，怕从此失去你……我不知道你爱我有多深，或者你不爱我。但是，我多么希望你能信任我，把你的手放在我的掌心，让我牵着你一起走未来的路。

深爱你的人艾克

　　9月1日，艾森豪威尔穿着白色制服，送格拉迪斯登上去往纽约的火车。离别是辛酸的、痛苦的。格拉迪斯在日记中写道："离别的酒真苦，可是我不得不举杯一饮而尽。"

　　送走格拉迪斯后，艾森豪威尔感到心都碎了，他提笔给最亲爱的姑娘写了一封信。信中这样写道：

亲爱的格拉迪斯：

　　看着你走远，我都要窒息了。真希望不要分离，天天在一起，从现在到永远！

深爱你的艾克

　　收到艾森豪威尔的信，格拉迪斯很快就回信了。他们的通信往来持续了一段时间，两人的感情越来越好。格拉迪斯很爱艾森豪威尔，她盼望着重逢后能成为艾森豪威尔的新娘。然而，后来因为其他的原因，艾森豪威尔成为了别人的新郎。

DWIGHT EISENHOWER
第二章
壮志难酬

　　艾森豪威尔一直渴望上战场，但他一次又一次与战争擦肩而过。他不得不坐在办公室从事令他讨厌的参谋工作，为此他非常沮丧。艾森豪威尔深知军人的职责，所以没有把不满的情绪带到工作中来。他一直非常努力地工作，是一个很出色的参谋。

DWIGHT EISENHOWER

1 丘比特之箭
DWIGHT EISENHOWER

1915 年 9 月 15 日，美国陆军军官艾森豪威尔少尉抵达服役地点休斯敦的萨姆堡。这是陆军中最悠闲的服役地，因为这里的军务非常少，任何一位能力强的军官在中午前就可以把当天的任务完成。剩余的时间他们就在原野骑马驰骋，猎取野鸡和野鹿。此外，还可以参加舞会、单身汉联欢会、进行正式或私人拜访、玩扑克牌等。在这里的日子非常惬意，艾森豪威尔暂时忘掉了不能参加骑兵的苦恼。

艾森豪威尔是西点军校的橄榄球明星，在他还未到休斯敦时，他的名声就早已传开了。在他抵达休斯敦后不久，当地皮科克私立军事学院聘请他当该校的橄榄球队教练，每个月给他 150 美元报酬。艾森豪威尔认为，作为一名军官，他不适合当教练。于是，他以军务繁忙为理由婉言谢绝了校长的邀请。隔了几天，圣休斯敦堡要塞的司令弗雷德里克·丰斯顿突然出现在军官俱乐部里，他对艾森豪威尔说："如果你接受军校的聘请，我会非常高兴，这也是陆军的荣幸。"虽然弗雷德里克话讲得很婉转，但这实际上是一个不容抗拒的命令。艾森豪威尔无法再推辞，他明智地回答："遵命，长官。"

对艾森豪威尔来说，当橄榄球队的教练简直是轻车熟路。在他的带领下，球队在比赛中不断赢得胜利。在 1916 年的赛季里，他又被圣路易斯学院聘请为球队教练。这是一所由圣安东尼奥市天主教教会主办的学校，5年来该校球队没有胜过一场比赛。在艾森豪威尔的指导下，仅用了几个月的时间，球队就取得了令人瞩目的成绩。在参加圣安东尼奥市的比赛时，该球队在第一场比赛中就打成平局，后来闯关斩将连胜五场，进入决赛，获得了亚军。

1915 年冬天，美国和墨西哥发生了边境冲突。美国政府派约翰·J.潘兴将军率领部队远征。艾森豪威尔向陆军部递交申请，请求参加潘兴将军的远征军。他的申请遭到拒绝，陆军部把他派到国民警卫队在边境流动的一个军团去担任训练工作。失去上战场的机会，艾森豪威尔觉得非常苦闷。

1916 年，美国开始了一战的备战工作。陆军部把艾森豪威尔调到新成立的一个陆军正规团——第 56 步兵团，担任军需官。艾森豪威尔把团里的军需工作搞得有声有色，深得领导和士兵的喜爱。他与军需主任成为好朋友，这使他领到了更多的帐篷、步枪、军鞋、军服等。该团的团长 D. J. 贝克上校非常在意自己的伙食，细心的艾森豪威尔经常早起为团长准备丰盛可口的早餐，这使团长非常高兴。艾森豪威尔经常深入连队听取战士们的意见，为战士排忧解难，是个受战士们欢迎的军需官。

艾森豪威尔在军队的生活很充实，但是经常会想起他的女朋友格拉迪斯·哈丁，他的爱并没有因为时间和距离而改变。他经常给格拉迪斯写信，其中有一封信的内容是这样的：

亲爱的格拉迪斯：

我感到悲伤和孤独，必须给你写信，也希望收到你的来信。我所有的夜晚都用来想你……因为想你，我总是心烦意乱，无法入眠。

去年夏天，因为有你，我非常快乐，而现在你离我那么遥远，想念却无法相见。心中的郁闷无处述说……我活在美好的记忆之中，活在希望里。

……

你那么的可爱，你知道我有多想你……

美丽的姑娘，我对你一直都是真心的。你是我生命的甘露，我会把我的全部都献给你。

亲爱的，给我写信吧，写得越多越好。

你的艾克

艾森豪威尔给格拉迪斯的信都石沉大海，没有回音。1915 年 10 月，艾森豪威尔的生活改变了，他决定放弃一棵大树，去拥抱整个森林。从此，格拉迪斯永远地失去了艾森豪威尔。

那天是个星期天，正轮到艾森豪威尔值勤。他穿戴整齐，从军官宿舍走出来准备去查岗。艾森豪威尔戴着一顶野营军帽，军帽是模仿罗斯福的莽骑兵，他还把角度折得非常漂亮；脚上的军靴擦得锃亮，腰间斜挎一支

DWIGHT EISENHOWER

左轮手枪。街对面军官俱乐部的草坪上有一群女人，她们一边喝着饮料，一边闲聊。当看到艾森豪威尔时，她们觉得他太帅了，都目不转睛地盯着他。其中有一位名叫露露·英格拉姆·哈里斯的妇人，还在冲他笑。她是军官亨特·哈里斯少校的妻子，当看到艾森豪威尔走过来时，便喊道："过来一下，艾克，我想给你介绍一些朋友。"艾森豪威尔心中有喜欢的人，所以他不想把时间浪费在与女人们的无聊应酬上。他拒绝了露露的邀请，他说自己在执勤，正要去查岗。哈里斯夫人转头对一个漂亮的姑娘抱怨道："哼！真是一个木头人，不开窍。"露露对艾森豪威尔的无动于衷一点儿都不在意，她继续喊道："艾克，过来见见面就行，我们又不耽误你查岗。"

艾森豪威尔无奈地摇摇头，穿过马路向这些女人彬彬有礼地问候。人群中有一位身穿白色连衣裙、头戴黑色宽边帽的姑娘吸引了他的目光。那是一位活泼可爱、身材娇小、风姿绰约的姑娘，她名叫玛丽·吉尼瓦·杜德，大家都亲昵地叫她玛咪。她是富商约翰·杜德的女儿。他们一家本来住在丹佛，每年都要到圣安东尼奥市的富人区来度假。玛咪被这位年轻军官吸引了，她认为艾森豪威尔是她见过的最英俊、潇洒的男人。她后来回忆说："他双肩宽阔，容光焕发，踏着坚实的步伐从单身军官宿舍走出来时，就深深地吸引了我。远看他是一个彪形大汉，而近看他帅极了，他的笑容非常迷人。"

艾森豪威尔邀请玛咪陪自己一起去查岗，她爽快地答应了。艾森豪威尔非常高兴，也很惊讶。因为邀请平民女性，特别是像杜德小姐这样初次见面的漂亮女士陪一位军官一起执行军务，是非常大胆的。他们在哨所周围走了很久，玛咪感到很难受。她穿着一双时髦的高跟鞋，而且她从来没有走过这么长的路，她累极了。后来，艾森豪威尔再邀请玛咪一起查岗时，她毫不犹豫地拒绝了。

美丽、富有的玛咪身边有许多追求者，艾森豪威尔知道要追求她并不是件容易的事情。艾森豪威尔在心里对自己说，我一定要让她做我的妻子，不管多难我也要达到目的。

有一天，玛咪钓鱼回家，仆人告诉她一个姓艾什么的先生曾来电话找她，整个下午每隔15分钟就打一次。晚饭的时候，电话铃又响了，是艾森豪威尔打来的，他正式邀请玛咪参加舞会。玛咪说，她已经有约了，而且近期的时间都排满了。尽管遭到拒绝，但艾森豪威尔仍不放弃。他每天都打电话到杜德家，每次不是女仆告诉他玛咪不在，就是玛咪对他说："我这三个星期的活动已经排满了。"艾森豪威尔知道打电话无法约到玛咪，于是，他直接去杜德家。对他的突然造访，玛咪视若无睹，她依然外出去约会。而艾森豪威尔也什么都不顾，他就坐在玛咪家的门廊里等她回来。虽然他没有约到玛咪，但是给她的父母留下了很好的印象。

艾森豪威尔不屈不挠地追求玛咪，是想使别的追求者知难而退，使自己成为玛咪唯一的男友。别的追求者看到艾森豪威尔经常出现在杜德家，就会认为他已经赢得了玛咪的爱。有一天，玛咪的父亲实在看不下去了，训斥玛咪："你简直是在胡闹，立即做出选择，要么选择那位年轻军官，要么让他彻底死心。"也许是父亲的训斥起了作用，也许是艾森豪威尔的诚意感动了玛咪，总之她接受了他的邀请，决定4个星期之后和他一起去参加舞会。艾森豪威尔非常高兴，认为自己已经得到了玛咪的芳心，事实也是如此。玛咪已经动了真情，她告诉艾森豪威尔："我每天下午5点左右在家，你哪天来都可以。"艾森豪威尔等这句话已经等了好久，迫不及待地说："我明天就过来。"

只要不值勤，艾森豪威尔就去玛咪家。他喜欢玛咪的家人，并与他们相处得非常融洽，这使玛咪非常高兴，因为她与母亲、姐妹非常亲密，而且很崇拜自己的父亲。杜德夫妇也很喜欢艾森豪威尔，由于膝下无子，他们很快就把艾森豪威尔当做亲生儿子看待。随着感情的加深，玛咪不在家的时候，艾森豪威尔也会去她家看望两位老人。本来杜德一家对体育都不感兴趣，后来在艾森豪威尔的影响下，他们一家也开始看橄榄球比赛了。连女孩子们也成了忠实的球迷，为自己喜欢的球员加油，疯狂地欢呼叫好。

玛咪与艾森豪威尔的感情与日俱增，她取消了与别人的所有约会。艾森豪威尔每天晚上都和玛咪出去，两人的娱乐花光了他少得可怜的薪水。为了省钱，艾森豪威尔从不去商店买雪茄，只吸自己卷的烟。在他眼里，得到玛咪的心是最令人高兴的事情。

艾森豪威尔在给自己的初恋女友鲁比·诺曼的信中曾这样写道：

鲁比：

　　我在这里的生活很悠闲，基本上没什么事情可做。我很想上战场，可是又没有批准。我已经厌倦了每天这样消磨时间……

　　我正在追求一位名叫玛咪的女孩子，她是从丹佛来的，现在在这里度假。玛咪非常漂亮，很有气质。她喜欢社交，是位很受欢迎的姑娘。我们相处得不错，也许冬天的时候，她会做我的新娘。

　　为我祝福吧！

艾克

　　1916 年的情人节，玛咪高兴地接受了艾森豪威尔的求婚。在 11 月玛咪满 20 岁的时候，他们将举行婚礼。结婚前，玛咪的父母对艾森豪威尔说："玛咪习惯了富裕的生活，花钱大手大脚，可能一时之间难以适应做军人的妻子，你要多体谅她。"他们和女儿也进行了一次长谈，杜德先生说："和艾克结婚，你将接受四处为家的生活。到时候你会经常和丈夫分离，还时常为他担心，你要有心理准备。"两位年轻人的回答是一样的，他们说，他们已经做好了准备，他们会共同克服困难。

　　1916 年春，国际局势越来越紧张，美国参加世界大战的可能性越来越大，军队几乎进入战时状态，艾森豪威尔随时都有可能被召到前线。于是，艾森豪威尔和玛咪决定将婚礼提前到 7 月 1 日举行。

　　结婚前夕，艾森豪威尔接到了体检的通知书。在和玛咪的父母谈话之后，艾森豪威尔担心以后缺钱，无法养活自己的妻子，所以他申请了参加空军。成为飞行员，他就能赚很多钱，就不用为钱的事情发愁了；而且飞行使他着迷，他渴望成为陆军航空先驱；更重要的是，空军军官的贡献要比步兵军官的贡献大得多。艾森豪威尔如愿以偿，他接到了录取通知书。令他欣慰的是，玛咪也非常支持他。然而，当艾森豪威尔把这个好消息告诉岳父岳母的时候，迎接他的则是冰冷的话语，他们强烈反对女婿的决定。杜德先生说："艾克，你难道不知道参加空军是一件非常危险的事吗？"艾森豪威尔回答说："我知道，但是，真的要是打起仗来的话，步兵也是很危险的。"杜德先生沉默了很久说："玛咪嫁给你，注定要过居无定所的日子，我们不希望她为你担惊受怕。我非常爱我的女儿，我不想她年纪轻轻就成为寡妇。"尽管杜德夫妇很喜欢艾森豪威尔，但是他们不得不为自己的女儿考虑。最后，杜德先生威胁艾森豪威尔："如果你一意孤行的话，我只好取消你们的婚礼。"玛咪和父亲争辩道："艾克一直想当飞行员，他应该去追寻自己的梦想，我不能成为他的羁绊。"不论女儿说什么，杜德就是不同意艾森豪威尔接受航空任命。艾森豪威尔再三考虑，决定放弃当飞行员。

1916 年 7 月 1 日，在岳父丹佛的家中，艾森豪威尔和玛咪举行了简单的婚礼。结婚这天，艾森豪威尔得到了上级送的与众不同的结婚礼物——他被授予中尉军衔。

婚后，杜德的司机把艾森豪威尔夫妇送到科罗拉多州埃尔杜拉多温泉去度蜜月。他们在那里愉快地玩了两天之后，便乘火车去阿比林与艾森豪威尔的家人见面。艾森豪威尔和玛咪到达阿比林的时候是早上 4 点，戴维夫妇早就在家等着了。他们高兴得连嘴都合不拢，一直盼望有个女儿的老两口，终于有了儿媳妇。看到公公婆婆的笑脸，玛咪感到很开心。她还对艾森豪威尔的弟弟厄尔和弥尔顿说："我非常渴望有个弟弟，现在终于有了。"弥尔顿后来回忆说："那天嫂子玛咪的话，令我非常感动，甚至情愿做她的奴隶！"

从阿比林回到休斯敦后，艾森豪威尔夫妇住进了单身军官宿舍。艾森豪威尔的军饷实在太少，他们只能过简朴的生活。偶尔，玛咪的父母会给他们经济上的支持，但这并没有使他们的生活变得富裕。娇生惯养的玛咪小姐，慢慢地学会了洗衣服、做饭等家务。

艾森豪威尔夫妇非常喜欢结交朋友，经常在家里举行各种社交活动。玛咪用简单的饭食来招待客人，她自己还用租来的钢琴伴奏，大家一同唱流行歌曲。每次活动，家里都热闹非凡，朋友们也都玩得非常高兴，大家都把夫妻俩温馨的家称作"艾森豪威尔俱乐部"。

2 一战的挫折
DWIGHT EISENHOWER

1917 年 4 月 6 日，美国宣布参加第一次世界大战。6 月，潘兴将军率领美国远征军前往法国作战。这次，艾森豪威尔仍然申请参加潘兴将军的远征军，但和前几次的结果是一样的，他的要求再次遭到拒绝。艾森豪威尔仍旧在圣安东尼奥训练第 56 步兵团，此时他已经是上尉了。

为准备参加欧洲战场的战斗，艾森豪威尔认真、紧张地工作着。他带领的第 56 步兵团训练成绩相当突出，赢得了上级的嘉奖，被写进了 201 档案。201 档案是美国军官生涯的官方记录档案，是对军官成绩的最好评价。距离第 56 步兵团开赴欧洲的日子越来越近，艾森豪威尔在为奔赴前线忙碌着，然而这次他去战场的希望又破灭了。1917 年 9 月 20 日，艾森豪威尔突然接到新的任命，上级派他去佐治亚奥格尔索普港的军官训练营担任教官。陆军部又一次把艾森豪威尔派往他不想去的地方，他感到非常沮丧。尽管如此，在新的岗位上，他工作非常认真。1917 年 9 月 24 日，艾森豪威尔的儿子出生了，玛咪给他取名杜德·德怀特，小名叫艾基。儿子的降生令艾森豪威尔很高兴，暂时缓解了他不能上前线的苦闷。

1917 年 12 月 1 日，艾森豪威尔又得到新的任命，到堪萨斯的莱文沃斯堡的陆军后勤学院培训军官。艾森豪威尔在培养后备军官方面表现出来的才能使他离战场越来越远。没有能够上战场，他失望极了，但这次调动使他有机会与爱妻玛咪和儿子艾基相聚几天。

远离战场，对于一个渴望指挥军队、冲锋陷阵的军官来说，是实实在在的挫折。艾森豪威尔非常不甘心，他更加频繁地向陆军部打报告，请求去海外服役。艾森豪威尔屡次请求调动使陆军部副官署署长非常生气，他给驻地司令米勒上校写了一封信，责备艾森豪威尔屡次要求调往海外。收到陆军部副官署署长的信后，米勒狠狠地批评艾森豪威尔说："难道你不明白军人就意味着服从吗？作为一名年轻军官，你应该少说话、多做事，主动要求上前线并不受欢迎。如果你继续这样的话，我将考虑给你处分。"听了米勒的话，艾森豪威尔的脸因愤怒而变得苍白，他气愤地说："长官，我只请求上战场，并没有别的要求。如果我申请为国作战算是违反纪律需要惩罚的话，也不应劳您大驾，而该由陆军部按情况处理。"米勒觉得艾森豪威尔言之有理，便不再说什么了，他决定委派艾森豪威尔去执行一项"特殊的训练任务"。新任务使艾森豪威尔更加沮丧，还没有当橄榄球教练有趣。原来分配给他的任务是监督部队刺杀、柔软体操和操练等体育锻炼。尽管艾森豪威尔很失望，但他还是认真地履行了自己的职责，而且干得非常出色，再次给上司和士兵留下了好印象。有一个受训者曾这样说，艾森豪威尔是最能干、最好的陆军军官之一。他教他们出色的刺杀功夫，能激发起大伙的想象，使他们像亲临战场一样挥剑猛刺。

1918 年 2 月，在莱文沃斯堡的任务突然结束了，他被派往马里兰的米德兰军营任指挥官，参加组建美军第一批装甲部队的工作。接到这一命令，艾森豪威尔非常兴奋，因为这支部队将于 1918 年春季开赴战场。他终于等到了上战场的机会，而且还是带着坦克首次出现在战场上。

米德兰军营是一座旧的、弃置不用的兵营，是南北战争时的遗址。那里工作条件很差，营房破烂不堪，没有训练手册，没有有经验的训练军官，甚至连一辆真正的坦克也没有。工作存在许多困难，一切都要从头做起。所有的坦克手都由艾森豪威尔指挥，在这里进行训练。为了完成任务，艾森豪威尔以身作则，用自己的言行来影响其他人。尽管艾森豪威尔曾坦言，他当时的心情是焦急的、暗淡的，但还是弄到一切材料，把这片南北战争时期的古战场变成了一流的兵营。他的工作卓有成效，到 6 月中旬，艾森豪威尔手下已拥有 1 万名士兵和 600 名军官，但仍然没有一辆坦克。为了提高训练质量，艾森豪威尔到华盛顿的陆军部弄来几门老式的海军加农炮供部下操练使用，他要求每名士兵必须熟练地使用。同时，他又设法搞到一些机枪让士兵训练，把机枪固定在平板卡车上，让士兵们练习在活动的平台上进行射击。经过训练，士兵们的枪法非常准，而且蒙着眼睛都能拆装机枪。后来，陆军部终于弄来了三辆老旧的坦克，坦克训练营才算真正的名副其实了。在艾森豪威尔的指挥下，军营的训练有声有色，这里的火炮射击比南北战争时还猛烈。

在训练过程中，艾森豪威尔严格执行各项纪律。有一次，他手下的一些士兵违反军令偷偷去喝酒。经过调查，他发现是城里一个酒店老板违反禁令私下卖酒给士兵的。那时，卖酒给士兵是被禁止的。艾森豪威尔要求酒店主人以后不要把酒卖给士兵，否则就会采取措施。酒店老板为了赚钱阳奉阴违，艾森豪威尔派卫兵包围了酒店，这样酒店没有办法再做生意了。后来，当地议员和酒店老板来到艾森豪威尔的办公室要求撤兵，遭到他的拒绝。那位议员威胁说："我们是有办法的，你要是一意孤行，我们可以到陆军部要求撤换你。"艾森豪威尔并不担心，他说："你去做好了。我正想到欧洲去，没什么事能比离开这里更让我高兴的了。"议员确实上访了陆军部，但艾森豪威尔不仅没有被解除指挥职务，反而收到了陆军部部长助理写来的一封表扬信。信上说：他为维护士兵利益所做的不懈努力是值得赞扬的，是大家学习的楷模。

艾森豪威尔的工作非常繁忙，无暇顾及自己的妻儿。尽管玛咪对军营的生活不感兴趣，但为了让丈夫不牵挂自己和儿子，她还是前来陪伴丈夫。艾森豪威尔一家住在米德兰兵营的公房里，他们生活得非常快乐。处理完军务，艾森豪威尔经常逗自己的儿子，把襁褓中的孩子举起来逗他笑，偶尔也给孩子换尿布、喂奶。

艾森豪威尔训练坦克部队卓有成效，引起了上级的注意。1918 年 6 月 17 日，他被授予少校军衔。同年 10 月 14 日，是艾森豪威尔 28 岁的生日，他晋升为坦克军团团长，授予中校军衔。为了表彰艾森豪威尔，陆军部奖给他一枚奖章。在表彰令中指出，艾森豪威尔确实胜任教官，在坦克军团的训练中表现出出色的行政管理能力，他训练的部队是美军中最优秀的一支队伍。

工作成绩得到上级的肯定，令艾森豪威尔感到很欣慰。但是，战时身处后方的军人，不管他的工作对前方多么重要，他还是渴望上战场的。于是，艾森豪威尔递上一份又一份的报告，要求到作战部队去。艾森豪威尔终于如愿以偿，获得上级的批准，陆军部命令他于 11 月 18 日启程去法国指挥一支装甲部队。收到命令后，艾森豪威尔把玛咪和艾基送上了回丹佛的火车后，便去为启程做准备了。

当艾森豪威尔接到作战命令的时候，德国已经快要支撑不住了，第一次世界大战即将结束。11 月 11 日，德国人签署了停战协定。消息传来，艾森豪威尔非常沮丧，情绪十分低落，他无法相信参战的梦想就这样被彻底击碎了。作为军人，一名向往战场的军人，他失去了在历史上规模最大的战争中作战的机会，他甚至连来自战场的枪炮声都没有听到过。受到挫折的艾森豪威尔曾生气地对他的同班同学诺曼·兰德尔夫说，他的后半生都得用来解释为什么没有参战。他还说，将来儿子问起他战争的事情，该如何回答；他也不敢想在班级联谊会上谈论战功和战争经历时，他默不吭声地坐着的样子。后来，艾森豪威尔在本宁堡听到一位曾去过法国的年轻军官抱怨："赢了又如何，我在战场上冲锋陷阵，可现在我和战前一样，也没有晋升……"他怒气冲冲地嚷道："有什么好说的，你到过欧洲，参加过第一次世界大战，这就抵得上晋升了。"

人类历史上最可怕的一场战争结束了，整个美国都沉浸在欢乐之中，而渴望上战场的艾森豪威尔沮丧极了。战前，艾森豪威尔整天忙于备战、训练，如今他的工作变成了负责数千名士兵的复员和善后工作，还要负责把坦克部队剩余的一切装备运到佐治亚州的本宁堡。

1919年，为了表彰艾森豪威尔在米德兰兵营训练工作中取得的成绩，艾拉·韦尔伯恩上校提名授予艾森豪威尔优秀军功勋章。在艾森豪威尔眼里，这不是奖章，而是对"一战"期间未能亲临战场的苦涩记忆。

战后美国军队缩减，按照规定艾森豪威尔的军阶也降了下来。1920年7月30日，艾森豪威尔恢复上尉军阶。3天后，他晋升为少校，并在之后的16年一直保持这个军衔。

"一战"结束不到一年，艾森豪威尔遭到接连不断的打击。在米德兰兵营的时候，艾森豪威尔结识了巴顿上校。巴顿是1909年从西点军校毕业的，他和艾森豪威尔一样喜欢体育运动、对军事历史感兴趣。巴顿性格比较孤僻，喜欢我行我素，而且经常大声训斥士兵。他经常在腰里缠着一条子弹带，而且上面插着两把象牙柄手枪。

尽管艾森豪威尔和巴顿性格方面存在很大差异，但他们却一见如故，建立了深厚的友谊。和巴顿的友谊，为他们以后的配合奠定了良好的基础。那时，他们都负责建立美国远征军坦克部队。他们一致认为，坦克是高效、可靠的毁灭性武器，只要事先侦察好地形，坦克就可以依靠快速移动能力和强大的火力突破敌人的防御阵地，制造混乱，然后进攻敌军的侧翼。1920年，艾森豪威尔和巴顿都在声望很高的《步兵季刊》上发表文章，阐述他们在坦克作战方面的见解。艾森豪威尔在《论坦克》中说，坦克尚处于幼年阶段，改进技术后的坦克会具有强大的杀伤力，它将代替拙劣的战车；在未来的战争中，由坦克来包围敌人，或者消灭他们，或者以微小的代价为步兵打开通往决定性胜利的道路。对当时的步兵指挥官来说，步兵是"战争女皇"，长期以来一直是战争的决定性力量，艾森豪威尔的观点就是异端邪说。步兵长官查尔斯·S.法恩斯沃思少将不喜欢坦克，也不喜欢指挥坦克的人。他召见了艾森豪威尔，并命令他以后不能再发表任何与步兵法则不协调的言论，否则将送他上军事法庭。作为一名下级军官，艾森豪威尔服从了命令。

艾森豪威尔最大的麻烦并不是查尔斯·S.法恩斯沃思，而是房子的问题。1921年，在米德兰兵营任职的时候，艾森豪威尔和玛咪每月领取

250.67 美元的住房补贴。这是国家对住私房军官的补贴，而那时他们住的是米德兰兵营的公房，他们领取这笔钱是违反制度的。陆军总检察官调查出此事的时候，艾森豪威尔说他事先并不知道，并立即如数退还了所领的钱。然而陆军副总检察官海姆里克准将却认定他是明知故犯，坚持要起诉他。为此，艾森豪威尔差一点儿被开除军籍，甚至还会坐牢。这件事情拖了半年多才解决，令艾森豪威尔苦不堪言。

1921 年 1 月 2 日，死神降临在艾森豪威尔家中。他不到 3 岁的儿子艾基突然患猩红热夭折了。失去艾基，艾森豪威尔夫妇心都碎了，内心的谴责和怪罪曾使两人关系一度紧张。玛咪在给母亲的信中这样说，她和艾克整夜睡不着觉，有时候会互相怨恨，都不知道如何是好。艾森豪威尔夫妇都尽量避免谈到艾基的死，直到 1967 年艾森豪威尔才在他的回忆录里写道：失去了第一个儿子是我生命中最大的灾难，他的死给我留下了永久的伤痕。

家庭、事业的双重打击，使艾森豪威尔开始怀疑自己的选择。他想起中学毕业时预言家的话，说他不会有太大的出息。他甚至开始考虑是否退出部队，与他的兄弟们一起奋斗。当时，艾森豪威尔的兄弟们挣的钱都比他多。阿瑟在堪萨斯的一家大银行当副总裁；埃德加是著名的律师；罗伊在堪萨斯当药剂师；厄尔在宾夕法尼亚当工程师，连最小的弟弟弥米顿也是农业部的一位高级官员。尽管艾森豪威尔觉得兄弟们的前途都比他的光明，但最终他还是没有动摇。

乌云散去总会重见天日，艾森豪威尔终于时来运转了。1922 年，他被派往巴拿马运河区。职务虽然很普通，但幸运的是，他将在美军中最有学问的将领——福克斯·康纳少将的领导之下工作。康纳将去巴拿马运河区负责指挥第 20 步兵旅，他选中了艾森豪威尔当他的助手。潘兴将军很快批准了康纳的要求，并颁发了委任状。

3　康纳将军的赏识
DWIGHT EISENHOWER

接到陆军部的委任状后，艾森豪威尔和坦克部队挥泪告别。他离开了米德兰军营，准备去巴拿马。1922 年 1 月，艾森豪威尔和玛咪抵达巴拿马，艾森豪威尔开始了他第一次在国外服役的生活。巴拿马驻军的任务是保护运河区，维护治安。艾森豪威尔所在的兵营叫盖拉德兵营，这个连接大西洋和太平洋的兵营是一座位于山顶的、孤立的军营。这里的生活条件极差，兵营的房子是开凿巴拿马运河时修建的，现在已经破旧不堪。艾森豪威尔夫妇被安排在康纳夫妇隔壁的房子里，这是一间好多年没有人住的两层棚屋，已经腐烂不堪了。巴拿马的气候潮湿，雷雨频繁。只要下雨，雨水就会顺着屋顶和四壁往里流。而雨过天晴后，屋里潮气蒸腾，像在蒸桑拿。玛咪回忆那时的生活时说："生活在巴拿马就好像生活在火星上一样，可怕的高温和潮湿让人烦躁，屋里的老鼠、蟑螂、臭虫、蝙蝠闹得人无法安心。我们住下的第一天晚上根本没有办法入睡，因为有一只老鼠叫了一整夜。我们睡的军用帆布床每周都得整理一次，每次我都把床腿放在煤油罐里，然后点着一张纸把臭虫熏出来。我经常用床单蒙在身上，看丈夫穿着睡衣拿着剑追蝙蝠，直到一剑刺下去。现在想起来，我还经常嘲笑丈夫那时勇敢挥剑的经历，但在当时那并不是一件好笑的事情。"

不久以后，玛咪就和住在隔壁的康纳夫人弗吉尼亚成了好朋友，她给了玛咪很多生活上的帮助。尽管玛咪不喜欢巴拿马潮湿炎热的气候，但受弗吉尼亚的影响慢慢适应了环境。玛咪每天都去拜访康纳夫人，把她当做知己。当康纳夫人得知因艾基的死使夫妻关系变得紧张时，她总想办法缓解玛咪的焦虑，为玛咪提供一些建议。在康纳夫人的帮助下，玛咪恢复了往日的活泼和快乐。玛咪的情绪感染了艾森豪威尔，他们之间的感情逐渐升温，不久玛咪又怀孕了。1922 年 8 月 3 日，玛咪生下了第二个儿子约翰，这给艾森豪威尔和玛咪带来了莫大的快乐。约翰的出生，减轻了艾森豪威尔夫妇因艾基的夭折带来的痛苦，为夫妻的感情注入了新的活力。这一次，夫妻俩特别小心，玛咪都快要把孩子含在嘴里了，她生怕再有什么闪失。后来约翰也说，玛咪过分地疼爱他，关心得几乎令他透不过气来。而对孩子非常严厉的艾森豪威尔，从来都不打约翰，总是像母亲当年教育他那样教育孩子。有了约翰之后，一家人又恢复了往日的快乐。

在和康纳将军的交往中，艾森豪威尔受到很大的帮助和影响。对艾森豪威尔来说，康纳既是他的上级又是他的老师、朋友。艾森豪威尔经常和康纳到野外去侦察，他们有大量时间交谈。晚上，两个人在草地露宿，坐在篝火边，继续交谈。艾森豪威尔说："天啊，上帝，我们经常会热烈地争论。我们睡在同一顶帐篷里，我的烟瘾很重，他也一样。所以，在夜里我们会起床，点上一支烟，继续聊天。"康纳非常关心自己的下属，他帮助艾森豪威尔忘记艾基给他带来的痛苦，劝他别把因坦克理论而遭受的冷遇放在心上，要抓住机会学习军事理论知识。

康纳对艾森豪威尔的要求非常严格，他认为艾森豪威尔应该认真阅读军事史，探索新的军事理论，提高自身修养。因此他要求艾森豪威尔阅读大量的历史小说、军事著作。每当艾森豪威尔读完一本军事著作后，康纳还会不停地提问。康纳总会问："艾克，你已经了解了作品中描写的军队是如何战斗的吗？那些将领的决策是怎么做出来的呢？当时还可能有其他的选择吗？为什么他们赢得了战争？如果面临那样的情况，你会怎么做？"刚开始的时候艾森豪威尔不能完全准确地回答康纳，但很快就能非常完整地回答康纳的提问了。这样，在康纳将军的严格要求下，艾森豪威尔读了大量的军事、历史方面的书籍，并掌握了其中的精髓。后来在康纳的引导下，艾森豪威尔还把克劳塞维茨的《战争论》读了三遍，并领会了克劳塞维茨每一句格言的真正含义。在读《战争论》的时候，他还常常有意识地去设想，在当时的军事形势下如果是他该怎么做？有一次，艾森豪威尔和一名士兵在丛林的小路上骑马前行，他们和马都掉进了沟里，这时康纳平时对他的训练发挥了作用。艾森豪威尔机警地跳开，这使他避免了在泥潭中丧命的可能。而那名士兵则深深地陷在了泥潭里，拼命挣扎着，差点儿被活埋了。艾森豪威尔冷静地命令士兵不要乱动，他从容不迫地用绳子把士兵解救了出来。

在康纳的严格监督下，艾森豪威尔的进步很大，但是康纳并没有放松对他的要求。为了让他从各方面得到锻炼，康纳要求他每天写一条战场命令给部队实施。经过训练，艾森豪威尔准确、熟练地掌握了准备和发布命令的技术。在巴拿马，康纳教给艾森豪威尔军事史真正的含义和价值，博学的康纳是艾森豪威尔探索军事艺术的导师，他造就了艾森豪威尔的整个军事事业。正如一份报告里说的那样：康纳将军将艾森豪威尔置于自己的监护之下，他成为只有一名学生的军事教授。1964年，艾森豪威尔在卸任总统时曾说，福克斯·康纳是他认识的最有才干的人。

康纳时常鼓励艾森豪威尔说："艾克，你会有发展前途的，总有实现自己愿望的一天，不要放弃！"康纳深信世界大战是不可避免的，他说，由于《凡尔赛条约》的缺点，也许 15 年，也许 30 年，战争将会再度爆发。这将是一次新的世界大战，到时美国将与盟国一起作战，并让艾森豪威尔有所准备。康纳的预言深深影响了艾森豪威尔，他觉得在军队服役有了特殊的意义。

康纳非常关心艾森豪戎尔今后的发展方向，建议艾森豪威尔想尽一切办法去乔治·C. 马歇尔上将手下工作。马歇尔于 1880 年 12 月 13 日出生于宾夕法尼亚州的一个矿业主家庭。儿时的他十分顽劣、不求上进，挨了父亲不少打。他的父亲曾经参加过美国南北战争，因为没能成为一名军官，所以他一直很遗憾，希望儿子能完成自己的夙愿。17 岁的时候，马歇尔被父亲送进了弗吉尼亚军事学院。在父亲的帮助下，马歇尔一毕业就获得了陆军少尉军衔，而且在有名的陆军军官——美国驻菲律宾总督老麦克阿瑟手下服役。

第一次世界大战期间，马歇尔在潘兴将军手下服役，军衔是上尉。马歇尔说话平稳，为人谦逊，不轻易表扬人，严格地超党派，不愿意介入政治纠纷。康纳说："我和马歇尔曾同在潘兴将军手下工作过，马歇尔在美国远征军中很有名气。他具有指挥协调未来战争的艺术，精于安排盟军部队的技术，是一个十足的天才，你在他麾下工作一定会学到很多东西。"为了鼓励艾森豪威尔，康纳将军对他说，他指挥战争的话也会和马歇尔一样出色。康纳在 1924 年艾森豪威尔的考核报告中写道："艾森豪威尔是我所见过的最能干、最忠诚、效率最高的军官之一。"

1924 年秋，康纳被调回华盛顿担任陆军参谋长的首席副官。此时艾森豪威尔也接到调令，他非常高兴，心早就飞了回去。然而，当他打开调令时心都凉了，因为陆军部又把他重新派回米德兰军营担任橄榄球教练。幸运的是，在一个赛季结束之后他又被任命去指挥一个坦克营。而此时，艾森豪威尔不想再从事以前的工作，因为服役 9 年的艾森豪威尔还没有正式进修，没有参加步兵学校的学习，仅仅接受过正式的坦克学习，所以特别希望能进入利文沃思堡的指挥参谋学院学习。他试图拒绝这份调令，准备向陆军部申请进军校深造。这时，康纳将军给艾森豪威尔写了一封信，信上说：

DWIGHT EISENHOWER

艾克：

无论陆军部给你下达什么命令，决不要提出异议，先一声不响地接受下来。

康纳

看了康纳的信，艾森豪威尔接受了陆军部的任命。但是没几天，艾森豪威尔被调入副官署署长办公室，并被派到科罗拉多去负责招募新兵。艾森豪威尔非常生气，但他还是不动声色地接受任命。对这一任命艾森豪威尔很气愤，但他的妻子玛咪却非常高兴。因为科罗拉多在她的娘家丹佛市郊，如果丈夫接受任命，他们一家就可以在一起度过好几个月。

艾森豪威尔服从命令后，康纳将军利用在陆军部的种种关系说服了副官署长，推荐艾森豪威尔去军校深造。其实康纳并不知道步兵长官已经向陆军部提交了一份名单，推荐有资格的步兵军官参加指挥参谋学院 1925—1926 年的学习，而且名单中就有艾森豪威尔的名字。终于可以到利文沃思堡的指挥参谋学院学习了，这对艾森豪威尔来说是千载难逢的机会，也是一次巨大的挑战。这所学校是总参谋部的直属院校，是最有权威的军事学院，只要艾森豪威尔在毕业的时候取得优异的成绩，就会获得晋升的机会。否则，他将与步兵军官无缘，只能去当一名橄榄球队的教练。艾森豪威尔欣然接受了这次挑战，1925 年 8 月，他满怀信心地去利文沃思堡报到。

为了培养能胜任各种工作、帮助司令官做决定的合格参谋军官，1881年，威廉·T. 谢尔曼将军创办了利文沃思堡参谋学院。艾森豪威尔来进修的时候，该校叫做指挥参谋学院，后来又改成美国陆军指挥参谋大学，它是美国陆军职业军官最重要的一所军事学院。从该校毕业的学生，都会有升职的机会。道格拉斯·麦克阿瑟、乔治·C. 马歇尔、巴顿等都是从该校进修毕业的。马歇尔曾说，利文沃思堡是成功的光荣标志，没有它，任何军官都不可能有出任高级指挥官的机会。指挥参谋学院不像西点军校，学校的老师是一群掌握权威理论的人，对他们来说，学院所传授的东西是神圣的。

进利文沃思堡参谋学院对学员来说，不仅是一种奖励，而且是一种鞭策。入学后，艾森豪威尔不敢有丝毫懈怠，因为利文沃思堡参谋学院的竞争非常激烈。与他同一年入校的 275 名学员，都是上级亲手挑选的精英，并且代表着各军种的荣誉。

参谋学院一天的生活是紧张的，课程安排得很密，而且需要在课外进行大量的学习。除了安排培养合格的参谋军官的课程外，考验学生的勇气也是学院的课程。为了选拔出最优秀的人才，学院的各种训练几乎完全接近实战条件。这种训练通过施加巨大的压力，使学员能在复杂多变的战场环境下，克服身体的疲惫和精神的紧张迅速进行思考并做出明智的决定。有一项在陌生环境中的骑马训练，其他学员都要花大量的时间，在利文沃思堡周围的田野里练习才能解决问题，许多人都非常痛恨这种训练；而对艾森豪威尔来说，这只不过是普通的练习，因为在康纳将军手下任职的时候，他曾在巴拿马丛林里严格地训练过。紧张的训练让人几乎精神崩溃，以至于偶尔会有人承受不了压力而自杀。有个同学曾开玩笑说，他们班一起决定，如果谁想自杀，一定要先杀一个教官。

学生们每天都要进行野战训练、开会、讨论和研究地图，为此经常学习到深夜。学院的学习很紧张，竞争非常激烈，但艾森豪威尔有一套轻松的学习方法来应对巨大的压力。艾森豪威尔不像大多数学生那样熬夜，他每天晚上只学习到 9 点半就上床睡觉。他说，他宁愿在每天早晨头脑清醒的时候学习，这样效率更高。

学员们主要有组成非正式的学习小组、找一个同伴一起学习、自己一个人学习三种学习方式。其他学员基本上都参加由 4 到 8 人组成的学习小组，而艾森豪威尔拒绝参加，他觉得集体学习浪费时间，他不愿意把时间花费在谈论和辩论上。不过，他和一名来自萨姆·休斯敦堡的老朋友伦纳德·杰罗一起学习。他们在艾森豪威尔家的二层阁楼里建立了一个"模拟指挥所"，"指挥所"的墙壁上挂满了地图，书、笔记、钢笔、铅笔随意地扔在一张桌子上，书架上摆满了各式各样的参考书。每天晚上，两位军官伏在桌上，用帽檐遮住灯光，在"指挥所"里查阅地图、看参考书或者研究战术。这间研究室不许任何人随意进入，连家人也不例外。有一天晚上，3 岁的约翰想看看爸爸和杰罗叔叔为什么忙到这么晚，他们到底在做什么？好奇的他爬上楼梯，却什么也没有看明白。后来约翰说："我隐约记得那个晚上，我看到父亲和杰罗叔叔在一张大桌子上写写画画。我太小了，看不到桌上放的东西，便好奇地盯着墙上的那些地图。爸爸和杰罗叔

DWIGHT EISENHOWER

叔发现我后，笑着把我抱进去，但是不到半分钟就把我哄下了楼。"后来艾森豪威尔在回忆自己在利文沃思堡的一年时说，他们在"模拟指挥所"学习比在课堂上还要聚精会神。除了和杰罗一起学习外，艾森豪威尔经常去听政府官员和军队将领们做关于世界形势的报告。艾森豪威尔说："我觉得听他们的报告，能让我视野开阔，学到更多的军事知识。"

星期六和星期天没有课的时候，艾森豪威尔也会适当地放松自己。这时，他们的"艾森豪威尔俱乐部"又重新活跃起来。学院里的许多教员和同学都会到他家里来，他们一起聊部队的趣事、聊自己的孩子等等，说不完的家常话。没有了教官和学员之间的界线，没有了学员间的激烈竞争，他们相处得非常愉快，就像生活在一个亲密的大家庭一样。

经过紧张的学习，1926 年 6 月，艾森豪威尔顺利完成了学业，并且取得了第一名的好成绩。上级给他的毕业评语是：艾森豪威尔是名有才能和前途的军官。祝贺的电函像雪片一样纷至沓来。康纳将军为他感到高兴，艾森豪威尔的岳母也非常兴奋，来电说："孩子，我真为你自豪，现在我逢人便可以夸奖我的女婿了。"而艾森豪威尔的大哥阿瑟为了庆祝艾森豪威尔和杰罗顺利毕业，在堪萨斯城的旅馆举办了一场喧闹的、值得纪念的庆祝晚会。接到亲朋好友的祝福，艾森豪威尔的妻子玛咪高兴得快要晕倒了。她说，她知道艾克一定会得第一名的，但是当他真的拿了第一名的时候，心中还是很兴奋。取得好成绩，艾森豪威尔非常高兴。他说："能取得这样的好成绩，我十分感谢玛咪在学习期间对我无微不至的关怀和照顾，感谢巴顿给我的帮助，更感谢康纳将军的谆谆教诲。"

艾森豪威尔以优异的成绩从指挥参谋学院毕业之后，并没有立即得到晋升。康纳将军把他推荐给潘兴将军，此时，潘兴已从陆军参谋长位置卸任，担任欧洲作战纪念委员会主任。潘兴委派给艾森豪威尔的工作是编写"一战"期间的战争手册，要求 6 个月完成。幸运的是，艾森豪威尔有弟弟弥尔顿的帮助，他在政府部门工作，擅长新闻采访。在他的协助下，艾森豪威尔很快就轻松地完成了任务。当他按时上交了欧洲战争手册时，潘兴将军非常高兴，表扬艾森豪威尔说："你恪尽职守，运用非凡的智慧有效地完成了全部工作，而且在许多细节方面做得非常好。"作为对艾森豪威尔工作的嘉奖，潘兴将军推荐他进麦克奈尔陆军大学深造，这是一所军官进修的最高学府。1928 年 6 月，艾森豪威尔从陆军大学毕业。至此，38 岁的他才完成了陆军一系列的正规军事教育。

从陆军大学毕业后，艾森豪威尔重返作战纪念委员会工作，被派往法国出差一年。1928 年 8 月，艾森豪威尔一家抵达巴黎，居住在塞纳河左岸一套公寓里。白天玛咪把约翰送到麦克珍妮特学校后，她就去疯狂地购物，而艾森豪威尔则在办公室辛勤地工作。他不止一次到那些进行过重大战役的地方实地考察，这使他对"一战"中重大战役及地形了如指掌，直到"二战"的时候，他都清楚地记得这些地方的战争细节。

在巴黎的美国人社区里，"艾森豪威尔俱乐部"很受欢迎，人们在这里聊天、打牌、跳舞、听音乐，玩得非常高兴。艾森豪威尔在巴黎的 15 个月很快就轻松地过去了。1929 年 9 月，艾森豪威尔一家离开巴黎的时候，很多人聚在码头上，为他们举行欢送仪式，朋友们送的礼物和鲜花将船点缀得非常漂亮。

4 在陆军部
DWIGHT EISENHOWER

经过两个月的海上航行，1929 年 11 月，艾森豪威尔一家从欧洲回到华盛顿。艾森豪威尔被安排在陆军部助理部长办公室工作，主要负责制定下一场战争中美国工业和人员的动员计划，这项工作与世界形势极不合拍。1930 年，美国的证券交易所倒闭，经济危机爆发。人们被经济危机搞得焦头烂额，没有谁会去考虑可能发生的战争。但美国政府不得不考虑国际形势，在欧洲，德国法西斯上台执政；国际舞台上，政治力量越来越清楚地形成了新的对比。万一发生世界性的冲突，而且美国参加战争的话，首先面临物资短缺、人力短缺等问题。为了解决这些问题，美国制定了让工厂扩大生产量的计划，艾森豪威尔花了大量的时间和大企业家交换意见，让他们把自己的工厂由平时生产转为战时生产。然而，忙于对付经济危机的资本家一心只想着如何尽快推销堆积如山的商品，几乎没有一个认真地对待艾森豪威尔少校。对他们而言，现在讨论将来甚至不可能发生的战争是非常可笑的。

艾森豪威尔在陆军部助理部长办公室的顶头上司是莫斯利，他曾当过

DWIGHT EISENHOWER

潘兴将军的军需主任，是麦克阿瑟的好朋友。他的政治思想极为偏激，经常说一些激进的话，甚至提出陆军部应该把所有的激进分子都抓起来，用船运到苏联去。艾森豪威尔与莫斯利相处得非常好。在他看来，莫斯利并不是军国主义者，而是一个爱国者，一个精明、知人善任的军官。艾森豪威尔和莫斯利的工作都非常出色，但是陆军部参谋长查尔斯·史沫莱尔将军对他们的工作很蔑视，他甚至下令，禁止任何工作人员进入乔治·范·霍恩·莫斯利少将和艾森豪威尔的办公室。

与工作相比，艾森豪威尔的生活是非常舒适的。回国之后，他们一家住进了怀俄明公寓。由于经济危机，艾森豪威尔的薪水减少了，但全国物品的价格也有所下降，他们一家日子过得还是比较惬意的。最让艾森豪威尔开心的是，他们能与弟弟弥尔顿一家待在一起。弥尔顿在民主党政府里担任高级官员，社交活动十分频繁，但是兄弟俩经常会抽时间坐在一起舒心地聊天，艾森豪威尔开始进入弥尔顿的社交圈。这时，艾森豪威尔才发现自己和弥尔顿之间的不同。弥尔顿圈子里的人，唯一不变的话题就是政治，而艾森豪威尔对此并不感兴趣。他更多的是强调作为一名军人，他所应该承担的责任。

弥尔顿坚信自己的哥哥艾克一定会有所作为的，所以他把艾森豪威尔介绍给政府官员、内阁成员、新闻记者认识。在向记者作介绍的时候，弥尔顿说："这位是艾森豪威尔少校，是我的哥哥。他以后一定会飞黄腾达的。"华盛顿上流社会的人都知道了弥尔顿有个当大兵的哥哥。通过和艾森豪威尔的交谈，这些记者、官员们都认可弥尔顿的看法，觉得艾森豪威尔不简单，他一定会有所作为的。

1930 年 11 月，麦克阿瑟就任美国陆军参谋长，取代了史沫莱尔在陆军部的职务。麦克阿瑟，生于将门之家，他的父亲老麦克阿瑟曾担任入侵菲律宾的美军司令。麦克阿瑟从小就认为自己会成为像父亲一样的人，他觉得这是命中注定的。13 岁的时候，他进入西得克萨斯军校，经过四年的学习，以优异的成绩毕业。随后，他又进入西点军校。从西点毕业后，他被派往菲律宾当父亲的随从参谋。在"一战"中，麦克阿瑟是授勋最多的军官之一。"一战"后，他被任命为西点军校的校长。为了使西点成为现代化的军校，他实施了一系列的改革措施，为此被誉为"西点之父"。1925 年，他被擢升为少将，成为美国最年轻的将军。

　　麦克阿瑟是陆军部有史以来最年轻的参谋长，他像一股清新的空气令陆军部助理部长办公室恢复了生机。同年，美国国会成立了"战争政策委员会"，主要负责制定陆军部的秘密动员计划，即在战时应遵循的政策，如何在战时利用关键工业，如何平均负责战争费用等。麦克阿瑟接到由他负责制定这项计划的通知后，把任务交给了艾森豪威尔和莫斯利。两人的工作进展得十分顺利，他们很快就提交了一份议题广泛的文件。1930 年年底，他们交出了详细、全面的计划。这份计划包括义务兵役、价格控制、对外贸易、控制民用工业的必要手段以及建立专门的政府高级机构对工业、人力和公共关系实行集中领导等重要问题。另外，在给麦克阿瑟的报告中，艾森豪威尔详细地分析了计划中的问题，并提出了解决问题的相关建议。麦克阿瑟看了计划书和报告之后，非常满意，做出了提拔莫斯利当副参谋长的决定，并召见了艾森豪威尔。虽然这次见面并没有为艾森豪威尔带来任何利益，但总参谋长已经注意到了他。

　　1931 年春，"战争政策委员会"就这一计划举行公开听证会。各行各业的企业家纷纷来到陆军部预先讨论他们的问题，麦克阿瑟通知他们去找艾森豪威尔讨论计划。出席这次会议的都是地位显赫的人，几乎没有人赞成艾森豪威尔的计划。他们说："现在，谈战时征用一切产业的主张简直是天方夜谭。"对艾森豪威尔而言，公开听证会是一次重要的经历，非常有意义。正是这次讨论会使艾森豪威尔有机会和工业界的巨擘们进行工作接触，对美国工业方面的问题有了一些了解，他甚至对美国的国情、经济实力、资本家对战争的态度等都了如指掌。

　　艾森豪威尔参加这一工作，最直接的好处就是可以与麦克阿瑟接触。艾森豪威尔给这位参谋长留下了深刻的印象，麦克阿瑟对他非常满意，并开始让他为自己起草一些演讲稿、报告和信件。1932 年，艾森豪威尔替麦克阿瑟起草了一份报告。在对这份报告的批语中，麦克阿瑟对他倍加赞扬，他写道："亲爱的艾森豪威尔，你写得非常好，远比我写得精彩，深表感谢。"在后来的工作中，麦克阿瑟多次表扬过艾森豪威尔。他还在艾森豪威尔的考绩报告中说，他是一位非常出色的军官，精力充沛、判断力强，在他的同辈中，没有人能胜过他；在下一场战争中，他应立即登上领导岗位。

　　麦克阿瑟是一个个性张扬的人，非常引人注目，无论走到哪里，都会有记者跟在他后面。他总是故意对当前最敏感的问题发表公开谈话，因此，他的见解和行为经常成为报纸的头条新闻。他喜欢搞政治，从不隐讳自己的政治野心，很多人都知道他愿意被提名为总统候选人，但他从没有在政治上取得成功。在美国，军队不允许以任何形式介入政治，军队和军官应超越政治，而麦克阿瑟不这样。对此，艾森豪威尔非常沮丧。尽管因为政治问题他们之间存在分歧，但艾森豪威尔还是从麦克阿瑟身上学到了很多东西。麦克阿瑟从来都不教导艾森豪威尔如何工作，他总是用自己的言行影响艾森豪威尔。当他在某个问题上表明自己的立场后，便固执地坚持自己的立场。麦克阿瑟会考虑问题的所有细节，然后有条理地摆事实来坚持自己的论点。在后来的工作中，艾森豪威尔总是不自觉地效法麦克阿瑟。他曾在回忆录里这样描绘麦克阿瑟：他是一位果断、有风度、知识渊博的将军，记忆力非凡，他只要看一遍演讲稿或报告，就能逐字逐句地背出来。

1932 年夏季，美国发生了退伍军人请愿事件，这是艾森豪威尔在总参谋部经历的最惊心动魄的事件之一。这次事件让他清楚地看到了卷入党派政治带来的后果。

这年 7 月，第一次世界大战时期的老战士要求改善生活条件而举行了游行示威。两万多失业的退伍军人聚集在华盛顿街头，要求政府发放参战退役金。请愿者没有地方居住，他们就住在离白宫不远的宾夕法尼亚街上弃置不用的楼房里，有的甚至住在用捡来的材料、铅皮桶和旧木板搭成的可怜的小棚屋里。他们说，只要政府发齐他们的退役金就撤离。老兵请愿刚好发生在华盛顿和其他地方的抗议活动的同时，一些共产主义者参与了他们的行动。在政府看来，老兵请愿是共产党的阴谋叛乱，是煽动革命的罪恶行径。麦克阿瑟认为这次运动非常危险，说退伍军人里渗入共产党，他们想通过退伍军人的游行进行革命行动。而艾森豪威尔却有不同的看法，他说，请愿者中大多数人也许受到一些煽动者的蛊惑，但他们都是安分守己、穷困潦倒、无家可归的老兵而已。后来，麦克阿瑟想尽一切办法证明请愿者与共产党的关系，他让全国各地的高级军官向他提供与请愿者一起进军华盛顿的共产党人的名单，结果没有一个人知道。尽管缺乏证据，政府还是决定用暴力把退伍军人赶走。

7 月 27 日，政府对华盛顿警察局下达驱逐令。第二天早晨 9 点，警察开始驱逐行动。哥伦比亚警区的警察想把废弃大楼里的老兵赶出来，他们与退伍军人发生了暴力冲突，向手无寸铁的老战士开枪了。为了自卫，退伍军人用砖头砸人。暴力冲突的结果导致两名老兵死亡、多名受伤，有好几名警察也受了伤。局面一片混乱，政府认为警察已经无法控制局面，于是派联邦军队介入驱散老兵的行动，麦克阿瑟亲自去游行地点指挥。出发前，艾森豪威尔突然意识到军队不该参与行动，于是他提醒麦克阿瑟说："将军，这不是大规模的军事行动，只不过是一场骚乱而已，您没有必要亲自前往。"麦克阿瑟不耐烦地说："艾森豪威尔，你有更好的建议？"艾森豪威尔毫不犹豫地说："将军，您去很可能会损害政府和军队的威望。而且老战士……"没有等艾森豪威尔说完，麦克阿瑟就生气地打断他说："共产党人对政府虎视眈眈，就要爆发革命了。此刻，国家处于危急之中，我必须前往。"其实，麦克阿瑟心里在想：这次要是立功又会风光一回。他兴奋地说："老兵中肯定有共产党，我一定会亲自解决问题的。艾森豪威尔，马上穿上制服和我一起去，这是历史赋予我们的神圣使命。"

当麦克阿瑟参谋长和艾森豪威尔等人出现在请愿现场时，几十个摄影记者抓住机会，拍下了对比鲜明的照片。照片上，麦克阿瑟身穿制服，腰系武装带，足登锃亮的马靴，胸前还挂满了勋章，显得特别神气；而艾森豪威尔和其他一些下级军官，外套上都没有戴勋章。在记者所拍摄的照片上，兴高采烈的麦克阿瑟身边站着的却是神情沮丧的艾森豪威尔。

在麦克阿瑟的参与下，军队很快驱散了退伍军人，他们连老战士的棚屋也烧毁了。有人这样描述那个夜晚：老兵在黑夜里逃窜，他们身后是火的海洋；被驱散的老兵，一个个污泥满身、衣衫褴褛。事情平息后，麦克阿瑟准备参加记者招待会，艾森豪威尔劝他说："将军，这次行动是政界的命令，而不是军界的决定，我认为只应该由政界官员向报界发表谈话，您应该回避。"但麦克阿瑟不肯放弃这次抛头露面的机会，他根本不听艾森豪威尔的劝说。他毫不犹豫地参加了午夜的记者招待会，并肆无忌惮地对记者吹嘘："那些让人讨厌的暴徒，死有余辜……是我把国家从萌芽的叛乱中拯救了出来！"

美国军警对退伍军人的残酷镇压，受到舆论的强烈谴责。在人们心中，麦克阿瑟是个十分残暴的人。然而，麦克阿瑟拒绝承认自己所犯的错误，他把不利于自己的宣传都推到了共产党人的身上。麦克阿瑟是个顽固

DWIGHT EISENHOWER

的人，他认为一个高级指挥官决不能承认自己的错误，要不惜一切代价维护其在公众中的形象。这件事使艾森豪威尔更害怕极端主义，总是本能地回避各种争论。

第二次世界大战开始前，血洗老战士是艾森豪威尔参加的唯一的"军事"行动。尽管艾森豪威尔因此被授予了一枚奖章，但是他称这次行动为"令人鄙视的一幕"。艾森豪威尔的一位传记作者这样写道：艾森豪威尔少校已经逐渐成熟，在血洗老战士的时候，他曾多次劝说麦克阿瑟不要参与镇压行动。事后，他还巧妙地躲避了记者的采访。

在这一事件过去 7 个月之后，即 1933 年 2 月，麦克阿瑟调任艾森豪威尔做他的私人助理，负责起草信件、讲演稿，并准备参谋长的年度报告。艾森豪威尔在报告中列出了军队的三个缺陷：第一次世界大战剩余下来的装备陈旧，而且还在不断遭到损坏；陆军没有钱，无法购置新研制的伽兰德半自动步枪，所以只能继续使用 1903 年装备的斯普林菲尔德步枪；1934 年，部队只有 12 辆"一战"后的坦克。此外，他还提出扩军备战的建议。对于艾森豪威尔的工作，麦克阿瑟非常满意。他很赞同报告中的观点，为了求得政府拨款购买坦克和更新装备，麦克阿瑟甚至与罗斯福总统吵闹，但收效甚微，政府仍然按照大力削减的预算进行工作。因为经济危机的影响，1933 年 3 月，罗斯福总统开始实行"新政"。美国的军费预算到 1935 年的时候是 2.84 亿美元，比 1933 年少了 0.2 亿美元。美国军队完全缺乏准备，而此时德、意、日等国已经迅速开始扩军备战。政府没有重视这份报告，以至于在后来的战争中付出了惨重的代价——无数军人的生命。

罗斯福总统实施"新政"初期，陆军部的日子并不好过。艾森豪威尔总是赞扬海军的晋升制度，抱怨陆军的晋升制度，他又一次动了离开部队的念头。尽管艾森豪威尔的名字一般公众并不知晓，却受到来陆军部采访的记者们的注意。一家报纸请他担任军事编辑，年薪 2 万美元左右。这对一个每年只拿 3 000 美元的军官而言，是极具诱惑力的，艾森豪威尔大为动心。这份工作不仅可以使他继续留在华盛顿，与亲戚和朋友一起生活，而且可以让他准确地对美国的军事和海外的威胁作出评价。但是经过再三考虑，艾森豪威尔战胜了高薪的诱惑，最终还是留在了军队里。

渴望上战场的他时时记得康纳将军的预言：不久世界将会爆发战争，而且规模比"一战"还大。德、意、日重新武装的事实，使他确信这场战争已经不远了。于是，他迫切地想离开华盛顿和总参谋部，作为战斗兵种的军官到部队里去做一些具体工作，但是麦克阿瑟不放他走。

1935 年，麦克阿瑟的参谋长任期满了，艾森豪威尔盼望着派他到野战部队去服役。然而，现实还是给了他当头一棒，他将担任麦克阿瑟的助理一同前往菲律宾。1935 年，美国国会通过了让菲律宾实行联邦政体的决议。奎松总统和国民党领导的菲律宾联邦政府需要一支军队，他们希望在1945 年美军全部撤离菲律宾之前，建立起自己的军事力量，以保卫国土。麦克阿瑟和奎松是好朋友，而且他曾经有过与父亲一起在菲律宾工作的经历，于是，奎松邀请麦克阿瑟到马尼拉去当他的军事顾问，负责建立一支军队。麦克阿瑟说，要是没有艾森豪威尔的帮助，他将无法进行工作。于是，麦克阿瑟要求艾森豪威尔与他一同前往菲律宾。

5 菲律宾的日子
DWIGHT EISENHOWER

1935 年 9 月末，艾森豪威尔离开华盛顿，和麦克阿瑟一起登上西行的火车去旧金山，他们从那里搭船来到了菲律宾。

在菲律宾，艾森豪威尔参加了组建空军、建立军事学校、组织城市居民进行军事训练、制定岛国的国防计划等，这是一项很有意义的工作。因为这时日本退出国联，德国人也违反了"一战"后签订的《凡尔赛和约》中关于军备的规定，开始大规模地重整军备。这些危险信号表明，不久以后就会爆发战争。

闲暇之余，艾森豪威尔偶尔会打桥牌、玩高尔夫球。菲律宾总统奎松是个牌迷，每个周末，他都会邀请艾森豪威尔一起打牌。艾森豪威尔能博得总统的好感，不仅仅是因为他的牌技，他的坦诚、对军事的独特见解更能吸引总统的目光。奎松总统曾多次赞扬他："在他的全部优秀品质中，我最称颂的是他的坦率、诚心诚意。不论何时向艾克征求意见总会得到答复，答案可能会让我不满意，但是得到他的回答是件令我愉快的事情。"

1936 年，约翰从 8 年制学校毕业，玛咪和约翰便乘船来到了这个炎热的小岛。他们家里没有空调，屋子里时常有臭虫和壁虎，在这里玛咪总能

DWIGHT EISENHOWER

想起在巴拿马不愉快的记忆。她无法适应菲律宾潮湿、炎热、漫长的雨季，觉得来这里简直是场噩梦。而他们的儿子约翰则非常喜欢岛上的生活，他说在菲律宾的日子是他一生中最快乐的时光。约翰在布兰特学校读书，这是一所专为美国人开设的学校。在这里，约翰受到了很好的教育。由于经常和父亲一起打网球，他的球技进步很快，还成为学校网球队的一名非常出色的选手。妻儿的到来使艾森豪威尔很高兴，更令他兴奋的是，1936 年 7 月 1 日，在他和玛咪的结婚纪念日上，他得到了中校军衔。

在菲律宾，艾森豪威尔还重温了当空军的旧梦。每天早晨上班之前，他都参加飞行课程的学习。经过刻苦训练，他掌握了复杂的飞行技术，在 48 岁时取得了飞机驾驶证。他的教练休·帕克说："他的技术比一般人都好，但他的远视眼使着陆成为冒险，因为他不能准确地判断跑道与飞机之间的距离。为此，我总用吊钩做参照点来帮他练习。他的记忆力非常好，无论教他什么，他都能轻松掌握。"对艾森豪威尔而言，飞行不仅是工作，更重要的是一种娱乐。一有空闲，他就会驾驶飞机单飞。

艾森豪威尔的合作伙伴吉姆·奥德非常称职，总帮助他分担工作，他们合作得非常愉快。然而不久，这种愉快的合作因为奥德的坠机身亡而结束。对奥德的意外离去艾森豪威尔非常难过，甚至感到有些心灰意冷，他说，从那以后，他需要做更多的工作计划。对他而言，工作的多少并不重要，重要的是能开心、愉快地工作。可是他的朋友不在了，一切都变得索然无味。

在美国的时候，艾森豪威尔就因为对某些问题的见解和麦克阿瑟不同，而与麦克阿瑟产生过分歧。到了菲律宾之后，他们的分歧越来越明显，关系也开始变得冷淡、疏远，艾森豪威尔越来越不喜欢麦克阿瑟的坏脾气。

1936 年美国总统竞选期间，麦克阿瑟和艾森豪威尔为谁将最终当选的事情发生争吵。麦克阿瑟深信共和党总统候选人阿尔夫·兰登一定会压倒多数取得胜利，而艾森豪威尔却说麦克阿瑟的预测是错误的。他说，兰登甚至无法在其家乡堪萨斯州取得胜利。听到这样的话，麦克阿瑟当众责骂艾森豪威尔以及一个和他观点相同的副官，说他们愚蠢，鼠目寸光。为了证明自己的话是正确的，麦克阿瑟援引了《文摘报》的民间测验来说服大家，还对兰登的获胜押下了好几千比索的赌注。他还劝告菲律宾政府做好准备，迎接华盛顿政府的更迭。选举结果出来后，艾森豪威尔说对了——兰登只在两个州胜出。可是麦克阿瑟只是指责《文摘报》歪曲事实，并没有向被自己斥责的下属道歉。因为这件事，艾森豪威尔很愤怒，他在日记中写道："真是见鬼！"其实这还不算真正见鬼的事情，最令艾森豪威尔无法忍受的是麦克阿瑟在菲律宾的所作所为。

刚到菲律宾的时候，麦克阿瑟和艾森豪威尔因为军费的问题产生分歧。艾森豪威尔和助手奥德经过全面调查后，拟定建设一支像样的部队的计划费用为 2 500 万美元。计划书交给麦克阿瑟后，他看都不看一眼就说，重新做计划，费用削减 50%。艾森豪威尔和奥德费尽心思，想办法来解决根本无法解决的问题。当改得面目全非的计划书交上去的时候，正规部队只有 930 名军官和 7 000 名士兵。新兵的训练时间由一年减为半年，炮兵部队建制已被取消，武器弹药的采购计划也往后延长了 10 年。然而，奎松还是不停地说自己的政府无力承担。实际上，他的国防预算不会超过 800 万美元。尽管如此，麦克阿瑟还是决定按照奎松的要求建立军队。

工作中遇到了很多困难，艾森豪威尔和麦克阿瑟经常争吵，分歧越来越大。真正使他们关系恶化的是麦克阿瑟接受奎松政府陆军元帅的任命。

一天，麦克阿瑟容光焕发地走进艾森豪威尔的办公室。他对艾森豪威尔说："奎松准备任命我为菲律宾的陆军元帅，授予你和奥德将军军衔。"艾森豪威尔感到非常震惊，他愤怒地说："我绝对不会接受任命。将军，你也不能接受。你已经是令人羡慕的美国的四星将军，这样的荣耀多少人梦寐以求啊，你为什么还要接受一个生产香蕉的小国授予的陆军元帅呢？难道你……"如此尊贵、显赫、可以提高声望的军衔，麦克阿瑟岂会听艾森豪威尔的劝告放弃？他没有等艾森豪威尔把话说完，就骂了他一顿。

1936 年 8 月 24 日，在马拉卡尼扬宫，奎松为麦克阿瑟举办了一个盛大的授衔仪式。麦克阿瑟得意洋洋地从奎松手里接过象征新职位的金制手杖，然后发表了一篇夸夸其谈的演讲。麦克阿瑟的行为违反了美国的军事传统，他的行为引来了美国国内批评家的攻击，讽刺他是"吕宋的拿破仑"、"香蕉园的独裁者"。他的敌人、同事没有一个人不嘲笑他是一个自封的元帅。艾森豪威尔觉得非常滑稽可笑，他说这个仪式简直荒谬之极。他认为麦克阿瑟做了一件恶心的事情，实际上是个徒有虚名的元帅。人们一直认为是奎松要求他接受任命的，直到 1942 年奎松访问华盛顿的时候，人们才知道真相，原来是麦克阿瑟自己要求得到这个显赫头衔的。

1937 年 7 月，艾森豪威尔和麦克阿瑟因为军费预算又一次发生了冲突。麦克阿瑟将艾森豪威尔臭骂了一通之后，愤愤地说："看看你这个自高自大的家伙都做了些什么，我已经无法忍受了。你们这些参谋，只知道为自己着想，没有了你们我一样能行。"不但遭到辱骂，工作也被否定，艾森豪威尔生气极了。从这一天开始，他下定决心要尽快回国。他在日记中写道，他无法再为这个狂妄的人工作了，他已经准备好在任何时候回美国工作……

1938 年 1 月初，为了振奋民心，麦克阿瑟决定在菲律宾的首都马尼拉举行一次盛大的列队游行。他计划把各训练基地的军人全都召集到马尼拉城郊，组织市民参观兵营，然后再举行一场盛大的阅兵式。麦克阿瑟认为，马尼拉的市民目睹自己军队的雄姿后将会大受鼓舞。艾森豪威尔估算了费用之后，告诉麦克阿瑟列队游行的计划不可行。为此，他们之间又一次发生了激烈的争吵。

不久奎松得到了消息，当他向艾森豪威尔询问此事时，艾森豪威尔感到很困惑。他说："难道这不是您和麦克阿瑟将军商量好的吗？"一想到游行的费用，奎松就觉得恐慌，他生气地说道："是吗？我将亲自给麦克阿瑟将军打电话。"接到奎松要求立即取消游行的电话后，麦克阿瑟大发雷霆，他说："艾森豪威尔，你这个混蛋，是你将事情告诉奎松的吧？谁给了你乱说话的权利？"艾森豪威尔还没有来得及回答，麦克阿瑟为了挽回自己的面子吼道："我没有让你们着手去准备这次游行，从来没有！我只是让你们不动声色地去进行调查。难道我不知道会劳民伤财吗？"

"我……"艾森豪威尔被弄得张口结舌，不知说什么好。

"我什么，一切后果由你自负。"麦克阿瑟说完后，便摔门而去。

事后艾森豪威尔向麦克阿瑟请求立即回国，麦克阿瑟却说："这完全是误解，让我们忘了这不愉快的事情吧！"可是艾森豪威尔却无法忘记这样的遭遇，几十年后，他谈到这件事情时说，没有谁和上级的争吵比得上他和麦克阿瑟之间的争吵。麦克阿瑟是个以自我为中心的人，他们的关系因为争吵变得越来越糟糕。

尽管麦克阿瑟经常斥责艾森豪威尔，但他并没有同意艾森豪威尔回国的要求。虽然他嘴上说离开他也能行，但麦克阿瑟心里很清楚，他需要艾森豪威尔，他根本不能失去这样一位出色的助理。艾森豪威尔是他与奎松总统之间的联络官，为他起草演说、文件和报告。对艾森豪威尔的工作，奎松也非常满意。有一次，艾森豪威尔替奎松起草了一份演讲稿，他看过之后说："好极了，你完全领悟了我的意思，而且表达得非常好。"

尽管在菲律宾的生活有太多的不如意，但艾森豪威尔并没有放弃在军队中继续服役的想法。因为他渴望上战场，他知道战争总会爆发，而且按照美国法律规定，任何一名军官执行派遣任务超过 4 年都会调换职务的。他只要再忍一年，麦克阿瑟就没有理由不让他回国了。

正如艾森豪威尔预料的那样，第二次世界大战很快就爆发了。1939 年9 月，希特勒突然入侵波兰，几天就打败了装备落后的波兰军队。随后，英法对德宣战。尽管美国仍然保持中立，但艾森豪威尔知道美国参加战争是迟早的事情。虽然战争对军人来说都意味着事业上的进展，艾森豪威尔一直致力于准备迎接这一挑战，但他并不是真正希望爆发战争，因为战争会带来一场巨大的灾难。9 月 3 日德法开战时，他写信给弟弟弥尔顿：

弥尔顿：

……

因为安抚这个统治德国的疯子——希特勒，最终把英国和法国逼进了死胡同，除了战争，他们没有其他的办法走出来。对欧洲和整个世界人民而言，今天是个不幸的日子。如果战争像第一次世界大战那样持久，我相信战争结束后，残存下来的国家也将会面目全非。

……

希特勒是个罪恶的疯子，他给德国人民带来了深重的灾难，也给世界人民带来了不尽的苦难。除非他用暴力征服全世界，否则德国将被肢解。

艾克

因为屡次和艾森豪威尔发生冲突，所以麦克阿瑟解除了艾森豪威尔的参谋长职务，调整了参谋班子。这使艾森豪威尔失去了权力。当战争爆发后，艾森豪威尔就下定决心回国。他深信美国将不可避免地卷入这场战争，他一定要回去为国效力。实际上，美国即将做出重大的政治和军事

DWIGHT EISENHOWER

决策。

艾森豪威尔向麦克阿瑟将军提出辞职，遭到训斥。麦克阿瑟认为，艾森豪威尔在菲律宾的工作比回国更有价值。当他发现艾森豪威尔去意已决时，又极力挽留他，然而麦克阿瑟已经无权再干涉艾森豪威尔了。奎松也尽力挽留艾森豪威尔，甚至想用高额薪金来留住他，但艾森豪威尔婉言谢绝了总统的好意。现在他心里只有回国，他一心只想为美利坚合众国和他的职业奉献。艾森豪威尔回国已成定局，没有人能改变他的决定。

回国前夕，奎松在马拉卡尼扬宫为艾森豪威尔举办了一次正式的欢送午宴。奎松在宴会上授予他一枚菲律宾优异服务的勋章，表彰了他的忠实、坦率、非凡才能、广博见识、热忱以及卓越的领导才能。

1939 年 12 月 13 日，麦克阿瑟和夫人亲自到码头为艾森豪威尔一家送行，并送给艾森豪威尔一瓶苏格兰威士忌酒，两人之间的争执结束了。这次分手之后，直到 1946 年艾森豪威尔被提任参谋长时，他们才又一次会面。以后几年，他们两人经常保持通信联系。随着艾森豪威尔职位的升迁，麦克阿瑟似乎有些嫉妒，还说了一些中伤艾森豪威尔的话。

邮轮开动了，艾森豪威尔长长地吐了一口气，他终于离开了令人不愉快的菲律宾。

DWIGHT EISENHOWER
第三章
战争中的新星

艾森豪威尔终于被分配到军中，总算如愿以偿。他工作十分忙碌，经常要带领部队到野外演习。他说："在军中，我的事情很多，忙得连睡觉的时间都没有，从来没有连着睡过两小时。虽然很累，但与部队在一起我总是非常快乐。"

DWIGHT EISENHOWER

1 备战的日子
DWIGHT EISENHOWER

第二次世界大战愈演愈烈，美国各地都在积极训练后备军，参与战争的迹象越来越明显。1940 年 2 月，艾森豪威尔一家回到美国。玛咪非常高兴，因为终于摆脱了那个又潮又热的地方。艾森豪威尔并没有玛咪想得那么简单，回国对他而言，不仅摆脱了糟糕的环境，更重要的是他看到了自己能参加战争的希望。作为一名职业军人，他两次错过了参加潘兴将军远征军的机会，甚至连"一战"的枪炮声都没有听见过。而这次，希望就在眼前，他非常渴望从事富有挑战性的工作。艾森豪威尔非常适合军队的各种工作，因为他思维敏捷、反应灵敏、熟悉军队的各项业务。

回国之后，艾森豪威尔终于如愿以偿。他被派到驻加利福尼亚的第 15 步兵团担任副团长，并兼第一营营长，他的工作主要是帮助训练新兵。艾森豪威尔对新任务非常满意，他终于摆脱了长达 8 年的办公室参谋或助理的工作，不用再从事制定军事计划的工作了。与士兵和武器打交道，从此和部队在一起生活，他兴奋极了。这一年，是艾森豪威尔从事军旅生涯以来最舒心的一年。他在写给朋友杰罗的信中说："我经常要带领部队到野外演习，工作十分紧张……我晚上都冻僵了。太忙了，连睡觉的时间都没有，我从来没有连着睡过两小时的觉。虽然累极了，但是这种生活真好！与部队在一起，我总是快乐的。"他在给另一位好友奥马尔·布雷德利的信中说："我现在过得非常愉快。像军队中其他人一样，我的事情很多，问题成堆，但这种有趣的工作令我很快乐！"

此时，艾森豪威尔的家庭生活也是幸福美满的。回国后，玛咪的健康状况有了明显的好转，脸上洋溢着快乐的笑容。他们的家又成了俱乐部，玛咪和以前一样热情地款待客人。令艾森豪威尔夫妻自豪的是，儿子约翰被选派到西点军校学习。在选拔考试中，他得了 95 分，排名第一。儿子如此争气，玛咪在与客人聊天时有了新的内容。艾森豪威尔也觉得脸上增光，连走路都挺起了胸膛。

其实，艾森豪威尔完全没有必要刻意挺起胸膛。50 岁的他，身体依然非常结实，看上去就像只有 40 岁。野外生活和部队繁忙的工作，使他保持着旺盛的精力。尽管已经有 50 岁了，但他的体型仍然像运动员一样健美。他浑身上下都透着生气，走路时步履轻松，双目炯炯有神。美中不足的是头发稀少，只有几缕浅棕色的头发披在后脑勺和脑袋两侧。

为了适应战备需要，美国在加紧扩充和训练新兵。战争一旦

从菲律宾回国后，艾森豪威尔终于摆脱了长达 8 年的办公室参谋工作。

爆发，训练的部队必须能够承担防御敌人袭击的任务，而且还要作为回击的先锋力量。美国全军上下都在为这一目标而努力。这项任务在陆军总参谋长马歇尔的领导下进行，计划在 1939 年至 1942 年之间，军队的数量由 19 万扩充到 500 多万。而且这支军队全部采用全新的装备，在组织、纪律和战术方面将进行彻底改革。

在组建新军中，艾森豪威尔恪尽职守，一天工作长达 18 小时，每周工作 7 天。他亲自制定训练时间表，给新任命的下级军官上课，进行视察，领导全团进行野外演习，研究欧洲战争的经验教训，同时改进部队的装备和战略战术。

DWIGHT EISENHOWER

艾森豪威尔要求非常严格，对士兵他从来不迁就，他认为那样不能实现训练目的，不能鼓舞和保持士兵的高昂士气。在训练过程中，艾森豪威尔尽量从实战需要进行训练。他觉得只有坚持让已经精疲力竭的士兵们继续操练，才可以暴露出弱点。这对将来参战是有好处的，平时多流汗，战时就会少流血。在作风方面，艾森豪威尔特别痛恨军人的拖拉懒散，他认为这是很坏的习惯，特别是正规部队绝对不能有这种习惯。当看到军官们办事瞻前顾后、磨磨蹭蹭时，他总是无法抑制心中的怒火。他要求士兵，特别是军官，必须机智灵活、快速积极、全力以赴地去做好所有的工作。因为在战争中，任何事情都是十万火急、不容延误的。为了提高军官们的素质和水平，艾森豪威尔费尽心思，制定了多种训练计划。虽然艾森豪威尔对士兵严格要求，但他不管走到哪里都能无拘无束地与士兵们打成一片，倾听他们的意见，为他们解决问题。为此，他深受士兵爱戴。

艾森豪威尔认为军官中无能的人淘汰得越早越好。他发现很多军官在和平时工作得很出色，但在战时却不符合要求。之所以这样，就是他们经受不了战时精神和体力的严峻考验。艾森豪威尔让他的部队进行艰苦的训练，主要是为了发现哪些军官可以一连很多天睡眠不足却能挺得住，哪些人在不断地做出决定和执行决定后仍能保持饱满的情绪和旺盛的斗志。经过艾森豪威尔的严格训练，原来军队的 13 000 名军官全部达到了要求。

1940 年 9 月，艾森豪威尔收到驻本宁堡的第二装甲旅旅长巴顿的来信，非常高兴。巴顿在信里告诉艾森豪威尔，很快要成立两个装甲师，这在美军历史还是第一次。巴顿希望指挥其中一个师，他不知道艾森豪威尔是否愿意在他的领导下工作。艾森豪威尔立即回信说："这太好了。我想在你的师中指挥一个团。这或许是奢望，我差不多还有 3 年才能得到上校军衔。但是我有信心能很好地指挥一个团。"巴顿回信说："我要请你担任参谋长或者团长。你可以告诉我，你想担任哪一种职务，我们在一起会成功的。"

艾森豪威尔害怕接到陆军部的调令，因为他当参谋官时享有很高的声誉，很可能有人请他去当参谋，从而使他失去上战场的机会。许多在各地任职的朋友告诉他，曾有很多将军寻求他担任师、军的参谋长。一想到1918 年他曾两次失去参加战斗的机会，他就痛苦得不能忍受。艾森豪威尔想在巴顿的领导下指挥一个装甲团，而不想去做参谋工作。于是，他向在华顿盛的马克·克拉克求助，请他去见参谋长，希望能进入装甲部队。他曾在日记中写道："我的要心就是指挥巴顿手下的装甲团。在别人看来，我可能是个自负的人，但目光远大是没有错的，只要能在装甲部队任职，我就非常高兴"。

1940 年 11 月 1 日，巴顿将军再次写信要求艾森豪威尔赶紧申请调动，他说，很快这个军将有 10 个新来的将军，要是有门路，你就赶紧想办法吧。艾森豪威尔非常着急。他只是一个中校，怎能与将军竞争？他心里很清楚，自己的军衔太低，即使申请，也肯定会遭到拒绝。他曾写信给陆军部的一个军官发牢骚说，他很吃惊，对军衔这类事情这样苛求。一个毕业 25 年的人，只差两年半就可以得到他的银鹰肩章，为什么不调整一下军衔？这样的话，陆军部就可以把他调到想去的地方。

1940 年年底，艾森豪威尔收到在陆军部计划处担任副处长的杰罗的电报。邀请艾森豪威尔到作战计划处工作，并要求艾森豪威尔立即回电。

一想到去华盛顿担任参谋，艾森豪威尔就感到难受。他给杰罗写了一封长信，他对杰罗的信任表示感谢，而且非常愿意杰罗做他的上级，但如果可以选择的话，他情愿留在部队。如果不能选择，他会在作战计划处认真工作的。当时想要他的人很多，艾森豪威尔成为很多将军争抢的人。1940 年 11 月，驻路易斯堡的第三师师长汤普森向马歇尔将军请求派艾森豪威尔担任他的参谋长。马歇尔与杰罗商议后，同意了汤普森的请求。最终，他还是被安排在参谋的位置上。艾森豪威尔沮丧地说："我又一次拿起了笔，而不是枪，一直以来我都在躲避参谋这个职位，然而陆军部没有一个人听我说话。"虽然因为当参谋长他成为高级军官的左膀右臂，但并没有减少他对参谋工作的厌恶。他说："我渴望指挥部队，哪怕只有几个兵我也愿意。我早就厌烦了参谋工作。"尽管艾森豪威尔这样说，但他在做参谋工作中并没有丝毫懈怠。

陆军总参谋长马歇尔将军很清楚艾森豪威尔的能力，1941 年 3 月，他派艾森豪威尔到第 9 军任参谋长，整个西北地区全部都是第 9 军的驻地。3 月 11 日，艾森豪威尔被晋升为上校，这是他一生中最高兴的晋升。取得如此尊贵的军衔，艾森豪威尔觉得是值得庆祝的。按照惯例，获得晋升的军官都要为同事举办一场宴会，让他们吃喝玩乐，艾森豪威尔很乐意请客。聚会的时候，他很欣慰，高兴得差点儿将闪亮的新徽章别在了身上。

DWIGHT EISENHOWER

1941 年 6 月，艾森豪威尔接到了新任命。马歇尔派他到第 3 集团军担任沃尔特·克鲁格中将的参谋长。6 月底，艾森豪威尔一家动身到第 3 集团军司令部所在地休斯敦就职。7 月 1 日，艾森豪威尔一家抵达休斯敦。这一天对艾森豪威尔一家来说，具有特殊的意义。在艾森豪威尔和玛咪结婚 25 周年的纪念日里，他们又回到了当初结婚的地方。艾森豪威尔送给玛咪一块镶有钻石的白金手表作为礼物，这是他用在菲律宾积攒的钱买的。玛咪非常喜欢这块手表，在她后半生一直戴着。玛咪非常高兴又回到了熟悉的、充满美好回忆的地方，而且她的丈夫现在是上校，他们有资格住一幢非常漂亮的房子。房子是带花园和草坪的旧式砖房，四周还有遮阴的走廊。

按照军队的规定，上校可以配一名勤务兵和一名副官。艾森豪威尔平生第一次有了勤务兵。在布告栏，玛咪贴了找一名勤务兵的启事。一位曾在纽约当侍者的士兵成为艾森豪威尔的勤务兵，人们都叫他米基，他的勤快和忠诚很快赢得了玛咪和艾森豪威尔的喜欢。作为艾森豪威尔最信任的勤务兵，米基陪他度过了整个"二战"。艾森豪威尔亲自挑选了自己的副官，他选中了欧内斯特·R. 李中尉，大家都亲昵地叫他特克。艾森豪威尔对这位副官非常满意，不久办公室里诸多事务性工作都由他来做。

1941 年 8、9 月期间举行的路易斯安纳演习，是美军参加"二战"前举行的规模最大的军事演习。演习计划是红蓝两军的"战争"，即克鲁格领导的第 3 集团军是蓝军，他领导 24 万人"侵入"路易斯安纳；利尔将军的第 2 集团军是红军，他以 18 万之众"保卫"路易斯安纳。经过激烈的"战斗"，第 3 集团军按照艾森豪威尔制定的计划，包抄了第 2 集团军，迫使其撤退，蓝军大获全胜。马歇尔进行这样大规模的战争演习，主要是为了找出装备上的缺陷和训练中的不足，同时也为了发现军官中有才能的人。最终，他达到了目标。

为了筹划这次演习，艾森豪威尔花费了很大的精力。他几乎不睡觉，每天都忙于视察各个连队的准备情况。令他伤脑筋的是他不得不花大量的时间去连队下达各种具体指示，因为他发现有些领导不称职，根本没有按照要求去做。

演习期间，部队要不断转移，这使伙食成为比较麻烦的问题。为了解决这一问题，艾森豪威尔花费了大量的精力。当他得知一位名叫马蒂·西尔德的厨师发明了一种便携式移动厨房，可以解决问题时，他便立刻亲自去视察。西尔德本来以为视察是例行公事，他没有想到艾森豪威尔那么认真。

演习开始以后，艾森豪威尔就一直住在宿营地的帐篷里。整个演习过程中，他的帐篷成为高谈阔论的场所。军队中的各级军官都喜欢到他的帐篷里来，他们进行严肃的讨论，偶尔也大发牢骚，甚至会说一些黄段子。不管他们谈论什么，艾森豪威尔总是欢迎他们，即使谈论占用了艾森豪威尔有限的睡眠时间，他也毫无怨言。他习惯听取别人的意见和建议，从他们的牢骚中发现问题。艾森豪威尔发现士兵、军官们发完牢骚以后，他们工作得比以前更卖力了。因此他总虚心听取各方面的意见，不断改进工作方法。

路易斯安纳演习是 1941 年最引人注目的大事，被广泛报道。《纽约时报》军事记者汉森·鲍德温报道说，如果是真的战争，利尔的部队就被消灭了。在专栏《华盛顿巡礼》中，罗伯特和德鲁·皮尔逊报道说，是艾森豪威尔构思并制定了击溃第 2 集团军的战略计划。罗伯特还对哥伦比亚广播公司的艾里克·塞瓦莱德说，要特别注意一位叫艾森豪威尔的上校，他比别人更懂道理。于是，记者纷纷聚集到艾森豪威尔的帐篷里，来采访演习的相关事情。这些记者大部分都是热血青年，他们也渴望了解如果美国参加战争，国家将会面临什么处境。记者们被热情、坦率、平易近人、风趣幽默的艾森豪威尔深深地吸引住了。他们说，他这里不但是一个坦率交谈的地方，而且是一个放松的地方，有时甚至可以喝上一杯、听到一些不文雅的笑话。塞瓦莱德后来回忆说："艾森豪威尔是个思维敏捷、精力非凡的人。"

面对铺天盖地的宣传，艾森豪威尔非常谦虚。他真诚地说："我不明白为什么会得到这些荣誉，这应该属于克鲁格将军。"这位谦逊的秃顶上校，给很多人留下了深刻的印象。

1941 年 9 月，艾森豪威尔被提升为准将，贺信像雪片一样飞来。他在授衔仪式上向国旗致敬的动作被记者捕捉到，他们通过电讯将照片发送到全国各地。照片上的艾森豪威尔魅力无穷，这时新闻界和美国人民才发现艾森豪威尔竟是全国乃至全世界最上相的人之一。一位叫艾克斯尔·尼尔森的朋友写信给他，请他送一张有亲笔签名的照片。艾森豪威尔回信了，他在信中风趣地写道："想到有人要我的照片，我打算立刻寄出去——要是你改变主意就糟糕了。难道你就不想要五张或更多吗?"

演习结束后，艾森豪威尔返回圣休斯敦堡的驻地。军官们坚持列队欢迎艾森豪威尔的凯旋归来。艾森豪威尔表示反对，可是军官们坚持用这种方式来表达他们的敬意。事后，艾森豪威尔给在华盛顿的克拉克写信说："我历来反对这类事情，可我毫无办法阻止他们这样做。"

演习结束后，艾森豪威尔进行了认真总结。他接受了专家麦克奈尔德的建议，把工作的重点放在了装备、通信、训练、下级军官的选拔和高级指挥官的任命上。在他给总参谋部杰罗的信中，道出了对高级军官的担忧。他说："在这支军队中，每一位高级指挥官都面临着巨大的压力。带领一支部队达到高水平的训练标准，是需要巨大的精神力量和魄力的。只有不动摇决心的人，经过高度专业训练才能成功。实际上，这些品质很难集中在一个人身上。有些军官很有能力但缺乏魄力，而另外一些军官则相反。作为高级指挥官必须要有铁石心肠去开除不称职的军官，即使是朋友也不能例外。"后来艾森豪威尔成为高级指挥官，他才认识到这么做会有多困难。在整个战争中，他最痛苦的就是解除他的同学或朋友的作战指挥职务。

1941 年 12 月 7 日，星期天，日本偷袭了珍珠港，几乎摧毁了美国太平洋舰队。那一天，在圣休斯敦堡，艾森豪威尔一直工作到中午才回家休息。他告诉玛咪，发生任何事情都不要来打扰他，他想好好睡一觉。很快，艾森豪威尔就睡着了。他梦见了在圣诞节假期里，他和玛咪、约翰在西点军校欢度节日。然而，他的好梦还是被打断了。玛咪叫醒了他，并告诉他说，日本偷袭了珍珠港。玛咪后来回忆说："听到广播后，我目瞪口呆，简直无法相信，立即跑去叫醒了我的那位大兵。"

日本偷袭了珍珠港，太平洋战争爆发了，战争的规模愈演愈大。它是继 1941 年 6 月 22 日德国进攻苏联之后，发生的又一起震惊世界的重大事件。

1941 年 12 月 8 日下午 4 时 10 分，众议院以 388 票对 1 票，参议院以 82 票对零票，通过了罗斯福的宣战要求。从此，美国正式参加了第二次世界大战。

1941 年 12 月 12 日，艾森豪威尔在办公室处理与珍珠港事件有关的各种文件。突然，电话铃响了。艾森豪威尔拿起电话，参谋长秘书沃尔

珍珠港被日军空袭，惠勒机场的上空及飞机库处于燃烧之中，这促成了美国对日宣战。

特·比德尔·史密斯上校在电话里问："是艾克吗？"艾森豪威尔回答："是我。"史密斯说："参谋长要你立刻乘飞机到这里来。告诉你的上级，正式任命随后就到。"原来电话是华盛顿陆军部打来的。这个电话对艾森豪威尔来说是个沉重的打击，他觉得自己可能又要在参谋长办公室坐到战争结束。渴望上战场为国效力的将军，接到这样的电话不沮丧才怪呢！军令如山，艾森豪威尔怀着沉重的心情打电话给玛咪，叫她整理行装。玛咪暗示他可能会留在陆军部时，他调侃地说："哼！那我又可以坐到战争结束，真是好运气！"

2　马歇尔的提携

DWIGHT EISENHOWER

1941 年 12 月 14 日早晨，艾森豪威尔抵达了华盛顿联邦车站。他立即去陆军部向总参谋长马歇尔报到，接待他的是总参谋长的秘书史密斯。

参战心切的艾森豪威尔一见史密斯就说，他要求上前线。史密斯直言不讳地说："没有希望，你将担任战争计划处副处长。也许战争期间你将会一直坐在办公室里。"艾森豪威尔不甘心地问道："如果我让参谋长讨厌的话，他会让我上战场吗？"史密斯说："恐怕也没有希望。"艾森豪威尔追问道："找谁才管用，你能告诉我吗？这一天，我已经等了太久，我一定要想办法去前线。"史密斯耸耸肩，无奈地摇了摇头。他们的对话，马歇尔听得一清二楚。他非常奇怪，这么多年过去了，艾森豪威尔上前线的想法依然如此执著。

史密斯把艾森豪威尔带进马歇尔的办公室之后，马歇尔并没有马上开口。他想听听这位一直渴望上前线的参谋会对自己说什么，但是艾森豪威尔也没有开口说话。过了一会儿，马歇尔打着官腔道："我很欣赏你主动请命上前线的勇气。不过，请你告诉我，你在实际战斗中指挥过一个营的兵力吗？"马歇尔的话里透露出不屑和质疑。艾森豪威尔涨红着脸，如实说："没有，将军。"马歇尔继续追问："一个连，一个排呢？"艾森豪威尔尴尬地回答："没有。"

听了艾森豪威尔的回答，马歇尔嘴角露出笑意，他以为艾森豪威尔会退缩。于是，马歇尔用略带嘲讽的语气继续问道："第一次世界大战中，你听到过一次从战场传来的枪声吗？没有吧！"马歇尔的话戳到了艾森豪威尔的痛处，他强忍着怒火，心里却在说，这又不是我的错，我一直积极争取上前线的机会，是谁不给我机会的？"艾森豪威尔，你以前做的一直很好，调你到这里来是最明智的决定。"马歇尔终于说出了自己的意思。听了马歇尔的话，艾森豪威尔仍不放弃。他说："将军，有两位军官推荐我去指挥一个师，他们……"马歇尔愤怒地说："你要清楚，在这里是我决定谁去当指挥官。你是军人，应该服从命令。"艾森豪威尔太渴望上战场了，他几乎等了30年！这次又要错过机会，他失望极了，而且心里有说不出的愤怒。

尽管艾森豪威尔是个忍耐力很强的人，从来都不轻易发脾气，但是后来马歇尔说的话，还是让他忍无可忍。马歇尔说："以你现在的军衔，就算让你去指挥一个师，也别想得到晋升了。"他误解了艾森豪威尔的意思，他觉得艾森豪威尔现在根本不用通过上战场来加官晋爵。艾森豪威尔再也无法控制自己，他愤怒地对马歇尔大声说："将军，原来您以为我看重军衔。见鬼去吧！"说完，他转身就要走。看着生气的艾森豪威尔，马歇尔脸上露出了笑容，幽默地说道 "亲爱的艾森豪威尔将军，我这么火急地把你招来不是为了吵架，你难道不知道吗？"艾森豪威尔转过身，平静地说："对不起，将军，请您指示。"

"当前形势十分严峻，太平洋舰队和大部分修理设施已被摧毁，夏威夷的驻防部队十分薄弱，而且菲律宾也受到了威胁。"马歇尔简要地说了各方面的形势之后，话锋一转，问艾森豪威尔："你认为，当前我们的总行动方针应该是什么？"艾森豪威尔暗暗吃了一惊，他刚刚抵达陆军部，知道的信息量比报纸上多不了多少，而且马歇尔刚才说的并不是最新的太平洋作战计划。他沉思了片刻，镇定地说："给我几个小时考虑，可以吗？"马歇尔点点头说："好吧！"

艾森豪威尔来到陆军部作战计划处的办公室，开始思索参谋长的问题。他知道马歇尔要的是结果，而且他的答案将影响他的未来。艾森豪威尔认为必须迅速及时、简短有力地回答马歇尔的问题，而且答案的逻辑性必须是无可挑剔的。为了让马歇尔满意，他必须掌握更多的第一手资料。在作战计划处处长——老朋友杰罗将军的帮助下，他很快就掌握了情况。在菲律宾的经历使他非常了解东亚的局势，他认为日本肯定会进攻菲律宾，菲律宾没救了；美军比较明智的做法应该是将军队撤到澳大利亚，在那里建立一个反攻基地，再设法增援菲律宾。他特别强调速度是最重要的，应该立即将飞行员、飞机、弹药以及其他军事装备从西海岸和夏威夷运到澳大利亚；必须不惜一切代价，以确保通过澳大利亚、新西兰、斐济群岛和夏威夷的这条空中航线畅行无阻。

当艾森豪威尔再次来到马歇尔的办公室时，已经是黄昏了。他充满信心地将计划书交给马歇尔。看完计划书，马歇尔问道："在澳大利亚建立反攻基地，你的意思是放弃菲律宾？"

艾森豪威尔解释说："将军，不是这样的。在短时间内，我们不可能增援菲律宾击退日本的侵略。虽然对菲律宾的大规模支援还需要等一段较长的时间，但是我并不主张放弃菲律宾。我们必须尽一切可能去支持麦克阿瑟，菲律宾、荷属东印度群岛的人民将会看着我们。他们可以原谅美军的失败，但不会宽恕被遗弃，他们的信任和友谊很重要。"

听了艾森豪威尔的解释，马歇尔继续问道："你主张在澳大利亚建立反攻基地的理由是什么？"

艾森豪威尔毫不犹豫地答道：

"第一，澳大利亚的地理位置非常合适。无论是海上还是空中，美国与澳大利亚之间都比较方便。美国把菲律宾的人员和装备撤到这里并不困难，而且也可以从美国本土运输物资。

第二，我们有一批因珍珠港事件而被迫驶往澳大利亚的军舰，可以把它们作为建立反攻基地的基础。

第三，日本对澳大利亚发动进攻可能还需要一段时间，它现在进攻的重点是东南亚。"

马歇尔倾听着艾森豪威尔的计划，满意地笑了。他温和地说："我同意你的意见，必须尽力去挽救他们。"

于是，艾森豪威尔就肩负起作战处有关远东作战地区和菲律宾的筹划工作。在最初的两个月内，艾森豪威尔的首要任务是增援菲律宾。由于美国缺乏战争准备，没有多少物资可以援助他国，而且美军无法突破日军的疯狂进攻和严密封锁线，所以对菲律宾的救援工作非常困难。在日军强大的攻势下，美国驻菲律宾部队节节败退。1942年1月2日，日军进入马尼拉。1月20日晚，日军攻破了阿布凯防线，麦克阿瑟前沿防线开始崩溃，情况非常危急。

日本为了尽快解决菲律宾的战事，增派了两个炮兵团和两个步兵师对麦克阿瑟所率部队展开了猛烈的进攻。他们计划活捉麦克阿瑟，然后把他弄到东京游街示众，以此侮辱美国人。

败局已定，美国人为了保全面子，避免麦克阿瑟成为日军的俘虏，于是美国最高统帅部指示艾森豪威尔起草命令，让麦克阿瑟离开菲律宾前往澳大利亚担任新成立的西南太平洋战区盟军总司令。3月11日晚，麦克阿瑟携夫人和4岁的儿子乘一艘巡逻鱼雷艇，偷偷离开了菲律宾。

4月7日，接替麦克阿瑟工作的乔纳森·温赖特中将率军向日军无条件投降。至此，日本侵占了菲律宾所有的重要城镇和港口。

面对美军在菲律宾的惨败，艾森豪威尔非常痛苦。在这支美国驻军中，有很多他的亲密战友。最难以忍受的是麦克阿瑟的指责，他说陆军部有意牺牲菲律宾，而这是事实，艾森豪威尔却无能为力。

艾森豪威尔在作战处虽然没有什么显著的成就，但他的工作非常繁忙，他经常工作到深夜，每天只能睡四五个小时，而且也没有星期天。让他最心烦的是，每天从前线收到的令人沮丧的失败消息。他渴望离开办公室，上战场和部队一起战斗，而不是坐在办公室里消磨时间。他在日记中这样写道："华盛顿的军官们高谈阔论，没有几个实干家。他们轻率地下结论、订计划，而且虚张声势，但是计划常常没有实现，倒霉的总是做实际工作的人。一想到又一次失掉作战机会，我就气得发疯。冷漠的马歇尔实在是太不公平了！"尽管因为不能上战场而烦恼，但他还是很认真地完成上级安排的每一项任务。

人的忍耐力是有限度的，终于有一天，渴望上前线的艾森豪威尔发泄出了他心中的愤懑。

一天下午，马歇尔和艾森豪威尔在办公室讨论军官晋升的事情。马歇尔想先提升在战场上战斗的军官，他对艾森豪威尔说："我知道有的将军推荐你当师长，有的将军推荐你当军长，我很高兴他们这样做。但是现在你必须留在这里，做你现在的工作。这对你似乎是一种牺牲，但是只能这样。"听了马歇尔的这番话，艾森豪威尔愤怒地说："将军，你以为我在乎晋升？你错了，我根本不在乎。我想上战场，如你以前说的，我连来自战场的枪炮声都没有听见过。这种感受，你是无法理解的。既然你让我从战场来到参谋部办公室，我就会尽力做好自己的工作，你需要我留多久，我就待多久，你请便吧。"说罢起身就走了。但为了压住火气，他走到门口的时候，还是转身冲马歇尔笑了笑。

回到办公室后，艾森豪威尔气愤极了。他在日记上写道："不近人情的马歇尔让人恼火，他总是捉弄我，把我拴在华盛顿，不让上战场……真是太不公平了，我的运气太差。"第二天早晨，艾森豪威尔看了自己写的日记，摇摇头，他把昨天写的那一页撕得粉碎。他重新写道："遇事要沉着冷静，绝不能随便生气，那只会使问题更糟糕。我得去向马歇尔承认自己的失礼。"

1942年3月9日，马歇尔推荐艾森豪威尔晋升为少将。马歇尔在给总统的推荐信中这样写道："实际上，艾森豪威尔不仅仅是一位参谋军官。他是我的作战军官，是我下属的指挥官。"对于马歇尔这样的推荐信，艾森豪威尔既惊讶又兴奋。因为马歇尔的话意味着他若重返部队的话就可以指挥一个师了。

艾森豪威尔获得晋升的第二天，他的父亲戴维去世了。在这个悲伤的日子里，艾森豪威尔在日记中写下了这样几句话："父亲今天早晨去世了。尽管弟弟罗伊提前发电报告知我父亲病危的事情，可我还是无法见父亲最后一面。除了发一封电报外，我什么都不能做。"平常他都工作到深夜，但这天他在晚上 7 时 30 分就停止了工作。因为他难过极了，没有心情工作。

本来艾森豪威尔可以让副手暂时帮他打理一切事务，自己请假回去参加父亲的葬礼。但是作为一名军人，在职责和亲情之间，艾森豪威尔毫不犹豫地选择了职责。他没有回去奔丧，他解释说："实在是不得已啊。我很难过，我也想回去陪在母亲身边。可是我们正在打仗，战争并不是温情脉脉的，我没有时间沉浸在最圣洁的感情之中。我爱我的父亲……只有祈求他的谅解。"

3 月 12 日，戴维的葬礼在阿比林举行。艾森豪威尔万分难过，在办公室，他把自己关了半个多小时，回忆和父亲相处的日子，寄托对父亲的哀思，并为父亲不灭的灵魂祈祷。在日记中，他称赞父亲是个"诚实、朴素、勤劳"的人，"我为父亲感到骄傲"。这次，他真的失去了父亲。艾森豪威尔用工作掩盖自己的悲伤，他一直以职责的名义压抑着深深的悲伤。

战争局势依然紧张，在马歇尔领导的参谋长联席会议上，军官们共同研究了全球战略问题。海军将领们提出：要尽快结束欧洲的战争，通过巴拿马运河把舰队从大西洋转移到太平洋，准备对日作战。听了海军的提议，艾森豪威尔小声嘀咕："十足的傻瓜。"尽管艾森豪威尔的声音很小，但是主持会议的马歇尔还是听到了。他望着坐在桌子尽头的艾森豪威尔说："艾森豪威尔，刚才说话的是你吗？"

艾森豪威尔立即回答道："很抱歉，将军，这是我个人的看法。"马歇尔非常信任自己的参谋，容忍他们有不同的意见，于是他鼓励艾森豪威尔："把你的看法说出来！"艾森豪威尔说："将军，如果以军衔来论的话，我还不够资格讲话，在座的各位都比我有资格。"听了艾森豪威尔的话，马歇尔惊奇地问道："你不是曾经对我说，你并不看重军衔吗？怎么……"

会场传来的阵阵耳语声掩盖了马歇尔的话，原来与会的高级将领们在窃窃私语。他们说，这下可热闹了，他们一定会看到参谋长如何使这位下级军官出丑。艾森豪威尔明白，现在每个人都在等着看他这个军衔最低的人的笑话。于是，他大步走向前台，用教鞭指着地图说："现在，只有俄国可以在欧洲大陆和希特勒抗衡。因为疲于应付俄国，德军将会无力入侵美国。只有这样，美国才能赢得足够的时间来装备自己。"艾森豪威尔顿了顿继续说，"英国、俄国变为最大的军事作战基地后，美国就能投入大量的军事力量，横渡英吉利海峡，解放法国，向德国进军。这是通往柏林，彻底打垮德军的最佳途径。"

听了艾森豪威尔的话，马歇尔满脸疑问地说："你的意思是彻底打垮德军？你是不是尽说好听的啊？"艾森豪威尔反驳道："将军，要彻底打垮德国就只有在德国本土打垮他们。否则，过几年他们又会东山再起，向欧洲进军。"马歇尔继续追问："据我所知，越过英吉利海峡，从正面进攻德国，这无异于自杀，难道你有切实可行的办法？"艾森豪威尔理直气壮地说："我的意思并不是主张马上就进攻。现在，我们应该赶紧制造飞机，在进攻之前夺取制空权。"

听了艾森豪威尔的话，在场的高级军官一个个都露出幸灾乐祸的表情。他们认为，艾森豪威尔依靠并不存在的空军优势打垮德国是不可能的，这无异于痴人说梦。令这群高级军官目瞪口呆的是马歇尔的话，他说："艾森豪威尔，你最快什么时候可以准备好去伦敦？"

看着众人不解的表情，马歇尔解释说："为了和英国达成共识，制订切实可行的计划，需要派一位有经验的军官前往英国进行实地考察。艾森豪威尔，你准备好了吗？什么时候可以出发？"艾森豪威尔长长地吐了一口气，愉快地回答："将军，我时刻准备着，因为我是一名军人。"

1942年年初，丘吉尔及其随行人员、罗斯福及其他美国军政要员，联合举行了阿卡迪亚会议。会议决定建立一个将总部设在华盛顿的联合指挥体制，即联合参谋长委员会，统一指挥战争。会议确定希特勒为主要敌人，确定欧洲为当前主要的攻击对象。此外，为了联合作战，统一对敌，加强世界反法西斯统一战线，会上还通过了《联合国家宣言》。

艾森豪威尔参加了阿卡迪亚会议。大多数美国军官对英国军官存在很大的偏见，并明显地流露出对他们的不屑。可是，艾森豪威尔和英国总参谋部的将军们建立了和谐、友好的关系。在整个会议过程中，他镇静、理智地对世界战局的介绍和分析，给罗斯福和丘吉尔留下了深刻的印象。会后，马歇尔让艾森豪威尔起草一份具体的作战计划。

DWIGHT EISENHOWER

到了 3 月下旬，艾森豪威尔和他的参谋人员已经起草了一份具体计划，这个计划的代号是"围捕"。计划要求美英两国出动 5 800 架作战飞机，48 个步兵师和装甲师，在 1943 年 4 月 1 日对塞纳河口东北，勒阿弗尔和布伦之间的一段法国海岸进行攻击。登陆以后，这支部队将成为解放法国，进攻德国的基本力量。艾森豪威尔认为，只要盟军掌握了制空权，摧毁德军的局部防御力量，陆军源源不断地上岸，并在德国本土彻底击毁它，就不用担心德国东山再起，再向欧洲进攻了。罗斯福总统批准了这个计划，并要马歇尔飞往伦敦，取得丘吉尔的支持。4 月 7 日，马歇尔抵达伦敦，举行了为期 6 天的会议。虽然很多英国军官持保留态度，但英国首相最终同意了"围捕"计划。对艾森豪威尔来说，这是一个好的开始。他在日记中这样写道："我希望，经过几个月斗争后，没有任何分歧，大家全都接受同一个作战计划。如果我们能在主要目标上意见一致，协调一致，这样就不会总在黑暗中摸索了。"

为了"围捕"计划的顺利实施，5 月 23 日，艾森豪威尔启程前往英国进行实地考察。在英国，短短的 10 天，艾森豪威尔与各界人士，特别是与军界进行了广泛的接触。从英国回来后，艾森豪威尔拟定了一份关于欧洲战场作战计划的报告呈交给马歇尔。在这份报告中，艾森豪威尔极力主张在英国设立一个司令部，并派一名才智超群的司令官前往英国。这位司令官将实施绝对统一的指挥，并负责组织、训练和指挥派往该战区的所有美国部队。

看了报告后，马歇尔思索片刻，问道："你认为谁担任欧洲战区司令合适？"艾森豪威尔建议由马歇尔的副手麦克纳尼将军担任。他认为，美军从大不列颠发动军事行动的最初阶段，将主要依靠空袭，而麦克纳尼将军指挥空军作战的经验非常丰富。同时，麦克纳尼因在伦敦工作过，非常熟悉英国三军军部的工作，在那里还结识了许多军政要员。然而，总参谋长没有接受他的建议。3 天以后，罗斯福任命艾森豪威尔出任欧洲战区美军总司令。

为了使欧洲战区司令部的工作能迅速开展，艾森豪威尔要求把经验丰富的马克·克拉克将军和参谋长联席会议的秘书沃尔特·史密斯将军带到伦敦去，并任命史密斯为欧洲战区的参谋长，马歇尔当即同意了他的要求。艾森豪威尔还请求海军上校哈里·C. 布彻担任他的海军助手。他说，他必须带一个绝对信任的人，一个能让他放松的人。他不需要奉承者，只想要一个反驳者。尽管布彻对海军军务一窍不通，但艾森豪威尔说："下班回家后，我会累得像一条病狗一样蜷缩在角落里，但是布彻不会让我这样，他会让我时刻保持旺盛的精力和清醒的头脑。"

临行前夜，艾森豪威尔向他的参谋们告别，感谢的话还没有对马歇尔说出口，就被他温和地堵了回去。马歇尔说："艾克，不要感谢我，因为你能做这项工作。应该说感谢的是美国人民，因为你是去为他们、为祖国效力的。"随后，艾森豪威尔还拜访了罗斯福和正在白宫做客的英国首相丘吉尔。艾森豪威尔后来回忆说，在这次没有任何军事意义的非正式的交谈中，彼此都给对方留下了很好的印象。

周末，儿子约翰特意从西点回来和父亲道别。父子俩在家门口告别，约翰向站在台阶上的父亲行了一个正式的军礼。在转身走的时候，约翰的喉咙哽咽了。玛咪后来回忆说："按照习惯，父子俩在分别的时候不允许表露自己的感情。平常的离别，他们强忍自己的感情是可以理解的。但这次是不同寻常的，也许是永别，艾克却没有给心爱的儿子一个拥抱。"

6月23日早晨，艾森豪威尔和爱妻玛咪道别。艾森豪威尔已经记不清这是第几次与玛咪分别了，他不忍看到与玛咪吻别时的眼泪，于是，他劝玛咪不要去机场送行。玛咪咬紧牙关，抑制住自己的感情。她说："这是艾克希望的。他让我站在迈尔堡要塞的旗杆旁，当飞机飞过时，他可以看到我。"在家门口，艾森豪威尔的车就要开走了。他从车里探出头，轻轻地吻了玛咪的手，带着迷人的微笑说："再见，亲爱的！"话一说完，他就命令司机开车。艾森豪威尔登上了前往伦敦的飞机，按照约定，玛咪一直站在旗杆旁等待飞机起飞。当艾森豪威尔看到了旗杆旁那个小小的人影时，他的眼角湿润了。艾森豪威尔就这样走了，玛咪的心都要碎了，她实在无法忍受分离的痛苦。她说："分开的日子，我没有一天不为艾克担忧。"

艾森豪威尔走了，玛咪不得不搬家，她没有权利继续住在原来的公寓。当艾森豪威尔向陆军部请求允许身体欠佳的玛咪继续住在公寓时，遭到了他们无情的拒绝，并限玛咪7天之内搬出公寓。因为艾森豪威尔是新提拔的二星少将，他无法享受特权。几十年过去了，玛咪依然愤怒不已。她说："我永远不会忘记他们是怎样勒令我离开公寓的，我从来没有住过如此让人烦心的房子……我的丈夫是总司令，在战场上指挥战斗，随时都可能发生意外……他们不会在乎我去哪里，没有人给我任何帮助。陆军部从来没有给过我什么，即使是艾克成为盟军的最高统帅也没有。"

DWIGHT EISENHOWER

3 出任欧战区总司令

6 月 24 日，艾森豪威尔一行抵达伦敦。机场没有任何欢迎仪式，只有部分美国驻英国的军事官员来接他。场面非常冷清，但艾森豪威尔没有流露出丝毫不快。

抵达伦敦的第二天，艾森豪威尔举行了一次记者招待会，这是他到英国后举行的第一次记者招待会。在记者招待会上，艾森豪威尔的坦率、友好给记者们留下了很好的印象。尽管如此，他讲话的内容还是令记者们很失望。因为他们想知道的问题，他丝毫都没有透露。在记者招待会上，他发表的讲话，其实在华盛顿的时候就已经准备好了。他说：

> 我被任命为欧洲战区美军总司令，负责指挥欧洲战场上的美国军队。
>
> 欧洲战场的正式建立，有利于协调英国和美国的军事力量。几个月前，为了共同的战争目标，英国首相丘吉尔和美国总统罗斯福就曾鼓励两国人民采取行动，将英国和美国的军事和经济力量联合起来。英美两国之间的合作是无条件的，这是联盟国家为了追求共同目标而建立的合作关系。这是从前所没有的新的合作，是合作关系的典范。最近，两国领导人再次会晤。为了使彼此密切配合，他们主张采取联合行动。美国士兵和飞行员的数目在英伦三岛迅速增加，这足以证明英美两国正在为合作努力！

这样的官样文章，记者当然不会满意。于是，他们从不同的角度争先恐后地问了艾森豪威尔很多问题。

"将军阁下，您觉得谁来指挥这支联合部队更合适？美国军官还是英国军官？"一个带着浓重伦敦口音的女记者首先向艾森豪威尔提问。她始终面带笑容，但笑得很诡异。她想知道，这个美国军官到底如何回答这个两难的问题。

艾森豪威尔笑了笑说:"在我看来,当务之急是尽快建立起密切的合作关系,尽早对德国发起进攻。这比讨论谁更有能力指挥部队更具有实际意义,不是吗?至于我的任务,就是全力调动在英国的美军部队,配合英国军队完成任务。在来伦敦之前,马歇尔参谋长已经明确地告诉我,若有什么紧急军事行动,应在英国的指挥下进行。"艾森豪威尔巧妙的回答,赢来了阵阵掌声和欢呼声。

"请问将军,您有信心赢得这场战争吗?"又一个记者问道。艾森豪威尔自信地说:"是的,我有信心。我们一定能够彻底打败德国法西斯!我坚信,胜利是属于我们的。在英美两国首脑的领导下,两国携手合作,在其他盟国的支持配合下,我们一定能够取得这场战争的胜利!"

有个军事记者问道:"将军,据你所知,我们的部队会在何时进攻?"听到这样敏感而又机密的提问,整个会场突然静了下来。无数目光齐刷刷地注视着艾森豪威尔,期待着他的答案。艾森豪威尔非常平静,他用长者的口吻对那位记者说:"年轻人,如果我告诉了你,你能严守秘密吗?"记者没有想到艾森豪威尔会这样问,他激动而兴奋地说:"我发誓一定保守秘密!"听了记者的回答,艾森豪威尔笑了。他说:"既然如此,我也能保守秘密。"

听了艾森豪威尔幽默的回答,全场爆发出一阵善意的笑声。

对这次记者招待会,《纽约时报》的记者报道说:"艾森豪威尔没有透露日后的军事行动,记者没有从他那里得到最想知道的东西。但一向非常苛刻的伦敦新闻界,还是被他友好的态度、坦率的性格、自然的举止和幽默风趣的回答征服了。"从此,艾森豪威尔的生活发生了巨大变化,他突然变成了世界性人物。他的名字、一举一动、职务都成为伦敦报纸上的头版头条消息。

为了在欧洲战区组成一支能够完成重大战斗任务的武装力量,艾森豪威尔必须加强美国人和英国人之间的团结。对任何人来说,这都是一项十分复杂而又艰巨的任务。尽管英美两国讲的是同一种语言;尽管两国都面临共同的敌人,建立了军事联盟,但是,由于种种原因,英美军人之间仍然有隔阂。英美两国上层军官和高级将领之间相互鄙视,基层官兵之间也是矛盾重重。他们甚至在花园、公路、酒吧、咖啡馆等公众场合因发生口角而拳脚相加、集体斗殴。两国军队还没有联手去打击德国法西斯,却起了内讧。这令艾森豪威尔非常震惊，他意识到了问题的严重性。焦急担忧的艾森豪威尔在日记中写道："关于如何解决士兵之间的敌对情绪，这并没有先例可循，就像航海没有海图导航一样。看来，我要费一番工夫。"

英美两国部分官兵之所以有矛盾，主要是因为美国士兵认为自己是来解救英国的勇士。他们屈尊到英国来忍受艰苦的生活环境，这本身就是一种牺牲。然而英国士兵非但不尊重他们，反而还侮辱、瞧不起他们。在英国士兵眼里，他们自己才是坚守堡垒的英雄。所以，他们不喜欢美国士兵指手画脚。此外，驻英美军看不惯英国旧式军队的做法，而伦敦人也看不惯美军不能吃苦、爱发牢骚、奢侈浪费等生活方式。英国士兵因为囊中羞涩，所以对美国士兵的任意挥霍、在训练之余乱搞女人非常蔑视，他们说："我们有办法证明自己是真正的男子汉，完全没有必要通过美国人的那种原始需要来证明。"最让英国士兵愤怒的是，英国的年轻姑娘竟然主动追求这些讨厌的美国大兵。

为了美国人和英国人之间的团结，与当地公众建立良好的关系，艾森豪威尔着手改善美国士兵的形象。他命令所有的美国指挥官发起一场整顿纪律的运动，并公布了一系列的行政法令。为了不让士兵乱花钱，他命令指挥官们去说服士兵购买战争公债。他还用英国风格来教育部队的士兵，特别强调军队的纪律，不允许激起强烈的民族感情。他甚至不惜采取强硬措施，把有伤害英国民族感情行为的美国军官遣送回美国。

有一次，一个美国上校同英国军官发生了争执。艾森豪威尔把两人叫到了办公室，进行了一番说服教育后，他让英国军官走了，留下了美国上校。

听完上校的解释，艾森豪威尔说："我承认在争论中你是对的，甚至你骂他是混蛋，也可以不予追究。"听了艾森豪威尔的话，上校心里的石头终于落地了。他还向艾森豪威尔信誓旦旦地说："将军，我说的全是实话，您可以去证实的。"上校看艾森豪威尔一言不发，试探地问道："我可以回去了吗？将军！"艾森豪威尔冷静地说："可以了，请你马上收拾行装回美国吧！"这一句话让上校愣住了，半天他才反应过来。他苦苦哀求道："将军，您就原谅我吧！我向您保证，绝对不会再有下次了。"艾森豪威尔斩钉截铁地说："你骂他是个英国混蛋，这是绝对不允许的。为此，我必须送你回国。你这样做，不仅仅是为了维护个人的尊严。我知道你是对的，可是在这种时候，没有什么比两国之间的团结更重要。希望你能明白，请你谅解我！"不管这位上校如何哀求，为了大局，艾森豪威尔还是毫不留情地把上校送回了美国。

还有一次因为军官在酒馆打架的事情，艾森豪威尔不顾情面地批评了克拉克将军。事情的经过是这样的：

艾森豪威尔得知英国士兵和美国飞行员在酒馆里打架，他非常气愤，命令克拉克去调查此事。他对克拉克说："好好处理，我想给他们树立一个榜样。"克拉克说："您就放心吧，我保证漂亮地完成任务。"

胆战心惊的美国飞行员向克拉克描述了事情的经过。他说："在酒吧里，我遇到一个喝醉的英国士兵。他问我英国啤酒是否好喝，我说让他把啤酒倒进马肚子。就为这句话，我们就打了起来。"听完，克拉克几乎无法保持严肃的面容，强忍住笑说："以后不许再进酒吧了，这件事情到此结束了。努力工作吧，不要给这身军装抹黑。"

几个星期后，艾森豪威尔突然想起此事。他问克拉克："上次，两国士兵在酒馆打架的事情处理得怎么样了？"克拉克回答说："我已经调查清楚了，而且训斥了那名飞行员。"在艾森豪威尔的压力下，克拉克不得不说出事情的真相，并坦白了自己的处理办法。艾森豪威尔生气地骂道："你看你，怎么这么糊涂啊，我当时是怎么和你说的？我以后再也不会让你去调查违纪的事情，真不知道你在想些什么……该死的，搞不好我会连你一块送回去。"

为了让美国士兵知道英国人民所做出的牺牲，艾森豪威尔命令士兵们参观伦敦，重点参观被德军炸成废墟的地区。有一天傍晚，神情严肃的艾森豪威尔把士兵们带到伦敦的一处废墟面前，他无限感伤地对士兵们说："睁大眼睛看看，这就是德国人的所作所为。我们来这里不是为了吃喝玩乐、糊里糊涂地混日子。要想得到别人的尊重，我们自己就应该好好表现，做值得人尊重的事情。我们必须让英国人相信我们是真诚的、是有责任感的军人，是肩负重任的反法西斯战士。"他的一席话让士兵们羞愧地低下了头。

艾森豪威尔希望美军具有强大的作战实力，为此，他对这些士兵们进行了严格的正规训练。他花了很多时间去视察在野外的部队，监督士兵们训练。他还下了一道命令：任何军官忽视对新兵的训练，都会被解职。在艰难的条件下，只有优秀的指挥官才能带领部队打硬仗，打胜仗。艾森豪

DWIGHT EISENHOWER

威尔经过认真筛选，挑出了一批通晓军事技术、足智多谋、勇猛顽强的优秀指挥官。那些沽名钓誉、花言巧语、油腔滑调、作风不正的军官，全都被他清洗掉。经过艾森豪威尔的努力，士兵状况有了很大的改观，军队与伦敦市民建立了良好的关系。

随着艾森豪威尔知名度的提高，报刊上关于他的报道越来越多。新闻界发现他是个出身贫寒、来自小镇的西部人。艾森豪威尔的故事是一个典型的穷孩子成名的传奇故事，这是美国的传统主题，记者和读者都很感兴趣。于是，为了收集他童年的趣事，大批记者聚集阿比林，采访了他的母亲艾达和他童年时代的朋友。如果艾森豪威尔不是出生在一间木屋里，得克萨斯州的那间棚屋根本无人知晓，他的家也就不会出名了。

艾森豪威尔是穷人家里成长起来的英雄，这是艾森豪威尔家族的骄傲，更是美国人的骄傲。他的各种奇闻轶事——当然也有些幻想中的事情，频频出现在全国各地的报纸上，连他的母亲艾达和妻子玛咪的名字、照片也出现在了报纸上。本来，玛咪对于记者们谈论艾克的私生活很不舒服，想拒绝记者的采访。后来，弟弟弥尔顿建议她接受，并与记者坦诚交流。就这样，玛咪接受了采访。尽管她拒绝拍照，但还是被记者偷拍到了不少照片。

在铺天盖地的报道中，艾森豪威尔简朴的故事广为流传。艾森豪威尔刚到伦敦时，住在伦敦最豪华的克拉里奇斯宾馆的套间里。这个房间距离艾森豪威尔的办公室格罗夫纳广场只有 3 个街区，他上班非常方便。可是，艾森豪威尔无法住在这座豪华宾馆里。他说："由于德机的轰炸，很多伦敦市民还在忍受生活的不便，甚至连温饱都成问题。住在如此豪华的宾馆，令我坐卧不安，心里难过极了，我觉得简直是在活受罪。"一周后，他搬到了比较朴素的多彻斯特宾馆。这里离办公地点也很近，步行一会儿就可以到达。艾森豪威尔换住处的这一举动，赢得了许多英国民众的尊敬，人们还把格罗夫纳广场——他的办公室所在地，亲切地称作"艾森豪威尔广场"。

除了希望住房简朴外，艾森豪威尔的饮食也非常简单。他的口味怪，不喜欢精美豪华的食物，他总让厨师给他弄最喜欢吃的烘豆什锦菜。他的食谱大多数都是炸鸡、烤牛排、羊排、猪肉、玉米粥、鸡汤、醋腌鲜洋葱等。艾森豪威尔从小就喜欢面条，玛咪邮寄给他的包裹中总会有面条。因为艾森豪威尔爱看西部小说，所以玛咪经常会邮寄一些给他，让他通过读

DWIGHT EISENHOWER

第三章 战争中的新星

西部牛仔的故事来缓解压力。

在英国人的眼里，艾森豪威尔迷人的笑容、风趣的谈吐成为美国人的象征。他的地位和风度使他广受欢迎，许多美国、英国贵妇人都邀请他参加她们的晚宴、舞会等。但艾森豪威尔心里只有玛咪一个女人，所以总是礼貌地拒绝女士们的邀请。

艾森豪威尔喜欢与记者交流，乐意会见报界。他的本意并不是想通过报道大出风头，而是想通过报界来宣传盟国团结的思想。他说："这样做利于工作的开展，因为美英友谊是最后胜利的绝对必要的条件。"

艾森豪威尔凭借自己的大方、乐观、坦率、真诚、不拘礼节等优点赢得了伦敦市民和新闻界的好感。人们都说，他是一个有人格魅力的人。艾森豪威尔总是很坦率地和记者、来访者谈论困难，他说："我们应该勇敢地正视困难，并想办法去解决它，而不是回避。"他的这种勇气，同样感染着听众。在和来访者交谈的时候，艾森豪威尔总是习惯表明他是普通人的身份，他会时不时地说自己是头脑简单的乡下佬、笨手笨脚的家伙等。在他看来，这样做可以缩小与来访者之间的距离，更容易交流。

在给参谋部布置工作的时候，艾森豪威尔想起了麦克阿瑟的官僚主义作风，也想起了马歇尔只求结果的做事方法。于是，他对部下说："我们的工作不搞形式主义，工作并不是为了向上级写工作报告，而是为了获得反法西斯战争的胜利。我将竭力做一个对你们有用的人，但是我要求你们想办法解决自己的问题，不要依赖我。"

艾森豪威尔通过他的坦率、朴实的办事作风，在英国民众中树立了良好的形象，而且逐渐与英国同僚们相处得非常融洽。但是他并不是事事都顺心，并不是和所有的人都相处得非常好。初到伦敦的时候，艾森豪威尔就因为自己抽烟的嗜好与英国军事长官蒙哥马利之间发生了不愉快。

那天，艾森豪威尔被邀去听蒙哥马利的讲演。这位滔滔不绝的演讲者突然停止了讲话，因为他闻到了一股烟味。"谁在抽烟？"蒙哥马利愤怒地问道。

"是我，将军。"艾森豪威尔答道。蒙哥马利并没有因为艾森豪威尔是美国人而表现出一点儿客气，他严厉地说道："把烟掐掉，不准在我的会议室里抽烟！"

艾森豪威尔满脸通红，没有说一句话就把烟掐灭了。演讲结束后，蒙

83

DWIGHT EISENHOWER

哥马利既没有道歉，也没有解释原因，连再见都没有说就走了。

这件不愉快的事情并没有影响艾森豪威尔对待蒙哥马利的看法，也没有影响到他们以后的合作。他说，蒙哥马利是个精力充沛、性格坚毅、具有良好的职业修养的人。但是在 1944 年至 1945 年的欧洲战斗中，固执的蒙哥马利未按统一部署行动，造成重大的军事损失，使艾森豪威尔非常生气。

为了防止以后不再发生类似的事情，艾森豪威尔认为必须了解英国的风俗，所以特意去了几次礼仪俱乐部。后来，他得知在英国有这样一个习俗：吃晚饭的时候，只有为国王干杯之后，才可以抽烟。爱抽烟的艾森豪威尔为了避免尴尬，一般都拒绝有英国军官在场的聚会。

艾森豪威尔日夜忙碌地工作着，每天工作不少于 12 个小时，从早上 6 点 15 分起床，常常工作到午夜才就寝。这种超强度的工作，对一个像他这样年纪的人来说，似乎有些吃不消，但强烈的责任感使他度过了一个个难眠之夜，原本稀少的头发上添了一些银丝。

1942 年 7 月 7 日，美国政府授予艾森豪威尔中将军衔。此时，他已经是美军 16 名中将之一。

1942 年 7 月 12 日，马歇尔参谋长与美国海军总司令厄内斯特·金飞抵伦敦，研究尽早开辟第二战场的事情。到英国后，他们与在英国的美国高级将领召开了一次会议。会上马歇尔和艾森豪威尔主张强渡英吉利海峡，在法国港口瑟堡对德军发动进攻，并由艾森豪威尔负责拟定进攻的"大锤"计划。7 月 22 日，英美双方就"大锤"计划展开了激烈的讨论。这一计划遭到英方的断然拒绝，英国参谋总长布鲁克将军还当面顶撞马歇尔，嘲笑"大锤"计划。他们认为"大锤"计划对苏联红军没有帮助，而且太冒险。英国人主张实施"火炬"计划，即 1942 年，英美联军进攻法属北非。其实英国人这样做是有私心的，他们不想和德国在欧洲交战，而是希望德国和苏联两败俱伤。同时，实施"火炬"计划可以拖住美国人。因为地中海是个"黑洞"，进去了就要承担风险，美国人一旦参战，就别想立即脱身。

艾森豪威尔意识到"大锤"计划可能失败，但是他认为冒险是必要的。他认为，"大锤"计划是为了寻求 800 万苏联人继续作战，冒险是值得的。没有能实施"大锤"计划，艾森豪威尔非常沮丧，在日记中哀叹："1942 年 7 月 22 日，这是历史上最黑暗的一天。辛辛苦苦做出来的计划，

86

就这样被英国一票否决。"也难怪艾森豪威尔难过，因为在拟定"大锤"计划的时候，艾森豪威尔和参谋们每天工作 18 个小时。为了在和英国人谈判的时候能拿出这一计划，有两个速记员都累趴下了。他们疲倦的时候就在办公室里眯一会儿，7 月 1 日夜晚，他们甚至在真正的空袭中睡着了。在缺少睡眠的情况下，他们连续工作了 7 天。做完了谈判的准备工作后，艾森豪威尔说，当时最棒的事情就是能喝到一碗面条汤。

取消"大锤"计划后，英美两国首脑达成协议：实施"火炬"计划，在北非登陆。因为取消"大锤"计划，美军将领很愤怒。丘吉尔为了安抚他们，并表达自己的善意，决定由美国人来指挥"火炬"计划。其实，英国人选择美国人负责"火炬"计划还有其他的原因。因为这时英国与法国维希政府的关系已经恶化，挑选一个美国人来指挥行动的话，法国人的矛头只会对准美国将军艾森豪威尔，而不是英国。

法国维希政府与英国的关系已经恶化，这是其领导人与希特勒在一起的照片。

DWIGHT EISENHOWER

几天后，罗斯福和丘吉尔商定任命艾森豪威尔为"火炬"行动的总指挥，由他负责筹划和指挥工作。一场在北非登陆的战役就要开始，艾森豪威尔第一次获得了指挥战役的权力，但他并没有因此而兴奋。

这段日子，艾森豪威尔的心情很糟糕。他写信向玛咪诉苦，说他生活在金鱼缸里，感到非常孤独。他觉得自己无家可归，非常希望玛咪在自己身边。艾森豪威尔说："由于涉及保密和安全等原因，我不能给玛咪打电话，不能同她商讨工作。写信时，除了说我爱她、想她，身体很好之外，我还能说些什么？"在整个战争期间，他一共给玛咪写了 319 封信。在她 46 岁生日时，艾森豪威尔在信中说："亲爱的，祝你生日快乐！你知道吗，26 年来我一直爱你，你对我的爱、我们的孩子，是我一生中最珍贵的礼物。我总盼望收到你和儿子的信，常常希望我们能够一起在我们自己的家中生活。"

4 登陆北非
DWIGHT EISENHOWER

艾森豪威尔被正式任命为"火炬"行动的总指挥后，他从一个美国军队的指挥官变成为盟军陆海空的总司令。他将负责指挥英美联军在法属北非登陆，彻底消灭北非的德意军队，控制地中海，巩固中东。这个行动成功的话，可以为在巴尔干半岛和意大利的军事行动创造有利的条件。

艾森豪威尔从接受任命的第一天起，就感到了身上担子的沉重。"火炬"计划是一项重要而庞大的军事工程，是一场大规模的两栖登陆战役。艾森豪威尔并非没有十足的信心，但是摆在他眼前的困难的确很多。他的第一项任务是设立一个由英、美军官组成的混合参谋班子。艾森豪威尔所指挥的是一支多国部队，因此在组建联合参谋班子时，他坚持完全统一，不受军种，也不受国籍界限的原则，尽量使每一个部门既有美国人，又有英国人。他号召大家友好相处、互相尊重、为达到共同的目的而竭诚合作。

在"火炬"行动的细节上，英美两国产生了分歧。后来，两国领导人经过商议、谈判后达成了共识。此时，艾森豪威尔需要尽快做出行动方案，确定登陆地点和进攻时间。

8 月初的夜晚依然很闷热。教堂的钟声已经敲响了 12 下，艾森豪威尔办公室的灯依然亮着。有些疲惫、消瘦的他坐在转椅上，双眼紧闭，似乎是睡着了。办公桌上堆放着一大堆资料和地图，非常醒目。突然，艾森豪威尔睁开眼睛，一跃而起。他紧紧地盯着办公桌左侧的地图，嘴里不停地念着："奥兰、卡萨布兰卡、阿尔及尔、突尼斯、波尼……"他一边念一边还把地图上奥兰、阿尔及尔和波尼三个地点做上了醒目的记号。然后，他埋头开始起草作战计划。

关于如何确定进攻地点，艾森豪威尔首先考虑的是：能否提供适当的空中掩护，即护航舰队能否顺利进入敌轰炸机航程，并持续到登陆完成。因为当时盟军的航空母舰很少，而且后援船只和海军护航不足，只能把进攻的范围限制在战斗机能够提供支援的航程内。经过反复研究，艾森豪威尔又提出了四个重要港口作为进攻目标。它们从西向东依次是大西洋海岸的卡萨布兰卡、阿尔及利亚的奥兰、阿尔及尔，以及地中海岸的波尼地区。艾森豪威尔在计划书中指出："只有这样，才能保证非洲之战取得最后胜利。卡萨布兰卡位于阿特拉斯山脉的那条向东穿过奥兰、阿尔及尔到达突尼斯铁路的终点。在直布罗陀海峡被德军封锁的情况下，这条铁路能为盟军运送给养，提供一条微弱的生命线。如果没有这条铁路，所有进入地中海的部队都会被截断归路，即便是突围也要冒极大的风险。同时，在卡萨布兰卡强行登陆，必然会对西班牙和摩洛哥的部落民族产生影响。阿尔及尔和奥兰都是重要港口，势在必夺。阿尔及尔是该地区的政治、经济、军事活动中心，具有重要的战略地位；奥兰港附近的机场对日后的作战是非常重要的，占领了该机场，为前线提供护航或参加战斗就会更方便。"

经过商议，英美两国最后将"火炬"行动的进攻目标确定为卡萨布兰卡、奥兰和阿尔及尔。得知这一计划后，艾森豪威尔只说了一句："本来是可以早日占领突尼斯的，这样一来，早日占领突尼斯城的可能性遥不可及了！"

尽管如此，艾森豪威尔只有面对现实，全力以赴去争取胜利。他对下属说："计划已经定下来了，我们的任务是执行。'火炬'的成败将作为评价个人能力的唯一标准。时间已经在磨磨蹭蹭中溜走，不合格的人将会被遣送回国；而成功完成任务的军官，我会向陆军部为他们请功。"在海军和陆军闹分歧的时候，艾森豪威尔说，不管有没有舰队保护，"火炬"行动也不会取消，即使坐着小舢板也必须去，而且只许成功，不许失败。

进攻地点确定之后，下一个问题就是确定进攻的时间了。从初秋开始，大西洋日益凶猛的波涛将会给登陆带来极大的困难。因此，确定进攻时间，自然而然地成为重要问题。进攻时间过早，可能无法顺利集结陆、海、空部队；过晚，则有可能贻误战机。

英美两国首脑对此次行动依然存在分歧，所以进攻时间一直没有定下来。艾森豪威尔非常焦虑，因为指挥"火炬"行动是对他的严峻考验。若成功的话，他会一战成名，前程远大；失败的话，后果将不堪设想。这是他有生以来第一次指挥战役，而且是由多国部队组成的。他们将跋涉万里，开始一场以重大进攻为目的的海外远征。如此大规模的战役，要想取得胜利，必须做好充分的准备。任何一个环节出现纰漏，都会影响战役全局。

9 月 15 日，为了使主要军官认识到"火炬"行动准备工作的重要性，艾森豪威尔召集史密斯、克拉克等将领举行了一次会议。由于紧张的工作，军官们脸上都写满疲惫，但他们都精神振奋。艾森豪威尔看了所有军官一眼，缓缓地说："大家辛苦了！我知道，在座的很多人为'火炬'行动的准备工作尽了最大的努力，但是并不是所有人都意识到准备工作意义重大。'火炬'行动不是普通的行动，一般的努力是远远不够的，大家务必要把它当做一次严重的危机看待！为达到胜利的目的，必须在人类能够做到的范围内，尽一切可能做好准备工作！"听了此话，少数军官低下了头，因为他们知道自己的工作做得不到位。

有个军官开口问道："将军，我们连什么时候开始战斗都不知道，现在准备的……"没等他说完，艾森豪威尔就接过他的话说道："是的，我们是不知道具体的进攻时间，但可以肯定这场战斗很快就会打响。也许一个月，也许在明天，也许就在今晚！你们都准备好了吗？如果不做好充分的准备，等你们接到命令准备出发的时候，也许你们发现脚上连鞋都没有！"最后，艾森豪威尔鼓励大家说："我坚信，'火炬'行动一定会取得胜利！"

后来，在艾森豪威尔的建议下，登陆时间由原计划的 10 月 8 日推迟到了 11 月 8 日。

在第二次世界大战初期，法国为保住半壁江山、保全海军舰队，与英国分道扬镳，成为纳粹德国的"走卒"。对此，英国政府非常气愤，两国关系开始恶化。鉴于此，美国政府认为，远征部队除了少数空军外，尽可能全部由美国部队来执行任务。英国首相丘吉尔同意这样做，但他提出了自己认为非常高明的建议。他得意地说："为了稳妥起见，还是让英国有经验的部队参加行动，他们可以穿上美国军装。因为都讲英语，不会那么容易就被法国人发现的。"但是罗斯福总统和艾森豪威尔坚决不同意这样做，拒绝了丘吉尔的提议。艾森豪威尔说："这是欺骗，是让狡猾的英国人盗用我们的名声去骗朋友，而不是敌人。"最后，英、美达成妥协：为了赢得北非法军的信任，美军部队首批登陆，英军随后上岸。美军主要负责地面作战，英军只负责海上防务。

法国向纳粹德国投降后，德国和意大利在法属北非直接驻扎的军队不多，但法国维希政府在那里有一支不可忽视的军事力量。自从确定了"火炬"计划之后，英美两国渴望寻求一种减少登陆损失的方法，甚至兵不血刃地登上非洲大陆。如果能不动多少干戈地开进北非，不仅在北非的行动稳操胜券，而且还有希望让北非的法军与盟军协同作战，一起攻打德意军队。所以对盟军来说，最好的办法就是争取驻北非的法军倒戈。英美两国政府曾考虑，让在伦敦的法国将军戴高乐参与"火炬"计划，最终为了安全起见还是放弃了。

正当艾森豪威尔紧张筹划登陆的具体部署时，他接到通知：罗伯特·墨菲将来伦敦和他进行一次密谈，并将与他讨论北非复杂的政治形势。墨菲的公开身份是美国驻北非高级官员，实际上他是一名直接对罗斯福总统负责的高级情报人员。他此行的目的是遵从罗斯福的指示，向艾森豪威尔汇报有关法属北非的政治局势，并为挑选北非的合作人选提出相关建议。

1942 年 9 月 16 日中午时分，墨菲秘密地来到伦敦，同艾森豪威尔将军进行了长达 24 小时的密谈。墨菲说："将军，你可以任用亨利·吉罗将军，他曾是法国一位有名的军事将领。尽管他目前没有一兵一卒，但他在法国军人中享有很高的威望，能够一呼百应。"墨菲见艾森豪威尔有些怀疑，就继续说道："我曾和一位比较有影响力的人——驻阿尔及尔军团司令的参谋长查尔斯·马斯特将军谈过，他曾向我保证，如果吉罗到阿尔及尔，所有法国殖民部队都会听他指挥。因此，我认为任用吉罗的话，盟军将会顺利在北非登陆。"艾森豪威尔觉得并不能完全信任吉罗，他对墨菲说："好的，我会考虑你的建议。"

在会谈即将结束的时候，墨菲询问盟军登陆的日期，以便告诉北非的法国朋友配合登陆作战。艾森豪威尔断然拒绝道："不行，无论如何，我都不能让法国人了解这个秘密。"墨菲急躁地说："将军，这样会给合作带来困难。"艾森豪威尔坚决地说："先生，假如法国人知道了进攻日期，德国人很快就会知道，而且他们会立即将军队开进阿尔及尔。不过，你可以告诉法国人，我们将于二月的某一时间进军。"

墨菲返回阿尔及尔后，发来了两份电报。一份说，马斯特将军表示，让吉罗担任最高统帅，他才会参加盟军的战斗；另一份说，海军上将达尔朗的儿子向他保证，他父亲愿意与盟军合作。达尔朗是维希部队总司令，如果能以他取代手下无一兵一卒的吉罗将军，对艾森豪威尔来说是很有吸引力的。但是达尔朗诡诈多端、声名狼藉，不可轻易与他合作。经过反复考虑，艾森豪威尔决定暂时和吉罗合作，并准备和达尔朗适当地接触。他希望通过与两个人的合作，使盟军顺利登陆。事关政治和外交政策，在采取行动前，艾森豪威尔必须得到上级的指示。于是，他向丘吉尔汇报了情况。丘吉尔听后，沉思良久才说："如果一定要将法国海军搞到手，你就必须去拍达尔朗的马屁！"最后，丘吉尔因为考虑政治影响，他让艾森豪威尔视情况发展而定。

为了给三天后的正式行动做最后的准备，11 月 5 日，艾森豪威尔冒险飞抵"火炬"行动的临时司令部——直布罗陀。总司令部设置在山洞中，寒冷潮湿的空气中，时时发出难闻的臭味。此时，艾森豪威尔已经顾不上这些，他的心思全在几天后的战役上。他在心里对自己说：这是我第一次指挥战役，一定要干得漂亮。尽管艾森豪威尔缺乏高级指挥官的经验，但事实证明他的许多决策是正确的。

参加作战的英美军队共有 13 个师，665 艘军舰和运输舰，其中包括 3 艘战列舰、7 艘航空母舰、17 艘巡洋舰、65 艘其他作战舰艇，分成东部、中部、西部三个特混舰队。首批登陆的部队为 7 个师，其中有 4 个美国步兵师、2 个美国装甲师和 1 个英国步兵师，大约 11 万人。此外，还有几个空降营。盟军计划使用 1 700 架飞机做空中保障，其中绝大部分都驻守在直布罗陀。

11 月 8 日，"火炬"战役正式打响。

英国海军少将布罗斯率"东部"特混舰队，在阿尔及尔及其东、西两面登陆；美军弗里登少将指挥的"中部"特混舰队在奥兰登陆；巴顿率领"西部"特混舰队在摩洛哥海岸登陆。

盟军登陆的时候，遭到法军的抵抗，前方战斗在激烈地进行，不论形势多么严峻，也不论自己多么焦急，艾森豪威尔始终表现得很乐观。他说："我公开讲话的时候，总是表现出乐观和必胜的信心，我的悲观和失望总是留在枕边和日记里。"他在日记中写道："我只能在漫长的等待中打发时间……我经常幻想有一天能当上指挥官，却从来没有想过现在这个职位，我成为直布罗陀战役的总指挥……我必须有个孙子，当我胡须发白的时候，我就可以和他坐在湖边钓鱼，给他讲战争中的故事。"

为了不让玛咪担心，艾森豪威尔给她写信说："我很安全，你不用担心。战争是代价昂贵的事业，我必须脚踏实地、尽我所能地工作，让可怕的战争早点儿结束。"尽管艾森豪威尔尽力让玛咪放心，可她怎能放心得下？每当和人谈起自己丈夫的时候，她总会说，一想到战争，她就全身发抖。

11 月 8 日凌晨，有关登陆的消息纷至沓来。为了让法属北非当局停止战斗，并希望法军在联军对德国的战争中能给予相应的帮助，克拉克将军和吉罗将军飞往阿尔及尔。吉罗做了一次广播讲话，宣布他将领导法属北非，并命令法军停火。然而，吉罗的影响力和墨菲说的完全不一样。非洲的法国人根本不重视吉罗，对他非常冷淡，他的演讲没有起到任何作用。任用吉罗并没有达到预期的目的，这令艾森豪威尔非常失望。

11 月 8 日下午 7 时，驻守阿尔及尔法军投降，盟军登陆成功。他们完全控制了阿尔及尔的局势，达尔朗也被控制在股掌间。这时，艾森豪威尔的司令部收到了一份电报，说达尔朗海军上将在阿尔及尔，因为他曾疯狂地迫害反维希政府的人士，所以大多数人都希望逮捕达尔朗，并将其绳之以法。到底要不要逮捕达尔朗？艾森豪威尔非常冷静，他明白：目前除了达尔朗，没有任何官员能把北非法军带领到盟国这边。若达尔朗能对达喀尔和土伦的法国舰艇发一道命令，盟军就有希望立刻减轻地中海潜在的军事威胁，还可以增加自己的水面舰艇；如果他宣布停止抵抗，那么北非法军可能会立即停火。逮捕达尔朗是一件大快人心的事情，但痛快之后，盟军在北非的行动就要付出惨重的代价，牺牲无数年轻的生命。他想起临行前丘吉尔首相对他说过的话。丘吉尔说："尽管恨达尔朗，但为了使他把舰队带到盟军这边来，即使让我爬行一英里我也会毫不犹豫地照办。"

同时，艾森豪威尔也很清楚：同维希分子接触的话，一定会引起那些敏感的英美人士的强烈反感，因为他们根本不了解残酷的战争。艾森豪威尔的时间并不多，他必须当机立断。矛盾重重的艾森豪威尔，把自己关在了办公室，进行激烈的思想斗争。他嘴里叼着一支雪茄，烦躁地来回踱步。整个房间弥漫着烟雾，气味非常刺鼻。突然，他捏灭雪茄，下定了与达尔朗合作的决心。后来谈起此事，艾森豪威尔说："我知道这是个必须立即在当地处理的问题，要是把它提交华盛顿或伦敦去处理，将会被他们的讨论延误时机，这意味着付出流血和苦难的代价。"

艾森豪威尔下令，让美国将军克拉克与正在阿尔及利亚的达尔朗谈判，迫使他命令在卡萨布兰卡和奥兰的法军停火。11月9日，克拉克奉艾森豪威尔之命，在阿尔及尔圣乔治大饭店与达尔朗谈判，要求他发布停火令。在美军的强大压力下，达尔朗宣布停战。

9日，弗里登少将指挥的"中部"特混舰队仍无进展。双方已经激战了几天，直到11月10日，美军装甲部队从南部突入奥兰，逼近法军司令部。中午，奥兰法军宣布投降。

战斗异常激烈，艾森豪威尔不断收到美军战斗顺利的战报。可是，艾森豪威尔却非常气愤，因为法西斯德国才是真正的敌人，他不想把子弹浪费在法国人身上。最糟糕的是，每失掉一分钟就意味着会贻误在突尼斯的战机。艾森豪威尔只想让法国人停火，立即向东推进。

巴顿成为全军关注的焦点，他在西部的进攻遇到相当大的抵抗。艾森豪威尔非常担心摩洛哥，11月10日，艾森豪威尔在给巴顿的电报里，将心中的烦躁表露无遗。电报里写着这样的话：

亲爱的乔治：

奥兰和阿尔及尔都成为囊中之物。

现在，唯一的"硬核桃"在你手里。请问你还在等什么？快点儿把它砸碎吧！

艾克

艾森豪威尔焦急地给留在伦敦的参谋长史密斯打电话，他说："如果巴顿明天中午拿下卡萨布兰卡，我就为他请功，申请三星中将的军衔。"

实际上，巴顿已经开始砸"硬核桃"了。后来，摩洛哥的守军无法抵挡进攻，又听到了达尔朗停战的消息，所以也宣布投降了。于是，美军登上摩洛哥海岸，占领了卡萨布兰卡。

11月11日早晨，法国人和盟军全面停火。盟军登陆北非进展得相当顺利，损失不是很大。

5 盟军内部的分歧
DWIGHT EISENHOWER

虽然达尔朗同意停火，但仍然拒绝指示突尼斯的维希法国部队抵抗德军。而此时，希特勒给法国维希政府施压，要求他们同意德军在突尼斯登陆。在希特勒的压力下，维希政府答应在西西里岛和撒丁岛为德国人提供空军援助。11月9日，维希政府宣布，正式与美国断绝外交关系。不久以后，希特勒迅速派空运精锐部队和坦克部队去突尼斯，11日早晨，意大利的6个师和德国的机械化部队占领了法国的"自由区"，维希政府垮台。

艾森豪威尔最关心的是向突尼斯进军，和德意法西斯军队作战。他说："一切都取决于突尼斯的法国人。只要他们头脑清醒，我们可以避免好几个星期的战争。而且还可以避免付出生命和物资的代价，为向突尼斯进军营造一个可靠、稳固的后方。"为此，艾森豪威尔准备与达尔朗合作，不管他多么声名狼藉。此时，达尔朗的态度也有了变化。艾森豪威尔决定立即准备，促使与达尔朗尽快达成协议。

11月13日，艾森豪威尔从直布罗陀飞到阿尔及尔，会见了达尔朗，并签署了"达尔朗协议"，该协议任命达尔朗担任北非高级专员。经过罗斯福和丘吉尔的批准，达尔朗协议正式生效。艾森豪威尔表示，只要法军和平民听从达尔朗的命令，盟军不会干涉法国对北非的行政控制。但艾森豪威尔在协议中强调，这只是他代表盟军签署的军事协议，美英两国政府没有任何形式的政治承认。达尔朗声明说，他将在北非承担全部政治责任，同意让盟军在北非自由行动，利用港口、铁路和其他设施。他还向法国海军下达了命令：土伦海军决不能让舰艇落入德国人手中。当德国人前来夺取法国舰队时，看到的却是让人难以相信的场景：土伦港的军舰都被炸沉了。原来，法国海军为了不让军舰落入德国军队和盟军手中，海军指挥官下令炸沉了军舰。艾森豪威尔称之为"令人同情但毫无意义的自杀"。

和达尔朗的合作，使"火炬"行动进展迅速。阿拉曼大捷之后，盟军很快就占领了除突尼斯以外的北非全境。尽管如此，达尔朗协议还是遭到了人们的非议。在达尔朗协议公之于世之后，在英国、自由法国内部、美国舆论界，都引起了强烈的不满，谴责之声铺天盖地。许多人把协议称为卑劣肮脏的勾当。人们本来以为盟军进入北非后，那里将掀起一场反对纳粹控制下的维希政府统治的暴动。结果人们失望了，不但没有暴动，反而签订了一个在他们看来不可思议的、龌龊的协议——盟军与他们不共戴天的敌人签订的协议。因此在他们心目中，北非登陆的胜利、阿拉曼战役的胜利，也因此黯然失色。

史密斯从伦敦打电话给艾森豪威尔，说英美上层社会中的不满情绪日益严重。虽然史密斯早就料到会出现不满情绪，但绝对没有想到批评会如此猛烈。为此，艾森豪威尔失去了良好的公共关系，人们攻击他是一位头脑简单的将军，他感到难过极了。

司令部办公室里，艾森豪威尔望着桌上的一大堆报纸发呆，久久说不出话来。翻开报纸，总能看见长篇累牍的关于"达尔朗协议"的报道。艾森豪威尔是法西斯主义者、百姓的敌人、头脑简单的将军等刺眼的标题，令他头晕目眩。他的脸色很难看，强忍着怒火，把视线从报纸上移开。艾森豪威尔打开了收音机，一阵和谐的旋律飘进耳朵，他的心情放松了许多。然而，音乐过后，他的怒火像火山一样爆发了。原来，是新闻惹怒了他。收音机里传来播音员清脆的声音："盟军远征以来，我们在北非成功登陆，在阿拉曼战役取得胜利。但是我们的高兴很快就被'达尔朗协议'的愤怒取代了。我们这才发现，盟军欧洲战区美军总司令竟是一个法西斯主义者……盟国的第一次进攻战，竟然与敌人公开合作，对此人们能不感到震惊和愤怒吗？"

再也无法忍受的艾森豪威尔把报纸和收音机猛地扔在了地上，头也不回地摔门而去。寒风中，他的心在瑟瑟发抖。艾森豪威尔想到可能会引来不满的议论，但是没有想到人们会说他是法西斯主义者、是一个没有头脑的将军。面对如此强烈的反应，艾森豪威尔非常震惊和气愤。

火炬行动初期的胜利，给艾森豪威尔带来了巨大的声望，而且使他拥有了国际地位。伦敦的报纸用醒目的标题宣布了盟军的行动，还配了艾森豪威尔的巨幅照片。然而，一纸协议否定了一切。

尽管别人指责艾森豪威尔在政治上幼稚，但他和达尔朗签订的协议是从实际考虑的，而不是政治。他说："只有这个家伙能让战争停下来，而其他人都不行。而且，协议是经过罗斯福总统和丘吉尔首相许可的。"

艾森豪威尔写信给他的哥哥埃德加说："唯一使我气恼的是，有人说我这样做是令人难以置信的愚蠢，竟没有人能意识到我这是军事上的权宜之计。"他写信给他的妻子玛咪说："法属北非的阿拉伯人充满偏见、反复无常、难以捉摸。在这片赤贫的土地上，随时都可能发生暴乱。我在这里的所作所为看起来是很古怪，那是因为我现在是坐在火山上，一不小心就会喷火。为了避免阿拉伯人的暴动，为了有稳定的后方，我别无选择。"

艾森豪威尔在给他儿子的信上说："我是反法西斯的战士，作为一个战士，我唯一的目标就是尽快消灭希特勒法西斯分子。而我为了维护自由和人权，却被称为和希特勒一样的法西斯分子，这令我非常沮丧。"

人民的反应固然令艾森豪威尔难受，但最令他生气的是英国官方的反应。参谋长史密斯告诉艾森豪威尔说，丘吉尔称这一协议是"晴天霹雳"。英国外交部说，达尔朗这样的人，不能让他当北非的常任首脑。英国人还说，他们有自己道义上的立场，他们正在为国际的体面而战斗，而达尔朗是它的对立面。人们批评艾森豪威尔说："在战略上，'火炬'已经失败了，这都是因为艾森豪威尔总司令犹豫不决、贻误战机造成的。"

生气的艾森豪威尔冷静下来后，做出了反应。他给丘吉尔和罗斯福发了电报解释他的行为，还说可以派人来调查。然而，他为自己辩解的电报并没有起到多大的作用。为了安抚民众，罗斯福总统甚至打算牺牲艾森豪威尔。媒体也开始猜测，艾森豪威尔将被在沙漠作战的英军总司令亚历山大将军取代。

艾森豪威尔很清楚自己的处境，自己现在成了替罪羊。在签订协议前，他曾对丘吉尔说："为了不让骗子捆住手脚，蒙上眼睛，我常常听从你的劝告。"尽管现在处境不妙，艾森豪威尔还是坚持说："我只是一个军人，对外交一无所知。若为了国家的荣誉和政治要求，我愿意接受一切安排。如果因为达尔朗协议带来的政治喧闹必须替换我的话，就替换好了。协议可以挽救生命，用我的职位来替换生命，这个代价是值得的，我愿意做出这样的牺牲。"

令艾森豪威尔意外的是，马歇尔挺身而出支持他，并说服了罗斯福总统。为了详细阐述支持艾森豪威尔的理由，马歇尔举行了记者招待会。在会上，马歇尔严厉地批评了美国记者。

大家非常关注艾森豪威尔今后的去向，很多记者都来参加了马歇尔举行的招待会。马歇尔神情严肃地说："因为美国记者对'达尔朗协议'的评论不客观、不公正，所以我要严厉地批评他们。"马歇尔的话引起了记者的不满，台下一片哗然。有的记者甚至当场指责马歇尔："你这是在祖护艾森豪威尔。"马歇尔并不理会记者的指责，继续说道："我必须告诉大家一个数字，这样也许你们就明白自己被人利用了。在'火炬'行动开始之前，我们估计美国士兵的伤亡将高达 18 000 人，但事实上只有 1 800 人，达尔朗协议使美国少伤亡 16 200 人。请问在座的诸位，在你们眼里，16 200 个年轻的生命那么不值一提吗?"马歇尔环视四周，没有一个人回答他。台下非常安静，除了镁光灯轻微的闪烁声外，再也听不到其他的声音。马歇尔接着说道："大家对艾森豪威尔和达尔朗协议的抨击，是非常愚蠢的行为，这会上英国人的当。如果我们也像英国人一样继续批评的话，艾森豪威尔马上会被一名英国军官代替。这样一来，美国在世界上的声誉就会一落千丈。"

记者招待会后，罗斯福总统代表盟国也发表了一项公开声明："目前战争紧迫，在非洲的安排仅仅是不得已采取的一种权宜之计，未来的法国政府只能在胜利解放后，由法国人民自己来成立。"会后，罗斯福总统还给丘吉尔首相发了一封电报：

> 我私下对报界说了一句古老的希腊格言，这句格言是：在大难临头之际，我的孩子，你们可以与魔鬼结伴而行，直到你们安全为止。

罗斯福的声明解除了人们的疑虑，同时也使艾森豪威尔感到欣慰。虽然协议给艾森豪威尔带来的负面影响消失了，但是它伤害了法国抵抗运动成员的感情，影响了他们的士气，而且对日后美国与戴高乐的合作也产生了不良影响。苏联领导人甚至对英美产生怀疑，觉得他们和法国维希分子背后有种默契。对此，法国抵抗运动的领袖戴高乐也强烈不满。他说："盟军在解放一个国家的时候，与投敌的官员们签订协议，抵抗还有什么意义？"

艾森豪威尔在政治漩涡里纠缠，丧失了许多战场上的机会。他不能及时向突尼斯进军，而德军却继续在突尼斯集结，这使盟军强行攻占突尼斯城的计划失败。12月，艾森豪威尔指挥的盟军与德军交火时，吃了败仗。对此，他非常伤心。布彻将军说，艾森豪威尔像笼中的老虎，张牙舞爪地咆哮着说：一定要成功。艾森豪威尔在给玛咪的信中说："在伦敦，工作是轻松的。但在这里，我从来没有这样拼命工作过，也从来没有这样疲乏。我真羡慕我的苏格兰小狗，它不知道什么叫烦恼。"

1942年圣诞节前两天，达尔朗被戴高乐分子邦内·德·拉·沙佩勒刺杀身亡，吉罗接替了他的职务。达尔朗的死，解除了艾森豪威尔在政治上的不利影响。正如克拉克将军所说："达尔朗之死是上帝的旨意，就像用手术刀割破脓疮一样，让他彻底从政治舞台上消失。"

12月22日，马歇尔命令艾森豪威尔："你把精力全部集中于突尼斯的战斗，让你的部下去处理国际外交问题。"达尔朗已死，艾森豪威尔觉得他可以一心打仗了。然而，他面临的军事压力并没有因为达尔朗的死而消失，他面临的将是更艰难的战斗。

6　鏖战突尼斯
DWIGHT EISENHOWER

1943年1月，艾森豪威尔应邀参加卡萨布兰卡会议。因为达尔朗协议，艾森豪威尔对自己的前途有点儿担忧。他的联络副官布彻曾对他说："你的脖子已经套在绞索上了！"玛咪给他的信中也写道："头头们正在准备把你撤职。"会议的第一天晚上，罗斯福总统在自己的公寓里单独召见了艾森豪威尔。忐忑不安的艾森豪威尔决定对总统直言，如果总统免他的职，他愿意接受。艾森豪威尔对总统说："政府犯了过错不能解散，但是将军犯了错误可以免职，我愿意承担一切责任。"后来罗斯福问他，火炬战役什么时候结束，艾森豪威尔毫不犹豫地说，1943年5月15日。事实证明，艾森豪威尔的预测很准确。

DWIGHT EISENHOWER

1943 年 1 月，亨利·吉罗，富兰克林·罗斯福，查尔斯·戴高乐和温斯顿·丘吉尔在卡萨布兰卡会议上。

很快，艾森豪威尔对自己前途的担心就消失了。卡萨布兰卡会议结束后，他没有被解职，反而晋升为四星上将。这时全美国只有他和马歇尔两人是四星上将，这是此时美军中最高的军衔。他将继续指挥"火炬"行动，而且蒙哥马利率领的第 8 集团军抵达突尼斯边境后，也归他指挥。当艾森豪威尔的一位朋友赞扬他晋升的速度之快时，他回答说："的确太快了。"当人家问起他还会做些什么时，他的回答非常幽默。他画了一幅画，画上有个男人拿着钓鱼竿，在河边钓鱼。

卡萨布兰卡会议结束之后，艾森豪威尔开始整顿部队、加紧积蓄力量，以便向有"沙漠之狐"美誉的德军元帅隆美尔发动一次强大的攻势。1 月底，盟军在北非共拥有 50 万兵力。

美国的军用物资、装备源源不断地运到前线，飞机、坦克的数量也在增加，美军士兵的士气日益旺盛，盟国空军开始从德国人手中夺取制空权。希特勒为了守住北非，陆续增兵 25 万，企图在突尼斯负隅顽抗。

　　为了在战争中取胜，艾森豪威尔亲自在部队检查防务和兵力部署情况。1943 年 2 月 13 日，艾森豪威尔视察了费雷登德尔的第二军司令部。视察之前，就有人提醒他将会看到什么样的情景。但是真正看到费雷登德尔的部队的情况后，艾森豪威尔还是非常吃惊。这支部队已经进入阵地两天了，但仍然没有布雷。负责的军官说："我们打算明天解决。"艾森豪威尔听后非常生气。他狠狠地骂道："一群废物，难道你们不知道战事紧急吗？德国人今晚就进攻，你们怎么办？马上布雷，机枪进入掩体，在两小时内，部队必须进入一级战备状态。"他还说："在这个战区，我将毫不留情地清除违反我指令的人。"在视察费雷登德尔的军团后，艾森豪威尔给正在苏格兰指挥战役的杰罗写信："你必须强硬地对待那些懒散、傲慢的家伙。看在上帝的分上，涂掉他们，这种人留在身边是不行的。"

　　几天后，艾森豪威尔视察了第一装甲师。他的心情糟透了，因为他看到的一切使他失去了信心。指挥系统混乱、防线薄弱、通讯联络不畅通、兵力部署不当等等，所有这一切都是不好的预兆，艾森豪威尔非常担心。

　　为了提高战斗力，准备随时向敌人发起进攻，艾森豪威尔给美国部属们发了通报，任何时候都必须加紧战备、严格训练。因为他发现，部队撤离前线的时候，军官们居然允许士兵到附近的村子里休息。艾森豪威尔知道，这种事情是绝对不会发生在英国士兵身上的。每当英国军队撤离前线时，不管部队的战斗经验多么丰富，他们都不会停止实战训练。

　　1943 年 2 月 11 日，艾森豪威尔从盟军总部的情报处长——英国的艾里克·E. 弗里曼准将那里得到情报：德国将领冯·阿尔尼姆正从隆美尔非洲军团那里得到增援，他将在第二军防线北端的丰杜克发动强大的攻势。艾森豪威尔闻讯后，立即驱车到 A 战斗群司令部，部署战斗。

　　在月光下，艾森豪威尔看到东边，隆美尔的非洲军团正集结在法伊德山口，但是在山口里毫无动静。大概凌晨 3 点 30 分，艾森豪威尔来到法伊德山口。半个小时后，德国人通过山口向 A 战斗群发起猛烈的进攻。艾森豪威尔判断，德军的主攻方向在北面，这可能是佯攻。于是，他决定回到他的君士坦丁指挥所，他可以密切注视整个战场。2 月 14 日，艾森豪威尔判定法伊德是德军的主攻方向。而此时，隆美尔的坦克部队已经消灭了美军一个坦克营，击溃一个炮兵营，而且孤立了美军残余部队。艾森豪威尔非常吃惊，他立即调整部署。艾森豪威尔花费了几乎一天的时间，派援军赶往法伊德地区，由于路况不好、距离较远，根本无法支援被围的 A 战斗群。艾森豪威尔在日记中写道："无法及时增援，美军一下子就被冲垮了。"

2 月 15 日，隆美尔的部队继续前进，摧毁了美军的 98 辆坦克、67 辆半履带车和 29 门大炮。艾森豪威尔命令说，必须在卡塞林山口集中兵力和火力打击隆美尔，这样才能给德军致命的一击。艾森豪威尔还向马歇尔保证，他们有足够的力量阻止隆美尔前进，并准备一举歼灭他。然而，美军指挥官并没有听从艾森豪威尔的命令，而是坚持采取守势来对付隆美尔的进攻。他们把部队就像放牛一样部署在山谷里，并没有加强山坡上的阵地。5 天以后，隆美尔的部队向卡塞林山口发起进攻，只遇到了美军零星的抵抗，轻而易举地就将它拿下了。当晚，隆美尔即命令德军后撤。从战术上讲，隆美尔取得了胜利。在这次战斗中，美军 5 000 多人伤亡、3 000 多人失踪，而且损失了成百辆坦克和其他装备。但从战略上讲，隆美尔一无所得，实际上还帮了艾森豪威尔的忙。通过这次战斗，艾森豪威尔有效地提高了部队的作战能力，加深了对敌人的了解。这对他今后进攻突尼斯有利无害。

非洲雨季来临，路上泥泞不堪，车辆的行驶也极为困难。因为气候关系，艾森豪威尔患了流行性感冒，身体十分虚弱。美军因卡塞林的挫折，士气明显低落。为了鼓舞士气，艾森豪威尔身体略微好些，就去卡塞林视察。

沿着泥泞的公路，视线之内美军的尸体随处可见。在路边的一座小山上，一群阿拉伯人正在从阵亡的美国士兵身上脱靴子、衣服以及所有可以拿到集市上去卖的物品。看到这一幕，艾森豪威尔咬牙切齿地说："怎么能这样，掩埋阵亡士兵的人都到哪里去了？"同车的杜鲁思少将回答说："将军，负责掩埋的战士已经竭尽全力了。"艾森豪威尔愤怒地问道："没有其他办法吗？用大炮把这些阿拉伯人轰走。"杜鲁思回答说："没有多余的炮弹。而且这件事情不好处理，万一引起阿拉伯人的反抗情绪，我们很难控制局面。"艾森豪威尔何尝不知道需要稳定阿拉伯人，他疲惫地摇了摇头。

经过一路颠簸后，艾森豪威尔一行终于到达了霍芬伯奇将军的地下指挥所。霍芬伯奇是从西点军校毕业的，是艾森豪威尔的老朋友。霍芬伯奇的办公室非常美观、干净、整洁，连地图、电灯都是全新的。此外，还有全套的通讯设备、洗漱间和厨房，甚至还摆放着一些精美的雕塑。看到这些，艾森豪威尔很生气，讽刺道："真想不到啊，你的办公室里居然有如此齐全的玩意儿？"霍芬伯奇并没有觉察到艾森豪威尔情绪的变化，若无其事地耸耸肩说："这些全都是从美国运来的。"

艾森豪威尔有些愤怒了，吼道："霍芬伯奇，你看看你都做了些什么！我命令你坚守卡塞林山口的要塞，而你却被隆美尔吓破了胆。如今1500多名美国士兵躺在泥水里，就像屠宰场里的猪，被人任意掳掠着身上的物品，而你……你还有闲情逸致。"艾森豪威尔差点儿就忍不住去摔霍芬伯奇的那些艺术品。然而，霍芬伯奇并没有觉得自己错了，辩解道："英国人自行其是，法国人根本不听我的指挥，而且……"他的话没有说完就被艾森豪威尔打断。艾森豪威尔说："他们在前线浴血奋战，而你却坐在远离前线、舒适的指挥所里。"霍芬伯奇理直气壮地说："不在前线有利于我考虑全局。这里的通讯设备运转非常正常，并不妨碍我发布指令。"艾森豪威尔怒不可遏地说："一派胡言！"

最令艾森豪威尔生气的是霍芬伯奇的作战计划。当他命令霍芬伯奇在24小时之内向隆美尔发动进攻时，霍芬伯奇胸有成竹地说："我已经制订好了作战计划，请放心，将军！"艾森豪威尔用怀疑的目光上下打量着他，简单地问了几句，知道他的作战计划只是依据文件和报告制定的，根本就没有全面考察实际情况。艾森豪威尔摔了所有的文件，几乎是咆哮着说："在前线要让士兵看到你，你的军衔越高，越能鼓舞他们的斗志。没有任何东西可以取代指挥员在前线士兵心中的位置，你难道就不明白吗？你就忍心看着自己弟兄一个个倒下？"

霍芬伯奇从来没有见过老朋友会发这么大的火，而且是当着部下的面毫不留情地训斥自己。他的脸涨红了，但还是死不悔改地说："既然如此，将军您不是也应该到前线去吗？"

艾森豪威尔冷冷地说道："去前线，这正是我要做的。我明确地告诉你，如果你还是一意孤行的话，我就一脚把你踢回美国。"说完，艾森豪威尔头也不回地上了车扬尘而去。无论如何，艾森豪威尔也没有想到，西点军校出来的军官中会有白痴，而且这个白痴竟是自己多年的老朋友。他把事情弄得一塌糊涂，艾森豪威尔觉得有必要解除他的职务。

每个人都必须为卡塞林的军事挫折付出代价。在战争中，弗里曼准将缺乏独立的判断，他要为战争的失败负一定的责任。于是，艾森豪威尔解除了他的职务。

在去前线视察的时候，路上只要遇到盟军士兵，艾森豪威尔就会停下来和他们交谈。有时，他还会亲自为士兵点烟，称兄道弟地和他们聊天，关切地问他们的家在哪里，伙食如何，当兵以前是做什么的。有一次一个士兵回答他说："将军，我以前是干农活的。"艾森豪威尔笑着问："我以前也是，我种过很多东西，你呢？"士兵回答说："我有一个果园，年成好的时候，可以卖个好价钱。"艾森豪威尔幽默地说："好啊，赶紧帮我把仗打完，我去你的果园谋个差事，帮你干活。我以前也种过果树，我照看的果树结出来的果子又大又甜啊！"说完艾森豪威尔爽朗地笑了。和士兵聊完，他抬脚就往车里走。结果因为阴雨天路滑，他摔了个四脚朝天。士兵们忍不住大笑起来，突然他们停住了，因为害怕艾森豪威尔生气。没想到他却说："没事，谁都有摔跤的时候，笑吧，从你们的笑声中，我觉得这是与你们最成功的一次交谈。"

像这样无所顾忌地和士兵交谈，艾森豪威尔觉得可以了解到更多的实际情况。在他眼里，士兵就是一切，他们比什么都重要。当他得知士兵受到不公正的待遇时，他会暴跳如雷。有一次，在和一名士兵聊天的时候，士兵随口说："香烟的供应是很充足，但就是到不了我们手中。他们的借口是车辆不足，没有办法按时送。"得知这一情况后，艾森豪威尔把后勤部的负责人狠狠地批评了一顿。他还下令说，在前线的战士得到香烟之前，不允许往后勤部送。

在听下级汇报工作，和军官们商议军情的时候，艾森豪威尔讨厌特殊的待遇。他总是在前线简陋的指挥所或者是临时搭的棚屋里听取汇报。有时候，他还冒雨在飞机的机翼下面和军官们商讨军情。他不想听取急于表现的下属臆想的情况，而是渴望看到前线士兵的真实情况。艾森豪威尔的副官布彻说："他总要亲自去前线了解情况。为了他的安全，会有很多人冒险保护他。因此，他常常抱怨自己的工作。"

艾森豪威尔不愿意被人过度地关心，尽管那关心是一个下属对上级应该做的事情。因为上厕所的事情，艾森豪威尔还对士兵大发脾气。他的办公室不像霍芬伯奇的那样舒适，有专门的卫生间和洗澡间，他必须到外面的卫生间去方便。每次都会有一位士兵坚持为他开门，为此艾森豪威尔非常生气。他对布彻抱怨道："真是混蛋，我怀疑他都会进来帮我解裤子。"后来，艾森豪威尔终于发火了。显然，他这样做伤了士兵的心。发完脾气后，他非常后悔，只好去道歉，但是他仍然不喜欢士兵每次为他开门。艾森豪威尔并不是个古怪的人，只是不喜欢别人对他表示特别关心而已。

返回阿尔及尔后，艾森豪威尔的神情很严肃，总在思考卡塞林一役失败的事情。偶尔，他会落寞地坐在钢琴边，轻轻地弹奏曲子。勤务兵米基说，从来没有看到他的上司如此消沉。艾森豪威尔在向马歇尔汇报工作时说："这一战是一个测试，我们从最低层到最高层都深刻认识到战争不是儿戏。我一定会尽力弥补损失……现在，部队的状态很好，个个都摩拳擦掌、跃跃欲试。"

为了扭转突尼斯的局面，艾森豪威尔从摩洛哥把厄内斯特·哈曼少将调来。艾森豪威尔任命哈曼为第 2 军副军长，让他协助费雷登德尔。艾森豪威尔还对他说："你认为有必要解除费雷登德尔的职务的话，就直接向我汇报。"其实，艾森豪威尔是想通过一切必要的手段来改变现在的状况。凌晨两点的时候，艾森豪威尔和副官布彻到旅馆找哈曼商议军情。他俩甚至还帮助哈曼和他的助手穿衣服。哈曼非常惊奇，他说："鞋带是艾克将军帮我系上的。"

3 月 1 日，已经在第 2 军工作的哈曼向艾森豪威尔汇报了工作。他说，费雷登德尔非常糟糕，必须撤换他。于是，艾森豪威尔撤了费雷登德尔，把巴顿调来担任第 2 军的军长。在巴顿的领导下，第 2 军很快恢复了士气。

在完成作战准备后，艾森豪威尔于 1943 年 3 月下旬指挥英美联军对突尼斯发起了进攻。4 月 19 日，盟军向德军发起了总攻，英军第 8 集团军由南向北进行突击，英美联军由西向东发起进攻。5 月 7 日，盟军相继攻占了突尼斯和比塞大，轴心国的军队逐渐溃败。他们在给德国最高统帅的报告中说："再也守不住了！在敌人的胜利中，英美空军起了决定性的作用，他们使突尼斯的德意桥头阵地毁灭了。现在我们已经是上天无路、入地无门了，愿上帝保佑我们！" 5 月 13 日，在盟军的强大攻势下，轴心国在突尼斯的残余部队全部投降。盟军彻底控制北非，突尼斯战事结束了。在这场战役中，艾森豪威尔统率的盟国武装部队共俘虏 27.5 万敌军，其中一半是德军。

DWIGHT EISENHOWER

北非战事胜利了，贺电从四面八方涌来。胜利令艾森豪威尔很高兴，但他无法忘记和敌人奋战的日日夜夜。他在写给妻子的信中说，每当他感到烦恼时，就会想起浑身泥浆的战士们，想起他们在突尼斯寒冷的山地上、在雨水和污泥中奋勇杀敌的情景。这样，他就会平静下来，不再烦躁不安。

5月中旬，艾森豪威尔在一份美国的报纸上读到一篇关于他母亲的文章。这是一篇关于母亲是和平主义者、儿子是战争英雄的文章。对这些所谓"和平至上"的文人无病呻吟的议论，艾森豪威尔非常反感。他在给哥哥阿瑟的信中说：

> 对我来说，报界所发表的文章是无足轻重的，只有母亲在信仰上所得到快乐才是最重要的……那些嘴上说和平的人，他们是否和我一样憎恨战争？他们没有到过挤满重伤员的野战医院、没有见过战场上的尸体、更没有闻到战场上腐烂的人肉发出的恶臭。

> 我憎恨纳粹更甚于战争，而且我对战争的憎恨，永远比不上我的信念：当战争爆发时，每个人都有责任和义务去执行自己政府的命令，军人更应该如此。

艾森豪威尔对于战争的看法正如他对儿子所说的那样，在反法西斯的战争中，唯一不可宽恕的罪行是你不尽责任。

1943 年年底，艾森豪威尔被选为"美国第一父亲"。他说："对此，我表示感谢。在突尼斯取得胜利的美国儿子，都可以让父亲们感到骄傲。"

艾森豪威尔因突尼斯大捷受到广泛的赞扬，但他并不在意这些。因为他的战斗还远远没有结束，他期盼着下一次战役的胜利。

DWIGHT EISENHOWER
第四章
向意大利进军

  艇长一声令下，尸体慢慢地漂向大海深处。几分钟后，伦敦就收到了行动实施完毕的信号。行动结束后，艇长严肃地说："事关英国的胜利，大家必须忘记今晚看到的一切。任何人都不许走漏风声，否则将严惩不贷。"

1 希特勒落入圈套
DWIGHT EISENHOWER

突尼斯大捷之后，英美两国对进军的重点存有不同的意见，它们一直没有达成协议。英国主张进攻意大利，而美国主张从英国进攻欧洲大陆。1943 年 5 月 11 日，丘吉尔为了与美国领导人达成共识，第三次访问了华盛顿。经过商议，罗斯福勉强同意了英国进攻西西里岛的计划。

从 5 月 29 日开始，盟国参谋长联席会议在华盛顿开会讨论日后的军事行动。经过两周的争论，参谋长们最后决定在 1944 年横渡海峡，向欧洲大陆进军。但是对西西里战役后如何在地中海采取行动并没有做出决定，这个问题留给了艾森豪威尔。他们指示艾森豪威尔，让他制订一个最好能使意大利退出战争，而且能牵制德国部队的作战计划。

既然决定权在艾森豪威尔手中，丘吉尔觉得没有必要再和马歇尔争论。为了劝说艾森豪威尔，丘吉尔飞往阿尔及尔。他在这里逗留了一个星期，不断地要求艾森豪威尔不要进攻撒丁岛，让他进攻意大利。丘吉尔说，进攻意大利本土才是一场光荣的战役。这个来自占领罗马的光荣，将是非常伟大的成就。

5 月 30 日晚上 11 点，丘吉尔打电话给艾森豪威尔，问是否能去拜访。艾森豪威尔困极了，而且他知道丘吉尔想和他说什么，于是他说："如果您还是要谈关于进攻西西里岛以后的军事行动的话，我请求您换一个时间，现在太晚了。"丘吉尔坚持要来，艾森豪威尔没有办法，只好同意。15 分钟后，丘吉尔来了，他们谈了足足两个小时。第二天，艾森豪威尔对部下说："昨晚，我简直被丘吉尔首相折磨得无法忍受。为了同一个问题，他竟然用三种不同的方式三次重申他的意见。"随首相前来的英国参谋总长布鲁克将军也说，这一周，他看到艾森豪威尔非常疲倦，经常受到丘吉尔这样的折磨。而丘吉尔却说："在战争中，这是令我最愉快的一周。"

除了丘吉尔的折磨外，艾森豪威尔还要承受来自马歇尔的压力。他说，这种压力从来没有停止过。他在给朋友的信中说："战争结束后，我将找个最深的洞爬进去，然后把洞关上。我会住在最高的山顶或者没有人找到的地方。"马歇尔既不想进攻意大利本土，也不想进攻撒丁岛。他对艾森豪威尔说，一旦西西里战役结束，就立即减少在地中海的兵力。他认为进攻意大利是有百弊无一利，而且他怀疑英国横渡海峡发动进攻的决心。为此，艾森豪威尔非常为难。他自己倒是非常赞同结束地中海的战争后，集中力量横渡英吉利海峡，尽早开辟欧洲第二战场。他说："一支如此伟大的军队无所事事，这是我无法忍受的。为了使意大利尽快结束战争，我们应直接向它发起进攻，并要狠狠地打击它。"

在饱受英美两国参谋部及首脑夹击的同时，艾森豪威尔还受到法国战时政治问题的困扰。达尔朗遇刺后，法国局势被罗斯福说成是"可怕的一团糟"。戴高乐和吉罗为了争夺法国的领导权，闹得沸沸扬扬。5月，戴高乐获得大批人的支持，他还派人渗入阿尔及尔，在吉罗的人中间做工作，取得了巨大的成功。

长期以来，罗斯福总统对戴高乐怀有敌意，企图除掉他，但没有成功。艾森豪威尔害怕与戴高乐决裂会引发北非的内战，因为戴高乐的政治力量非常强大。如果北非真的爆发内战，会给以后的军事行动带来麻烦，他不愿意在进攻西西里时后方出现混乱局面，所以他反对罗斯福的做法。他害怕罗斯福在非常时期鲁莽行事，于是，他催促马歇尔尽快说服罗斯福。

艾森豪威尔知道戴高乐的影响，希望通过他来维持和平，为此他去见了戴高乐和吉罗。6月19日，他们三人在圣乔治大旅馆进行会谈。见面后，戴高乐开门见山地指出，他是以法国总统的身份来的，若艾森豪威尔有意向他请求的话，他会让艾森豪威尔满意的。艾森豪威尔非常礼貌地说："请你让吉罗指挥法国武装部队。"戴高乐气愤地说："法国军队指挥权的问题是法国政府的事，不是你的事。"艾森豪威尔问道："你是军人，你认为作为国家领袖，如果要仰仗外国人的鼻息，还能存在吗？"戴高乐毫不客气地回敬道："难道我们要求过美国为我们任命领导人吗？"艾森豪威尔无言以对，他原本不想过问法国的政治。但迫于罗斯福的压力，他不得不这样做。

这次会谈虽然没有什么实质性的结果，但从这时起，戴高乐和艾森豪威尔获得了彼此的尊重、钦佩。艾森豪威尔钦佩戴高乐的能力和他毫不动摇地为法国解放事业献身的精神，而戴高乐被艾森豪威尔的直率和诚实深深地打动了。

6月22日，艾森豪威尔给马歇尔送去了一份分析当前形势的报告。在报告中，艾森豪威尔强调巩固的后方对进攻西西里的重要性。并说支持吉罗是困难的，他可以控制戴高乐，希望依靠他来维持后方的稳定。

8月，艾森豪威尔终于说服了罗斯福。吉罗成为有名无实的角色，而戴高乐成为法国领袖。这一切都归功于艾森豪威尔，是他的坚持才让罗斯福妥协的。这是艾森豪威尔首次进行外交活动，而且取得了成功。

法国问题解决之后，艾森豪威尔就着手实施代号为"哈斯基"的西西里作战计划。

西西里岛，是地中海中最大的岛屿。该岛位于亚平宁半岛和北非之间，隔墨西拿海峡与意大利本土相望，战略地位十分重要。

尽管德、意在北非惨败、在苏德战场上失利，士气和战斗力急剧下降。但在这个面积2.5万多平方公里的岛屿上，德国和意大利仍然重兵布防。担任防御的德军有7个师、1个旅，60艘舰艇和500架战机；意军共有44个师、183艘舰艇和600架飞机。德意守军总兵力达36万人。面对这样庞大的守备兵力，盟军只靠武力进攻西西里岛，肯定会付出相当大的代价。因此，盟军打算进行军事欺骗，诱使轴心国转移西西里岛的注意力，然后进行军事突袭。艾森豪威尔早就意识到必须实施军事欺骗，调虎离山，转移敌人的视线。到底用什么方法才能欺骗希特勒呢？经过研究，艾森豪威尔决定让伦敦皇家海军情报处具体负责这一欺骗行动。于是，"肉馅行动"——一个用死尸隐瞒战略意图的绝妙方案出台了。这是第二次世界大战中一次重大的战略欺骗，希特勒上当了。

1943年4月20日5时10分，"塞拉夫"号潜艇运载尸体从格里纳克港驶出。潜航10天后，"塞拉夫"号抵达预定海域。4时15分，行动开始了。军官们吃惊地看到一具身着军装的尸体，军服的内侧贴身放着一个文件袋，他就是"马丁少校"。15分钟后，在艇长的命令下，尸体漂向大海。几分钟后，伦敦就收到了"肉馅行动"实施完毕的信号。行动结束后，艇长严肃地对4位军官说："事关英国的胜利，大家必须忘记今晚看到的一切。任何人走漏了风声，都会严惩不贷。"

"马丁少校"的尸体在海上漂了10天，1943年4月30日凌晨，在西班牙沿海边的摩尔渔镇附近，一位渔民发现海面上浮着一具尸体。这具尸体已经被海水泡得变了形，但是通过身上的衣服，可以断定他是一名英国的海军少校。渔民把海军少校的尸体拖到港口，交给了西班牙海军。很快，西班牙海军通过少校公文包里的文件，确认了死者的身份。他是联合作战司令部的参谋，英国皇家海军陆战队的代理少校威廉·马丁，"编号09566号"。此外，西班牙海军还发现了许多重要的文件和私人信件。西班牙海军办事处将此事通知了英国驻马德里的领事。因为西班牙与纳粹德国关系极为密切，在通知英国人之前，他们将这一消息告诉了德国在西班牙的间谍。英国人知道西班牙人一定会把消息告诉德国人的，这正是他们把投尸地点选在西班牙的原因之一。

在英国方面的人员赶到之前，西班牙医生确认了死者是因飞机失事而落水的。这时，德国间谍早就把"马丁少校"身上的文件和信件全部偷拍下来，文件的影印件立即被送到柏林去鉴定。

几天后，伦敦收到了驻马德里的英国大使馆的报告，说已经认领了马丁少校的尸体，并就地埋葬了，文件袋的事只字未提。伦敦立即对驻马德里大使馆的官员发出指示："务必让西班牙当局查明马丁少校随身携带的所有物品，但不能让西班牙当局知道文件的内容。"很快伦敦就收到大使馆邮寄来的"马丁少校"身上的文件袋和其他遗物。事情正按当初的设想一步步发展着，因为英国谍报局用科学方法检验了从西班牙邮寄回来的文件，他们发现文件已被德国人复制了。

6月4日，《泰晤士报》公布了一批阵亡将士的名单，并发了讣告，其中就有"马丁少校"的名字。不知真相的英国副领事为马丁少校举行了葬礼。他的"未婚妻"送来一只花圈，并附了一张悲痛欲绝的明信片。这位好心的副领事还为"马丁少校"立了一块简朴的白色大理石墓碑。那位不知名的英国死者，就以"威廉·马丁"的名字长眠于西班牙。

对于获得的文件，德国也怀疑过。但是公文包里的那些资料，使德国人相信了死者的身份和文件的真实性。死者的文件袋里共有三封密信。一封是巴顿给地中海舰队总司令的信，信中详细介绍了死者的身份和行动目的。信上说："马丁少校是登陆艇专家，他对事情的预见非常准确，而且对苏格兰的新式大船和设备进行试验时，他的表现是最好的。任务结束后，还请你把他立即还给我。"另一封是巴顿写给艾森豪威尔的信，信中谈到英美两国联合作战的事情。还有一封是英国总参谋部副参谋长给亚历山大将军的信，他是"哈斯基"行动的副总指挥。信上说："为了迷惑敌人，我们打算利用西西里岛引开德国人的兵力，掩护盟军在希腊登陆。"

除了密信之外，死者身上还有一些私人资料：马丁父亲的信、家庭律师的信件、劳埃德银行的一封措辞委婉的催款书、一张向国际珠宝商菲利普购订婚戒指的赊账单、一张银行透支单、两封未婚妻情意绵绵的"情书"等。因此德国人推断，马丁是在前往盟军参谋部的时候，因飞机发生意外事故而落水的。再加上英国方面不断向西班牙要求归还公文包，这就使德国间谍不再怀疑信件的真实性。他们担心万一盟军怀疑信件曾落入敌人之手，肯定会推迟或改变原定的行动计划。所以，他们拍完信和文件后，都小心翼翼地按原样放回了公文包。德国人哪里知道，这一切都是经过精心设计的。原来，伦敦皇家海军情报处找了一具胸中有积水、死于肺炎的男尸，给他穿上军装，然后抛入海里。为了证明"马丁少校"身上携带的文件的真实性，皇家海军情报处特意制作了这些文件和私人材料。同时，盟军选择在西班牙沿海投放尸体，也是为消除德国人的疑虑。

正如预期的那样，由于没有丝毫破绽，德国人深信不疑。希特勒早就怀疑盟军可能会在其他地方登陆，因为西西里岛地理位置重要，很难进行突袭。"马丁少校"的信件让他对此深信不疑，他认为盟军很可能在撒丁岛和希腊登陆。当墨索里尼表示怀疑时，希特勒得意洋洋地说："我们得到了可靠的情报！而且是绝密情报，知道吗？"对情报深信不疑的希特勒下令在西西里岛留下2个德国师，其他的兵力在6月30日前全部调往撒丁岛和希腊。

希特勒终于上当了，"肉陷行动"圆满成功。

2 西西里战役
DWIGHT EISENHOWER

1943年夏天，一切准备工作就绪。盟军就要发起对西西里岛的进攻，但艾森豪威尔主张先攻占班泰雷利岛，作为进攻西西里岛的前进基地。该岛位于突尼斯和西西里之间，没有沙滩，海岸上都是岩石，只有一个狭窄的岛屿作为通道。看起来，班泰雷利岛像一个不易被击破的"硬核桃"，而且不适合从空中攻击。岛上有意大利的重兵把守，所以只能在意军的枪口下冲锋陷阵。没有人知道岛上守军的情况，进攻班泰雷利岛就是冒险，不知道盟军将会付出多大的代价。

关于是否同意艾森豪威尔攻占班泰雷利岛的计划，陆、海、空三军司令和艾森豪威尔4人进行了激烈的争论。

艾森豪威尔说："如果拿下班泰雷利岛，破坏他们在岛上的雷达方位指示器，敌人的空军和潜艇就失去了一个机会，盟国海军会少了一个很大的麻烦。这样，我们在西西里岛的进攻和突击就不会受到牵制。同时占领了该岛，有利于我们隐蔽和运输物资。大家要知道，班泰雷利岛上的守军全是意大利人，他们目前士气低落，毫无斗志，我们应该很容易就会拿下这个岛屿。最重要的是攻占该岛后，我们的士兵将会受到鼓舞，而且我们还可以利用岛上的飞机场。"

陆军总司令亚历山大和海军总司令坎宁安都觉得进攻班泰雷利岛太冒险。他们认为，班泰雷利岛易守难攻，而且又有意军重兵布防，万一失败，必然会影响整个进攻西西里岛的计划。在他们看来，这一计划充满了不祥的预兆。

空军总司令特德说："任何战争都有风险性，最重要的是看冒险是否值得。目前，我们的大部分飞机是美国的P—40战斗机和英国的'喷火式'战斗机，这两种战斗机无法承受从突尼斯越海攻击西西里岛的遥远路程。但是若成功占领班泰雷利岛，它的机场就能派上用场，我们的问题就能迎刃而解。所以，我同意艾森豪威尔的意见。"

经过争论后，尽管没有获得一致意见，但是艾森豪威尔拒绝让步，还是下令先对班泰雷利岛进行大规模的密集轰炸，然后由英国第1师进行两栖登陆。这是艾森豪威尔担任最高统帅以来，第一次利用权力强迫实行计划。艾森豪威尔这样做除了军事原因之外，还有一个原因就是为了回应马歇尔对他的批评。马歇尔说他缺乏适应性。

盟军在3周的猛烈轰炸中，共出动了5 000多架次飞机，投下6 400多吨炸弹，整个岛屿笼罩在一片烟雾之中。岛上的意军反击软弱无力，连巡逻艇也不见踪影。面对这种情况，坎宁安改变了主意，他不再反对艾森豪威尔的计划，但是亚历山大还是强烈反对。此外，负责突击行动的英国将军也反对艾森豪威尔的计划，他说伤亡将是巨大的。英军第1师的指挥克

DWIGHT EISENHOWER

拉特巴克将军也向艾森豪威尔陈述困难，担心盟军会遭到血腥的屠杀。尽管如此，艾森豪威尔仍坚持不惜一切代价占领这个岛屿。

为了更好地指挥战斗，艾森豪威尔决定前往班泰雷利岛视察。6月8日晨，他和海军司令坎宁安乘坐皇家海军曙光号巡洋舰，驶往班泰雷利岛亲自观察空军和陆军对岛上的轰炸情况。这艘军舰开到海岸后，还向敌人放了几炮。很久后，才有两门意大利炮回击，而且都打歪了。见此情景，艾森豪威尔非常高兴。尽管他没有扣动扳机，但他觉得自己也亲身参加了一次军事行动。他还自豪地对坎宁安说："我们为什么不坐一艘小艇划过去？我想没有这些士兵，我俩也能占领这个小岛。"

1943年6月11日，艾森豪威尔命令一切按计划进行。岛上的两万名意大利守军其实都是纸老虎，他们训练极差，根本无法抵挡盟军的进攻。盟军登陆战一开始，守军就举白旗投降了，盟军除了一名英国士兵被骡子咬伤外，没有任何伤亡。几天以后，盟军毫发无损地拿下了邻近的两个小岛。首战成功，艾森豪威尔非常高兴。6月11日，在给马歇尔的电报中，他的兴奋暴露无遗。他还说，今天是他服役28周年纪念日，他觉得自己有资格升职。此外，艾森豪威尔还赢了丘吉尔首相的65法郎。在进攻班泰雷利岛之前，丘吉尔曾和艾森豪威尔打赌。丘吉尔说："我认为岛上的守军不会超过5000人，每超出一人赌注就增加一个生丁。"结果，艾森豪威尔不仅赢了钱，还赢得了班泰雷利岛。

这次行动结束之后，盟军就开始按原定计划进攻西西里岛。7月7日，艾森豪威尔飞往马耳他亲自指挥战斗。不久前，陆军总司令亚历山大把司令部搬到了马耳他的一个隧道里，他们会在这里办公。隧道外面的温度超过了华氏100度，但是隧道里面非常寒冷，艾森豪威尔要穿上厚厚的棉衣来御寒。他的住所也是和办公室一样破旧、潮湿的隧道。住所下面曾是英国的监狱，用来关押那些造反的犯人。

一支庞大的海军舰队出发了，7月9日早晨，他们到达马耳他岛以南的海域。随后，这支海军向西西里岛悄悄前进。然而，天公不作美，7月9日中午，一场7级大风袭击了舰队，给盟军的航行带来了很大的困难。面对突然而至的海风，艾森豪威尔非常焦虑，因为他必须考虑是否推迟进攻计划。英国皇家海军的气象学家告诉他："将军不用担心，通常在天黑以后，地中海的风就会慢慢减弱。"于是，他决定按计划行动。当马歇尔来电问他是否改变计划的时候，他自信地说："一切按照原定计划进行，不会受到任何影响。"

7月9日深夜，到悬崖边俯瞰大海的艾森豪威尔看见了英国的滑翔机群。因为海风的影响，盟军空降兵的行动并不顺利。英国海上的滑翔机群，由于海上疾风的影响伤亡惨重。英军的133架滑翔机中，只有12架降落在预定的锡拉库札以南地域，50架坠入海中，其余的大部分都被撞坏了。美国的伞兵部队本应在杰拉地域着陆，结果也被大风吹得偏离了目的地。

随着进攻日期的临近，艾森豪威尔紧张不安。他在给玛咪的信上说："我的心好像变成了一个紧握的拳头……然而，答案在上帝那里。为了控制自己，大家想尽一切办法使自己冷静。该做的都已经做了，只有在聊天、抽烟中消磨时间，熬过漫长的等待。尽管我非常紧张，但是我比其他人更有耐力。"夜里，艾森豪威尔常常拿出那7枚硬币为所有的士兵祈祷。除此之外，他没有任何办法。这7枚硬币是艾森豪威尔随身携带的幸运硬币，装在一个盒子里，其中有一枚奇迹硬币，是一位小姑娘送给他的。那个小姑娘说："我崇拜你，所以选定了你，我每天都会为你祈祷！"艾森豪威尔称小姑娘为"我的小圣母"，并一直和她保持通信联系。每次出发的时候，若忘了带上幸运硬币的话，艾森豪威尔是不会登机或上船的。

7月10日，进攻开始了。蒙哥马利的第8集团军登陆非常顺利。他们毫不犹豫地向内陆挺进，沿海岸向西西里岛东岸港市前进。

7月11日，美国第1步兵师在格拉平原的海滩上登陆。他们击败了德军和意军，顺利地建立了两个桥头堡，在西西里站住了脚。然而，格拉的胜利很快就被一场悲剧破坏了。12日深夜，盟军的一架运输机被慌乱的盟国海军击落了，他们以为是敌人的飞机。运输机上的数百名飞行员、伞兵、机组人员就这样被自己人杀死了。这不仅仅是生命的代价，而且在以后的战争中再也无法使用空降部队了。事情发生后，海、陆、空的指挥官们纷纷指责对方，闹得不可开交。愤怒的艾森豪威尔下令停止一切行动，进行调查。他写了一封信给巴顿，让他立即对这起事故的责任人采取行动。他还暗示巴顿，说他就是该负责任的那个人。

7月12日，艾森豪威尔毫不留情地训斥了巴顿，指责他没有及时汇报情况。副官布彻说："艾克非常失望，他对巴顿的指责很粗暴。其实是艾克错了，巴顿已经很及时地提交了详细的报告。对艾克来说，这些并不重要，他需要的是发泄愤怒的对象，这个人自然就是巴顿。"

布彻在日记中写道："我想，听了艾克的话，巴顿将军一定非常生气。"实际上也正如布彻写的那样，巴顿气坏了，他说："艾克是个亲英的家伙。在我看来，他是想找个替罪羊，而我就是那只待宰的羔羊。"发生这种事情，最终指挥官都是要承担责任的，这一点巴顿心里很明白。尽管他深知这一点，但艾森豪威尔的信和训斥还是深深地伤害了他。

巴顿总说艾森豪威尔亲英，事实并非如此，艾森豪威尔有自己的原则。在西西里战役期间，英国广播公司一直粗鲁地公开将美军说得一无是处，而对英军的评价很高。他们说："巴顿的军队在吃葡萄，而英国人的军队却在激烈地战斗，所有的仗都是英国人打的，他们的功劳最大。"对于这种不公正的报道，艾森豪威尔非常生气。他忍无可忍，给丘吉尔首相写了一封信，并亲自派人送到伦敦。在信中，他严厉地批评英国广播公司报道不实，说他们破坏了盟军的团结。虽然英国广播公司找了一些无关紧要的借口搪塞，但在以后的报道中，他们不再带有明显的倾向性了。

7月13日，艾森豪威尔冒着岸上德军的炮火乘坐英国"爆竹号"驱逐舰向西西里进发。艾森豪威尔站在甲板上观察双方的炮火，英国人十分担忧他的安全，并让他到甲板下面去。艾森豪威尔调侃道："你把我当成关在笼里的小鸟，我居然成了宝贵的家伙了。"为了不使别人因他而受伤，艾森豪威尔还是到甲板下面去了。当他们行进到正在激烈交火的加拿大和美国军队的防区时，他下令停船，因为他想上岸见加拿大高级军官。当他踏上西西里的土地并叫住一个英国军官，说他是艾森豪威尔时，那位军官惊讶得嘴巴都合不拢了。艾森豪威尔告诉他，自己想和加拿大的高级指挥官谈话。在得知距离最近的加拿大司令部不在这里时，他说："没有关系，我想见一见他们的军官，我不在乎他的军衔。我希望他们能加入盟国的战斗。"艾森豪威尔根本没有想过自己的安危，他乘坐一辆吉普车沿着崎岖的小路去寻找加拿大军官。当他完成任务回来时，全身都被汗水浸湿。和他同行的记者说，他是一位卓越的领导。

战斗如艾森豪威尔所预料的那样进行着，英美军队出奇制胜，登陆非常顺利，德国人不愿意像意大利人那样，不打仗就撤出西西里岛。他们一面拼命抵抗，一面破坏道路、桥梁，试图封锁通往墨西拿的海岸公路，结果被围困在了那里。

7月23日，巴顿将军攻下巴勒莫，继续挥戈东进。8月1日，盟军发起了新的攻势。经过几天激战，英军于8月5日攻克了卡塔尼亚。8月16日，巴顿占领了西西里首府巴勒莫城。8月17日，德军从西西里岛撤至意大利本土的南部。来不及撤退的意军，全部投降。在这次攻占西西里的战役中，德意军的损失人数是16.5万，其中逃亡意大利本土的有10万人以上，被俘的有13.2万人。而美、英、加官兵伤亡和失踪人数为2万，其中美军损失7 445人。至此，进攻西西里岛的"哈斯基"计划以胜利宣告结束。控制西西里岛后，进军意大利本土就指日可待了。

3 巴顿风波
DWIGHT EISENHOWER

艾森豪威尔沉浸在西西里岛登陆胜利的喜悦中，这时，他的军医给他送来一份关于巴顿将军殴打士兵的报告。

一个星期前，巴顿在视察一所野战医院的时候，发现一名士兵住在医院里，但是这名士兵并未受伤。于是，强压着怒火的巴顿走到士兵床前凶巴巴地问："你叫什么名字?"士兵战战兢兢地回答："报告长官，我叫保尔·G. 贝内特。"巴顿继续用冰冷的语气问道："你得了什么病，为什么身上没有伤痕?"贝内特忐忑不安地说："报告将军，神经有毛病，我受不了炮弹的爆炸声。医生诊断是'炮弹休克症'。"说完，贝内特就呜呜地哭起来。巴顿恼羞成怒，咒骂道："你这是害怕了! 你这个狗娘养的胆小鬼，真该枪毙了你这小杂种!"骂完，巴顿掏出手枪晃动着，而且挥动另一只手重重地打了贝内特一个耳光。贝内特吓得嚎啕大哭，生气的巴顿又狠狠地打了他几下。医生们赶来劝阻，巴顿仍然在吼叫，说早晚要毙了这个"胆小鬼"。他甚至迁怒于医生，对医生吼道："谁允许你把这胆小鬼留在医院里的? 决不能让他躲在医院里，立即把他赶出去。"

艾森豪威尔接到军医的报告后，感到很痛心，他知道自己手里这个危险品随时都可能爆炸。尽管如此，艾森豪威尔并不准备处罚巴顿，只想给他一个教训。他立即给巴顿写了一封信，信中说:

DWIGHT EISENHOWER

巴顿：

如果在医院打人这件事情泄露出去的话，我一定会咆哮着扒了你的皮。到那时，就意味着你在这场战争中的服役要结束了，我绝对不允许这样的事情发生。因为在我看来，你是确保战争胜利的人之一，是无可替代的。

我很清楚，有时候必须采取断然和强硬的措施。但是绝对不允许辱骂伤员、不能粗暴地对待伤员，更不能在下级面前失态。如果事情属实的话，我将会对你的自控能力产生怀疑。

你最好向那位士兵、医院里的护士和医生公开道歉。

你就放心吧，所有的资料都在我这里保存着，其他人那里没有留下任何记录。

艾克

艾森豪威尔很担心，怕万一事情暴露出去，将会对巴顿造成不好的影响。这已经不是巴顿第一次打士兵了，几个星期前，他在视察另一个野战医院的时候，就动手打了一个逃避战争的伤兵。那时并没有引起反应，因为战事非常紧张，没有人注意到这件事情。那次，巴顿仅仅戴着手套打了那个士兵一耳光，并教训了他几句。几天后，巴顿命令第7集团军高级指挥官，严惩那些借口神经脆弱、贪生怕死、躲在医院不肯上战场的胆小鬼。事后，他向艾森豪威尔解释说："我深信，如果所有军官都有勇气像我这么做的话，借口患炮弹休克症的士兵就会大大减少。"

世上没有不透风的墙，巴顿打人的事情很快就传遍了第7集团军。随后，三位记者找到艾森豪威尔要求他解除巴顿的职务，否则他们就会把事情报道出来。记者还告诉艾森豪威尔，在西西里有5万多名美国士兵十分愤怒，不少人表示，如果有机会的话一定会干掉巴顿。看来，艾森豪威尔之前的担心并不是多余的。

面对媒体的大肆炒作和激愤的士兵，艾森豪威尔感到很为难。他始终记得林肯总统曾经说的那句话："我不能让这个人离开部队，因为他能打仗。"尽管如此，但他又不得不处分巴顿，而且事情一旦公开，他将会损失一员能征善战的虎将。为了保全巴顿，他几乎是乞求记者，让他们不要外露此事。艾森豪威尔向记者们解释说："我已经写信严厉地批评了巴顿，他会在第 7 集团军为自己的行为道歉的。我向你们保证，以后绝对不会再发生类似的事情。巴顿是一位很有才华的指挥官，如果你们不报道此事的话，就能拯救他。"经过协商，记者承诺不再报道巴顿打人的事情。

巴顿收到艾森豪威尔的信后，在日记中写道："我处理这件事情的方法有问题，太鲁莽了，以后我会尽力改正的。但是我实在无法容忍装病逃避战争的士兵存在，他们会像传染病一样蔓延。我想其他军官也会和我一样，无法容忍自己的士兵躲避战争。"

对一向高傲自大的巴顿来讲，公开道歉这种处理办法无疑是一种最严厉的处罚。在认识到问题的严重性后，巴顿还是认真执行了艾森豪威尔的命令。他在巡视第 7 集团军的时候，向所有的人道了歉。他说："我向所有曾经被我粗暴地批评、打骂过的士兵们道歉，请大家原谅。"随后，他还诚恳地向士兵们解释了打人的原因。他说："一战时，我的一个朋友在前线打仗，因怕死而装病逃避战争，后来这个朋友自杀了，因为他感到无地自容。我想，如果当时有人训斥他几句或打他几个耳光，他是会得救的。"巴顿的道歉得到了当事人的谅解，他向艾森豪威尔汇报了这一情况。

巴顿殴打士兵触犯了法令，为了使他不受到军事法庭的制裁，艾森豪威尔将其打人的报告保存在保险柜里，没有交给军法部门。而巴顿并不知道在这次打人事件中，艾森豪威尔一直在保护他。他还抱怨："我在战争中取得了这么大的胜利，艾克居然不祝贺我。"他哪里知道艾森豪威尔正在为他丢脸的打人事件发愁，不知道是否要把他送回美国。他的副官布彻说："艾克担忧极了，为了寻求解决事情的办法，他几乎整晚都睡不着觉。他知道巴顿是一位优秀的指挥官，但在职责和朋友之间抉择，他真的矛盾极了。"如果当时艾森豪威尔像蒙哥马利将军一样厌恶巴顿的话，巴顿就不会这么轻易地过关了。后来巴顿知道了艾森豪威尔为他做的一切，写信给艾森豪威尔说："你是我感激不尽的人，我无法用言词来表达我的悔恨和忧伤，我甘愿为你献出我的一切，就算是生命也在所不惜。"

巴顿打人的事件平息 3 个月后，也就是秋天的时候，记者违背了诺言。在美国美洲广播节目里，随军记者德鲁·皮尔逊披露了这一事情。他歪曲事实、大肆夸张，很快便引发了批评巴顿的狂潮。各界人士纷纷要求国会彻底调查此事，并要求解除巴顿的职务。一些不明真相的人甚至在街头游行示威，他们大声喊叫："艾森豪威尔不该祖护巴顿。一定要严惩巴顿，将他赶出军队！"面对各界的压力，艾森豪威尔非常镇静。他在给巴顿的信中说："我的决定是正确的，希望你能明白。虽然我对你的行为很恼火，但你不必担心我会改变立场。"

11月24日，艾森豪威尔奉陆军部的命令，递交了巴顿打人事件的全部报告。报告详细、客观地介绍了事情的经过、艾森豪威尔的处理措施以及巴顿为了弥补过错所做的努力。艾森豪威尔说："巴顿的行为是不可原谅的，大家都很气愤，我已经亲自监督了这一事件的调查，并采取了适当的措施。在战争中，巴顿取得的成绩是不容忽视的，他鼓励、爱护并在物质上帮助士兵，因此在整个西西里战役中，第7集团军始终保持着高昂的士气。我相信，在任何进攻战中，巴顿都可以发挥巨大的作用，而进攻战的时候，一个集团军的指挥官应具有忠诚、勇敢和一往无前的精神，这是非常重要的。据我所知，巴顿现在每次在士兵面前公开露面时，都受到他们热烈的鼓掌欢迎。"经过艾森豪威尔的努力，巴顿终于没有被赶出军队，留在了艾森豪威尔麾下。这样，巴顿风波才宣告结束。

西西里战役的胜利，使艾森豪威尔成为1943年夏天最受欢迎的人。有位崇拜他的妇女说："尽管他是秃顶，但他是我见过的最英俊、最有魅力的男人。"《时代》杂志非常赞赏艾森豪威尔，用大量的篇幅刊登了艾森豪威尔成功地指挥西西里战役的事迹。这一期《时代》杂志的封面还用了艾森豪威尔的巨幅照片，这是件很荣耀的事情。

西西里战役令艾森豪威尔的威望空前高涨，一位来自堪萨斯州的议员还劝他竞选总统。其实在堪萨斯，很多人都希望他能成为1944年共和党的总统候选人。艾森豪威尔从来没有在选举中投过票，对人家要求他参加竞选的事情，总是嗤之以鼻，或者一笑了之。他给玛咪写信说："动员我竞选政治职位的人，一定是哪根神经出了问题。他们不知道对一位军人而言，对国家的责任是最重要的，怎么能把注意力转移到其他地方呢？"

1943年10月，艾森豪威尔的朋友乔治·艾伦给他寄来一些关于竞选总统的剪报。他还写了一封短信，询问艾森豪威尔对当总统候选人有些什么想法。艾森豪威尔当即回了一封信说："简直是胡扯！我对总统候选人这个词非常反感。难道大家不知道一名战士需要什么吗？为什么不能让他安心地去执行命令呢？"艾森豪威尔在休斯敦萨姆堡的一位老朋友来信说："我们准备组织一个竞选总统的俱乐部，帮助你参加竞选。"艾森豪威尔回信说："非常感谢大家的好意，但是我必须告诉你，对我来说，最厌恶的事情就是参加政治活动，我没有丝毫政治野心。我相信，我的朋友中没有人会让我不停地去向人们解释这一点的。"当总统对他说"艾克，我会支持你竞选总统的"时精明的艾森豪威尔笑着回答说："总统先生，尽管我不知道到时候你的竞选对手是谁，但有一点我是知道的，那就是这个人绝对不是我！"这些话讲得很有意思，同时也使现任总统放心了。

关于竞选总统的事，他在给哥哥阿瑟的信中说的更为直接，他说："我现在的工作就是赢得每一场战争的胜利，这是对国家和爱好和平的人们的责任。对军人而言，在战争中，做一些与战争无关的事情，就是对祖国和人民的背叛，就是犯罪，我永远不会这么做的。"

1943年秋，苏联红军已在库尔斯克和斯大林格勒战役中取得了胜利。他们已经取得东部战线的优势，战争开始向着有利于盟军的方向发展。为了缓解苏联红军的压力，斯大林急切盼望盟军立即开辟第二战场。而英国人主张进攻意大利，他们要求盟军继续在地中海战斗。在这一问题上，英美两国首脑一直没有达成共识。

在斯大林格勒战役中冲锋陷阵的苏联红军。这一役对全世界反法西斯斗争的最后胜利具有重要意义，是第二次世界大战的重要转折点。

DWIGHT EISENHOWER

为了决定以后如何行动，盟国参谋长联席会议在加拿大的魁北克召开。经过激烈的争论，他们最终达成共识：盟军必须继续进攻意大利，但是横渡英吉利海峡的"霸王行动"优先。如此一来，7 个师的兵力将转移到英国，为跨海行动做准备，艾森豪威尔在意大利的兵力大大减少。

4 意大利投降
DWIGHT EISENHOWER

7 月 19 日，意大利的首都罗马首次遭到盟军的空袭，罗马的铁路、车站、军事目标遭到严重破坏。在空袭的同时，盟军还在意大利空投了许多传单。传单上全是揭露战争根源和法西斯罪行的文字，上面写道：

意大利人民：

艾森豪威尔将军等人把战争带到意大利，这全都是墨索里尼及其法西斯政权造成的。其实他们并不想进攻意大利，给意大利人民带来灾难。但是他们必须摧毁墨索里尼的政权。

意大利人民擦亮眼睛看看，自己的子弟兵在前线为德国人拼命地打仗，然而德国人却无情地抛弃了他们。你们要想谋取生存的唯一希望，只有一个选择，即赶走德国人，推翻法西斯统治，体面地投降，重新建立一个意大利。

你们应该充分考虑自己的利益、尊严、安全与和平。现在轮到你们抉择了，到底是为意大利的文明求生，还是执迷不悟继续为墨索里尼和希特勒卖命？

罗斯福、丘吉尔

除了罗马之外，意大利的其他城市也出现了这样的传单。这些传单给本已摇摇欲坠的意大利法西斯政权一记重拳，闹得意大利人心惶惶。墨索里尼忐忑不安，犹如坐在火山上一样。

意大利在北非、地中海、西西里岛的惨败，加深了墨索里尼的政治、经济、军事危机。意大利举国上下笼罩在失败主义之中，人心非常慌乱。意军原本有 22 万人在苏德战场上作战，现在只剩下 8 万人；而在国内担任防御的 47 个师战斗力很差；在法国和巴尔干负责占领任务的意军，在当地游击队的打击下，也已经穷途末路。意军兵员缺乏、士气低落、兵力分散，国防体系已弱不禁风，不堪一击了。它的"盟友"纳粹德国并没有给它援助，反而对意大利横征暴敛，人民怨声载道。在斯大林格勒惨败后，德国已经无暇顾及意大利了。

"二战"以来，由于连年战争，军费开支巨大，加上盟军空袭的打击，意大利的经济已濒临崩溃的边缘，这令人民苦不堪言。然而性情暴躁、意志颓丧、反应迟钝的墨索里尼，还决定征兵继续战斗，连 14 岁的孩子和 70 岁的老头都在征兵的范围之内。人民早就厌倦了战争，反战情绪日益高涨。此时，意大利国王埃曼努尔三世决定抛弃法西斯和纳粹领袖墨索里尼，以维护资产阶级在意大利的统治地位。他和前任陆海空三军参谋长巴多格·利奥元帅、总参谋长安布罗西奥将军等人联系，密谋推翻墨索里尼。当他说出自己的决定时，得到很多政府官员的赞同，就连墨索里尼的女婿齐亚诺也表示赞同。倒墨集团已经形成了，而墨索里尼仍浑然不觉，还在招兵准备反扑。

7 月 24 日，意大利召开了法西斯最高委员会会议。会议由前任外交部长迪诺·格兰迪主持，他提出了一项要求恢复宪制、罢免墨索里尼的总理职务、军权交还国王的议案。经过讨论，7 月 25 日凌晨 3 时 30 分，对该提案进行表决。结果有 19 人支持格兰迪，仅 7 人支持墨索里尼。墨索里尼被迫下台，他在意大利 21 年的独裁统治宣告结束。

7 月 25 日下午，国王埃曼努尔在萨沃伊宫宣布，废黜墨索里尼的一切军政职务，由巴多格·利奥组织新政府。在 1935 年至 1936 年，巴多格·利奥曾担任意大利军队的最高指挥官，领兵侵略埃塞俄比亚；1940 年，他领兵侵入希腊，成为屠杀奚国和希腊人民的刽子手。尽管如此，他还是顺利取代了墨索里尼。几天后，几名意大利国家警察根据国王的命令，以"保护"为名将墨索里尼拘禁在蓬扎岛上。

7 月 26 日，巴多格·利奥在电台宣布墨索里尼已经下台的消息。他发表声明说："尽管意大利的部分城市被摧毁，人民伤亡惨重，但意大利会信守承诺，战争会继续进行。"虽然巴多格·利奥宣布信守承诺，但是几个星期后就背叛了他的德国盟友。巴多格·利奥既怕德军，又怕盟军，所以他就和德国、盟国玩了一场游戏。一方面，巴多格·利奥开始和盟国秘密谈判，商讨停战协定，并表示意大利要反戈一击，与盟军一道同德作战；另一方面，他仍然宣称忠于德国，继续参战。面对意大利新政府脚踩两只船的行为，希特勒非常愤怒。他说，意大利的这种行为是历史上最厚颜无耻的。

意大利的局势让艾森豪威尔非常高兴，他急于利用这一机会进行谈判。尽管罗斯福说，巴多格·利奥就是意大利的达尔朗，他不希望再有什么协议。但艾森豪威尔想立即采取行动，利用意大利当前的有利局势。他认为若能争取和巴多格·利奥合作，盟军就能轻而易举地占领意大利全境，而且可以加快进攻德国法西斯的步伐。因此，他愿意冒个人风险与欧洲的另一名反动将领——巴多格·利奥做一次交易。

在墨索里尼倒台的那天，艾森豪威尔起草了正式的投降条款。他在条约中说，盟军以解放者出现在意大利，准许意大利得到和平，并允许埃曼努尔国王和巴多格·利奥继续执政。艾森豪威尔希望他的建议能得到采纳，然而他的建议被参谋长联席会议粗暴地否决了。罗斯福总统不愿意让意大利法西斯如此轻易地逃脱，他说，他们要意大利无条件投降，绝不和法西斯进行任何形式的交易。面对这样的压力，艾森豪威尔只有服从，这是军人的天职。艾森豪威尔说："如果我有权力的话，我早就给意大利送橄榄枝了。"

为了决定如何行动，罗斯福和丘吉尔进行了商谈。罗斯福说："意大利必须无条件投降。我们的战场指挥官绝对没有权力规定任何一般性的条款，除非得到我俩的批准。"而丘吉尔因为墨索里尼已经垮台，所以同意与意大利政府谈判，同时他主张限制艾森豪威尔的权力。艾森豪威尔收到参谋长联席会议的通知，罗斯福总统批准了以他的建议为基础进行受降谈判，但只能在政治范畴以内进行，不能涉及军事问题。就这样，艾森豪威尔开始重新拟定意大利投降的协定。此时，他经常接到这样的电报——要求他在意大利投降条约上增加这一条或那一条。关于艾森豪威尔的这段生活，他的秘书曾这样说："可怜的艾森豪威尔在遭受折磨，各种电报，包括保密电报、私人电报和加急电报，一齐向他涌来。这些电报来自美国总统、美国陆军参谋长马歇尔将军、国务卿、英国首相、驻华盛顿的盟军参谋长联席会等，而且这些电报的指示是相互冲突和矛盾的。"夹在两国政府之间，左右为难的艾森豪威尔在给妻子的信中说："我年轻的时候常常阅读关于军队将领们的书，我羡慕他们享有决策和行动上的自由。而他们对我提出要加这样那样的条款，使我成为奴隶而不是主人！"

当艾森豪威尔拟定出他的上级可以接受的协定时，希特勒早就行动了。他源源不断地向意大利调兵，计划占领罗马以南的意大利。德军16个师涌入意大利北部，准备抵抗盟军的进攻，隆美尔也被调回，担任新的集团军总司令。一时间，意大利从德国的盟友变成了被它占领的国家，意大利即将面临一场血腥的战争。这对艾森豪威尔而言，是一种全新的挑战。此时，大部队已经调往英国，他只能用手中现有的兵力解决意大利的问题。面临这种情况，艾森豪威尔认为必须对巴多格·利奥政府施加压力。他要让巴多格·利奥下定决心，尽快敦促意大利投降，攻打德军。然而，德国人不停地给意大利施加压力，这使艾森豪威尔和意大利的谈判拖了足足一个月。意大利提出，在他们宣布投降的同时，盟军必须派一支强大的部队登陆意大利，确保意大利免遭德军的残酷破坏。同时，他们还提出，盟军必须提供一份非常详细的作战计划。艾森豪威尔担心意大利新政府背信弃义，泄露盟军的作战计划，所以他没有答应意大利的第二个条件。

为了给意大利政府施加压力，9月3日凌晨，艾森豪威尔命令蒙哥马利的英国第8集团军强渡墨西拿海峡，向意大利进军。面对盟军强大的攻势，巴多格·利奥终于屈服了，他决定向盟军彻底投降。这天，在亚历山大的司令部，意大利秘密签署了停战协定和投降协议。艾森豪威尔飞到西西里，亲眼见证了这一签字仪式。盟军代表史密斯和意大利代表卡斯特拉喏将军分别在协议上签了字，并将这份协议密封起来。巴多格·利奥政府将意大利的机场、港口、海军舰艇以及一切海陆交通线全部交给了盟军。当卡斯特拉喏提及无条件投降时，史密斯闪烁其词，意大利人还以为他们签的是一份保留颜面的协议，其实不然。随后史密斯立即拿出停战协议的附件，上面有一连串的要求。文件上明确写道——"意大利海、陆、空三军已经无条件投降"，这令卡斯特拉喏吃惊不已。他万万没有想到，狡猾的盟国还准备了另外一份协议。事已至此，他也无能为力了。双方约定：在9月8日下午6时同时宣布该协议，同时美国第82空降师会占领机场，控制罗马。

盟军又一次在欧洲与反动将领签署了协议，但是这次与达尔朗协议不同。这个决定是华盛顿和伦敦做的，而不是艾森豪威尔根据事态发展自己决定的。同时，盟军利用欺骗的手段签署该协议，也是盟国首脑商定后做出的决定。艾森豪威尔认为，应该把政治从军务中剔出去，他认为军务是纯粹的。他说："这是一个欺诈性的交易，我讨厌在停战协定中使用欺骗的手段。"

为了加速战争的进程，艾森豪威尔才与意大利人合作。然而，他没有想到巴多格·利奥不遵守诺言。9月6日，第82空降师司令泰勒少将奉艾森豪威尔之命，秘密前往罗马制订空降计划，并安排相关细节。泰勒安全抵达罗马后，发现意大利军队胆小如鼠，担心盟军无力抵抗德军对罗马的进攻，因此，意大利决定不公开发表与盟军合作的声明，不给盟军第82空降师提供机场。当艾森豪威尔得到泰勒告诉他的消息时，气得满脸通红，一连折断了好几支铅笔。他给巴多格·利奥发了一封措辞强硬的电报："今天是发起进攻的第一天，你应该尽自己的职责。无论你采取什么行动，我都会要按原定时间广播停战协定。如果你一意孤行的话，我将向全世界人民公布此事的所有细节。你若不执行协议的规定，会对你们的国家造成什么样的影响，我想你应该很清楚。如果我宣布停战协定后，得不到你的回应的话，你的国家会面临灾难。你们今后将无法获得我们的信任，你也将亲眼见到你的国家和政府解体。"

艾森豪威尔得知他的参谋以他的名义，把巴多格·利奥退缩的消息向盟国参谋部反映了，并向他们寻求建议。艾森豪威尔愤怒地吼道："谁让你自做主张的，我不需要来自伦敦和华盛顿的建议。"艾森豪威尔认为，盟军司令部的参谋有勇无谋、思想保守。正如马歇尔所说："英国人在策划军事行动的时候比较保守，而且如此多的参谋，他们在观点上必然会有分歧。"

尽管如此，艾森豪威尔还是给盟军参谋长联席会议发了一份电报。他说："我刚刚召开了会议，同主要的司令官们商量意大利的问题。我们将按计划发表停战声明，并进行宣传，采取其他措施，我们绝对不允许意大利人改变态度。"没多久，艾森豪威尔就收到了参谋长联席会议的电报，同意他拒绝接受巴多格·利奥改变立场。

9月8日晚上6点30分，艾森豪威尔按照原计划在阿尔及尔广播电台发表了声明。他说："我是盟军总司令德怀特·艾森豪威尔将军，我要告诉大家，意大利武装力量已经接受无条件投降了。我以盟军总司令的身份，批准了军事停战协定。停战立即生效，意大利武装部队将停止一切对盟军的敌对行动。意大利武装部队会立即协助盟军，将德国侵略者驱逐出意大利本土。"艾森豪威尔发布完讲话后，并没有听到巴多格·利奥发表相关声明。15 分钟之后，艾森豪威尔让阿尔及尔广播电台一位流利的意大利播音员把巴多格·利奥的全部电函及声明播报，并声称是巴多格·利奥本人授权播发的。艾森豪威尔的声明对大多数厌战的意大利军人来说，就像是救命的稻草一样。他们终于松了一口气，因为他们并不希望意大利和德国法西斯一起对付盟军。

巴多格·利奥知道艾森豪威尔的声明会带来什么样的结果，不得不回应艾森豪威尔。一小时后，巴多格·利奥被迫在罗马电台广播了与艾森豪威尔相同的声明。他命令意大利军队停止一切对抗盟国的行为，并协助盟军与德军作战。巴多格·利奥失败了，盟军耍了一点儿手腕赢了。

停战协定发布后，英美联军向滩头阵地进发。驻意大利的德军也行动了，他们奉希特勒的命令迅速包围了罗马，将意军解除武装，并占领了意大利大部分领土。9 月 10 日清晨，意大利国王和巴多格·利奥仓皇乘坐潜艇从罗马逃往意大利南部亚得里亚海沿岸的布林的西避难。在那里，他们成立了一个反法西斯的意大利临时政府，并于 10 月 13 日宣布对德作战。于是，美、英、苏三国发表宣言，承认意大利为共同作战的一方。宣言是经罗斯福和斯大林同意后，由丘吉尔起草的。美英苏三国联合宣言的内容是这样的：

美国、英国和苏联三国，承认巴多格·利奥所声明的意大利政府的立场，并且接受意大利及其武装部队的积极合作。

意大利政府和联合国家各国之间的共同交战国关系，不影响最近签订的条约，这些条约仍然具有效力。若想调整协议，必须要看意大利政府对于联合国家的事业可能提供的援助，而且必须彼此协商一致才可以适当调整。

9 月 8 日以来，德国法西斯对意大利民众的残暴行为促使意大利对德宣战，这已使意大利成为一个共同的交战国。美、英、苏三国政府将在这个基础上同意大利政府继续合作。德国人被驱逐出意大利后，三国政府绝对允许意大利人民通过宪法手段来建立自己的政府。这一绝对的、充分自由的权利，将不会遭到任何损害。

DWIGHT EISENHOWER

9月21日，希特勒抢回了墨索里尼这个高级囚犯，并在罗马建立了墨索里尼傀儡政权。此时无论希特勒怎样努力，也改变不了法西斯大势已去的局面。墨索里尼的垮台，意大利投降并参加对德作战，这标志着法西斯轴心国的解体。这是国际反法西斯联盟的又一重大胜利，它与盟军总司令艾森豪威尔的努力是分不开的。艾森豪威尔坚持外交、军事两手都要硬的原则，通过外交谈判争取巴多格·利奥，为军事行动创造了有利的形势，同时，也为盟军今后的军事行动奠定了基础。

经过几个月的激战，到1943年10月的时候，盟军夺占了萨勒诺、塔兰托、那不勒斯等海港。丘吉尔给艾森豪威尔发了一封贺电，他说："这是一场猛追猛打的战斗，你的冒险政策成功了！"听到这样的赞扬，艾森豪威尔很高兴。但收到了马歇尔的电报过后，他的好心情被破坏了。马歇尔说："你必须集中兵力，出其不意地从敌人背后实行两栖登陆，夺取罗马。不要停留在那不勒斯之战的桂冠上，而应尽快结束在意大利的战争。"坦率的马歇尔不但没有祝贺艾森豪威尔取得的胜利，反而暗示他缺乏主动性和进攻性。这大大地伤害了他的自尊心，令他非常沮丧。布彻说："他很悲伤，连午饭和晚饭都吃不下。马歇尔的话，给他造成了精神上的伤害。24小时前是丘吉尔首相的赞扬，24小时后却是马歇尔的批评，他们的话是互相矛盾的。"

除了马歇尔的批评外，令艾森豪威尔沮丧的是妻子玛咪的信。玛咪在信中说："艾克，你应该提升你的助手了。"在信中，玛咪没有为他取得胜利而祝贺，反而对他的工作指手画脚，这令他非常失望。他不客气地回信说："我很奇怪，你竟然连祝贺的话都不说，我认为这很不寻常。对你来说，难道我对你不重要吗？"

与妻子的信相比，艾森豪威尔和儿子约翰的通信是非常愉快的。约翰在信中说："爸爸，在报纸上，我看到了你的巨幅照片。你戴着一顶我从来没有见过的粗野军帽，要是在西点，会被记过好多次……"艾森豪威尔给儿子回信说："哈哈！嘲笑我的形象……你的评分太低了。"

向罗马推进的时候，艾森豪威尔和参谋长史密斯视察了前线。这天非常辛苦，他们在雨中开了7个多小时的车，都很烦躁。回来后，艾森豪威尔邀请史密斯共进晚餐，被他粗暴地拒绝了。艾森豪威尔非常生气地吼道："没有礼貌的家伙，不允许拒绝上司的邀请。"疲劳的艾森豪威尔为了一件小事和下属大动肝火，看来他是太累了，需要休息，否则，不会脾气如此火爆的。

随后，艾森豪威尔和参谋们一起视察了卡普里岛，这里建有美国空军和陆军疗养院。当他询问这些漂亮的别墅是谁的时，部下回答说："某某别墅是您的，某某别墅是斯帕茨将军的。"听了这样的回答，他大发雷霆，气愤地骂道："混蛋，这是谁规定的？这些别墅是战斗人员的专属疗养中心，它不属于任何将军，不是他们的游乐场所。"艾森豪威尔立即下了这样一道命令：别墅对所有的士兵开放。然而，他的命令并没有人执行。因为克拉克和斯帕茨把所有的别墅都给了军官，什么都没有留给士兵。得知这一情况后，艾森豪威尔严厉地训斥了克拉克和斯帕茨。一时间，艾森豪威尔训斥高级军官的消息传开了。为此，他赢得了士兵们的爱戴和敬重。他告诉玛咪："士兵们真好！我总认为，越靠近前线，士气越好。没有人知道我是多么喜欢在他们之间转来转去。和战士们在一起待上一天，我的精神就来了。"

当艾森豪威尔正在紧锣密鼓地准备进军罗马时，酝酿已久的"霸王"行动——横渡英吉利海峡提上了日程。这样，艾森豪威尔没能亲自率大军挺进罗马。他将地中海战区的指挥权移交给了亚历山大将军，准备赴伦敦筹划更大的军事行动。

DWIGHT EISENHOWER
第五章
诺曼底登陆

　　这是一场不同寻常的赌博，到底赌还是不赌，艾森豪威尔犹豫不决。他背着双手、低着头，烦躁地在房间里踱来踱去。突然，艾森豪威尔停了下来，微笑着说："6月6日，大家认为如何？我决定干，就让该死的天气见鬼去吧！"

1 当选远征军司令
DWIGHT EISENHOWER

斯大林格勒战役是第二次世界大战的转折点，它使苏联红军得以在波罗的海到黑海的漫长战线上展开反攻。这样，盟国在欧洲开辟第二战场的必要性越来越迫切。1943 年 8 月，魁北克会议决定，1944 年 5 月底至 6 月中旬期间，英美军队将在法国北部登陆。在魁北克会议上，丘吉尔决定由一名美国人担任总指挥，英国人担任副总指挥。1943 年 8 月以前，人们一直认为"霸王"行动的最高指挥将会由一名英国人担任。因为这一行动将在英国发动，英国军队将扮演主要角色。

随着战局的发展，意大利战场已成为次要战场，盟军正在积极地准备跨越海峡的进攻。关于盟军总部更换司令官的流言，传得沸沸扬扬。大家都在议论说，马歇尔将去伦敦担任总司令的职务，艾森豪威尔将回华盛顿接替马歇尔的工作。艾森豪威尔自己也认为，马歇尔是"霸王"行动盟军总司令的最佳人选。"二战"开始以来，马歇尔协助罗斯福建立了国际反法西斯战线。在陪同罗斯福与丘吉尔、斯大林等个性倔强、难周旋、处事机敏的人打交道时，马歇尔表现出了高超的政治艺术，在英国和苏联人中均享有很高的声誉。最重要的是，马歇尔指挥美军，协同盟军在战场上同德、意、日法西斯作战，显示出了他无与伦比的军事才能。

1943 年 10 月 1 日，艾森豪威尔通过秘密途径，证实了"霸王"行动总指挥相关传言的可靠性。海军部长弗兰克·诺克斯告诉艾森豪威尔说，为了让马歇尔能去英国指挥霸王行动，他可能被解除地中海司令的职务。11 月 7 日，艾森豪威尔到马耳他会见丘吉尔和英国参谋长，在讨论霸王行动的指挥权时，丘吉尔坦率地说，"霸王"行动将由马歇尔来指挥，他会让布鲁克全力支持马歇尔。本来丘吉尔是让布鲁克指挥的，但他和罗斯福商量之后，他们一致同意由美国人来指挥。布鲁克得知这一消息后，无言以对，非常失望。这一消息让艾森豪威尔明白，他在地中海的日子屈指可数了。但他实在不愿意回华盛顿，情愿在马歇尔麾下指挥一个集团军。

传言被证实后，艾森豪威尔非常郁闷，心情越来越糟糕。有一天在吃早餐时，布彻和史密斯询问艾森豪威尔是否会成为陆军总参谋长。艾森豪威尔无奈地说："对这个职位我一点儿都不感兴趣，我不适合这种工作。如果一旦成为事实的话，我觉得那将是一个极大的错误。我对政治家们没有耐性，这一工作会毁了我。"尽管艾森豪威尔很烦闷，但他尽力保持平静，一心扑在意大利的战事上。

为了讨论 1944 年开辟第二战场的作战计划和谁担任总指挥的问题，11 月底，罗斯福与丘吉尔、斯大林在德黑兰召开三巨头会议。会上，斯大林委婉地提出任命艾森豪威尔作为总指挥候选人。他还主张：放弃占领罗马，在法国南部作战。他认为，只有这样才可以牵制德国在法国北部的兵力，确保"霸王"行动的成功。经过激烈的讨论，罗斯福、丘吉尔和斯大林达成了协议，决定在 1944 年春天开辟第二战场。进攻时间基本确定下来了，但"霸王"行动总指挥的人选一直没有定下来。当斯大林问起的时候，罗斯福说会尽快决定的。

11 月 29 日，美、英、苏三国政府的军事首脑开始讨论"霸王"行动。他们讨论的重点是：如何减轻苏联的压力以及苏联如何支援"霸王"行动。斯大林提出了自己的主张：

> "霸王"行动是至关重要的，行动的总司令应尽快委任。同时，为了使苏联能从东线支援"霸王"行动，应当尽早确定行动日期。在总指挥和进攻时间没有确定之前，不能认为"霸王"行动是在真正的筹备之中。
>
> 如果可能，在沄国南部的进攻应比"霸王"行动早 2 个月。如果不可能的话，最迟也应与"霸王"行动同时发起。

罗斯福觉得会议气氛很紧张，建议休会，由盟军参谋长联席会议解决"霸王"行动的相关问题。11 月 30 日，德黑兰会议的最后一天，三国首脑经过研究决定将"霸王"行动的发起日期定在 1944 年 5 月的某一天。为了支援"霸王"行动，他们决定从意大利抽调部队，在法国南部实施两栖登陆作战。

关于"霸王"行动总指挥的事情，一直是罗斯福头疼的事情。当斯大林再次提出何时任命总司令时，罗斯福说："我还需要几天的时间考虑。"

斯大林提议任命艾森豪威尔后，罗斯福考虑了很多。为了审查艾森豪

DWIGHT EISENHOWER

威尔，罗斯福决定在做出任命之前和他进行一次单独谈话。于是，他约艾森豪威尔一起出去兜风。他们谈到了历史上很多著名的战争，而且还提到了"霸王"行动，罗斯福甚至谈了他准备任命马歇尔为总指挥的想法。但罗斯福的谈话很随意，艾森豪威尔并不知道罗斯福是在考验他。他告诉罗斯福自己对参谋部的工作不感兴趣，同时，他向罗斯福保证：他是军人，不管派往哪里，都会认真工作、履行自己的职责。

在一次闲谈中，罗斯福的随从——金对艾森豪威尔说："艾克，只有你最适合担任最高统帅。总统希望马歇尔担任此职务，但是参谋长联席会中的很多人都希望马歇尔留在华盛顿。"听了金如此热情直接的话，艾森豪威尔并没有回应。坐在旁边的马歇尔很尴尬，不停地重复着一句话："总统会有决定的。"后来罗斯福对艾森豪威尔说："不知道马歇尔到底在想些什么，他从来没有告诉我。但是有一点是可以肯定的，在战场上只有指挥官的名字才会被记住。"艾森豪威尔已经明白，总统会任命马歇尔担任最高统帅。

感恩节那天，罗斯福总统授予艾森豪威尔一枚优异服务勋章，并亲手为他佩戴在了胸前。这天，马歇尔特意安排了感恩节宴会。宴会结束后，一位客人向马歇尔告别，他说："非常感谢您的感恩节晚餐。"艾森豪威尔这才知道当天是什么日子。他说："哎，我根本没有想到今天是感恩节，这令人讨厌的战争……"看着疲惫的艾森豪威尔，马歇尔将他拉到一边说："艾克，你辛苦了，不停地工作了这么长时间，连家也没有回……"马歇尔话还没有说完，艾森豪威尔就觉得一阵眩晕，他心里在想：完了，一切都完了，就这样被解职了，怪不得总统先生还为我授勋章，原来已经打算好了让我回国。好半天他才回过神来，嘴里不停地说着："你不能这样对我，你……"他的话令马歇尔一头雾水。当搞清楚到底是怎么回事后，他俩相视而笑。原来马歇尔看艾森豪威尔太累了，让他把事情交给下属，自己去埃及休假。在马歇尔的坚持下，他才心怀感激地答应休假。艾森豪威尔一心扑在战争上，没几天就回到阿尔及尔拼命地工作。

德黑兰会议结束后，任命统帅的事情交到了罗斯福手中。他想让艾森豪威尔担任陆军参谋长，让马歇尔负责"霸王"行动。如果这样决定的话，马歇尔就成为艾森豪威尔的下属。为此，罗斯福征求了马歇尔本人的意见，但马歇尔不为自己做决定，还是"服从总统安排"那句话。

尽管艾森豪威尔也说："我随时准备尽责。"其实，他不愿回华盛顿当参谋官，这是众所周知的。而且他的部队还未进入罗马，此时他是非常不愿意回华盛顿的。艾森豪威尔觉得罗斯福和马歇尔给他这样的机会，他应该表示非常感谢才对，而且回华盛顿是件好事，可以和家人团聚。但无论他怎么想象回华盛顿的种种好处，都无法让自己平静。

罗斯福和美国官员商量后，仍然没有结果。他知道不能再拖，是到了该决定的时候了。尽管他理解马歇尔渴望指挥霸王行动的心思，但是面对参谋长联席会的反对，难以取舍的他不得不做出抉择。

就在艾森豪威尔为此事烦恼的时候，罗斯福做出了决定。罗斯福总统决定，让艾森豪威尔担任"霸王"行动的总指挥。就这样，这个战争中最引人注目的指挥位置交给了艾森豪威尔。艾森豪威尔是幸运的，这对他来说是一次绝好的机会。

德黑兰会议结束的第二天，即12月2日，罗斯福总统给斯大林发了一份电报，电文里写着："我已经决定了，我会立即任命艾森豪威尔担任统帅。在圣诞节前夕，我会对外公开此事。"

12月初，艾森豪威尔收到马歇尔的电报。马歇尔在电报中说："你的职位将会有变动。"由于没有说清楚，艾森豪威尔并不知道自己的具体去向。12月7日，当罗斯福总统直接告诉他说，由他来指挥霸王行动时，艾森豪威尔惊讶不已。过了好一会儿，他才回答总统："这项任命的过程太艰辛了，总统先生，我一定不会让你失望的。"

起初，罗斯福是打算选马歇尔的，那时艾森豪威尔根本不在"霸王"行动的提名中。因为罗斯福希望马歇尔靠指挥这场决定全局的战役名垂青史，成为大名鼎鼎的英雄。他认为，马歇尔出任"霸王"行动的总指挥，不会对丘吉尔及英国将领让步，会把他的战略意图不折不扣地贯彻下去；同时，马歇尔在英国和苏联享有很高的声誉，任命他英国人和苏联人都会满意。

最终，担任盟军总司令的不是马歇尔，而是艾森豪威尔。这与斯大林的提议是分不开的，是他使罗斯福下定决心，任命艾森豪威尔为"霸王"行动总指挥。但更重要的是艾森豪威尔出色的表现。

首先，他具有成为"霸王"统帅所需的品质。他深孚众望，不管是高级将领还是普通士兵都乐意在他麾下效力。他的笑容、随和开朗的性格、乐观的精神是极富魅力和感染力的。他有能力让最著名的英美战将乐意在其帐下听命，如布雷德利、蒙哥马利、巴顿等人。布雷德利说，为他效力是一种乐趣。一向不认可艾森豪威尔的蒙哥马利也非常欣赏他。他说艾森豪威尔有能力把人心吸引过去，就像磁铁吸住金属片一样。他只要对着你笑笑，你就会信任他……他的真正力量来源于他的人格魅力。同时，作为领导者，他很关心部下。他善于和士兵打成一片，听取他们的建议和心声。有个士兵曾这样说："艾森豪威尔将军是我见过的最好的将军，他总是为我们着想，尽力为我们做一切事情。"正如罗斯福对他的儿子所说："艾森豪威尔是一位天生的领袖，是军人中最出色的政治家。他可以使别人跟随他、服从他、信任他，这正是他现在的职位所需要的。"

其次，他具有领导"霸王"行动的能力。"霸王"行动和"火炬"行动一样，是一次联合作战行动。"火炬"行动的胜利，艾森豪威尔在欧洲、地中海战区指挥作战的表现都表明他能建立并领导一个统一的参谋部，成功地指挥联合部队作战。盟国参谋长联席会议成员、英国海军大臣坎宁安说："把两个国家的部队编成一支队伍，这是很了不起的一件事。因为两国部队的组成、人员的素质不同，对参谋工作的看法也不一样，甚至还会有互相冲突的意见和主张。只有艾森豪威尔能领导这样一支部队，顺利完成任务。"就连想当霸王统帅的将领布鲁克也说，毫无疑问，选择艾森豪威尔而不选马歇尔是非常正确的。

1943年12月27日，艾森豪威尔举行了一次盟国记者招待会，这是他在阿尔及尔举行的最后一次招待会。记者问他："将军，战争将在什么时候结束？"艾森豪威尔非常自信乐观地回答，1944年，一定能在欧洲打胜仗的。

很快，艾森豪威尔收到了盟国联合参谋部发来的授权命令书。这份授权书的措辞极为笼统，这样，艾森豪威尔就能自由地行使指挥权以及制订作战的行动细节。他成为有史以来最大的一支盟国军队的最高统帅，而且是名副其实的统帅。

这份令艾森豪威尔大悦的授权书，内容是这样的：

兹任命你为盟军最高司令，负责从德国人手中解放欧洲。你将全权负责以下事宜：

第一，你的任务是进攻欧洲大陆，并与其他联合国家协同作战；

第二，你进攻的目的是横渡英吉利海峡，在法国北部登陆，夺占登陆场和港口，向德国内地进攻，协同苏联红军彻底击败德国法西斯；

第三，为了有利于陆、空两军对敌作战，尽早达到目的，可以先占领海峡的适当港口，接着扩大战果，进一步占领其他基地；

第四，进攻日期是 1944 年 5 月，可以根据实际情况自己定夺；

第五，责任：对联合参谋团直接负责；

第六，权力：自己协调后勤事宜、灵活协调部队及情报活动以及援助等。

被任命为"霸王"行动的总指挥，艾森豪威尔非常高兴，因为他终于不用回华盛顿做参谋工作了。现在，艾森豪威尔开始为去伦敦工作做准备。因为"霸王"行动非常重要，所以艾森豪威尔决定带走那些地中海司令部令他信赖的朋友、属下。为了推荐英军司令亚历山大担任地面部队的指挥，12 月 17 日，艾森豪威尔给马歇尔发了一份电报，说他想要英国的亚历山大来担任地面指挥官。尽管马歇尔支持他，但后来他并没有如愿，因为英国首相丘吉尔选择了蒙哥马利。其实，丘吉尔并不同意艾森豪威尔带走地中海指挥部的优秀指挥官，他怕这样会削弱地中海地区的军事力量，不利于那里的战斗。对此，艾森豪威尔很烦恼，他在给玛咪的信中说："最近什么事情都不顺心，尽管我努力保持良好的情绪，但是有时确实很难忍住不发火。为此，我身边的人日子也不好过……"

12 月 18 日，艾森豪威尔又给马歇尔将军发了一个电报。这次，他要求布雷德利指挥美军第 1 集团军，并组建一个集团军群，由自己担任该集团军群司令；要求将斯帕茨调往伦敦，担任美国空军首脑，来控制美国和英国的轰炸机部队。至于斯帕茨在地中海的职务，他建议由艾拉·埃克接替。此外，艾森豪威尔还想要的是巴顿。尽管巴顿因为在医院打人的事情弄得影响特别不好，就连罗斯福总统都收到上百封要求将打人的将军解职的信，但艾森豪威尔不在乎这些，他就想要巴顿。他对马歇尔说："虽然巴顿没有受到正式的惩罚，但已经采取了适当的措施。我可以向你保证，他会改正缺点的。"艾森豪威尔软磨硬泡，终于要来了巴顿。

12 月 25 日，艾森豪威尔收到马歇尔的电报。马歇尔在电报中说：

艾克：

　　安排好手中的事情，秘密回国。以后，你将承受巨大的压力。为了让你有充沛的精力处理重大问题，你必须按我的要求回国休假。

马歇尔

艾森豪威尔遵从马歇尔的旨意，于 1943 年的最后一天启程回华盛顿，开始了他两个星期的假期。

2 和玛咪的争吵
DWIGHT EISENHOWER

1944 年 1 月 2 日凌晨 1 点 30 分，艾森豪威尔秘密抵达华盛顿。他到达沃德曼·帕克饭店的时候，玛咪并没有睡。她是几个小时前才知道丈夫要回来的，她心情非常激动，根本无法入睡，所以一直等着丈夫的到来。当艾森豪威尔出现在她面前的时候，玛咪久久地望着他。她发现丈夫变了，他比 18 个月前离家的时候，明显地老了，但比以前更持重。夫妻俩非常珍惜这次短暂的相聚，他们谈了半宿一直没有睡觉。

回到华盛顿的第二天，艾森豪威尔就迫不及待地去白宫拜见罗斯福。尽管玛咪想和久未见面的丈夫多待一会儿，但作为妻子她可以理解丈夫，因为对他来说，时间实在是太宝贵了。在休假的这几天，艾森豪威尔必须解决与"霸王"行动有关的一些问题。

这天晚上，马歇尔为艾森豪威尔夫妇准备了一场宴会。宴会结束后，为了躲避公众的视线，他们被秘密送到"白琉璜喷泉"别墅度假。这是一幢偏僻而幽静的房子，是马歇尔专门为艾森豪威尔夫妇准备的。终于可以和丈夫度过一段悠闲的日子，玛咪非常高兴。但她很快就失望了，有几次艾森豪威尔说漏了嘴，把玛咪的名字叫成了凯。有一次，他们夫妇一起散步回来后，艾森豪威尔躺在沙发上自言自语："我仍然记得第一次见面的情景。那时，和我们同去的军官都被接走了，只有我和克拉克将军在那里傻等，而你竟把我们扔在一边，自己吃东西去了！凯，你知道吗，那天看到你的窘相，我觉得你非常可爱。那天，从看到你的第一眼开始，我便喜欢上你了。"躺在艾森豪威尔身边的玛咪本来很有兴致，可是她听到丈夫嘴里叫出"凯"的时候，玛咪突然尖叫了起来，她感觉自己的心都碎了。意识到自己说漏了嘴，艾森豪威尔马上解释说："玛咪，只是因为工作需要，才把她安排在身边的。一年多以来，我见过的女人就只有她，所以偶尔叫错了。玛咪……"

尽管玛咪并不清楚丈夫和那个英国女人的事情，但是她无法相信丈夫这样的解释。直觉告诉她，丈夫一定隐瞒了什么。伤心的玛咪一句话也没有说，走进卧室，重重地关上了门。

凯到底是谁，为什么令玛咪如此难过？

原来凯叫凯瑟琳·萨默斯比，是一个活泼开朗、非常漂亮的爱尔兰姑娘，她是艾森豪威尔的司机兼秘书。英国对德宣战后，凯瑟琳就加入了英国志愿兵女子汽车运输队，她被分配到了第一运输队。

一天，凯在规定的时间到达车站时，等了很久都没有找到自己要接的人，因为那天车晚点了。到了中午，饥肠辘辘的凯溜出去吃了一个三明治。当她吃完回来的时候，惊奇地发现接将军们的车都已经开走了，只有她的车孤零零地停在那里。凯非常窘迫，朝站在那里的两位美国军官走过去。她说："先生，非常抱歉。哪位是艾森豪威尔将军？我是他的司机。"从此，凯就与这位美国将军结下了不解之缘，整个"二战"期间，她作为艾森豪威尔的司机，一直陪伴在他的左右。刚开始的时候，凯对这位将军的印象并不深刻。在她眼里，艾森豪威尔只不过是个指挥不了重大战役的小角色。

战争时期，由于伦敦物资匮乏，将军们视察的时候，招待他们的只有白菜汤或煮白菜。一天视察完后，艾森豪威尔悄悄地对凯说，他真是烦透了吃白菜，想知道到哪里去吃，可以不用吃白菜。凯说："将军，康诺特饭店，在那里你一定可以吃到一顿丰盛的美餐。"当他邀请凯共进午餐时，凯拒绝道："您知道吗，在我们这里将军是从来不和司机共同进餐的。"艾森豪威尔笑着说道："我是美国的将军，不是英国将军啊，希望你能接受我的邀请。"就是这件小事，改变了凯的看法。

DWIGHT EISENHOWER

　　与艾森豪威尔相处的时间长了，凯越来越了解他，觉得他是一位体恤下属的人。艾森豪威尔经常和布彻、克拉克将军等人打桥牌。晚上只要艾森豪威尔有空，就会约凯和他们一起打桥牌。艾森豪威尔知道凯的未婚夫在前线，他这样做是为了缓解她的压力，让生活中多些乐趣。他说："我知道，你一周工作7天很累，几乎没有时间去看你的未婚夫理查德。这个时候情况特殊，忍忍吧，多给自己找些乐趣缓解压力。"看到将军如此关心自己，凯感激地说："将军，请放心。毕竟是战时，我会努力做好的。"

　　凯和未婚夫因为战争分开，艾森豪威尔也是因为同样的理由和妻子分开，而战争却加深了凯和艾森豪威尔的感情。在这场反对邪恶的战争中，司机和将军的友谊日深。对艾森豪威尔而言，盟军最高指挥部有一位美貌活泼的女性给他的生活带来了乐趣，让他不再因为和妻子长期分离而孤独、寂寞。凯少了未婚夫的照顾，却能时刻感受到来自将军的关心。生活在另外一个环境里、远离家人的两个人，就像两只离群的孤雁，他们互相关心照顾，彼此心心相印。对他们的关系，凯是这样形容的：就像一个人在寒冷的冬夜，突然发现被子里有两个暖水袋一样，会在这意外的惊喜和温暖中，感到轻松愉快。

　　打桥牌的时候，艾森豪威尔和凯配合得非常好，常常是获胜者。凯说："简直是到了心领神会的地步，我从来没有与别人有过这样直接的感情交流。"艾森豪威尔也说，和凯有同感，他们从来没有不一致的地方。

　　有一天，艾森豪威尔突然把凯叫到办公室。他说："凯，我这几天会收拾行装去北非。你愿意随我同行吗？"凯高兴地回答："非常愿意，将军。而且可以顺便看看我的未婚夫，公私兼顾是多好的事啊。"说完，凯还扮了个鬼脸。听了这话，艾森豪威尔的心里有点儿不舒服。沉默了一会儿，他才开口说："就这样决定了，赶紧去收拾行李。局势也许要一个月才能稳定下来，这是秘密，不能泄漏半个字。"凯朗声答道："将军，请放心，我会为你服务到底的。"

　　刚到北非之后不久，凯就遭到了沉重的打击。在她眼里，好像一切都失去了色彩。凯悲伤地说："我被笼罩在一片黑暗之中，看不到任何希望，我觉得自己都快要窒息了。"

　　那一天傍晚，凯从外面执行任务回来，还没有来得及喝上一口水，艾森豪威尔就叫住了她。他说："凯，你要做好心理准备，我要告诉你一件很不幸的消息。理查德牺牲了，他在视察布雷场的时候，不幸触雷身亡。这是刚刚收到的消息，准确无误。你一定要勇敢地面对现实，坚强地挺过去。"听到这一消息，凯半天没有反应过来。当她弄清自己未婚夫牺牲的消息时，一下子瘫软在了地上，嚎啕大哭。艾森豪威尔不知道怎样安慰这个受伤的姑娘，默默地帮她擦着眼泪。

在艾森豪威尔的劝说下，凯到外地休养了几天。静下心的时候，她仔细思索了和理查德的这段恋情。他们总共才见了六次面，虽然每次见面都很激动，但他们彼此并不了解。凯说："我和理查德这段战争时期的罗曼蒂克，就像在真空里相逢相爱。"

休假回来，凯又投入了紧张的工作。一直以来，她非常感激艾森豪威尔将军对她的关怀。有一天，她突然发现自己爱上了这位秃头的、年长的将军。也许是未婚夫的去世，使她证实了自己对将军的感情。

一天早晨，凯去艾森豪威尔的办公室向他汇报工作。没等她开口，艾森豪威尔就面带笑容地问凯是否想做一套新军装。当凯说"不用"的时候，他紧紧地盯着她说："凯，难道你不知道我很乐意为你做点儿事吗？"凯沉默了很久都没有说话，因为艾森豪威尔的话和奇怪的表情让她不知所措。

"你是个与众不同的姑娘。"艾森豪威尔看凯默不作声，他开口了，并把自己的手放在凯的手上。这种满怀温情的笑，让凯感觉到将军对她的情意。她热泪盈眶，害羞地注视着将军。此时，艾森豪威尔也在深情地看着她，眼里流泻出不尽的温柔。他们相爱了。凯说："过去我的恋爱从来没有这样自然，这样情投意合。我真的爱上了这个人，这才是真正的恋爱。"其实，他们因为一起工作、打桥牌、骑马、互相分担烦恼，早就成为彼此的依恋。只是一个有妻子，一个有未婚夫，谁都没有去考虑这些事情。证实自己的感情后，凯像一只快乐的小鸟。她不去想未来，只是快乐地想着和将军在一起的时光。但是很快这个快乐的姑娘就被泼了一盆冷水。在和艾森豪威尔一起吃晚饭的时候，凯发现艾森豪威尔自言自语地说："我真傻，都做了些什么啊，你难道不知道这是不可能的吗？"看凯没有吃饭，吃惊地望着自己，艾森豪威尔说："对不起，凯，今天早晨对你说了一些不该说的话，请你不要放在心上。"凯故意若无其事地说，她不知道艾森豪威尔在说些什么。

接下来的几天，他们像什么事情都没有发生一样，但是他们都在刻意回避彼此。本不该相爱的两个人，就这样尽力压抑着自己的感情。突然有一天，这段被压抑的感情像山洪一样爆发了。

那天，艾森豪威尔把凯叫进办公室劈头盖脸地说："你看看你的军装都成什么样子啦，我已经约了裁缝，他明天会来给你量尺寸。"凯冷冷地说："谢谢将军的好意，我的衣服够穿。"说完她转身就要走，结果被艾森豪威尔一把拉住了。"你这个该死、顽固的爱尔兰人，我命令你去量衣服。你难道不知道，我想你都想疯了？……"艾森豪威尔的话都没有说完，就一把拥住凯……

压抑的感情释放出来后，他们觉得轻松多了。艾森豪威尔不想让任何人说凯的闲话，他们见面的时候总是很小心。因为到处都有耳目，一不小心就会被发现。

艾森豪威尔喜欢突然袭击，他总是趁人不备的时候给人惊喜。一天晚上，他送给凯一张卡片，卡片背后写着：

凯：

在我的家乡，这种四片叶子的三叶草能给人带来好运。我本来有两枝，想送一枝给你，所以就用其中一枝做成了卡片送给你。

祝你一生好运！

艾克

收到艾森豪威尔送的幸运卡片，凯高兴极了，她一直把这张卡片放在自己的钱包里随身带着。

一天傍晚，艾森豪威尔喝了几杯酒。他伤感地对凯说："凯，我年纪太大。一看到你的容貌，我就感到难受，我们相差了20多岁啊。尽管如此，自私的我还是想让你知道，我爱你。除了爱情，我无法给你任何东西。"凯坦率地说："艾克，除了爱之外我并不奢求其他东西。"听了她的话，艾森豪威尔深情地说："也许你怀疑过我的爱，但是你知道我是多么爱你。那天，听到你乘坐的'斯特拉赛勒'号被击中的噩耗时，我觉得天都好像要塌下来了。直到得知了你被救的消息，我的心才平静下来。"凯默不作声，对这样的告白她真的很感动。

圣诞节后，马歇尔命令艾森豪威尔回家休假。为此，凯很沮丧、很烦恼，毕竟自己现在做的事情不光彩。一想到将军要回到妻儿身边，她心里充满了嫉妒、羡慕。她嫉妒将军的妻子有这么好的丈夫，羡慕她拥有将军这么好的男人。

回华盛顿的前夜，艾森豪威尔和凯相拥着坐在沙发上话别。凯情意绵绵地说："艾克，我舍不得你走，两个星期太长了，我会很难过的。而且路程这么远，我也很担心。"艾森豪威尔说："亲爱的，只有12天而已，我的心将与你同在。"

尽管艾森豪威尔和凯把自己的感情藏得好好的，而且每次约会都很小心，但是在伦敦、华盛顿，关于他们的流言却传得沸沸扬扬。

玛咪一个人留在美国，非常孤独。她时常怀念在军校的儿子，牵挂在前线的丈夫。与艾森豪威尔分开的日子里，玛咪是孤独的。与艾森豪威尔结婚后，玛咪几乎都是在这种思念的痛苦中度过的。就像她自己所说："我总是数着天数过日子，盼着和艾克相聚。"夫妻俩长期分离，所以书信成为他们交流感情的工具，玛咪总靠读信、亲手回信来打发时间。为了不影响艾森豪威尔的工作，玛咪在信中始终只写令人高兴快乐的事情。尽管如此，艾森豪威尔仍然从中读出了妻子的孤独。其实，艾森豪威尔觉得愧对玛咪，他的这种感觉并不亚于玛咪对他的思念之苦。他在给玛咪的信里说，他宁愿待在玛咪身边哪里也不去，他不想让玛咪如此苦闷孤独。

在与艾森豪威尔结婚的时候，玛咪就已经认识到艾森豪威尔是属于军队，属于国家的，以后的日子他们注定要分多聚少。这种不能和丈夫朝夕相伴的生活，令她非常痛苦。她几乎天天盼着和丈夫见面，然而因为工作的需要，艾森豪威尔无法陪伴在她的身边，所以她只能在梦里见她想见的人。

玛咪因为和丈夫长期分居两地苦恼不已，但这并不是她最烦心的事情。此时，她最关心、最头疼的是艾森豪威尔的司机兼秘书凯瑟琳·萨默斯比。在枯燥的军旅生涯中，艾森豪威尔是需要温情的。凯瑟琳·萨默斯比给了他这些，她的柔情、微笑缓解了艾森豪威尔的压力。凯经常和艾森豪威尔一起出现在照片上，而且看上去关系很暧昧。所以，关于他们的流言才会传得沸沸扬扬。这些流言传到了玛咪耳朵里后，引起了她的注意，她开始询问艾森豪威尔。每次，艾森豪威尔总是矢口否认，说自己是家庭的三分之一，这是永远不会变的。对于艾森豪威尔的回答，玛咪将信将疑，但是又没有办法弄清楚事情的真相。后来，凯瑟琳·萨默斯比要结婚的消息将这些流言压了下去。然而无情的战争打碎了凯瑟琳·萨默斯比结婚的梦，她的未婚夫在战场上牺牲了。此后，关于她和艾森豪威尔的事情又流言四起。

当玛咪再次听到这些关于丈夫的流言后，生了一场重病，卧床不起，而且瘦了一圈。她说："虽然我不相信传言是真的，但是我心里还是很乱。我过着没有头绪的生活，吃不下饭、睡不着觉，只能靠阅读惊险小说度日。我必须等待艾克从战场上回来……"在给艾森豪威尔的信中，玛咪没有直接提凯的事情，她试探性地说："你再也不是属于我和约翰的了。"而艾森豪威尔在回信中说："你的话是错误的，你的担心也是多余的。你不必为那些流言飞语而烦恼，我不会那么糊涂的。"

看了艾森豪威尔的信，玛咪的心情好多了。然而艾森豪威尔这次回来休假，几次不小心把她叫成了凯，玛咪心痛极了。所以现在，她无法听进艾森豪威尔的任何解释，她宁愿相信传言，也不要丈夫的欺骗。面对玛咪，艾森豪威尔觉得对不起她，但是他没有办法。因为这件事，他们短暂的相聚非常不愉快。

几天后，艾森豪威尔去曼哈顿看望了年迈的母亲和久别的兄弟。因为不能坐飞机，玛咪没有随行。艾森豪威尔的到来令大家非常高兴，整个下午，弥尔顿的家里都弥漫着欢声笑语。最令人高兴的是，母亲艾达认出了艾森豪威尔。因为父亲去世后，母亲就丧失记忆力，连自己的儿子也不认识了。当艾森豪威尔拥抱她的时候，她居然高兴地叫道："艾克，真的是你吗？你回来了。"看着母亲身体健康，兄弟们都过着舒心的日子，艾森豪威尔放心了。而他的老练、沉着、自信和坚定也让兄弟们放下心来。哥哥阿瑟说，任何人看着艾克，都不得不为他的敌人担心。

从曼哈顿回到华盛顿后，艾森豪威尔又开始为"霸王"行动奔波了。他这次回国休假，更多的时间都花在了"霸王"行动上。但遗憾的是，重要问题都没有妥善地解决。

首先，艾森豪威尔主张必须依靠空中优势打败德国。因为必须在陆地上打败德国，只有这样，"霸王"行动在打败德国的战争中才具有决定性的意义；而为了保证"霸王"行动的成功，必须利用行动初期的空军优势。他的主张得到马歇尔的赞同。

为了在行动前期能指挥美国空军第 8 航空队，艾森豪威尔专门拜会了空军的高级将领。因为当时，空军部队不归艾森豪威尔指挥。傲慢的空军将领根本认识不到"霸王"行动的重要性，他们心里都有自己的主张。有的说，通过毁灭某些重工业、特别是石油生产工业，来迫使德国投降；有的说，通过轰炸德国的城市使他们屈服；有人甚至夸下海口说："只要给我 20 天，就可以结束这场战争。"艾森豪威尔费尽了口舌，到处奔波，最终并没有解决空军问题。

其次，艾森豪威尔主张必须得到戴高乐和法国人民的配合、支持。因为"霸王"行动主要是在法国的领土上进行，盟军需要戴高乐领导的法国抵抗运动组织为他们提供德军的情报，并破坏德军行动。为此，在回华盛顿之前，艾森豪威尔就已经说服了戴高乐。

为了得到罗斯福的支持，顺利和法国合作，1 月 12 日，艾森豪威尔前往白宫拜访他。他们俩就法国问题和"霸王"行动交谈了两个多小时。罗斯福固执地说："法国人民不会服从戴高乐，他若是把自己的意志强加给法国人民，也许法国会爆发内战。"不管艾森豪威尔如何解释，罗斯福都不为所动。

最后，艾森豪威尔建议由一位司令指挥英、美、俄盟军。他觉得把德国分为三个占领区是不现实的，若让一个人来统一领导的话，有利于盟军作战。艾森豪威尔又失望了，罗斯福总统并没有采纳他的建议。

时间过得很快，艾森豪威尔不得不收拾行装启程。眼看又要长期分离，玛咪拥抱着艾森豪威尔难过地说："艾克，我再也无法忍受和你分离了。等你打完仗，回来后我们再也不要分开了。"

一个星期后，玛咪收到艾森豪威尔从伦敦寄来的信：

亲爱的玛咪：

还没有来得及亲热，我就要踏上旅途。尽管相聚的时间很短，而且有些烦恼，但是能回家和你在一起，我非常高兴。

忘记不愉快的事情吧，那都是无关紧要的小事，是因为我们分开的时间太长了。

不管怎样，你都要明白，我永远是这个家的三分之一。

永远爱你的艾克

DWIGHT EISENHOWER

3 运筹"霸王"行动
DWIGHT EISENHOWER

1944 年 1 月 14 日傍晚，艾森豪威尔抵达伦敦火车站，前来迎接他的是凯瑟琳·萨默斯比。现在，她已经成为艾森豪威尔私人参谋中的一员。艾森豪威尔的新住所在伦敦西区的高级住宅区，名字叫海斯小屋。这是他新任的英国军事助手詹姆斯·高尔特中校为他安排的。

一回到伦敦，艾森豪威尔就投入了工作，为"霸王"行动做准备。他着手建立了盟国远征军司令部，他几乎把罗斯福和丘吉尔手下的高级军官、关键人员都弄来了，他们被安排在伦敦的新岗位上。"霸王"行动副司令官由英国空军元帅特德担任；海军总司令由英国海军上将拉姆齐担任；陆军总司令由英国陆军上将蒙哥马利担任；美军地面部队司令由布雷德利担任；空军总司令由英国空军上将马洛里担任；参谋长由美国陆军中将史密斯担任；副参谋长由英国陆军中将摩根担任。此外，艾森豪威尔还命令史密斯弄来了很多优秀的参谋官和指挥官。这次，艾森豪威尔的领导班子与"火炬"行动时的班子相比，已经好多了，其司令部成员基本上都是有实战经验的司令员。

刚到伦敦的几天，艾森豪威尔礼节性地觐见了英王乔治六世，并拜访了美驻英大使约翰·怀南特和盟军参谋长联席会的英国成员。他还会见了记者，对记者说："不久以后，我们就会唤醒民主力量。到那时，就是纳粹分子的末日。"

在军事准备阶段，艾森豪威尔无数次强调这次行动的重要性。他说："在你看来，是无关紧要的一句话，可是到了敌人那里也许是重要的情报。"为了不让"霸王"行动受到任何影响，艾森豪威尔不止一次地强调，一定要严守军事机密。尽管如此，令艾森豪威尔生气的事情还是发生了。在酒馆，亨利·米勒少将多喝了几杯，不小心向英国士兵说，以现在的速度，只有在 6 月份才能做好后勤工作，那时战争早就结束了。米勒是艾森豪威尔的好朋友，也是第一个泄露军事机密的人。知道米勒在酒馆说的话后，艾森豪威尔气得暴跳如雷，他不顾米勒的辩解，毫不留情地把他降为上校，并遣送回国。此后不久，一位陆军军官也在醉酒后泄漏了军事机密。艾森豪威尔都要气疯了，粗鲁地骂道："一群蠢货，不知道脑子里装的什么？难道米勒的事情还不能让他们记住教训吗？"

此时最令艾森豪威尔恼怒的，就是媒体对他的批评。他恼怒的是自己的工作被人否认，并不是因为人家的批评。1944 年 2 月，有些人在报纸上公开发表议论。他们说："艾森豪威尔不是实际指挥官，他只不过是一个有名无实的傀儡而已。"后来，还有人直接写诽谤信给他，说他要手段得到了现在的职位，指挥官本来应该是蒙哥马利或者亚历山大。还说，做事的人是蒙哥马利和亚历山大，而不是艾森豪威尔。对于媒体和诽谤者的言论，艾森豪威尔非常恼怒，因为他们说的并不是实情。其实，这些议论都是好事者的无稽之谈。在繁忙的工作中，艾森豪威尔很快就忘记了这些不愉快的事情。

在紧张忙碌的备战中，丘吉尔、美国大使和其他重要人物总是打电话找艾森豪威尔，这影响了他的工作。1944 年 2 月，艾森豪威尔把总部迁到伦敦郊区的布歇公园。这里很清静，不用担心受到他人的影响。在这里，艾森豪威尔可以很好地工作、休息、运动、看小说。偶尔，同凯亲热也不担心有人打扰。在这里工作，所有的人都避免了伦敦夜生活的诱惑。也许这样做，会引来那些喜欢晚上在伦敦寻欢作乐的人的不满，但是艾森豪威尔对自己的安排非常满意，他一向不喜欢别人打扰他工作。

艾森豪威尔的办公室非常简陋，地板裂开了，墙上的漆也脱落了。最糟糕的是没有暖气，每个人都穿得厚厚的，连袜子也要穿好几双才能暖脚。在这里工作的人，没有一个人受这些外部环境的影响，他们都认真地做着自己的事情。艾森豪威尔因为寒气太重，还感冒了好长时间，但他仍然坚持工作，毫不松懈。凯说："有一次，从部队视察回来，将军的嗓子都沙哑了，他发着高烧。护士每天给他来量体温，在他耳边唠叨，让他卧床休息。但固执的将军根本不理会护士的话。"

司令部的人员已经配齐，办公室也搬到了安静的地方，应该可以顺利开展工作了，但艾森豪威尔还被一些其他的问题困扰着。

艾森豪威尔采纳索利·朱克曼教授的建议，准备实施"运输"计划。朱克曼是副总司令特德特意请来，帮他们制订"霸王"行动的轰炸方案的。看了空军最初的轰炸方案后，朱克曼非常惊恐。他说："最危险的并

DWIGHT EISENHOWER

不是登陆的日期被敌人知道，而是地点。如果敌人知道了地点，他们会及时调整兵力，在盟军人数比他们少的情况下，盟军会面临被围困的危险。按照你们的这份轰炸计划行动的话，德国人一定会意识到地点就在诺曼底。而且在恶劣的天气里，按照这份计划行动，空军根本不能为陆军提供任何援助。"于是，在空军总司令马洛里的支持下，他们制订了另一份轰炸计划。这个计划叫"运输"计划，它要求进行一次系统的、广泛的轰炸，以此摧毁法国的铁路，使法国的交通彻底瘫痪。通过这样大规模的轰炸，德国人将无法知道具体的登陆地点。就算知道了，因为交通瘫痪，他们也无法增援。但是轰炸机部队的长官们没有一个人赞成这个计划。有人说，大规模地轰炸，"霸王"行动就显得多余了；也有人说，"运输"计划会使许多无辜的人受到伤害，这很不人道。关于是否实施"运输"计划，在盟军内部引起了一场混乱。几十年过去了，朱克曼教授说："回想起当时他们争论的情形，我现在都觉得不可思议，他们怎么会对计划进行毫无意义的争论呢？"

经过激烈的争论，空军部队的事情并没有解决，但艾森豪威尔仍然坚持由他指挥重型轰炸机，而且包括英军轰炸机司令部和美军驻欧战略空军司令部。虽然艾森豪威尔得到了马歇尔的支持，但是丘吉尔并不同意由他在行动初期指挥空军。盟国远征军司令部的作战行动归盟军参谋长联席会议指挥，这是原则问题，丘吉尔不想违背。他主张，最高司令部的飞行计划必须得到盟国参谋长联席会议的批准。艾森豪威尔强烈反对丘吉尔的主张，要是不能完全指挥轰炸机部队和美国战略空军的作战行动，他将拒绝一切行动。虽然离行动越来越近了，提出辞职是让人无法理解的，但艾森豪威尔已经做好了准备，他一定要用辞职来威胁上级，从而取得制空权。他对丘吉尔说："如果不让轰炸机投入'霸王'行动，我宁愿解职回华盛顿。"因为艾森豪威尔态度坚决，丘吉尔被迫让步。他说："盟军参谋长联席会议应批准艾森豪威尔使用轰炸机。"后来，丘吉尔将决定权交给了罗斯福。罗斯福说："我会从军事上考虑的。"于是艾森豪威尔将按照总统的意志去办，而这也正是他所希望的结果。

不久以后，"运输"计划也批准了。特德准备了一份详细的轰炸目标的名单送往战时内阁批准，名单中包括法国和比利时的70多条铁路。在盟军发起"霸王"行动之前，盟国空军将投下76 000吨炸弹，对铁路中心、桥梁进行轰炸。

最令艾森豪威尔痛苦的是，登陆舰艇短缺。这会牵扯到事情的各个方面，严重影响日后的作战。艾森豪威尔说，登陆舰艇会使他焦虑而死，他的棺材应该是舰艇的形状。得知情况的丘吉尔愤怒地说，看来伟大帝国的命运，拴在这该死的登陆舰上了。

为了解决登陆艇短缺的问题，艾森豪威尔在给盟国参谋长联席会议的报告中说："我们不能失败，所以必须想尽一切办法，解决我们现在面临的问题，否则我们不能保证取得胜利。"艾森豪威尔还要求马歇尔调给他登陆艇，他说必须这样做。马歇尔以为他采纳了英国人的建议，非常不高兴。艾森豪威尔并没有因为马歇尔不高兴而放弃努力，他说："有时，我不得不稍微改变一下计划，但最终目标还是为了保证'霸王'行动能够顺利进行。"最后艾森豪威尔说服了马歇尔。4月，马歇尔满足了艾森豪威尔的要求，将地中海的登陆艇调给他使用。

艾森豪威尔的工作非常忙碌，但为了让成千上万的士兵能够见到他，为了亲自和他们谈话，鼓舞士气，他花了很多时间去视察。在预定发起进攻的前四个月，他视察了部队、机场、仓库、工场、医院以及其他设施。在视察部队的时候，艾森豪威尔对士兵们说："为了在战争中减少伤亡，你们必须加紧操练，做好战备。只有多一分战备，将来的牺牲和损失才会减少一分。"他非常关心士兵的生活，每到一个兵营都不会忘记检查伙房。在艾森豪威尔看来，"霸王"行动与大家的生活密切相关，为了争取幸福、美好的生活，必须在行动中取胜。因此，他非常关心士兵，总是替士兵考虑。他的付出，赢得了士兵们的尊敬和爱戴，大家都愿意服从他的领导、为他效命。

艾森豪威尔认为，师一级的指挥官在战争中是很重要的。师是能够作为一个单位作战的，它的指挥官比军或集团军一级的指挥官负有更大的责任。因此，艾森豪威尔需要50多个师一级的指挥官来领导士兵作战。他选拔出的军官，一个个都身先士卒，具有英勇顽强的战斗精神，忠于反法西斯战争事业；同时，他们都具备优秀的组织才能和指挥才能。因为美军大部分成员都没有参加过战斗，所以艾森豪威尔亲自挑选了美国将军。艾森豪威尔挑选了巴顿，任命他为美国后续部队的第3集团军司令。在马歇尔的推荐下，他任命布雷德利为美国第1集团军司令。艾森豪威尔对这些新

DWIGHT EISENHOWER

任命的军官们说："你们就是一家之长，要像父亲一样对待你们的士兵，就算这些士兵的年龄比你们大，也必须如此；作为家长，必须为士兵们排忧解难，在他们有过错时，更应该站在他们身后鼓励他们，而不是冷言冷语、横眉怒对；作为指挥官，你们必须对我负责，对盟军参谋长联席会议负责，更要对千千万万在战争中经受苦难的人民负责。因此，你们必须保证部队做好一切备战工作，准备随时投入战斗。"

5月15日，艾森豪威尔召集盟军司令官在圣·保罗学校进行战前动员。会议的主席台上，挂着一张法国北部的详细地图和一张巨大的诺曼底地图。盟国军事领袖和高级司令官们把如此重要的秘密在众人面前显露出来，这真是一次隆重的、不同寻常的、引人注目的集会。

应盟国远征军最高司令部的邀请，前来参加会议的有英王乔治六世、首相丘吉尔、白宫和英国内阁的将军、盟军远征军最高统帅部的成员等等。

艾森豪威尔的欢迎辞很简短，他只说了10多分钟，但是所有的人都被他的话吸引了。有人说："艾森豪威尔的微笑能抵十几个师，而今天抵的更多。"组织这样一个会议，要处理许多复杂的问题。人们认为，只有上帝才能组织，然而艾森豪威尔做到了。

在艾森豪威尔致完欢迎辞之后，是几位司令的讲话，他们向在座的各位介绍了"霸王"行动中他们各自的任务。其中，最引人注目的是自信的蒙哥马利。他介绍了阵前敌军的情况，分析了德国赫赫有名的元帅隆美尔，他说："隆美尔是一位精力充沛、意志坚强的司令官，最擅长破坏对手的进攻。他从不打无准备之仗，在我们发动进攻之前，他会精心布置一切，破坏我们的行动。他会设置固定的海岸防御工事、加强据守的战壕体系、在水中设置障碍物，将我们遏止在滩头。为了阻止我们的坦克登陆，他一定会竭尽全力把他的增援部队调上来。"

听了蒙哥马利的分析，很多人很惊恐。最后，蒙哥马利解释道："尽管如此，但是我们没有必要惧怕他，因为我们已经做了充分的准备。只要大家无所畏惧地向敌人猛攻，打乱他们的计划，使敌人不能接近，我军就能牢牢地站稳，并取得胜利。"

蒙哥马利的讲话结束后，丘吉尔简单地说了几句。他说："任何时候都会有突发事件，我们不期望一切都会按计划进行。依靠你们的智慧、勇

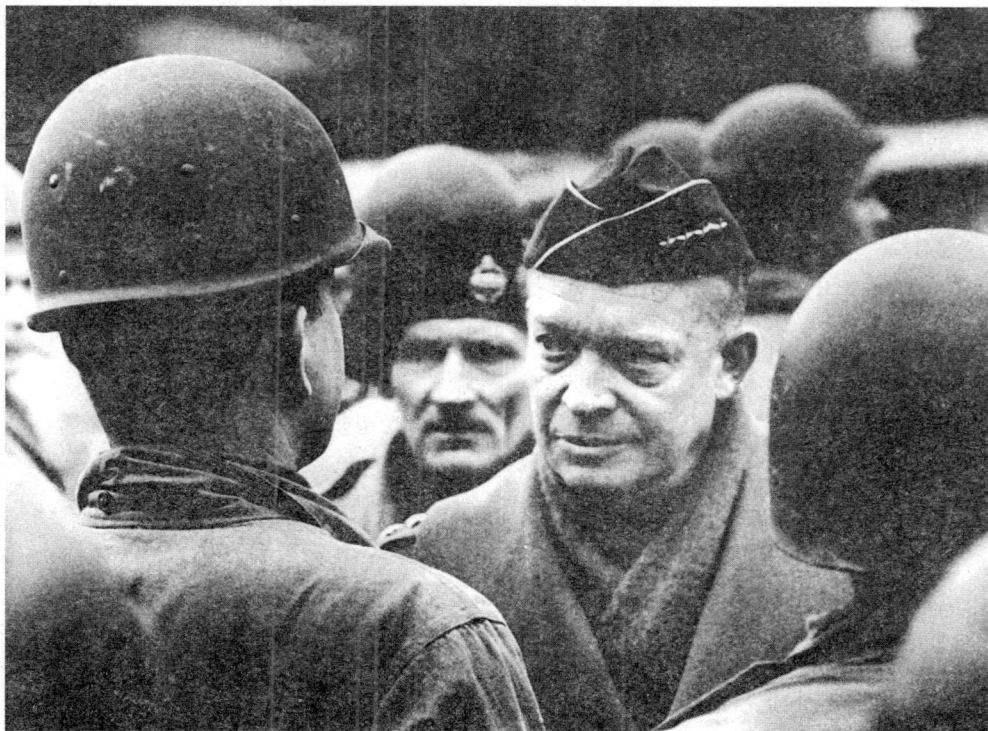

　　欧洲盟军统帅艾森豪威尔将军在诺曼底登陆前检阅部队，在他右肩膀后面的是英国将领蒙哥马利。

敢和灵活的头脑，取得胜利吧！"

　　最后，会议在英王简短的讲话中结束。这次会议驱散了丘吉尔长期以来的疑虑，鼓舞了将士的士气。

　　在 1944 年 1 月的时候，丘吉尔还对横渡英吉利海峡持怀疑态度。他曾问艾森豪威尔："一想到诺曼底的滩头上挤满了英美士兵时，我就怀疑这一切都会是梦。艾克，如果失败了，我们一起下台。"然而，正是圣·保罗会议使丘吉尔对这一行动的胜利坚信不疑。

　　为了赢得这一战役的胜利，作为统帅，艾森豪威尔需要做的事情实在是太多了。战士们的伙食、部队的分配等等都是他不得不考虑的。承担着指挥的沉重负荷，艾森豪威尔非常紧张和疲乏。他在给妻子的信中说："多么希望这场残酷的战争尽快结束啊，可是我连祈祷的时间都没有。"他的联络副官布彻说："看上去，艾克精疲力竭、疲惫不堪。现在，他比过去衰老了许多。每天都出现数不清的问题，预定发起进攻的日期一天天临近，仍有许多问题等待他去处理，他的身体将会变得更差。尽管如此，一切都不会受到影响。因为艾克只要好好地睡一觉，就能恢复过来。"除了妻子玛咪，凯也是能让艾森豪威尔放松的人。这时，他们的感情已经很深了，凯经常陪他会见一些重要人物。凯说："那天晚上，艾克试图向我求爱，但是因为道德，他强迫自己控制住了感情。"

战备工作仍在紧锣密鼓地进行，艾森豪威尔花了大量的时间来处理事情，几乎连睡觉的时间都没有。现在这个节骨眼上，他最怕巴顿出事，而巴顿偏偏又一次把艾森豪威尔推到两难的境地。在英国志愿者为美军开办的俱乐部里，巴顿发表了粗野的言论。在"耳光事件"后，各地记者都在等着看他再次失误，结果巴顿撞在了"枪口"上。《华盛顿邮报》报道说："巴顿的讲话既不文雅，也没有趣味。'他妈的英国'、'他妈的美国'……他这是对政府的攻击。不论他军功多么卓著、领导能力多么强，他作为军队领袖，缺点完全暴露在了公众面前。"

巴顿的言论，无论是对美军还是对他个人，来的都不是时候。因为巴顿是美军中唯一具有登陆行动经验的人，而且只有他可以与隆美尔抗衡。此时，马歇尔刚向国会递交了一份军官晋升者的名单，其中就有巴顿的名字。因为巴顿的言论引起了骚动，他有可能无法得到晋升。

如何处理巴顿，是艾森豪威尔不得不考虑的问题。他愤怒地说："我的朋友、下属，不到一年的时间里，我要处理他两次，我实在受不了。若为了他，我必须向公众公开道歉的话，我这回一定饶不了他。我已经厌烦了保护他、为他说话。这个给我制造麻烦的家伙，我要让他滚蛋。"艾森豪威尔写信斥责巴顿："目前，你之所以能在指挥岗位上，是因为我信任你的带兵能力，看中你的指挥才华。我曾不止一次地警告你，让你管住自己，而你都做了些什么？我已经开始怀疑你的能力了。这次事件对你的影响很大，我会考虑解除你的职务。"虽然艾森豪威尔说要解除巴顿的职务，但他仍然犹豫不决。他给马歇尔拟了一份电报，电报的内容说，他将解除巴顿的职务。但是艾森豪威尔撕了这份电报。因为马上就要行动了，在这样的关键时刻，他不想失去优秀的指挥人才。他矛盾极了，无法取舍，只能一遍遍地骂巴顿。

艾森豪威尔和丘吉尔讨论了巴顿的事情。丘吉尔说："没有什么，这只是茶杯里的风波而已。"尽管丘吉尔这样说，艾森豪威尔还是打算降巴顿的职。和巴顿见面后，艾森豪威尔告诉他自己的决定，还说巴顿已经成为他的负担。

巴顿并没有被解职，是马歇尔救了他。马歇尔给艾森豪威尔发了一封这样的电报："艾克，一切交给你自己处理。但是我认为，为了'霸王'行动，你不应该削弱自己的力量。别的都无足重轻，一切只为'霸王'的成功考虑。"马歇尔的暗示太明显了，谁都知道解除巴顿的职务对"霸王"行动来说是很大的损失。就这样，马歇尔的电报救了巴顿，也为艾森豪威尔解了围。

看了马歇尔的电报后，艾森豪威尔已经有了主意。他写信给马歇尔说："如果巴顿被解职，将会严重影响行动。既然你把权力交给我，我决定保留他的职务。"同时，艾森豪威尔给巴顿发了一份电报。在电报中他告诉巴顿，因为战争的需要，他将继续挽留他。事后，艾森豪威尔让副官布彻当面告诉巴顿，以后没有他的允许，不准公开发表任何言论。巴顿笑着问布彻："艾克绝对不是这样说的，他的原话是什么？"布彻极不情愿地说："以后，你不能任意张开你的臭嘴，除非得到他的许可。"

处理完巴顿的事情，行动的日期也临近了。艾森豪威尔表现得非常烦躁，因为他憎恨战争，不愿意把士兵派去送死。他在给玛咪的信中是这样写的：

玛咪：

就要开赴前线了，我真的难受极了。不是为我自己，而是为那些年轻的士兵。现在，在空战中的伤亡已经很大了，而当"霸王"行动开始时，伤亡将更大。计算人员的损失是一件非常痛苦的事情，一想到很多年轻人将与世永别，我就沮丧极了。我无力保证他们的安全，战争是残酷无情的。当伤亡成为事实的时候，将给全国各地的多少家庭带来痛苦和不幸。

我憎恨战争，希望这场残酷的战争很快结束，因为我不愿意把士兵派去送死。

尽管如此，但在战争中，我们必须学会坚强。不仅是英勇奋战的士兵，这些士兵的亲人也必须如此。

艾克

4 艰难的抉择
DWIGHT EISENHOWER

横渡英吉利海峡是一场非常大的赌博，它的赌注大得惊人。美英盟军和德国法西斯，无论谁失败都意味着输掉这场赌博。对美英两国而言，如果输了，它们毁掉的是两年来的苦心经营——巨大的人力和物资资源。对于希特勒而言，如果输掉的话，就是法西斯德国的彻底覆亡。

盟军经过商议，把登陆时间定在了 6 月 5 日。关于登陆地点，暂时还没有确定。在法国西北部的加莱地区、康坦丁半岛和诺曼底地区，是比较合适的登陆地点。为了便于成功登陆，艾森豪威尔曾多次派情报人员去现场勘察。他们发现，加莱地区的登陆条件比较有利，但那里是德军重点设防地区，登陆必定会遭到激烈抵抗，而且不利于深入作战。最重要的是，它距离英国海港太远，会给运送部队和物资带来很大的麻烦。从康坦丁半岛登陆最容易取得成功，但是因为地形不好，在那里登陆不利于进攻。相对而言诺曼底地区的条件要有利得多，沿海地势开阔，有利于登陆作战。虽然这里没有良港，但是可以用人造港来取代。诺曼底距英国西南海岸的各大港口比较近，有利于输送部队和运送物资，而且这里的德军力量比较弱，登陆容易成功。盟军在权衡利弊后，选定了诺曼底。

想要在诺曼底顺利登陆，必须把 17.6 万名参战的士兵用上千艘军舰，通过英吉利海峡送到法国海岸。这需要上千架飞机的掩护，而且必须在一天之内完成运送任务。艾森豪威尔明白这项任务十分棘手，为了减轻盟军在诺曼底登陆时的阻力，在登陆的前一周内，艾森豪威尔命令盟国空军对诺曼底和加莱地区进行了狂轰滥炸，摧毁了德军的运输线、海岸炮兵阵地等军事设施。为了迷惑敌人，他们投在加莱地区的炸弹比投在诺曼底的多了整整一倍。经过盟军一个星期的轰炸，德军 82 个具有战略意义的铁路枢纽被炸毁了。这样一来，德国人根本无法迅速向告急的地区调配后备队、增援部队。盟军以轰炸为目的的"运输"计划成功了，它为"霸王"行动提供了有利条件。为此，盟国付出了高昂的代价。"霸王"行动开始前的两个月，盟军损失了 2 000 架飞机和 1.2 万名官兵。到诺曼底战役结束的时候，在法国上空损失了 2.8 万名空军，这个损失是惨重的。艾森豪威尔说："盟军就像卷着的弹簧一样，当它释放能量弹开的时候，将是飞越英吉利海峡的时刻。"

在陆地上，盟军登陆时只有 7 个师的兵力，而德国人在法国有 59 个师。尽管盟军掌握了空中优势，但要面对在数量上、装备上远远超过自己的德军，而且是在东线久战的德军精锐，其困难是可想而知的。盟军不得不巧妙地引诱希特勒的精锐部队，把他们的装甲师调离登陆地区。为了不让德国人知道盟军具体的登陆点，艾森豪威尔利用手下的间谍——英国情报机构的情报人员为他服务，他们顺利实施了愚弄德国人的计划。

盟军的愚弄计划是根据德国人的预想制订的。希特勒认为，盟军会在海峡比较狭窄的地方登陆，因为距离短可以缩短飞机和舰艇的往返时间，而且那些狭窄的地方离鲁尔、莱茵等工业中心比较近；盟军会在诺曼底佯攻，然后在加莱地区顺利登陆。盟军正是抓住了希特勒的这种心理，设立了大规模的虚构作战力量。

英国人在加莱海峡对面的多佛建筑了一个假油料码头，英王郑重其事地视察了这一码头。在码头完工的时候，艾森豪威尔还发表了情绪激昂的演讲。英国皇家空军的飞机天天在码头上空巡逻，德国的侦察机无法进行侦察，即使德国侦察机能侦察到，他们也只能得知码头防守严密的信息。

为了使假象更逼真，盟军虚构了一个美国第 1 集团军，它将在巴顿的指挥下对加莱海峡造成威胁。很快，德军间谍就破获了第 1 集团军的行动计划。这时根据安排，巴顿在伦敦露面，名字也频繁出现在报纸上。因此，德国人对巴顿将指挥第 1 集团军进攻加莱深信不疑。此外，盟军故意发假电报让敌人截获，诸如两个汽车连需要引擎使用手册、第 80 师需要登山鞋、滑雪板绑带等。

之前盟军对德国的轰炸也给了敌人错觉，所有这些都迷惑了希特勒，他做出了错误的判断。他和德军总参谋部一致认为，为了向法国东北沿海地区实施突击，盟军将在加莱地区登陆。于是，希特勒命令德军在加莱地区沿海岸修筑防御地带，设了海岸炮阵地、坦克陷阱、防坦克壕等坚固支撑点，各支撑点之间还有大量障碍物和地雷。在水中，也设置了大量的障碍物和水雷区。与加莱地区的海防工事相比，诺曼底的防御差多了。

诺曼底登陆的代号是"海王星"行动。为了不让敌人察觉真正的登陆地点，确保这一行动成功，英、美两国军队向诺曼底集结的时候都非常小心。到开战前夕，盟军有 39 个师参加战役，海陆空三军及后勤人员总数约 288 万人。

海军 9 000 余艘各型舰艇，编为东部和西部两个特混舰队。东部特混舰队的司令是英国海军少将维安，他们在格里诺克集结，由英国战术空军第 2 航空队在空中掩护。西部特混舰队的司令是美国海军少将柯克，他们将在贝尔法斯特集结，美国战术空军第 9 航空队将在空中掩护他们。此外，海军还有 100 多艘舰艇会在五个滩头提供支援。

陆军有英国陆军中将邓普赛担任司令的英国第 2 集团军、英国陆军中将邓肯·格雷尼姆担任司令的加拿大第 1 集团军、美国陆军中将布雷德利担任司令的美国第 1 集团军，美国陆军中将巴顿担任司令的美国第 3 集团军，他们各自负责占领不同的滩头。

空降部队为英国第 6 空降师、美国第 82、101 空降师，各种飞机总共有 13 700 多架。在欧洲，这是盟军所能集结的最大的空降兵力。

此时，德军的 179 个师，将近 65% 的兵力在东线和苏联红军作战。德军除了海军实力较弱外，他们的空军与盟军相比，处于 30 比 1 的绝对优势。尽管德军的兵力如此强大，但由于盟军的蒙骗计划很成功，所以希特勒在诺曼底安排的守军不到 10 个师，兵力非常薄弱。

事情按盟军的设想发展着，可以说，一切都在他们的掌控之中。可是不稳定的天气是他们无法控制的。艾森豪威尔无时无刻不在关心天气预报，他怕登陆受到天气影响。其实，每个人都期盼，在预定进攻之日天气会好一些。艾森豪威尔在给玛咪的信上说："不管天气多么糟糕，我都希望能按原计划登陆。如果天气太坏，登陆的部队将无法得到空军的援助。真希望情况不要太糟糕。"

6 月 1 日，英吉利海峡上空阴云密布、大雨倾盆，海面上风高浪急，根本不可能登陆。是否如期发动进攻，盟军内部的高级指挥官意见不一。空军上将特德说："我建议推迟行动，因为天气太坏，空中支援有困难。"而蒙哥马利极力主张立即进攻，他说天气再恶劣也没有关系。

因为天气原因，艾森豪威尔十分烦躁。不管是推迟行动，还是按原计划行动都会有失败的危险。如果推迟"霸王"行动的时间，在诺曼底登陆的消息肯定会被敌人知道，"霸王"行动也会失败，打败德国会变得遥遥无期。因为德军的侦察机肯定会发现在诺曼底集结的部队，而且现在所有的盟军士兵都知道诺曼底是登陆地点，没有人能保证他们不泄密。如果按计划登陆，盟军可能在没有靠岸前就被大浪淹没了，即使侥幸靠岸，士兵也无法进行战斗了，"霸王"行动会因为天气而失败。

在诺曼底登陆时的最高指挥官，右二为艾森豪威尔，右三为马歇尔。

从 6 月 2 日开始，艾森豪威尔和他的顾问们每天至少要听取两次关于天气情况的汇报。在 6 月 2 日早晨的汇报中，盟军气象人员争论了很久，但对未来几天天气如何仍没有一致的意见。英国著名气象学家说，预测英吉利海峡未来几天的天气情况是很困难的。因此，在早晨的汇报中，除了汇报风力加强外，他们没有提供给艾森豪威尔其他的消息。在晚上的汇报中，气象人员仍然没有一致的结论。

6 月 3 日晚上的汇报，令艾森豪威尔非常烦恼。首席气象学家说："因为受西面低气压的影响，英吉利海峡未来的几天将充满危险，会有 5 级左右的大风，天空将被大量的云层覆盖，而且天气很快还会恶化。在未来的24 小时内，天气预报是非常不可靠的。现在，要做决定还为时过早。"尽管问题很严重，但是艾森豪威尔仍然下令海军继续进行所有的准备工作。在夜里的汇报中，气象员带来了一条令所有人沮丧的消息，他说："我们担心的事情已经被证实了，风浪和浓云将持续到 6 月 5 日。"听了这样的汇报，艾森豪威尔问气象员："在这样恶劣的天气里，海军能作战吗？"首席气象学家说："绝对不能，就算他们侥幸上岸也无法进行战斗。"此时，只有蒙哥马利主张按计划行动，他说他已经准备好了。所有人都期盼天气情况能够好转，然而大风大浪令海军无法行动，舰队没有起航，站在甲板上的士兵就开始晕船了。已经起航的舰队，有好几艘舰艇被海风掀翻，士兵受伤严重。不得已，艾森豪威尔只好决定暂时把进攻推迟 24 小时。

6 月 4 日，艾森豪威尔会见了一些盟军司令官和英国皇家空军斯塔格上校，继续讨论是否按计划进行"海王星"行动。斯塔格是艾森豪威尔的主要气象情报人员，他向艾森豪威尔汇报了天气情况，他说："海上情况将比预期的略为好转，现在其实没有风，外面很晴朗。但是盟军还是无法按计划行动，空军也不能出动。因为预测的坏天气将在 5 个小时内出现，而且情况非常糟糕。"如果无法利用空军的援助，这次登陆太冒险了。于是，艾森豪威尔正式下达了行动推迟 24 小时的命令。但是蒙哥马利强烈反对艾森豪威尔的决定，他傲慢地说："事情发展到今天，无论怎样都必须按计划行动。我有信心，没有空军的支援，我们照样可以顺利完成登陆任务。"艾森豪威尔说："将军阁下的心情，我能理解。但是你想过没有，行动一旦失败，要在 1944 年再发起一场如此规模的战役是不可能的了。你应该明白，最终决定'霸王'行动是因为盟军具有空中优势。如果空军不能按计划参加行动，登陆就太冒险了。"

6 月 5 日清晨，盟军总司令艾森豪威尔和蒙哥马利、特德、史密斯、斯塔格、拉姆齐等高级军官在会议室再次商议行动的事情，并听取了最新的天气预报。斯塔格上校说："36 小时内天气将出现转机，倾盆大雨将在两三个小时内停止，风力中等。虽然仍然有云层，但轰炸机和战斗机可以在今天至明天晚间行动。但是以后的情况并不明朗。"听到这样的消息，军官们发出阵阵欢呼。

其实，这种天气只能使用轻型战斗轰炸机，使用重型和中型轰炸机是非常危险的。艾森豪威尔犹豫不决，烦躁地在房间里踱来踱去。他踱步的同时，不停地向在座的人提问题。蒙哥马利非常不耐烦，他的表情告诉大家，如果是他早就做出决定了。艾森豪威尔并没有注意到蒙哥马利的表情，他继续思考着。对他来说，这的确是行动的好机会。此时他不得不做出决定，就算要再次推迟行动，这也是最后一次机会。艾森豪威尔心里已经有了主意，他决定行动。于是，他抬起头与参谋长史密斯用眼神交流了一下。史密斯明白了艾森豪威尔的意思，他说，这将是一场赌博。艾森豪威尔微笑地点点头，问蒙哥马利："6月6日，你认为如何？"蒙哥马利盯着艾森豪威尔的眼睛，干脆地答道："我说干！"

尽管空军司令特德一直在强调行动的危险性，但艾森豪威尔坚定地说："为了给登陆部队提供支援，我们将派出大批轻型战斗轰炸机进行轰炸。"计划就这样定了下来，在座的人们都很兴奋，他们期待着即将来临的这场决定性战役的胜利。后来，史密斯说："艾森豪威尔知道自己的决定事关战役的成败，在做出重大决策时，他在沙发上坐了整整 5 分钟，思考他的决定，而他自己却说只有 45 秒而已。面临这种重大抉择，他的孤独、寂寞、压力是不言而喻的。"

艾森豪威尔冷静地比较了各个方案后，晚上 9 点 45 分，他说："我确信必须下达命令了，让我们大张旗鼓地干一场吧！"终于做出了重大的决定，艾森豪威尔既不能改变战争的结果，也不能修改战争的计划。他已经做了自己该做的，其他都将是他无法控制的。

几天来，因为低气压笼罩着海岛，阴沉的云层密布，大风掀起了英吉利海峡的巨浪，空军行动的条件突然恶化。这让艾森豪威尔在 6 月 1 日至 5 日的每一次会议都苦恼极了，其他军官也是如此。6 月 5 日，他终于做出了决定，让见鬼的天气不再困扰他。他始终做着成功与失败的两手准备。凯瑟琳·萨默斯比在她的日记中写道："艾森豪威尔的心情非常糟糕，万一决策失误他将无法承受。"

5 横渡英吉利海峡
DWIGHT EISENHOWER

为了在出发前给盟军士兵一份进军令，5 月初，盟军司令部就起草了内容，艾森豪威尔还修改了无数次。为了方便士兵携带，进军令只有一页。在出发前，艾森豪威尔以盟国远征军最高统帅部的名义向全世界广播：

> 盟国远征军陆、海、空三军的战士们：
>
> 战争就要打响了，你们即将开始远征。你们是为和平而战、为自由而战的英雄。你们和其他战线上的盟军和战友们一起英勇奋战，一定会摧毁德国法西斯、会消灭纳粹对欧洲人民的残暴统治、会保障我们自由世界的安全。
>
> 你们面临的敌人非常强大，他们顽强、训练有素、装备精良，会殊死搏斗，我们不能掉以轻心。同时，我们也不能悲观，因为敌人有他们的优势，我们也有我们的优势。虽然敌军在 1940 年到 1941 年获得了胜利，但在今年，1944 年，形势已经发生了变化。因为盟军奋不顾身、英勇作战，德军已经遭到惨重失败。我们大规模的轰炸，已经大大削弱了敌人的力量。同时，在武器和弹药方面，我们是有优势的，而且盟国给我们准备了大量的、受过训练的、可以随意使用的后备部队。
>
> 尽管任务是艰巨的，但形势在朝着有利于我们的方向发展，你们一定要对自己有信心，对我们反法西斯的伟大事业充满信心。
>
> 此刻，全世界人民都在注视着你们，全世界热爱自由的人们都在为你们祈祷。多少双眼睛在期待，期望你们带回捷报！
>
> 对你们的勇敢精神、作战能力，我深信不疑。胜利必定属于我们！全世界热爱和平和自由的人们一定会共同走向胜利！
>
> 祝福你们平安！让我们大家一起为这个光荣而伟大的事业祈福吧！

发布进军令后，艾森豪威尔还写了另一份文件，是关于瑟堡港登陆失败的文件。艾森豪威尔怕"海王星"行动开始后，没有时间写报告。

> 盟军参谋长联席会：
>
> 我已经下令在瑟堡港登陆的部队撤回，因为在那里无法占领一个令人满意的立足点，登陆失败。我根据所得的最好情报，做出了在瑟堡港进攻的决定。行动中，陆军、海军和空军都竭尽全

DWIGHT EISENHOWER

力英勇奋战，但登陆失败了。如果追究此次行动的责任，我将会一人承担。

艾森豪威尔

6月5日

盟军一切准备就绪，只等出发。此时德国人认为天气条件如此恶劣，盟军在半个月之内肯定不会有登陆行动。因此，希特勒并没有向部队下达战备命令。因风浪太大，德军撤回了海军巡逻船；而且德军防空部队还接到了不必执勤的命令。6月5日，德军驻守诺曼底地区的司令隆美尔返回德国，给自己的妻子过生日。看着下个不停的大雨，隆美尔自信地说，天气如此恶劣，盟军肯定不会进攻。就算他们登陆成功，也无法走出海滩。这一天，驻诺曼底地区的德军第7集团军司令杜尔曼还召集了他的高级将领，他们一起到100英里之外的地方进行沙船演习。

为了使盟军在诺曼底顺利登陆，艾森豪威尔用了以假乱真的计划蒙骗了敌人。盟军制造了许多和真人差不多的假人，把穿上军装、装上音响和实弹射击模拟器的假人空投下去。当假人接近地面的时候，他们身上会发出手榴弹的爆炸声和机枪的射击声，这些声音和真正的战斗中的声音一模一样。德军的警报声此起彼伏，他们迅速地包抄围堵，结果发现全是假人，没有一个真正的空降兵。扑了空的德军，不再理睬"空降兵"了。

1944年6月6日早晨4点15分，登陆的士兵出发，他们将在6点发起进攻。为了鼓舞士气，艾森豪威尔决定去看望临行前的将士。于是，凯瑟琳·萨默斯比驱车把艾森豪威尔送到了皮尔码头。艾森豪威尔想看看部队上船的情况，遗憾的是他没有看到美国士兵，因为他们不在这个码头上船。英国士兵发现了艾森豪威尔，他们高声喊着："好心的老艾克！"登陆的舰队起航后，远远地还可以听见他们的呼喊声。

从码头离开后，艾森豪威尔视察了纽伯里附近的三个飞机场。在机场，艾森豪威尔和正准备登上飞机的伞兵们亲切地交谈。艾森豪威尔说："不要担心，你们有最好的指挥官和装备。努力吧，你们一定会凯旋归来的！"一个士兵朗声说："将军，现在该是德国鬼子担心的时候了，我们一点儿都不担心。"另一个士兵还尖声高叫着："希特勒，小心你的脑袋，我们来了！"

在英吉利海峡的某个地方，艾森豪威尔在一艘战舰的甲板上注视着盟军的登陆行动。

看到这些即将奋勇冲杀的战士们，艾森豪威尔想起马洛里的话，心情沉重起来。马洛里说："空降部队的伤亡将是巨大的，四分之三以上的士兵会遭受伤亡。但只有他们的行动，才能帮助部队成功地登上犹他滩头。"尽管如此，艾森豪威尔不得不下达空降命令。一想到这场可恶的战争将吞噬无数条年轻的生命，艾森豪威尔就非常难过。他在心里诅咒这场该死的战争。艾森豪威尔一直把泰勒将军送到 C—47 型飞机的机舱门前，目送他登上飞机。机舱门关了之后，艾森豪威尔对着飞机向士兵们敬了一个标准的军礼。艾森豪威尔爬上屋顶观看机场上空盘旋的飞机，久久不肯离开。

6 月 5 日，伦敦作战情报中心的工作人员度过了一个不眠之夜。这天，轮到海军上尉麦克米值夜班。凌晨 3 点左右，值班室的门被打开，海军大臣坎宁安走了进来。他看上去很疲倦，很明显他一直没有合眼。他问麦克米："情况怎么样了？"麦克米回答说："再过三个小时，登陆艇才能在预定时间抵达海滩。"听了麦克米的话，坎宁安说，他三个小时之后再来。此时，期待着那一刻到来的丘吉尔，也是一夜未眠。

华盛顿的军人们也在焦急地等待着盟军的消息。凌晨 5 点，陆军部长史汀生将军在床上辗转反侧，难以入眠。这场战役终于开始了。史汀生怎么能不激动呢？实际上，"霸王"行动是他提出来的。早在 1941 年珍珠港事件后，他就一直在为实施"霸王"行动而游说。为了促成这一战役，他和马歇尔等人竭尽了全力。1943 年 7 月，访问英国之后，史汀生给罗斯福总统提出建议，说一定要让美国取得行动的全面指挥权。尽管战争来得迟了些，但经过激烈的争执、绞尽脑汁的思索和长期的准备，"霸王"行动终于按照预定的时间开始。20 多万人将登上飞机和舰艇，横渡英吉利海峡。不管是胜利还是失败，这次行动本身就是一项伟大的壮举。史汀生站在窗前，望着西南方向的天空，久久无法平静。

华盛顿白宫里，罗斯福总统对他的夫人说："登陆将在明天凌晨开始，我无法入睡，我得一直守着收音机。"这天晚上，艾森豪威尔也没有睡觉，他在焦急的等待中度过了漫漫长夜。

与盟军相比，德军就没有那么紧张，他们与往日一样松弛。他们被盟军真真假假的行动弄得很不耐烦，即使接到盟军登陆的情报，他们也不会相信的。也许几个小时后会发生战争，德军的将军和士兵没有一个人这样考虑过。不知不觉中，灾难就要降临到他们头上。

登陆这天，艾森豪威尔调动了 8 000 架轰炸机、4 000 多艘登陆艇、284 艘军舰以及其他舰艇。为了实施"霸王"行动，他拥有约 300 万人的兵力。他们时刻准备着听候艾森豪威尔的调遣。为了在诺曼底地区的斯沃尔德、朱诺、果耳德、犹他和奥马哈五个海滩顺利登陆，盟军把所有的分队聚集起来。

海面上，美国的"贝菲尔德"号军舰正在全速前进着。此时，离法国海岸只有十几海里，将士们生怕铁锚链条的嘎嘎声以及舰体划过水面时击起的水浪声惊动了滩头上的德国守兵。一想到天亮之后，就要去攻打犹他滩头，兴奋的将士们就什么也不怕了。海军少将唐·穆恩和约瑟夫·科林斯将军用眼神告诉对方：为了这一刻，我们已经做好了准备，在即将到来的战斗中，胜利一定是属于我们的。

东方渐渐发白，美国的"查尔斯·卡罗尔"号运输舰已经接近目的地。此时，透过望远镜，诺曼底的地形已经清晰可见。舰上的步兵部队来自科塔将军的第 116 团，他们在悬挂的 20 艘小型登陆艇中等待着。5 点 20

DWIGHT EISENHOWER

分，"查尔斯·卡罗尔"号运输舰上传来"放艇！"的广播声。于是，在吊艇架绞车的嘎嘎声中，小艇开始往下放。小艇顺利地放到波涛汹涌的海面后，就朝着预定的集结地区——奥马哈海滩驶去。

凌晨，在白宫的罗斯福总统打开收音机，里面传来了播音员清晰的嗓音：

> 各位听众，我是乔治·赫克斯，我将向大家播报登陆的情况。
>
> 现在是5点40分，登陆艇已全部离开母舰，向预定目的地出发。
>
> ……我军炮击舰队，开始猛烈轰击对面的海岸……
>
> 现在，步兵登陆艇和坦克登陆舰开过来了……
>
> ……
>
> "得克萨斯"号舰艇冲上去了，紧接着，美国的一艘巡洋舰也上去了。盟军第一批部队正靠近法国海滩。
>
> ……
>
> 6点了，天快亮了。法国海岸线上的爆炸声清晰地传来，我们的旗舰终于开火了。

6月6日，空降部队首先踏上法国领土。盟军第82空降师几乎没有遭到任何抵抗，就顺利占领了公路要地圣梅尔埃格利斯，而且还牢牢守住了梅尔德里特河上的桥梁。美军第101师空降师也顺利地到达了预定的目的地——卡朗坦以北。为了登陆部队顺利向内陆进军，他们摧毁了设置在那里的重炮炮台，占领了海滩堤道。只有英国第6空降师遇到抵抗，但是经过战斗，他们很快就占领了预定的桥梁和高地。

5点50分左右，为了掩护奥马哈的登陆行动，盟国空军将1 285吨炸弹投向德军。由于受云层影响，德军损失并不大。6时许，登陆部队开始陆续逼近海滩。在斯沃尔德、朱诺、果耳德、犹他登陆的盟军官兵非常顺利，他们几乎没有遭到德军反扑。

在奥马哈登陆的盟军并没有其他登陆点的盟军那么幸运，他们受到德军的猛烈反击。隆美尔曾在此处视察，对这里的防御工事不满意，于是敌人加固了这里的防御工事。德军在盟军有可能登陆的进出道路上布置了大量的地雷；在水下修筑了许多用钢筋做的屏障，它们之间布设了水雷；在岸上修建了许多能够扫射滩头的战壕。奥马哈可以说是真正的"大西洋壁垒"。

图为盟军对法国诺曼底实施登陆行动的当天，美军登陆后，从其中一艘登陆艇上看到的景象：已经登陆上岸的美军士兵在德军机关枪的扫射下卧倒。

遗憾的是，盟军的侦察兵没有发现这里的防御体系和兵力部署的变化。

7点整，奥马哈的情况并不理想。海滩上的障碍物并没有完全排除，士兵伤亡惨重，前进速度很慢。德军在猛烈地反击，许多盟军士兵倒下了，海水被鲜血染红，奥马哈成为一个血染的登陆场。德军的嚣张气焰没有击溃盟军官兵的士气，反而激发了他们的斗志。冲锋在部队前面的副师长科塔准将大喊着："在这块海滩上只有死人和垂死的人，我们一定会冲出这个鬼地方的！"看着师长毫无惧色，士兵们也毫不示弱，他们互相鼓励着："敌人并不可怕，可怕的是我们没有冲锋的勇气。"

敌人的火力很猛，盟军仍在前进。经过一整天的激战，盟军终于登上了奥马哈海滩。

6月6日上午7点，艾森豪威尔还没有收到消息，他在指挥所里焦急地踱步。直到早上 8 点钟，他才收到令人满意的报告。报告上说："杰罗将军领导的盟军登陆的海滩不太顺利，他们遭到敌人猛烈的反击，其他海滩登陆的行动都按预定计划顺利进行。"艾森豪威尔发了一份电报给马歇尔，他说："我们一定能完成任务。前天，我视察了英美部队，战士们士气很高，而且今天我收到登陆顺利的报告。"

6 月 6 日一整天，艾森豪威尔都非常焦急不安，他的心情随着前方的战报不停地变化。直到晚上，盟军士兵已经突破了希特勒的"大西洋壁垒"，近 10 个师的部队成功登陆的消息传来，他才稍微放下心来。当布雷德利向艾森豪威尔汇报情况时，受到艾森豪威尔的责怪。他不高兴地说："为什么不向我汇报前一天的战况？"其实布雷德利几乎每隔一个小时就向他汇报一次战况。

当艾森豪威尔接到盟军登陆成功的消息时，隆美尔也接到盟军在诺曼底登陆的电话。他手里拿着电话，双眼瞪得大大的，久久没有开口。当电话里传来"嘟嘟"的忙音时，惊愕的他仍然没有回过神来。隆美尔的妻子觉察到了他的失态，走到他身边小心翼翼地问："谁来的电话？出什么事情了吗？"隆美尔缓缓地放下电话，带着歉意对妻子说："没有什么，就是前线战事有变化，我必须赶回诺曼底。亲爱的，对不起。"说完，隆美尔在妻子面颊上轻吻了一下，就走了。

上车后，隆美尔便命令驾驶员火速赶往诺曼底。途中，隆美尔得知前线情况很糟糕。此时，盟军已把"大西洋壁垒"撕开了一个长达 20 英里宽的缺口。美军的两个空降师已经进入了瑟堡半岛，英军已经有 7 个师上岸。在卡昂周围，英军也有两个空降师着陆。最令隆美尔气愤的是，盟军开始登陆 10 多个小时以后，德军"B"集团军群的参谋长竟然没有组织起有效的反攻，因为他根本搞不清楚盟军的主攻方向到底在哪里。其实，隆美尔自己也没有搞清楚盟军的真实意图。现在，多佛海角还笼罩在一片烟幕中，盟军在英吉利海峡也许会发起另一次大规模的进攻。在诺曼底登陆，到底是盟军的真正目的，还是在掩护另一场大规模的战争，至今隆美尔也无法弄明白。

当盟军在诺曼底登陆的消息传到德国时，惊慌的人们根本无法接受这一事实。一些德军官兵都指望隆美尔依靠自己的军事才能把盟军的登陆部队赶下海去。他们根本不知道，此时主动权已经掌握在了盟军手里。

6月6日晚上10点，隆美尔赶回西线德军"B"集团军群指挥所。这时，150平方公里左右的桥头堡阵地基本连成一片，盟军的登陆部队已经控制了诺曼底海岸。隆美尔知道已经来不及考虑盟军在其他方向的进攻，必须应付眼前的紧急情况，立即反攻，把盟军赶下海去。于是，他下令反攻。然而，由于缺乏统一的指挥，在盟军猛烈进攻的时候，德军就已经晕头转向，现在根本无法组织有效的反攻。

看到这样的情形，隆美尔气坏了。他给第7集团军参谋长贝姆塞尔打电话，命令不管发生什么情况，必须阻止盟军占据滩头阵地。电话的另一端传来了贝姆塞尔绝望的回答："现在阻止，已经是不可能的事情了。"没有得到希望的回答，愤怒的隆美尔大骂贝姆塞尔无能。他没有骂完，贝姆塞尔就挂断了电话。隆美尔自己心里很清楚，战况比自己想象的还要糟糕，无论怎样责骂都已经没有用了。但隆美尔并不想就这样放弃，他抓起电话命令第12、第21装甲师立即组织反攻。这是一支机动突击部队，他们是隆美尔的希望。

第12装甲师在120公里以外，接到隆美尔的命令后，他们就往指定的进攻地点赶。途中，他们遭到盟军空军的轰炸。当他们赶到目的地的时候，已经是7日上午9点多。而当时的第21装甲师战斗力已经大大削弱，只剩下70辆坦克。在战场上，德军已经失去了主动权，隆美尔的命令已经无法及时执行。在德军推迟反攻的时候，盟军登陆部队开始着手建立统一的登陆场。

为了摆脱被动局面，德军开始陆续加强诺曼底的反击力量。此时，隆美尔已经知道了盟军的主攻方向就是诺曼底。因为美军在奥马哈海滩登陆时，德军在被他们炸坏的船上发现了美军的作战命令；而且盟军在诺曼底投入了如此多的兵力，大有必得之势。隆美尔非常不安，他隐隐觉得诺曼底之役将事关德国的生死存亡；而希特勒、龙德施泰特等高级指挥官仍然认为诺曼底是盟军进攻的次要方向，加莱才是盟军的主攻方向。盟军之所以有意把诺曼底的进攻规模搞大，是为了进攻加莱。在这种错误的判断下，德军的境况越来越糟糕。希特勒的干预使隆美尔心急如焚，本来有2.1万名官兵去增援诺曼底，但希特勒命令他们继续留在比利时。德国统帅部收到消息说，盟军将于10日在比利时发动进攻。希特勒怀疑诺曼底不是盟军的重点进攻方向，才改变了调军队增援诺曼底的决心。得知希特勒不派兵增援后，隆美尔犹如被当头猛击了一棒。本来因为情势非常危急，他才多次向德国最高统帅部要求调最好的机动力量到诺曼底的，可现在希特勒一声令下，援军又没有了。

隆美尔好像已经嗅到了死亡的气息，但意志坚强的隆美尔在没有增援力量的情况下，依然在沉着地组织反攻。为了控制局势、鼓舞士气，隆美尔从这个指挥所赶到另一个指挥所，亲自去指挥部队，几乎一刻也没有离开过他的那辆指挥车。他对将士们说："无论如何，我们一定要阻止盟军向瑟堡推进。"隆美尔下达了让德军守住瑟堡的命令后，准备亲临德军装甲部队的指挥所，组织反攻。除了装甲部队外，隆美尔在诺曼底再也没有反扑力量了。

6月10日早晨，隆美尔坐车前往装甲部队的指挥所，它位于卡昂以南大约20公里的地方。因为盟军飞机的频繁活动，这位陆军元帅不得不一次次地从自己的指挥车上跳下来，狼狈地寻找地方躲避。隆美尔到达指挥所后，马上问指挥官吉尔将军："做好反攻的准备了吗？"吉尔无可奈何地说："将军，我们的部队简直无法行动。因为盟军猛烈的空袭，桥梁、公路都被毁坏了。"看着隆美尔阴沉的脸，吉尔连忙解释道："戈林承诺的火箭旅、高炮、空军部队至今没有到达，我们连德国空军的影子都没有见到。而且我们的部队缺少汽油、弹药，让我们用什么反攻？"尽管隆美尔知道吉尔说的是实情，知道德军已经没有能力反攻了，但他还是愤怒地说："够了，不管怎样，我们必须反攻。"送走隆美尔后不久，灾难就降临在了装甲部队指挥所。在美军一架战斗轰炸机的猛烈袭击之下，吉尔的装甲部队指挥所的参谋人员全部被炸死。一些德军高级将领对诺曼底的战况了如指掌，他们非常悲观。此时，隆美尔与龙德施泰特元帅不得不再次向希特勒发出了一份请求增援的电报。然而，希特勒命令隆美尔把德军的防御重点放在东翼，依靠现有兵力从卡昂地区向英军进攻。他根本没有给隆美尔增加空中力量，对隆美尔要求增援的电报置之不理。愚蠢的希特勒一意孤行，而有勇有谋的盟军登陆行动进行得很顺利。

6月12日，盟军的登陆地段基本上连成了稳固的登陆场。这天，艾森豪威尔陪同马歇尔、英国国王、阿诺德将军前往硝烟迷漫的诺曼底视察。他们乘坐一艘驱逐舰，登上了奥马哈滩头阵地。马歇尔向罗斯福总统报告说："艾森豪威尔冷静自信，他的胆略和指挥艺术是无人能比的。在他的

"二战"中，盟军在法国登陆胜利后，吉普车载着美军高级指挥官回到供给区域的登陆场。

指挥下，盟军成功、高效地完成了艰巨复杂的任务。"

　　艾森豪威尔等人的奥马哈之行，象征着"霸王"行动的成功。如果滩头阵地不牢固的话，这么多重要人物是无法安全地登上法国领土的。虽然还会存在许多问题，但伟大的"霸王"行动已经取得了成效。

　　6月5日，艾森豪威尔做出的发动"海王星"行动的决定使他赢得了这场和天气的赌博。若在那时，他不当机立断，后果将不堪设想。因为从6月19日后的20多天，天气一直都非常恶劣。艾森豪威尔谦虚地说："我们在该出发时出发了！这一切归功于战争之神！"丘吉尔对艾森豪威尔的评价很高，他说："历史上这场最复杂、最困难的战役使盟军重返欧洲大陆。我们能够获得胜利，多半归功于能做出重大决定的人。事实证明了艾森豪威尔的决策是非常正确的，他确实令人钦佩。"

DWIGHT EISENHOWER

第六章

解放巴黎

巴黎终于解放了，成千上万的市民涌向街头欢呼。姑娘们甚至爬上缓缓驶来的坦克，拥抱、亲吻着解放她们的士兵。当游行的人群看见艾森豪威尔走过来时，他们齐声高喊着艾森豪威尔的名字。一个高个子法国男人还冲到艾森豪威尔面前，在他的脸上一边亲了一下。兴奋的人们都尖叫着，都想挤上去亲这个解放他们的英雄。

DWIGHT EISENHOWER

1 滩头僵局
DWIGHT EISENHOWER

盟军在 5 个海滩成功登陆后，他们必须迅速占领卡昂、瑟堡、科蒙、圣洛以及来赛等地。这可以在西欧大陆建立稳固的战线，巩固盟军在诺曼底地区的登陆场，为收复西欧大陆创造条件。于是，从 6 月 13 日开始，盟军兵分两路向法国内地挺进。美军主要向瑟堡进攻，英军主要向卡昂进攻。美军进展十分缓慢，而且付出的代价很大。他们的坦克部队根本无法展开，而且步兵的前进速度非常缓慢。这是因为他们作战的地方被河岸、坍陷的公路和灌木篱笆分隔开，不利于作战。第 9 战术空军大队的指挥官伍德·达克少校说："灌木地形令我们目瞪口呆，从篱笆后面的射击让步兵无法前进，他们已经陷入了瘫痪状态。"

这些天，天公也不作美，英吉利海峡的风暴严重破坏了 6 月 19 日建成的人工港。在滩头阵地的小型跑道上，盟军的飞机根本无法降落；舰艇无法停靠，大量的船舰被迫搁浅，滩头上的一切活动被迫停止。艾森豪威尔说，地面战争还是需要空军的帮助，要不是之前空军对德军的猛烈轰炸，德军早就开始在滩头反攻了。

为了了解德国的灌木地形，艾森豪威尔在 3 架飞机的护航下飞越了德国控制的区域。飞行员克萨达说："我开的是一个单机引擎飞机，没有降落伞，要是发生紧急情况就无路可逃。虽然我平时总希望遇到德国空军，跟他们好好打一仗，但是现在最高统帅就坐在我后面，我更希望能平安飞越敌占区。"艾森豪威尔的冒险结束后，大批战地记者和摄影师来迎接他。艾森豪威尔笑着说："我们从飞机里出来的时候，看到这么多人，觉得自己像做贼被人抓了一样。"第二天，《纽约时报》的头版头条是艾森豪威尔飞越纳粹防线。报道中说，他常常处于危险之中，丝毫也不畏惧。艾森豪威尔在给玛咪的信中说："我一直都非常小心，你不必担心。"

攻下瑟堡后，必须立即重建港口。因为德国人在港口及其入口处布下了大量的、各种各样的水雷，严重破坏了港口。为了扫除水中的障碍，深海潜水员必须潜入海底才能拆卸那些新型水雷。同时，因为风暴的原因，

300 多艘舰艇遭到毁坏，有的甚至无法修复。在巡视士兵时，艾森豪威尔发现美国第八十三师的战士们一个个都疲惫不堪，好多人还在晕船。原来整个风暴期间，他们都在滩头附近的船上。

英美两栖部队在海滩遭到风暴和德军袭击的时候，希特勒给英国人民造成了恐慌。原来，德军为了向英国政府施加压力、缓和自己在西线上的压力，无情地用 V－1 飞弹袭击了居民区。V－1 飞弹是一种新式秘密武器，它实际上是一种无人驾驶的小型火箭。它以 240 公里的时速按预定路线飞行，并靠内部机械装置中止航程。它装有大量炸药，火箭着地时，其爆炸力非常大。

6 月 12 日和 13 日夜，德军投放了 4 枚 V－1 飞弹轰炸伦敦，有 4 人被炸死，9 人被炸伤。到 16 号的时候，已有 244 枚飞弹落在伦敦爆炸。由于飞弹袭击，引起了人们的恐慌。6 月中旬以后，伦敦不论白天黑夜，经常响起空袭警报的尖叫声。正在英国海港待命的加拿大军队，因 V－1 飞弹的轰炸，他们不得不一次又一次地跑进防空洞，推迟进入诺曼底战场的时间。艾森豪威尔的副官布彻说："95％的飞弹都落在离斯特拉森 12 英里以内，它是距伦敦仅有 5 英里的郊区。飞弹使很多伦敦市民失眠，因为神经过敏，他们听到飞机发动机的声音、摩托车声，甚至关门声都会惊恐不已。悲观情绪不断滋长，有些英国民众甚至开始认为战争就要输了。"

飞弹的突然袭击令英国战时内阁非常惊慌，大家都非常关心这种秘密武器。6 月 19 日，丘吉尔对艾森豪威尔说："现在，除了最迫切的军需品之外，必须密切注意秘密武器的发射地点。当我们在这一特殊威胁方面取得明显优势的时候，才能转移视线。"

那天，空军司令阿诺德听到空中传来空袭警报声。起初他并没有在意，可是过了几分钟，轰隆一声巨响，整座建筑物都摇晃起来。纳闷的阿诺德还没有回过神来，又听见了一阵惊天动地的爆炸声。这次，阿诺德将军被爆炸声惊醒了。他明白了，这并非是普通的空袭，而是德军的秘密武器——飞弹。这也不是普通的飞弹，它射程远、威力大，是德军秘密研制了多年的飞弹。希特勒为了阻止盟军后续部队继续在诺曼底登陆，才疯狂投入秘密武器的。他把所有的希望都寄托在秘密武器上，于是英国伦敦的居民区遭到飞弹的疯狂袭击。希特勒还扬言："我要用 5 万枚飞弹把伦敦炸成废墟。"

DWIGHT EISENHOWER

为了弄清飞弹的真实面目，阿诺德驱车前往爆炸现场，看看飞弹有什么残留物。在距一个小村庄百码之外，有一枚飞弹着陆爆炸，200多位村民受伤，许多人伤势非常严重。飞弹震坏了所有的房屋，连极粗的大树也被震断。阿诺德观察了弹坑周围散布着的残留物后说，这种武器大约有27英尺长，不需驾驶员操纵。阿诺德在心里盘算：如果德军有48个发射设施，他们每一分钟或两分钟发射一枚飞弹的话，伦敦每天就会遭到4万枚飞弹的袭击。阿德诺不安地说："我们听到飞弹呼啸而来的声音，却没有人知道它将要落到哪里，没有人能躲避它们的袭击。这将造成恐慌，英国的正常生活秩序将遭到破坏。最可怕的是，飞弹会打乱我们的全部作战计划。"

因为该死的飞弹，艾森豪威尔非常沮丧。当飞弹第一次飞来的时候，因为经历的警报太多，所以他并没有在意。到了半夜飞弹再次袭来的时候，他正躺在床上看书，副官布彻强烈要求他去掩蔽所躲一下。艾森豪威尔说："我不愿意来回从这里往掩蔽所跑，我宁愿待在这里。我……"话还没有说完，耳边又传来一阵巨大的爆炸声。无奈的艾森豪威尔被布彻拉走了，他在冰凉的水泥地上过了一夜。第二天早晨，他咒骂："冰凉的地板、难闻的气味令我头昏脑涨。希特勒真是个该死的家伙！"这时，艾森豪威尔最担心的是盟军。他对希特勒的行动非常敏感，怕他会重新赢得主动。

伦敦的轰炸仍然没有停止，艾森豪威尔派空军轰炸德军的V型飞弹发射场，但是伦敦上空的警报声依然如故。因为德军这些发射场十分隐蔽，盟军的轰炸并没有达到预期的目的。7月初，丘吉尔建议艾森豪威尔向德军的秘密武器发射场投放毒气。艾森豪威尔劝道："首相先生，看在上帝的分上，我们一定要理智。不管在任何时候，我们都要冷静、理智。"

此时，加拿大第2军团还没有开往滩头阵地，仍在多佛附近待命渡海。滩头阵地的人员拥挤不堪，这已经不是什么秘密了。尽管如此，延期仍然是令人失望的。飞弹的袭击和风暴的破坏，大大影响了盟军向法国内地的推进。而蒙哥马利非常冷静，他要求自己的部下必须保持冷静、自信。

6月18日，蒙哥马利命令发起进攻。他说："现在，我们计划的第一步就是攻占卡昂和瑟堡。6月24日这一天，我希望卡昂和瑟堡全都被攻下来。"发布命令后，蒙哥马利又将进攻时间推迟到25日。因为海峡上骤然刮起了风暴，并且持续了整整一天。得知蒙哥马利推迟对卡昂发动进攻后，艾森豪威尔非常不满。他给这位将军写了一封信：

蒙蒂：

我非常希望尽快攻占卡昂和瑟堡，而且一旦开始攻击，必须一直维持强劲的势头。我完全理解你的决定，你需要储备适当数量的炮兵弹药。你放心，我已经从各仓库调拨军需物资给你，而且我会尽力加强战斗部队和弹药的供应。

祝你成功！

艾克

为了盟军的团结，艾森豪威尔在信里没有批评、责怪蒙哥马利推迟行动，他克制住了自己的怒火。

蒙哥马利推迟行动除了风暴的影响外，还有其他原因。此时，因为受到飞弹和德军炮火的重创，英国士兵的士气非常低落。有人患了"炮火恐惧症"，连自己人打炮开火时也要发病，甚至还出现了士兵逃跑的现象。经过德军两个星期的轰炸，英军第 49 师的一个营只剩下 12 名军官。部队的士气彻底崩溃了，逃兵不断增多。不仅是士兵，连军官也有逃跑的念头。一名中校营长向蒙哥马利报告说："5 天前，我打死了一名逃跑的少校。因为我命令他在敌人炮火密集的时候阻止士兵乱跑。他说一定会完成任务，结果他自己却逃跑了。还有两次，我不得不亲自用我的左轮手枪打死那些逃跑的士兵……尽管如此，但我觉得不应该再让年轻的生命去送死。"听了这位营长的报告，蒙哥马利觉得他们不再适合战斗。他解散了该营，并向陆军部报告了此事。他说："这位营长不再适合战斗，因为他不再自信，认定会失败，产生了恐惧心理。"因此，蒙哥马利非常需要一次伟大的胜利，这样他的部队才能恢复信心和高昂的斗志。他认为，在任何时候都必须保持士气。所以他一定要赢，并且要为这场硬仗做好充分的准备。他对自己的参谋说，英军必须得到一定的弹药储备后才能进攻卡昂。

收到艾森豪威尔的信后，蒙哥马利给他写了一份请求书。他写道："在今后两周或更长时间内，我们将艰苦作战，这是极其重要的战斗。为了使事态按我们希望的方式发展，我真诚地请求你帮助，别让访问者前来。不要让我们自己被任意摆布，因为我要牢牢地掌握战斗，无法接待来访者。"他的意思再明显不过，他不希望艾森豪威尔干涉他的指挥。虽然艾森豪威尔不赞成蒙哥马利的做法，但并没有强制蒙哥马利执行他的命令。

6月26日，布雷德利指挥的美军在瑟堡取得重大进展。经过浴血奋战，他们拿下瑟堡，那里的德国守军被迫投降。这一胜利解决了登陆部队的物资供应问题。瑟堡的胜利引起了将领们的纷纷议论，他们说："在瑟堡之战中，美军承受重大伤亡，这一切都是蒙哥马利造成的。因为他为了保存实力，故意使英军迟滞不前。"对于这样的流言，艾森豪威尔并没有放在心上，他一直在鼓励蒙哥马利进攻卡昂。

蒙哥马利信誓旦旦地对艾森豪威尔说，他会和敌人决一死战，完蛋的决不会是他们。虽然天气极端恶劣，但他准备继续战斗。然而不知何故，蒙哥马利没有及时攻击，这给了敌人以喘息之机。他错过了最佳进攻时间，后来，他的部队遭到德军的顽强抵抗，伤亡惨重，却没有攻下卡昂。6月27日，卡昂的战斗被迫停止。夺取瑟堡以后，美军的进展也非常迟缓。英军在卡昂陷入痛苦而漫长的僵局，他们的进攻遭到德军疯狂的抵抗，到6月底都没有攻下来。盟军在诺曼底出现了危险的僵局，艾森豪威尔对此非常担心。

2 与隆美尔的争夺战
DWIGHT EISENHOWER

卡昂是法国西部铁路公路交汇的一个枢纽，是盟军和德军争夺的焦点。蒙哥马利在卡昂的进攻遭到"沙漠之狐"隆美尔疯狂的反扑，陷入僵局。因为卡昂，艾森豪威尔与隆美尔展开了激烈的争夺战。

为了鼓舞将士们的士气，7月1日，艾森豪威尔飞赴诺曼底视察。他在诺曼底一个普通的野战帐篷里，度过了几个不眠之夜。

在诺曼底的5天，艾森豪威尔视察了部队和战场。他同军长、师长们进行了交谈，并且深入前线部队，和士兵们交谈。他的关心让士兵们非常感动。有一次，艾森豪威尔和他的英国副官詹姆士·高尔特以及一名勤务兵驾车在前线视察，他们甚至观察了德军的防线。当美国士兵看到他们的总司令来到前线时，都很高兴，一个个都欢呼跳跃。他的到来大大地激发了战士们的情绪。但是艾森豪威尔的老朋友——第15军军长韦德·海斯利普对他的行为非常生气，他不停地赶艾森豪威尔走。海斯利普说："艾克，你知道自己在做什么吗？没有任何人护送，你就深入险境，你没有考虑过后果吗？虽然没有发生意外，可要是万一……你太轻率了。我不想让人说，最高统帅是在我的阵地上遭遇不测的。我不担心你被打死，你要是想死，请别死在我的阵地上。"听着好朋友毫不客气的话，艾森豪威尔只是笑了笑，因为他知道朋友是为他的安危着想。

早在和布雷德利见面时，艾森豪威尔就开玩笑说："在这里，我只需要遮着一块油布的战壕、一床铺盖，一名副官和一名勤务兵。"可是谁也没有想到，他真和副官、勤务兵三人独自踏入了险境。

在布雷德利的陪同下，艾森豪威尔视察了蒙哥马利的指挥所。他认为蒙哥马利太没进取心，非常失望。蒙哥马利说："空军没有给我有力的援助，卡昂的进展缓慢和他们脱不了干系。"对此，艾森豪威尔非常恼火。他甚至很失望，觉得没有希望从这个可怕的国家中脱身。他说："这完全是你自己的过错。"虽然蒙哥马利不止一次向艾森豪威尔保证："我就要发动巨大攻势，而且我一定会取得胜利。"可是他并没有用行动证明。为此，巴顿意见很大，他在日记中写道："艾克是个可怜的人，他根本管不了蒙哥马利。"

7月5日，艾森豪威尔回到了英国。诺曼底的情况不顺利，英国和加拿大军队的伤亡率不断上升，在灌木地区作战的美军伤亡也很大，蒙哥马利和空军将领不和，这一切都令他非常不安。

为了扩大登陆战果，美军第1集团军下属的第5军、第7军、第8军、第19军在7月3日、7月4日和7月7日发动了新的进攻。虽然德军受到了重创，但他们在希特勒的命令下，坚守每一寸土地。因为遭到德军猛烈的阻击，美军的进攻并不顺利，伤亡人员超过3万。为了有突破，布雷德利决定以第7军为先锋，集中兵力向圣洛地区攻击。艾森豪威尔命令蒙哥马利必须率领英军立即进攻，配合美军的进攻行动。然而，蒙哥马利根本不把他的命令放在眼里，仍旧按照自己的计划指挥战争。蒙哥马利的做法引起美军将领的强烈不满，他们纷纷指责总司令指挥不了蒙哥马利。

DWIGHT EISENHOWER

为了在德军防线中炸开一个缺口占领卡昂，蒙哥马利终于行动了。在 7 月 7 日至 7 月 8 日早晨，英国重型轰炸机在德军的防御工事上投下了 2 000 多吨炸弹，第 2 集团军在北面和西北面向卡昂发起猛烈的攻击。在攻击的时候，英军的地面部队遭到德军装甲部队的疯狂抵抗。经过紧张、激烈的战斗，英军仅仅占领了卡昂的北部。英国的空军副总司令特德愤怒地说："要不是蒙哥马利的拖延，卡昂城早就攻下来了。"于是，特德与盟军参谋长史密斯一起劝说艾森豪威尔："看来，陆军没有准备自己去打仗。卡昂之所以久攻不下，完全是蒙哥马利的责任，你必须迫使蒙哥马利采取行动。否则，你就解除他的职务。"

卡昂久攻不下，这令人们的怀疑不断滋长。美国新闻界不友好的态度、陆军部的不满情绪越来越严重。虽然对诺曼底战役的不满都集中在蒙哥马利身上，但他们实际上是指责艾森豪威尔无法掌控局面。美国新闻界批评说，艾森豪威尔是个有名无实的统帅。罗斯福总统也说："艾克，他在攫取你的荣誉，你为什么视而不见啊？"而英国新闻界则不公正地报道说："胜利都源于蒙哥马利，都是英国士兵的功劳。"其实大部分仗都是美军打的。看到这样的报道，马歇尔非常生气。他命令艾森豪威尔："现在，你必须亲自指挥地面战役。"面对来自各方面的压力，艾森豪威尔仍然不打算解除蒙哥马利的职务。尽管如此，艾森豪威尔非常生蒙哥马利的气，他无法掩饰自己的愤怒，在办公室走来走去，不停地踢东西，非常烦躁。布彻说："艾克就像关在玻璃瓶里的苍蝇，不停地在瓶壁上撞，却飞不出去。"

丘吉尔对蒙哥马利的行为非常不满，他在参谋长会议上严厉批评了蒙哥马利。但是当他听到艾森豪威尔批评蒙哥马利裹足不前时，他心里非常不乐意。布彻说："丘吉尔听到艾克对蒙蒂的批评后，他决定把艾克、布鲁克等人叫去共进午餐，平息事态。"布鲁克说："太好了，我支持艾克处理他！"然而和丘吉尔见面后，艾森豪威尔并没有提出处理蒙哥马利的事情。因为艾克像爱自己一样爱自己的盟友，他不愿破坏英美之间的关系。

当艾森豪威尔为蒙哥马利的行为感到苦闷的时候，希特勒与西线将领之间、西线将领与西线将领之间也吵得不可开交，矛盾重重。此时，德军负责诺曼底地区的总司令隆美尔的日子非常难过。他心里很明白，失败是迟早的事情。但迫于希特勒的命令，他不得不苦苦守着。隆美尔感到异常的疲惫，这不仅是身体的，而且是心理上的。这么多天来，他被德军脆弱的防御搅得寝食难安。为了检查党卫军第1装甲师、第47装甲师的部署情况，他不得不冒着生命危险，从一处阵地奔跑到另一处阵地。许多事情他都必须亲自去检查，他实在无法放心。战况对德军极为不利，敌我力量悬殊太大。盟军占有空中、海上火力优势，德军甚至完全失去了制空权。每天，盟军的飞机能出动2.7万架次，而德国的飞机仅能出动500架左右。

为了挽救失败的命运，6月中旬，德军统帅部终于下决心调动4个师到诺曼底战场。但隆美尔心里很清楚：在诺曼底战场，英美两个养精蓄锐多年的世界强国把全部力量都使出来了，战争很快就会结束。德军抵抗的最好战机已经消失，现在太晚了，几乎没有办法补救。现在，到了政治家出面通过政治手段结束战争的时候了。然而希特勒并没有行动，隆美尔不知道元首在等待什么，不知道德国会面临什么样的命运，也不知道自己的命运会如何。他一下子苍老了许多，头发、胡子都白了不少。凶狠好斗的隆美尔对德军失去了信心，在给妻子露茜的信中，他的失望表露无遗。他是这样写的：

> 亲爱的露茜：
>
> 　　现在战斗异常激烈，情况日益恶化。盟军的空中力量、海军火力、人力、物力各方面都比我们强大，现在我军的弹药等补给越来越紧张，战斗难以坚持。
>
> 　　在战斗中，两军的差距越来越大，盟军的优势越来越明显。我不知道元首是否认识到了局势的严重性，是否想出了一个好的解决办法。
>
> 　　虽然我们已经做好了迎接更大困难的准备，各路部队都在拼死战斗，但双方实力相差太远，我们已经无力改变战局了……
>
> 　　你不用担心，我的身体一直很好。尽管一切希望都破灭了，但我尽量使自己不丧失信心。不久的将来，我们要面临一个困难的选择，你一定可以想象得到，而且你一定要做好心理准备。
>
> 　　　　　　　　　　　　　　　　　　　　　　　　　隆美尔

对于希特勒的部署，隆美尔非常不满。他忧心忡忡地对一名亲信说："我们的士兵没有弹药、食品、援助，几乎什么都没有。而统帅部总是让

DWIGHT EISENHOWER

节省弹药，这实际上是节省敌人的鲜血！他哪里知道我们的处境，战场上的情况简直让人无法忍受。"为了摆脱被动的局面、保存实力，隆美尔决定命令第 7 集团军向北撤退。然而，希特勒看到这一命令的副本后十分恼怒。他没有通知隆美尔，当即电令第 7 集团军不准沿瑟堡半岛北端后撤。隆美尔的参谋长斯派达尔对战局非常清楚，接到希特勒的命令后，他故意把命令拖延了一个小时才下达。当希特勒不准撤退的命令传到第 7 集团军的时候，他们已经开始撤退。数小时内接到截然相反的两道命令，第 7 集团军左右为难，不知道该撤还是不该撤。

为了让部队在圣索沃方向实现突破，隆美尔依然命令第 7 集团军从半岛上调出一部分兵力。他说："如果我们所有的部队在半岛上原地不动的话，在没有阻碍的情况下，美军在天黑之前就可能到达瑟堡。如果不撤退，第 7 集团军会被美军就地消灭。"事实正如隆美尔所说的那样。

希特勒下达命令后，亲自到西线视察。他的到来，令隆美尔和许多德国军官非常吃惊。隆美尔和西线指挥官龙德施泰特经过充分准备后，分别向希特勒汇报了西线的残酷战况，但希特勒对此并不感兴趣。他在那里反复强调，用 V−1 型飞弹一定可以改变战局。他说："一旦德国向英国发射 V−1 型飞弹的话，它所产生的威力一定会让盟军知难而退。到那时，整个战局就会有利于我们。"尽管如此，隆美尔和龙德施泰特并不放弃说服希特勒。他们说："元首，您应该从德军的实际情况出发，下令部队放弃瑟堡防线，进行撤退。否则，西线的局势会恶化到难以收拾的地步。"双方争执不下的时候，空袭警报突然响了起来。德国军官们便乱哄哄地挤进了防空室，隆美尔趁机靠近希特勒，鼓起勇气说："阁下，我认为现在应该是利用政治手段解决问题的时候了……"没等隆美尔说完，眼冒凶光的希特勒狠狠地瞪了他一眼，冷冷地说："这不是你关心的事，我自有主张。你的任务是守好前线。"隆美尔哑口无言，除了遵守希特勒的命令，他还能做什么？

其实，西线的局势就摆在眼前，希特勒已经亲眼看到了，应该很明白。隆美尔明白：在盟军的海、空军攻击下，西线德军伤亡惨重，但是幸存者仍然必须拼命死战，他自己也逃不出这一宿命。因为狂热的元首就是这样打算的，而且希特勒已经下达了必须不惜一切代价守住瑟堡的命令。

6 月下旬，苏军在东线战场发动攻势，东西两线作战的德军越来越被动。德军甚至连进行决战的弹药都没有了,因为盟军彻底切断了德军的补给线。此时,在前线,德军第 7 集团军司令多曼尔因心脏病发作而死亡。隆美尔很清楚地认识到:瑟堡已经守不住。美军凭借强大的火力,随时随地都可能突破防线。到那时,德军连还手之力都没有了。

战役的发展粉碎了希特勒的梦想,但是他仍然不放弃。在伯希特加登山庄,希特勒召集隆美尔和龙德施泰特等人召开了一次高级军事会议。会前,隆美尔分别拜会了希特勒的亲信希姆莱和戈培尔。会上,希特勒再一次描述了 V—1 飞弹的威力和轰炸英国的效果。之后,他指名要隆美尔发言。隆美尔觉得这是陈述自己见解的好机会,他严肃地说:"作为 B 集团军群的指挥官,作为一名在西线奋战的德国军人,我应该向在座的各位和德国人民阐明西线的局势。现在,全世界联合起来对付德国,我们面临的是……"隆美尔并没有达到自己的目的,他的话被希特勒粗暴地打断了。就在希特勒的拳头砸向桌子的同时,他用不容置疑的口气命令道:"陆军元帅,我要你谈的是军事形势,而不是要你在那里乱发议论。"

隆美尔已经顾不了那么多,他看了希特勒一眼说:"这是历史的要求,我觉得有必要先谈整个局势。"也许是刚愎自用的希特勒再也听不进去任何的意见,也许是隆美尔的话刺痛了他,他再次打断了隆美尔的话,怒吼道:"我命令你只能讲军事形势,其他什么也不能讲。难道你听不懂我的话吗?"隆美尔没有再据理力争,只好按照希特勒的要求介绍西线的军事形势。尽管如此,希特勒还是一次又一次地打断隆美尔的话。他说:"这一切都是你们自己一手造成的。西线的指挥官一个个都是废物,不指挥士兵及时进攻,就知道一味地撤退。你们一个个都是缩头乌龟!"

想到在战场上战死的德国士兵,想到大家日夜拼命死战,换来的竟是这样的侮辱,隆美尔再也忍不住了。他大声说:"元首阁下,每个人都非常清楚这场战争的结局,只有您还在那里坚持。为什么您不顾将士们的死活,在那里幻想赢得这场战争呢?"愤怒的希特勒狂叫着:"你给我立刻滚出去,我不想再见到你!"隆美尔不说话了,在场的人也没有一个人说话。隆美尔很明白,自己的末日即将来临。他拿起帽子,头也不回地走出了会场。

会后,希特勒免去了龙德施泰特西线总指挥的职务,任命克卢格将军接替。克卢格是德军的一员老将,比隆美尔大 9 岁。因为希特勒和隆美尔

DWIGHT EISENHOWER

发生争吵，所以他没有任命隆美尔接替这个重要职务，但他也没有免去隆美尔"B"集团军司令的职务。在克卢格上任后组织的第一次会议上，他就同隆美尔吵得不可开交。克卢格愤怒地对隆美尔说："我知道，你一直独断专行。但我是你的上司，你必须和其他人一样，服从我的命令。"隆美尔并不把这位新上司放在眼里，他冷笑着说："防守西线是我的职责，我要求西线总司令按我的意愿调集一切必要的部队来抗击盟军。而且你似乎忘了，站在你面前的是一位陆军元帅，不是普通人。"

西线将领之间的矛盾以及他们与最高元首希特勒的矛盾，直接导致了军事决策上的分歧。最重要的是，在以后的战争中，这种分歧使德军不得不付出更多士兵的生命。

7月11日，艾森豪威尔给蒙哥马利写了一封信，提醒蒙哥马利加强攻势。他写道：

蒙蒂：

我们必须对每一种可能性进行仔细考虑，这样才能充分运用我们的兵力，扩大滩头阵地，让部队顺利推进。

我认为要想有自由活动的余地，免遭敌人的炮火袭击，你必须向纵深发展。我们要利用一切力量，下决心打破僵局，尽快向法国内陆推进。

艾克

7月12日，蒙哥马利信心十足地给艾森豪威尔回了信，再次向艾森豪威尔表示，他很快就会发动大规模的进攻。他在给艾森豪威尔的信上说："这次行动的代号叫'快活林'，将在18日发起进攻，它会产生深远影响。那一天，如果你命令空军把全部力量用来支援我的地面战斗，我将非常感谢。决战的时候到了，我们的士兵将在法莱斯公路上驰骋。你就等好消息吧，我会成功的。"

蒙哥马利终于决定进攻了，艾森豪威尔非常高兴，立即给蒙哥马利回信。信中写道：

蒙蒂：

我对这次作战抱有极大的希望，我毫不怀疑你将取得胜利。

我还相信，一旦开始进攻，为了给你的装甲军提供机会，使你彻底取得胜利，布雷德利会使他的部队一天 24 小时像魔鬼一样战斗的。

我期盼这一役结束后，大家能分享你胜利的喜悦。

祝你好运！

艾克

7 月 18 日，"快活林"战役打响。由于空军的大规模轰炸，进展非常顺利。很快，英国第 2 集团军就攻克了卡昂。7 月 20 日下午，下起倾盆大雨，卡昂周围变成了沼泽地，部队根本无法向前推进。当部队行进到奥恩河的时候，蒙哥马利命令部队停止进攻。虽然占领了卡昂，但英军没有突进到预定目标法莱士。对此，艾森豪威尔非常恼怒。他不满地说，部队前进 7 英里，用了 8 000 多吨炸弹，每英里要付出 1 000 吨炸弹的代价。像这样打仗，何时才能越过法国？此外，欧洲战场的美国军官对蒙哥马利的行为也非常不满，他们说："英军要对这次行动负责，蒙哥马利也应该被解除职务。"

此时，隆美尔已经支撑不住了，他写了一份报告给希特勒。他沉痛地写道：

元首：

诺曼底的情况越来越糟，不久敌人就会成功地突破我军薄弱的防线，向法国内陆挺进。而我们的预备队，正在卡昂西线激战，根本无力阻挡敌人强大的攻势。

我军枪支弹药、食物都已经不多，急需补给。而现在送上前线的补给品只有极少的一部分，根本无法供应前线如此大的需求。由于交通线路的毁坏和敌人不停地空袭，补给越来越困难。

敌人的进攻很凶猛，前线的战况非常惨烈。我军伤亡很严重，现在已伤亡的官兵有 97 000 之多，而且伤亡人数每天还在递增，战斗力量在迅速减弱。此外物资也损失很大，仅坦克就损失了 225 辆。事实上像这样的物资消耗战，援兵再多、再勇敢也无法打赢了。这场寡不敌众的战役将接近尾声，采取政治措施已势在必行。望元首三思！

隆美尔

DWIGHT EISENHOWER

希特勒对隆美尔的话充耳不闻，他是个战争疯子。

艾森豪威尔命令蒙哥马利恢复进攻，但蒙哥马利踌躇不前，他说："我们承担不了伤亡，英国不再能补充第2集团军的损失。"艾森豪威尔说："虽然美国在欧洲的部队比英国多，但是为了共同的目的，我们必须并肩前进，共享荣誉、分担牺牲。从长远来看，现在发动进攻会减少伤亡，你必须乘胜前进。"对于艾森豪威尔的命令，蒙哥马利置若罔闻。

蒙哥马利耽误了时间，这给敌人提供了有利的时机。他们组织125辆坦克进行反击，使英军损失了100多辆坦克。艾森豪威尔得知蒙哥马利不肯接受他的建议，致使英军遭受损失时，气得脸色铁青。他打算解除蒙哥马利的职务，但遭到丘吉尔、布鲁克等人的反对。蒙哥马利的表现令艾森豪威尔失望，他已把突破前沿阵地的希望寄托在布雷德利身上。

对蒙哥马利的表现，罗斯福也忍不住了，他对马歇尔说："我要派陆军部长史汀生赴伦敦，敦促艾森豪威尔尽快接掌指挥权。蒙哥马利是个太好表现自己的家伙，实在无法忍受了。"据统计，这一役英军损失3万多人，美军却损失了6万多，几乎是英军的一倍，这也难怪美国人气愤。而丘吉尔却说："英军已经占领了卡昂，这是不容否认的胜利。"他还专门给蒙哥马利发了电报，祝贺他在卡昂取得的胜利。斯大林也发了电报说："祝贺英军成功解放卡昂城！"

此时，德军的士气低落，处境日益不妙。而盟军的士气高昂，各方面的情况都比德军好，局势正向着有利于他们的方向发展。

3 全面突破
DWIGHT EISENHOWER

7月20日，盟军在法国卡昂一战中获胜，这使德国越来越被动。和隆美尔一样，许多军官已认为德国败局已定。他们不愿与希特勒同归于尽，毅然决定暗杀希特勒。德军将领斯陶芬伯格筹划了这场暗杀计划。

7月20日中午，希特勒将召集各兵种负责人在普鲁士腊斯登堡的防空洞里举行战况通报会。负责行动的斯陶芬伯格得知这一消息后，把一个装有重型炸弹的公文包带进了会议室。斯陶芬伯格把装炸弹的公文包放在会议桌底下，在定时炸弹快爆炸的时候，他悄悄溜了出去。报告在继续，没有任何人注意到他的离开。突然，只听一声巨响，防空洞里硝烟弥漫，定时炸弹爆炸了。有数名纳粹将领被当场炸死炸伤，而希特勒却没有被炸死，只是擦破了一点皮。原来，是一位将军挪动了公文包，因为他觉得桌子下的公文包碍事。就这样，希特勒躲过了一劫。

希特勒遇刺令人难以相信，特别是在诺曼底战役的关键时刻。但更令人惊讶的是，暗杀的主谋竟然是西线德军的几名主要将领。希特勒密令警察大规模地清查与谋杀事件有牵连的人，进行血腥的报复。警察共拘捕了7 000名涉案男女，有5 000人被处决，其中就有斯陶芬伯格的父亲。此外，德军西线战场的主要指挥官也都先后受到怀疑和牵连，隆美尔就是其中之一。尽管隆美尔是希特勒一手提拔起来的干将，但他现在的表现无法令希特勒满意。隆美尔悲观地预测战事，一次又一次地顶撞希特勒，要求党卫军第12装甲师归他直接指挥，这一切使希特勒忍无可忍。希特勒趁机解除了隆美尔"B"集团军群指挥官的职务，还逮捕了"B"集团军群参谋长斯派达尔。当时的隆美尔一直在关注西线的战局，他并没有意识到杀身之祸临近了。

10月14日，希特勒派秘密警察到隆美尔家里逼他自杀。希特勒开出的条件是：不伤害隆美尔的亲属，举行国葬，建立纪念碑，而且他的妻子露茜可以领取陆军元帅的抚恤金等。隆美尔别无选择，他在秘密警察的监视下服毒自杀了。当天，德国政府发布了一条讣告。讣告写着：在战场上，隆美尔将军不幸负伤而亡。讣告的最后特别附言：谢绝吊唁。

隆美尔被迫服毒自杀，取代隆美尔职务的克卢格将军也吞下了氰化毒剂自杀。在一定程度上，隆美尔之死削弱了德军在西线战场的战斗力，加快了诺曼底登陆战役的进程。

德军内部发生变故的时候，盟军正在酝酿一场更大的行动——代号"眼镜蛇"。"眼镜蛇"行动是一次以美军为主的进攻作战行动，主要目的是打开在诺曼底的僵局，在瑟堡和奥恩河口之间建立一个可靠的滩头阵地，然后把战事推向前进，向敌人发动大规模进攻。

自从布雷德利攻下瑟堡以来，美军就一直在灌木丛里顽强战斗。德军猛烈的抵抗使美军进展缓慢，伤亡十分惨重。美军第1集团军自踏上诺曼底以来，已经死伤62 000人。放在露天墓地的尸体，不时散发出阵阵恶臭。为了改变战争局面，布雷德利提出了"眼镜蛇"行动的计划。布雷德利计划投入4个步兵师、2个装甲师、大量的美国空军，进行地面攻击，把第1集团军从灌木地形的束缚中解放出来，同时为巴顿的第3集团军参战创造条件。美军的轰炸机和战斗机首先将会在罗和皮尔镇的公路上炸开一个缺口，让第7军团能顺利通过。

美军步兵师、装甲师将穿过美国空军轰炸的地域，对德军发动强攻。这是一次很危险的行动，万一空军轰炸不准，炸弹就会落到自己人的头上。听了布雷德利的计划后，参谋人员都觉得不可行。因为英军之前的尝试证明，炸弹坑会给坦克的前进带来麻烦，而且这次实在太危险。尽管遭到反对，但布雷德利十分自信。他对柯林斯将军说："我将用大炮猛烈地轰炸，在敌人防线为你的第7军团开出一条路来。如果进攻顺利，我们只要一星期时间就够了。我们一定会成功的！"起初，柯林斯并没有立即同意。布雷德利详尽地陈述行动的利弊后，柯林斯同意冒一次险。于是，"眼镜蛇"行动提上了日程。继续掌握制空权仍然是这次行动的优势，布雷德利正是想利用这一点突破德军防线。艾森豪威尔说："一旦成功，战果将是无法估量的。我会立即命令巴顿的第3集团军出动，并派他们奔赴布列塔尼，在那里打开港口。"

要保证行动的成功，必须在天气有利的时候神不知鬼不觉地打击敌人，而且要击中目标。为此，"眼镜蛇"计划被推迟了一次又一次。7月20日，艾森豪威尔终于下达了"眼镜蛇"战斗命令。然而，第二天的暴雨迫使"眼镜蛇"行动再次推迟。

"眼镜蛇"计划需要蒙哥马利指挥的英军配合，而当艾森豪威尔从空军将领特德那里得知蒙哥马利阻止英军的装甲师继续推进时，他写了一封信给蒙哥马利。他这样写道：

蒙蒂：

你应该清楚地认识到，战场上的勇敢进取至关重要，所以你应该让登普西保持强大的攻势。我们不仅仅要迅速夺取布列塔尼半岛，而且要动用一切力量来打击德军。我们把希望寄托在布雷德利的进攻上，但德军的阻击力量很强，地形也对他不利。现在，时间非常紧迫，布雷德利的进攻一开始，阁下率领的军队就应全力以赴。

艾克

看了艾森豪威尔写的信，蒙哥马利非常不高兴地回信说，他并没有下令让登普西停止进攻。

看到战事仍然没有什么进展，美国舆论大哗，很多人认为："我们的军队现在孤军作战、损失惨重，而这一切都是为了英国的利益。"这年是美国总统选举年，为了不让民众的不满影响大选，美国陆军部长亨利·史汀生奉总统之命，前来视察了瑟堡的美国部队。他到欧洲后，看到的情景令他忧心。为此，他和艾森豪威尔商谈了好几个小时。他说："我们不能对英方的努力抱有幻想，让蒙哥马利指挥第9军团是件非常令人担心的事情。现在，我们不得不听听美国民众的声音。在总统选举年里，很可能因为这里的战事影响英国与美国民众的关系。其实，这一切都是由于英国限制兵力造成的。"看到艾森豪威尔和布雷德利为目前的境况忧心，史汀生奉劝艾森豪威尔："为了防止国内对蒙哥马利产生过激的批评，你还是尽快把指挥部迁到瑟堡半岛，亲自指挥地面部队的作战吧。"特德也一再要求，让艾森豪威尔把指挥部尽快搬往法国。

7月20日，艾森豪威尔飞抵诺曼底视察"眼镜蛇"行动的准备情况。这天，浓雾弥漫，机场跑道看不到尽头。在这种天气飞行是很危险的，但艾森豪威尔坚持飞往诺曼底。在野战司令部，布雷德利等得非常着急。因为该死的天气使他不能按计划行动，同时他也担心总司令的安危。当他看到艾森豪威尔走下飞机时，悬着的心才放下来。但他还是佯装发怒，粗鲁地说："你不要命了，这样的鬼天气你还飞来？"艾森豪威尔咧嘴笑道："没有什么能阻止我飞行。万一我死了，你应该把我的尸体保存到雷雨天，在暴风雨中把我埋葬。因为我的死，是这种糟糕的天气造成的。"布雷德利骂道："该死的天气坏了我的事，真该把牧师送上军事法庭审判。"艾森豪威尔看了看滂沱大雨，又看了看布雷德利，无可奈何地摇了摇头说："这要命的鬼天气。着急也没有用，没有谁能让大雨停下来。除了诅咒外，没有其他发泄愤怒的办法。"

第二天，雨依然没有停，无奈的艾森豪威尔只好飞回伦敦。布雷德利无法阻止他，只好用罗斯福总统来压他。他说："实在太危险了，总统先

DWIGHT EISENHOWER

盟军统帅艾森豪威尔将军在他检阅登陆部队期间，用望远镜观察演习情况。

生知道的话，也不会允许你飞行的。"艾森豪威尔露出他那富有魅力的笑，还把拇指放在鼻子上，做了一个轻视布雷德利和总统的手势。他是一定要飞回伦敦的，没有人能阻止他。

7月25日，盟军行动了，艾森豪威尔再次前来视察。为了激励部队士气，他亲自在整条战线上奔波，这使蒙哥马利和布鲁克十分反感。蒙哥马利说："如果按照他的要求，每个人都去攻击，将没有人进行决定性突破，扩大战果。"布鲁克讥讽道："他是个没有经验的家伙，就知道美军的教条。"

美国空军第 9 航空队的战斗轰炸机开始了轰炸，美军第 1 集团军的部队也发动了进攻。但是由于有的轰炸机误炸了第 9 师和第 30 师的一支部队。美军被自己人炸死了 111 人，炸伤 490 人。麦克奈尔将军不顾布雷德利的警告，亲自到前线视察轰炸情况，结果不幸遇难。在西北欧，他是美军牺牲的级别最高的军官。当得知他被炸死的消息时，布雷德利痛苦地说："上帝啊，怎么又让我们失误啊？"艾森豪威尔对马歇尔说："屡次警告，他都不听，如今……我渴望太阳出来，哪怕几分钟也好，可我盼来了什么？"

尽管盟军损兵折将，但是空军的战果是辉煌的。他们炸死了 1 000 名德军官兵，德军的一个装甲师基本上被消灭，士气一落千丈。同时，盟军得到堆积如山的物资。回伦敦后，艾森豪威尔写信给布雷德利说："一刻也不能让敌人喘息，要彻底毁灭他们。"

7 月 27 日，柯林斯不负众望，打得敌人溃不成军，将部队推进到了古当斯。此时，在特罗伊·米德尔顿的指挥下，第 8 军顺利攻克了格朗维尔和阿弗朗什。德军的防御全线崩溃，美军向前推进了 15 至 20 公里。布雷德利的部队也深入敌人阵地，很快就会取得突破性的胜利。布雷德利高兴地致电艾森豪威尔，他说："胜利已经不远了！今晚，第 1 集团军要得意忘形了。如果你在这里，我相信你一定满意今天的战果。"

艾森豪威尔意识到关键时刻已经到来，他命令布雷德利继续向前推进。同时，他继续给蒙哥马利这位傲气十足的英国将军施加压力。7 月 28日，他致电说："蒙蒂，抓紧时间，一个小时也不要浪费。我们现在用 3 个师进攻，比诸事齐备后用 6 个师进攻更为有利。"虽然蒙哥马利和布鲁克一直埋怨艾森豪威尔缺乏战略意识，但此时，他也开始有紧迫感了。他命令登普西，要不怕伤亡，不顾一切地袭击敌人。

德军溃不成军，一路撤退。他们慌不择路地逃窜，把公路挤得水泄不通。撤退的德军都慌了，没有组织防空，从盟军飞机上扔下的炸弹将德军炸得血肉横飞。公路上到处都是尸体，惨不忍睹。

7 月 30 日，通往诺曼底南部和布列塔尼的大门——阿弗朗什已经被美军先头部队拿下。这个障碍顺利解决后，德军的防线终于被盟军突破。美国军团像洪水一样汹涌而至，夺取布列塔尼、消灭德军残余力量的时候就要到了。

7 月 31 日，美军第 1 集团军已经向南推进了 60 公里，抵达塞纳河地区。至此，"眼镜蛇"行动圆满结束。看到胜利在望，艾森豪威尔不禁露出了微笑。

事实上，作为一次突击，"眼镜蛇"行动非常成功，它是诺曼底登陆战役的一个重要转折点。至此，"霸王"行动的第一阶段"海王星"行动已经结束。在欧洲大陆，另一个阶段的战争——"霸王"行动本身已经拉开了帷幕。

4 横扫布列塔尼
DWIGHT EISENHOWER

为了乘胜扩大战果、推动战局发展，8月1日，艾森豪威尔把巴顿紧急调到欧洲战场。他将指挥由第8军、第12军、第20军组成的第3集团军，挥师向西扫荡布列塔尼半岛。

与希特勒的 V－1 飞弹一样，巴顿也是艾森豪威尔的秘密武器。德国人认为，他是盟军中最具有挑战性的将领。艾森豪威尔在实施"霸王"行动的时候，正是利用德军的这种心理，虚构了一个巴顿指挥的美国第1集团军，造成威胁加莱海峡的假象，以此来欺骗德军。对此，希特勒深信不疑，诺曼底战役开始好多天后，他都不敢把加莱的部队调走。

在执行秘密任务期间，巴顿一直在密切注意着"霸王"战役的发展。作为将军，同僚们都在激战而他却被置于一边。眼看着时间流逝，他非常焦急。他在日记中写道："我参加战斗之前，一切都已经结束了。我的感觉一向很准，这次也不会有错。"现在，他终于等到了上战场的机会。艾森豪威尔在电话里说："巴顿，我命令你火速赶到法国，准备投入战斗。"听到这样的命令，巴顿意识到，"霸王"行动已经到了紧要关头。他兴奋不已，恨不得所有人都站在旁边观战，由他一手包办，来赢得整个战争的胜利。

巴顿奉命带一名随从参谋查尔斯·科德曼中校，秘密赶往伦敦。向艾森豪威尔报到的时候，艾森豪威尔说："巴顿，我们应该好好谈一谈。"巴顿笑道："老伙计，我的伤口还在流血，你可要客气点。"

其实，关于谈话的内容彼此都心照不宣。艾森豪威尔不紧不慢地拿出一封信说："我一直把它随身带在身边，这是你在西西里的时候给我的信，你应该还记得吧？"巴顿说："'你是我感激不尽的人，我无法用语言来表达我的悔恨和忧伤，我甘愿为你献出我的一切，就算是生命也在所不惜。'这是你手中这封信的内容，我当然记得。艾克，信里说的全都是我的心里话。"艾森豪威尔毫不犹豫地说："巴顿，我相信你的话。虽然我不是一个爱唠叨的人，但是我不知道跟你说过多少遍，凡事一定要三思而行。可是你呢，你每次都给我带来麻烦，你让我如何处置你？你总是把我推向两难的境地，你让我如何是好？我一直珍视我们的友谊，希望你也考虑考虑我的处境。从今天开始，我给你的不仅是建议，也是命令：以后在发脾气之前一定要冷静，考虑一下后果，不要让臭脾气断送了前程。也不要再给我弄出一大堆麻烦，我再也不想给你收拾残局了。"

听了老朋友的话，巴顿真诚地说："艾克，我以后一定会克制自己的，肯定不会再乱发脾气，更不会再打人了，你就放心吧。我常常给自己、给你带来麻烦，我真该死。有时候，一想到这些我就很沮丧，觉得自己是个糊涂的老傻瓜。"

一对老朋友把事情说开了之后，心情都轻松了许多。当巴顿得知他的第3集团军暂时不能参战，自己只是幕后角色时，他也没有表现出不悦，而是积极工作，筹建他的参谋部。对于这次开诚布公的谈话，艾森豪威尔也非常满意。他看到了巴顿的忠诚、粗鲁和强硬外表之下的温情。

对巴顿而言，8月1日是最兴奋的日子。他又可以重新指挥军队，冲锋陷阵了。

出发前夜，在军用帐篷里，巴顿召开了第3集团军指挥、参谋人员会议。听完情报处长和作战处长的汇报后，巴顿开始了战前动员：

诸位将士：

8月1日12时，我们将不再是幕后人物，我们将走到前线。

看起来，希特勒很强大。其实，他是在做垂死挣扎。终究，他要败给我们。

我们的作战计划是前进，从敌人的头上、脚下，甚至穿过敌群前进。大家要记住，一定要前进，不许后退，也不允许失败。我们高昂的士气、大无畏的精神也会吓跑德国人。也许有人会说，巴顿逼得太紧了。但是你们想过没有，我们只有勇往直前，才能多杀一些德国人，这样才会对我们自己有利。大家必须记住这一点：进攻意味着减少我们的伤亡。

现在，即将行动，让我们一起勇敢前进吧！我们要紧紧地咬住敌人不放，打得他们魂不附体。我相信你们会表现得非常出色，胜利一定会属于我们的！

DWIGHT EISENHOWER

8月1日，新的较量开始了。艾森豪威尔正式对外宣布，整个远征军编成两个集团军群。一个是布雷德利指挥的第12集团军群，它由美国第1、第3两个集团军组成；另一个是蒙哥马利统率的第21集团军群，它由英国第2集团军和加拿大第1集团军编成。他们一南一北，展开了大规模的陆上进攻。对这两个集团军群的支援，分别由美国第9航空队和英国皇家空军负责。

盟军的号角就要吹响了，此时，希特勒大本营十分恐慌。情绪低落的希特勒一直在面壁沉思。德军节节败退、盟军乘胜追击，令这个杀人不眨眼的狂魔清醒地认识到末日已经来临了。尽管如此，这只濒临死亡的"巨兽"，还要做垂死前的挣扎。

1944年7月31日深夜，巴顿在进行战前动员，希特勒也没有坐着等死。在地图室，希特勒和参谋长约德尔、副参谋长沃尔特·沃利蒙特等7名军人正在秘密谋划计策。虽说是商量"大计"，但没有一个人发表意见。20多分钟的沉默后，希特勒缓缓开口，他说："目前，我们已经没有力量打运动战，只有撤出海岸。这样一来，我们从法国获得的许多重要财富只能扔掉了。我们还能守多久？就算顺利撤出海岸坚守的话，我们也无法防守，哪怕是一条狭窄的阵线也会守不住的。尽管如此，我们必须死守，必须依靠在西线作战的每个官兵。必须让他们拼死抵抗来犯的敌人，不让他们前进。因为我们手中还剩一张牌，那就是我们新的航空部队。我们必须全力保护它，不让敌人破坏。只有当我们获得空中优势，哪怕是很短的时间，就有可能扭转局势。"

8月1日，巴顿出动了。他的部队越过了阿弗朗什公路，开始横扫布列塔尼，听到这一消息，艾森豪威尔非常高兴。因为德国空军定期轰炸阿弗朗什公路，这在过去几乎是不可能的事情，而巴顿却成功了。

8月2日，艾森豪威尔对行动前所做的计划进行了调整。他命令巴顿集团军的主力部队集中力量在东线消灭德军，尽可能扩大战果。同时，他命令巴顿的手下米德尔顿带领一个军向布列塔尼挺进。艾森豪威尔之所以这样修改计划，是因为巴顿的战果惊人，而且德军左翼空虚。他的副官布彻说："听到巴顿的战绩，艾克非常高兴，他说很快就可以席卷布列塔尼，把土崩瓦解的德军分割成几段。"

8月3日，巴顿发现第8军第6装甲师抵达卢伐阿克后，停止了前进的步伐。他生气地责问师长格罗将军："你为什么不奉命向布雷斯特进军？"格罗不解地说："长官，我是奉命行事。"巴顿气急败坏地吼道："胡说，我什么时候下令让你停止前进了？"无辜的格罗拿出米德尔顿的条子给巴顿看，只见上面写着：为了便于我们进入圣马洛，你集中部队在正面前沿负责保护。看了条子，巴顿说："除非我下令，以后不准理会其他任何要你停止前进的命令。继续行军吧，一直到布雷斯特。关于这个条子，我会去找米德尔顿的。"

格罗为这次耽误付出了血的代价，攻下这座城市的时候，他损失了将近1万人。本来一天以前，格罗有机会攻克布雷斯特，因为在希特勒没有下令死守之前，这个港口城市的防务非常虚弱。然而8月6日格罗到达目的地的时候，那里增加了兵力，防守严密。格罗延误了时机，所以这一仗他打得非常艰苦。他动用了3个步兵师，直到8月16日才攻下布列塔尼半岛上这个最大的港口城市。

8月7日，艾森豪威尔搬进了前线指挥所，这是设立在诺曼底一个苹果园里，由拖车和帐篷组成的司令部。这里靠近格朗维尔，离贝叶西南大约10多英里，离莫丹不到25英里，几乎就在前线上。为了总司令的安全，这里派重兵把守着，防守莫丹的士兵也很多。而艾森豪威尔让保护他的兵力都撤走，他命令布雷德利用少量部队保护莫丹，将其余的作战部队火速调往南面。

希特勒和德国统帅部为了反击盟军，他们密切关注着局势的进展。终于，希特勒欣喜地发现，盟军在阿弗朗什有一处狭窄的连接处存在着断点。于是，希特勒亲自指挥了在阿弗朗什反击的战役。幸运的是，英国的超级间谍系统截获了希特勒关于反攻的情报，所以在希特勒反攻之前，艾森豪威尔就知道了他的全部计划和兵力部署情况。于是，他在法莱兹设置一个口袋，只等德军往里钻。艾森豪威尔告诉马歇尔说："敌人的反攻，为我们提供了包围和消灭他们的绝好机会。"他还在日记中写道："敌人会被牢牢套住的，我相信这是正确的战术……今天，我去看望布雷德利时，发现他已经开始行动了。"

8月11日，巴顿到达阿弗朗什后，对德军的包围圈逐渐收紧。然而此时，蒙哥马利以美国部队离法莱兹较远、前面没有德军为由，放慢了向法莱兹的进军；布雷德利也拒绝让他的第15军向法莱兹挺进。就这样，盟军没有抓住全歼德军的机会，让他们利用法莱兹包围圈的缺口逃掉了。

得到消息后，为了号召盟军英勇地歼灭敌人，艾森豪威尔以盟国远征军总司令的名义，向全军发出了一道命令。

陆、海、空全体士兵：

我要求你们必须用最大的热情和决心，全身心投入这场战争，不能让一个敌人从你们眼前溜走。快速行动起来，抓住这个消灭敌人的机会。如果完成了任务，对野心勃勃的暴君希特勒来说，将是灭顶的灾难；对我们而言，预示着光明的前景。

盟国的所有步兵，你们要下定决心赢得最后的胜利。不要让一个德国兵逃跑，要让他们投降、让他们灭亡。如果占领了阵地，绝对不能放弃，要守住！

盟国所有水兵必须保证，及时给陆地上的战友们提供他们所需要的枪炮、船只和船员。同时，你们也绝对不能让敌人从海上取得援助或逃跑。

盟国所有飞行员必须日夜不停地打击敌人，不能给他们安全作战的机会；一旦他们战败，也决不能给他们逃跑的机会，这是你们的职责。

为了打消记者的疑虑，8 月 15 日，艾森豪威尔在记者招待会上说："此刻，巴顿将军正指挥第 3 集团军在前线奋战。虽然胜利离我们不远了，但不要用周来计算战争胜利的日子。只要有一线希望，希特勒就会拼命到底的。"艾森豪威尔无法再隐瞒巴顿的存在了，只好向记者透露了消息。

其实为了安排巴顿，艾森豪威尔费尽心思。一方面，因为盟军欺骗德国人的计划，他不能过早地将巴顿暴露出来；另一方面，巴顿之前的几次事件闹得沸沸扬扬，很多人都要求处理他，艾森豪威尔因为他的指挥和领导才能一直力保他。所以，过早地暴露巴顿的行踪，会带来不必要的麻烦。艾森豪威尔的决策并没有错，因为巴顿的表现令人称赞。在作战中，巴顿指挥的第 3 集团军战果辉煌。巴顿的部队进攻非常快，其集团军猛烈地攻击布列塔尼，那里的德军已如临风残烛。很快，布列塔尼半岛上的宝珠——布雷斯特成为他的囊中之物。巴顿的注意力开始转向阿弗朗什以南近 100 英里的古都昂热，因为他意识到这是向德国边境挺进并大规模包围巴黎的必经之地。经过两天的激战，巴顿的军队就拿下了昂热。到 8 月 26 日，巴顿共击毙及俘虏德军 13 万多人，前进了 400 多英里。他解放的城市，占地面积加起来大概有 47 829 平方英里。巴顿不仅在相距 500 英里的两条战线上同时作战，而且还负责防卫 480 英里的侧翼。巴顿的进攻速度是一个奇迹，到 9 月 12 日，他指挥的第 3 集团军所到达的地方，是部队原计划 350 天才能到达的地方。

8 月 13 日至 8 月 20 日，盟军的包围圈逐渐合拢。为了避免被全歼的危险，德军拼命地在封闭的包围圈战斗。德军拼死抵抗，顶住了盟军战斗机的猛烈轰炸，有一小部分士兵逃回塞纳河彼岸。尽管如此，德军的损失是非常惨重的，2 个装甲师和 8 个步兵师几乎全部被歼灭。

这个包围圈封闭 48 小时后，艾森豪威尔巡视了整个战场。他说："一口气行走几百码，踩在脚下除了死尸和烂肉堆外再也没有别的了。这种境况，没有人能想象。尤其法莱兹战场，是战争中最大的杀戮场之一。"蒙哥马利说："土伦的屠杀简直令人难以置信，那里火光熊熊、尸横遍野。腐尸的气味冲上几百英尺的高空，令我们的飞行员都觉得恶心。"有记者这样记录这个杀戮之地：被轰炸的地区，树梢上挂满了尸体，他们曝晒在炎炎烈日之下，根本不存在死亡的尊严。道路上塞满了破碎的坦克、燃烧的卡车、死马等，根本无法通过。有一个英国士兵说："要是每一个人都闻一闻那混杂的恶臭，也许世界不会再有战争。"

法莱兹战役之后，人们更加盼望德国彻底崩溃。艾森豪威尔说："胜利是美好的，只有彻底消灭残暴的德军，战争才能结束。上帝啊，我恨这些德国人！因为他们，我们还要经历很多苦难。"

德军的惨败也令德国的许多将军震惊。德国第 12 装甲师师长说："希特勒的决定是愚蠢的，但是他听不进去任何人的劝告和建议。"德国将领克鲁格为了说服希特勒，给他写了一封信让他明白德国人的抵抗是没有用的。但是克鲁格的信根本起不到任何作用，希特勒骂他是个不会战斗只会投降的失败主义者。连希特勒最宠信的人——迪特利西也说，希特勒简直是个疯子，他必须为自己的愚蠢行为负责。

巴黎像一块磁铁，吸引着每一个人，他们都想得到解放巴黎的光荣。盟军在法莱兹大获全胜后，他们开始席卷法国，美国第 1、第 3 集团军挥师东进，直指巴黎。

DWIGHT EISENHOWER

盟军最高统帅艾森豪威尔将军（左）在法国的盟军司令部发表了胜利日演说，与他一起坐在话筒前的是最高统帅部代表阿瑟·特德上将。

　　8月20日，戴高乐拜访了艾森豪威尔。他说盟军应该立即采取行动，解放巴黎，并要求调雅克·勒克莱克将军的法国第2装甲师到巴黎。对此，艾森豪威尔坚决反对。戴高乐气冲冲地说："如果你不下命令，我自己会下的，他有权力执行我国政府的命令。"后来，英国广播公司公布了巴黎被盟军收复的消息。艾森豪威尔对布彻说："看来，我们将被迫进入巴黎了。"

　　8月21日，艾森豪威尔做出了解放巴黎的决定。他让雅克·勒克莱克将军所统率的法国第2装甲师、美军第4师、英军的一支分遣队一起进入巴黎。他强调，不允许进行剧烈的战斗、不准轰炸巴黎……

　　1944年8月25日，勒克莱克将军奉命光荣地接受了德军的投降。巴黎终于获得了解放。在埃菲尔铁塔上，盟军将士升起了胜利的旗帜。

　　巴黎人民举行了盛大的庆祝游行，成千上万的市民拥向街头。姑娘们

人们聚集在凯旋门周围和香榭丽舍大道上，庆祝法国摆脱了德国的统治，得到解放。

甚至爬上缓缓驶来的坦克，拥抱、亲吻着解放她们的士兵。当游行的人群看见艾森豪威尔走过来时，他们齐声高喊着艾森豪威尔的名字。一个高个子法国男人还冲到艾森豪威尔面前，在他的脸上一边亲了一下。兴奋的人群都尖叫着，都想挤上去亲吻这个解放他们的英雄。布彻说："艾克的脸都红了，奋力从人群中挤了出来，但是脸上还是留下姑娘、小伙子们的吻。"布雷德利生怕被人吻，不管艾森豪威尔就一个人溜掉了。不过，他的脸上还是留下一个法国女人的口红印。他说："不管怎样，总比艾克被男人吻好多了。"

巴黎解放了，但市民仍然在忍饥挨饿，因为他们没有食物、燃气等。艾森豪威尔知道，戴高乐正在为巴黎人民的生计发愁。尽管罗斯福总统不赞成戴高乐成为法国政府的首脑，但是出于对一个军人的尊敬，艾森豪威尔决定去拜访戴高乐。

8月27日，艾森豪威尔驱车前往爱丽舍宫拜访戴高乐。此时，游行仍在继续，街上依然挤满了狂欢的市民。当艾森豪威尔的汽车穿过欢呼的人群时，人们向他扔来无数鲜花，他们用这种方式表达对他的爱戴。

DWIGHT EISENHOWER

对于艾森豪威尔的访问，戴高乐非常高兴，就像欢迎老朋友一样欢迎艾森豪威尔。在他眼里，艾森豪威尔是一个言而有信的人，是一个真正的战士。为了表达对他的敬意，戴高乐吻了艾森豪威尔的双颊。

这次战役的胜利，使艾森豪威尔成为当时世界上名声斐然的人物。因为指挥诺曼底登陆作战有功，年底他还被授予陆军五星上将军衔。然而英国人好像并不喜欢艾森豪威尔，英国人对他在法国受到的礼遇表示愤怒。英国媒体说："好像都是美军打的仗，风头都被他们抢光了。"其实，这时蒙哥马利的第 21 集团军群正沿着海岸线向比利时挺进，根本无法让英国的大部队开进巴黎。为了盟军的团结，艾森豪威尔一直尽可能地远离法国人。

巴黎的解放，标志着诺曼底战役的结束。从此，德国遭到盟国的武装力量在东、西、南三面的夹击。诺曼底战役的胜利，是欧洲反法西斯战争新的转折点，它使战争进入了最后决战阶段。

8 月 31 日，艾森豪威尔在伦敦举行了大型记者招待会。他宣布，他将从 9 月 1 日起全面指挥作战。他在记者招待会上表扬了蒙哥马利，说他是战争中的伟大军人。艾森豪威尔之所以这样做，是因为 8 月中旬布雷德利将军担任第 12 集团军群司令的事情，让人们误解为对蒙哥马利将军的降级。

DWIGHT EISENHOWER
第七章
向德国本土进军

　　丘吉尔认为世界上最可恶的敌人是苏联共产党，他决定单方面接受德国人的投降。艾森豪威尔对此非常气愤，他打电话给丘吉尔说："这是自取灭亡，刚刚取得反法西斯的胜利，怎么能和德国结盟？除非德国全面投降，否则我不会安排受降仪式。"

1 艾克与蒙蒂
DWIGHT EISENHOWER

诺曼底战役的胜利，极大地鼓舞了盟军的士气，他们继续挥师东进。9月初，布雷德利和蒙哥马利的队伍就开始向东横扫德军残余势力；巴顿的第3集团军已经夺取了凡尔登，前进到离德国边界只有几十英里的地方。所有的迹象表明，战争很快就要结束了。胜利在望，盟军内部滋长了过分乐观的情绪。他们认为，现在只剩下肃清工作，战争已经结束了。这种过分乐观的情绪是十分危险的。由于对战争形势的不同认识，艾森豪威尔和蒙哥马利之间产生了严重的分歧。在如何结束战争的问题上，他们无法达成共识。

诺曼底战役结束后，艾森豪威尔宣布直接指挥盟军地面部队的行动，这使蒙哥马利受到严重打击，因为蒙哥马利已经晋升为陆军元帅，军衔比艾森豪威尔高。傲气的蒙哥马利一意孤行，使他和艾森豪威尔之间的关系越来越紧张，差点儿就被解职。

英美军界不少人说："蒙哥马利是个虚荣心强、以自我为中心、很难与人相处、冷淡、桀骜不驯、不尊重陆军部的将军。他虽战功卓著，但因为傲慢无礼，在军界的名声并不好。"

在诺曼底登陆日之前3个星期，丘吉尔想和蒙哥马利的参谋人员商量登陆部队的运送问题。这位傲慢的将军穿着便服接待了来访的丘吉尔，他说："阁下，您可以和我讨论如何调遣士兵去登陆，但不要和我的参谋讨论，我不能容许您这样做。因为您的打扰，会动摇他们对我的信任。"后来丘吉尔说："蒙哥马利是个不注重礼节的人，可以原谅。然而，他竟然对我说出这样的话，我非常生气。"

蒙哥马利对丘吉尔都敢不敬，哪还把艾森豪威尔放在眼里？他根本瞧不起这位美国将军，总说他是个无能的指挥者。为了共同的目标、为了盟军的团结，艾森豪威尔不断忍受着蒙哥马利的傲慢无礼。

8月19日，艾森豪威尔接受罗斯福总统的建议，打算立即亲自指挥陆上作战，并拟定了一个作战计划，他让布雷德利和巴顿的部队从巴黎向东进发，蒙哥马利的第21集团军群则向东北进发。当蒙哥马利得知艾森豪威尔的决定和计划后，非常恼火，并对这两个决定提出抗议。他说："陆上作战应该继续由我指挥，如果现在换指挥官会延长战争时间。同时，为了尽快结束战争，必须把巴顿留在巴黎，由我的第21集团军群来完成最后的任务。所以新近运来的补给品，应该全部给我使用。"他提出如此过分的要求，艾森豪威尔断然拒绝了。

蒙哥马利并没有就此罢手，他要给这位盟国远征军总司令一个下马威。第二天，他邀请艾森豪威尔前来讨论未来的作战问题。他背着手、昂着头，站在地图面前，自信地说："应该由布雷德利的部队负责支援，由我的部队单独进攻鲁尔。你若一意孤行的话，将会面临失败。"没等艾森豪威尔开口，他又继续说道："应该由我来担任地面部队的总司令，指挥陆上作战。作为最高统帅，你应高瞻远瞩，掌控全局。"

虽然艾森豪威尔没有答应蒙哥马利的这两个要求，但为了大局，艾森豪威尔做了某些让步。他说，在必要的时候，允许蒙哥马利协调作战，同时，答应优先给第21集团军群补给。蒙哥马利非常高兴，因为为了保证他的突击计划，巴顿的第3集团军被迫停止前进，原地待命。于是，蒙哥马利决心以行动来证明，他也能像巴顿那样迅速地攻城略地。蒙哥马利做到了，短短的两天时间，他的部队攻入了布鲁塞尔。

对艾森豪威尔的做法，布雷德利和巴顿非常不满意。他们甚至想用辞职来威胁艾森豪威尔，让他改变主意，但是他们最终放弃了这种想法。巴顿恶狠狠地说："英国佬又得逞了，我就不信我自己弄不到汽油。"巴顿决定偷些汽油。在后勤补给部队的黑人士兵的帮助下，他偷到一些准备供给其他部队的汽油。有了汽油，很快他又开始了进攻。

9月2日，艾森豪威尔来到凡尔赛，他将和布雷德利、霍奇斯和巴顿讨论未来的作战问题。凯瑟琳·萨默斯比说，在去凡尔赛之前，艾克就做好了批评巴顿的打算，因为巴顿把战线拉得太长，给补给带来了困难。一见面，艾森豪威尔就对巴顿不冷不热，巴顿滔滔不绝地说着击败德国的计划，巴顿想让第1军和第3军立即向齐格菲防线挺进，他试图说服艾森豪威尔。然而艾森豪威尔说："这样不利于汽油和弹药的供应。"会谈结束后，艾森豪威尔提醒巴顿，让他小心自己的名誉。巴顿趁机提出了自己的要求，他说："为了保障我的军队继续前进，希望阁下开恩，拨给第3集团军额外的汽油。因为我的部队在前方，机会非常好。"艾森豪威尔答应了巴顿的要求，并允许他继续向曼海姆和法兰克福发动进攻。此外，他还让布雷德利把第4集团军部署在巴顿的左面——阿登以南的地区。

当艾森豪威尔从凡尔赛返回格朗维尔的时候，他的座机突然坏了。他不得不改乘一架L—5型飞机，这是一种航程有限、只能乘坐一人、用于联络的小型飞机。在途中，碰上了暴风雨，汽油也快用完了，他们在沙滩上迫降。跳下飞机，艾森豪威尔和驾驶员一起把飞机推过潮水线。在推飞机的时候，艾森豪威尔扭伤了膝盖，根本无法走路。一辆路过的美军吉普车发现了他们，把他们送到格朗维尔。一名医生从伦敦飞来，给艾森豪威尔检查完伤势，打上了石膏，要求他必须卧床休息一个星期。几天后，消了肿，但艾森豪威尔只能依靠拐杖慢慢移动。他给玛咪写信说："真是烦人，都不能自由活动了。不过你不用担心，除了一点儿疼痛外，一切都很好。毕竟年纪大了，我以后会小心的。"

为了让艾森豪威尔同意他的进攻计划，蒙哥马利继续纠缠着艾森豪威尔。他不顾艾森豪威尔有伤在身，极力要求艾森豪威尔去布鲁塞尔和他见面。

出于维护大局的考虑，9月10日下午，艾森豪威尔拖着病体飞往布鲁塞尔。疼痛使艾森豪威尔无法走下飞机，只好和蒙哥马利在他的座机中进行谈话。艾森豪威尔遭到了蒙哥马利一顿无礼的谩骂和恶毒的攻击。尽管遭到下级无礼的冒犯，但艾森豪威尔依然没有发脾气，他默不作声地听着。当蒙哥马利停下来换气的时候，艾森豪威尔微笑着说："蒙蒂，请注意你的态度。我是你的上级，你不可以这样和我说话。"蒙哥马利冷静下来后说："艾克，请你把地面部队的指挥权还给我。让我的第21集团军群单独作战，向北发动大规模的进攻，然后直逼柏林，同时要及时供应所需的补给。"艾森豪威尔主张全线挺进，首先逼近莱茵河，再从正面横渡莱茵河，最后集中兵力进攻柏林。蒙哥马利的计划与他的这一全线挺进的主张相悖。所以，艾森豪威尔几乎没有考虑，就断然拒绝了。事后，他在日记中说："这个狂妄的家伙，他居然想让我把什么都给他。"

尽管如此，蒙哥马利并不放弃。经过激烈的争论，艾森豪威尔同意了蒙哥马利提出的代号为"市场—花园"的计划。蒙哥马利实施这一计划的本意是，由他向柏林发动主攻。而艾森豪威尔想在莱茵河对岸建立一个桥

蒙哥马利（左）和艾森豪威尔在交换意见

头堡，他说："抵达莱茵河对岸的阿纳姆桥头堡后，你的主要任务是扫清斯凯尔德湾、开放安特卫普港。否则，我不会同意的。"经过讨价还价，艾森豪威尔和蒙哥马利达成了协议。

得知艾森豪威尔同意"市场—花园"计划后，布雷德利写了一封信给艾森豪威尔。他写道：

艾克：

实施"市场—花园"计划实在是太冒险，你必须下令停止。该计划的实质是由蒙哥马利主攻柏林，拒绝两路突击的战略。德军已加强了瓦尔切列恩岛的防御，如果德军组织部队反攻，很可能会夺回安特卫普。

这一计划有明显的缺点：

第一，它会使战线拉长，不利于补充给养。因为它主要是从德国边境向北推进，这会在第2集团军和第4集团军之间出现一个缺口。如果霍奇斯调动部队来堵住这个缺口的话，战线会比以前拉得更长。

第二，它无法使盟军在德国进行重大的作战行动。安特卫普港靠近德国心脏地区，在德国进行大规模的军事行动必须利用安特卫普港口。但是"市场—花园"计划会推迟打开安特卫普港的时间，即使英军占领了安特卫普港，盟军仍无法利用安特卫普港口。

第三，这一计划将使巴顿和霍奇斯进行防御战，停止现在的进攻。一旦这一计划成功，蒙哥马利就会横穿德国北部平原，谁也不敢命令他停下来，即便是你也不敢。那时，后果将不堪设想。

布雷德利

看了布雷德利的信后，艾森豪威尔为了让他放心，给布雷德利打电话说："所有的事情你都不用担心。在计划实施的时候，允许巴顿和霍奇斯向莱茵河进军。而且只有这时，蒙哥马利才享有优先补给权。一旦行动结束，蒙哥马利必须立即回师，这是我们的约定。"

艾森豪威尔同意"市场—花园"计划有他自己的原因。

第一，他想通过这个计划在阿纳姆建立一个桥头堡；

第二，他想利用这一计划检验空降部队的实力；

第三，他想把德军的注意力从伦敦吸引过来，因为德国 V－1 型飞弹不停地轰炸英国。

9 月 17 日，行动开始了。经过一个星期的激战后，蒙哥马利下令进攻部队撤至阿纳姆以西的地区进行防御，"市场—花园"行动宣告结束。这次行动耗费了巨大的人力物力，但是并有达到预期的目的。

在行动期间，固执的蒙哥马利气得艾森豪威尔在心里直骂他狗杂种。因为他们之间不仅仅是上下级的关系，还涉及英美两国的关系，所以艾森豪威尔只有忍气吞声。当行动失败后，所有的人都责怪蒙哥马利，说他应该承担全部责任。蒙哥马利说："我没有任何责任，如果艾克听取我的意见，命令巴顿停止前进，把一切力量都集中在左翼就不会是现在的局面。"面对失败，艾森豪威尔并没有像蒙哥马利那样一味地推卸责任。他说："我批准了蒙哥马利的计划，这是我的过错。谁都没有我的责任大，一切应该由我来承担。"

9月20日，艾森豪威尔把盟国远征军总部迁到凡尔赛之后，召开了一次军事会议。与会者除了蒙哥马利由他的参谋长德·基恩甘代表外，其他的将军都亲自出席了会议。艾森豪威尔在会上宣布了他的作战计划，同时还命令蒙哥马利援助加拿大部队，尽快打开安特卫普港。然而，蒙哥马利并没有理会总司令的命令，继续组织部队向阿纳姆推进。事实证明顽固傲慢的蒙哥马利是错误的，1944年，他在法国境内的进攻没有给盟军带来丝毫帮助。

长久以来，出于对英美两国关系、维护盟军利益的考虑，艾森豪威尔一直忍受了蒙哥马利的谩骂、指责等等。终于有一天，他再也无法忍受这个傲慢、一意孤行、浑身是刺的家伙了。

10月9日，拉姆齐海军上将给艾森豪威尔送来一份报告。报告里说："由于弹药短缺，加拿大军队无法在11月1日前完成任何任务。"艾森豪威尔明白，加拿大军队无法按时完成任务，都是因为安特卫普港无法投入使用。早在9月的时候，他就命令蒙哥马利协助加拿大军尽快打开安特卫普港，如今都10月了……想到这里，满腔怒火的艾森豪威尔给蒙哥马利打电话说："安特卫普是最重要的，你必须亲自指挥战斗，扫清入口通道的障碍。你应该明白，11月的时候，安特卫普港仍无法使用的话，我们的整个作战行动都将停止。"蒙哥马利并不示弱，他说："谁说弹药短缺，现在加拿大军队已经在进攻了，而且我将亲自指挥安特卫普的战斗。拉姆齐什么都不知道，有什么资格向你报告我的情况？"艾森豪威尔的参谋长史密斯打电话给蒙哥马利，询问他什么时候可以在安特卫普采取行动。蒙哥马利不仅没有回答史密斯，反而将他臭骂了一顿，连盟军总部也一起骂了。他还在电话里叫着："艾克，他会指挥什么？你告诉他，把地面部队的指挥权还给我。"

忍无可忍的艾森豪威尔对蒙哥马利说："我们之间产生这样的分歧，我感到很难过。作为总指挥，我有责任阻止不利于盟军军事行动的事情发生。现在，我不得不把我们之间的问题向盟国参谋长联席会反映，由他们来做出决定。"

英国军队里没有一个人喜欢蒙哥马利，盟国远征军最高司令部更是如此，他们早就看不惯蒙哥马利的狂傲、目中无人。很多人都说："必须解除蒙哥马利的职务。"此时，不知悔改的蒙哥马利仍狂妄地叫着："解除我的职务？你们谁能取代我？一群废物！"

　　蒙哥马利的参谋告诉他说，亚历山大将军将接替他。这个狂妄的家伙在听了参谋的话后，瘫坐在椅子上，脸上没有一丝血色。他几乎忘了这位能力、威信都高于自己的将军。最后，高傲的蒙哥马利妥协了。他给艾森豪威尔写了一封信，内容大致是这样的：

　　亲爱的艾克：

　　　　我真诚地向你道歉，请求你的原谅。以前所有对你的不敬，请你都忘了吧，忘了那些不愉快的事情。

　　　　我将亲自指挥安特卫普的战斗，我会尽快行动的。请你相信我，相信我指挥的全体官兵。在以后的战斗中，我和我的部下将全力以赴地执行你的计划。

　　　　祝好！

　　　　　　　　　　　　　　　　　　　　你最忠实的蒙蒂

　　从此，蒙哥马利和艾森豪威尔的紧张关系缓和了许多。

2 希特勒反扑
DWIGHT EISENHOWER

　　自诺曼底登陆以来，盟军在西欧战场上步步向前推进，德军损失惨重。到1944年秋，美英盟军、苏联红军已从三面逼近德国本土，法西斯德国危在旦夕。希特勒不想坐以待毙，他要扭转局势，夺回主动权。希特勒决定孤注一掷，在西线集中兵力向盟军发动一次强大的攻势。

　　9月25日，德军统帅部的高级人员到拉斯滕堡参加高级工作会议。在会议室里，指挥官们在默默等待着希特勒的到来，他们每个人心里都在猜测着元首到底又要发布什么命令。希特勒终于出现了，对于他的改变大家都非常惊奇。他弯腰驼背，面色苍白，双眼深深地陷进去，明显地衰老了。虽然他坐在椅子上都觉得吃力，但是他的精神状态似乎仍然非常好，双眼依然闪烁着疯狂的光芒。

　　令人吃惊的是，这次希特勒没有直接下令，也没有批评任何人。他一改往日咄咄逼人的态度，平和地开始了他的长篇大论：

　　我们的敌人是成分复杂的盟军，他们的结盟是历史上从来没有过的联盟。联盟中的每一个伙伴都抱有各自的政治目的：英国打算保住它在地中海的地盘、俄国要想取得巴尔干、美国企图……总之，目前他们为了各自的利益争吵不休。我们只要像蜘蛛那样坐在网中央观察形势的发展，不难看出这些国家之间的矛盾越来越深。

　　目前，最要紧的是打破敌人必胜的信念。尽管现在敌人暂时处于优势，但是要到最后才知道谁是真正的赢家。在任何时候，我们都要让敌人知道：无论怎样他们都无法使我们屈服，我们绝不会投降的。敌人已经到我们的边境了，我们必须死守阵地。

　　听了希特勒的话，纳粹军官还以为到了通过政治手段解决问题的时候了，以为元首已从战争的狂热中清醒。他们哪里知道，希特勒号召死守只是一条缓兵之计。

　　会议结束后，希特勒亲自将参加会议的将领送出门。但他留下了凯特尔、古德里安、约德尔以及代表戈林的克莱佩等几位将领，告诉他们决定反扑的事情。经过秘密商议，他们把进攻发起地点选在了阿登地区。

　　1944年12月12日深夜，一辆大汽车在马路上疾驰。汽车里面坐的全是德国西线战场上的高级将领，这辆车将把他们载往伦斯德的总部。几十分钟后，车停在了希特勒的大本营——一个位于法兰克福附近泽根堡的秘密地下室。在进去之前，这些将领们的武器都被搜走了。军官们很纳闷，他们脸上写满疑惑，不知道在这个时候元首为什么突然把他们召回来。

　　进入密室后，希特勒镇静地说："今天，我要宣布一件事情，所以才这么着急地让大家赶来。我已经做出了一个决定，我要发起反攻。4天后，我将在西线发动一次猛烈的反攻。如果一切顺利的话，我们一定能扭转局面。"几个月前刚刚下令死守西线的元首怎么突然……除了几个早就知道计划的人外，所有的将领都目瞪口呆，他们简直不敢相信自己的耳朵。然而，希特勒对他们说："我是认真的，我这么晚召集你们来，不是为了开玩笑。其实，我们的敌人并不可怕。他们之间本来就矛盾重重，各自心怀鬼胎。现在，正是我们抓住机会反攻的时候。只要我们发动几次有力的攻击，这个矛盾重重、靠人为力量支撑的共同战线一定会崩溃的。他们决不能叫我们投降，最后取得胜利的一定会是我们。"

瞬间的沉默后，希特勒缓缓地说："我们将集中优势兵力，从阿登山脉跨过默兹河，直捣安特卫普和布鲁塞尔。我们要做好充分准备，一举歼灭英美盟军的有生力量。这样，我们能彻底击败英美联军，转过身来打击东线的苏军，彻底扭转败局。"喝了一口茶之后，他继续说道："为了确保行动成功，大家务必保守秘密。从今天开始，凡涉及此事的文件，只能由宣誓严守秘密的军官传递，不允许用电话传递与此相关的任何情报。同时，各级指挥机构要用不同的暗号传达命令，并且每周都要用不同的暗号。"这是希特勒最后的希望，被逼到绝路的他不得不谨慎行事。

元首突然宣布反攻，而且时间就定在 4 天后，这令军官们非常诧异。他们哪里知道，希特勒早就做好了反攻的准备。10 月的时候，他就下令秘密征招 15 岁到 60 岁的男子入伍。经过几个星期的短期训练，大批新兵都将参加西线的战斗。11 月末，他拼凑了 2 500 辆新坦克、1 000 门重炮、3 000 架战斗机。12 月初的时候，他已经征调了 28 个师。至于进攻的具体计划，在他的授意下，早就由他的高级参谋约德尔制订好了。没有发起进攻之前，希特勒只允许约德尔等几位高级将领知道计划的内容。为了欺骗盟军，他还为这一计划起了一个代号，叫"莱茵河卫士"。

4 年前，德军就是从阿登地区突破法军防线。此时，这个地区的南部由巴顿的第 3 集团军负责，北部由霍奇斯的第 1 集团军负责。两个集团军之间相距 80 多英里，防守非常薄弱，只有 4 个师。因为大多数盟军将领认为，阿登地区不适宜发起进攻。艾森豪威尔并不这么想，他派布雷德利亲自去那里视察地形。布雷德利在调查报告里说："那里根本不值得德军冒险，而且我们破译的情报没有关于反攻的计划。万一敌人在那里进攻，我们可以从南北调动巴顿和霍奇斯的部队进行合围，一举歼灭来犯的敌军。下月就要集中力量攻入德国境内了，现在你只有两种选择，要么放弃进攻德国，要么加强阿登的防务。"艾森豪威尔不得不做出选择。最终他安排米德尔顿的第 8 军在这里防守，仅仅有 4 个师的兵力。

在盟军指挥官中，只有巴顿认为德军会冒险大举进攻阿登。但是并没有人听巴顿的分析。正如他预料的那样，希特勒选择在阿登地区发起进攻，因为他发现盟军并没有把它当做最危险的地段，而且盟军在那里的兵力很薄弱。希特勒决定在敌人毫无防备的情况下，不顾一切地行动。

DWIGHT EISENHOWER

希特勒一声令下，阿登反扑的最后准备工作开始了。在集结和调动兵力的时候，希特勒采取了严密的措施。为了不让盟军觉察出反攻的意图，各进攻部队都是利用夜幕的掩护悄悄开进进攻阵地点的；为了掩盖火炮的声音，在前线上空，他们让飞机不停地飞来飞去；为了对损坏的摩托车辆、坦克和火炮进行伪装，希特勒还命令建立了一支道路特种勤务部队。此外，在集结地域，还严禁在行军道路、岔路上设置路标、电话、电台报话站、部队指挥所的标志灯等。就这样，德军在严寒中按预定计划开进了集结地区。

12月15日夜，德军步兵部队、装甲部队开始了最后的动员。第5装甲集团军向所有部队宣读了总司令给德军西线总司令部、第5装甲集团军、B集团军群的三份电报：

西线的全体士兵们：

进攻的大部队已开始反击英美盟军了，你们最伟大的时刻已经到来。

我不必对你们再多说什么，为了我们的祖国，为了我们的元首，贡献出自己的一切吧！你们要拼上一切，去夺取非人类所能取得的胜利，这是历史赋予你们的神圣职责。

我相信胜利一定是属于我们的！

西线总司令

第5装甲集团军的全体将士们：

为了最后的胜利，你们一定要牢记我们引以为豪的德军传统，牢记我们牺牲的同志们的遗愿。

奋勇前进吧！

曼陀菲尔装甲兵上将

B集团军群全体将士们：

我们不能让元首和祖国失望。

……

此时此刻，我要重复我过去说过的话——我们的口号仍然是：世界上没有哪支部队比我们的士兵更优秀。

胜利就在眼前，发扬德意志的精神前进吧。

莫德尔陆军元帅

就要发动反攻了，在德军士兵心中，昔日取得胜利时的激动和兴奋再一次高涨起来，他们终于可以转守为攻了。第 6 装甲集团军的一名党卫军人连夜给他的女朋友写了一封信：

亲爱的露丝：

在进攻前的伟大时刻，给你写了这封信。这封信充满了不安，充满了对今后几天的期望。所有的希望全都在此一举，只要胜利了，我们从此以后就不用再打仗，我们也可以天天在一起了。你知道吗，我多么盼望这样的日子。

在这里，我已经度过了两天两夜。决定性的时刻就要到来，我亲耳听到了坦克的声音、亲眼目睹了精锐部队的集结活动……

尽管做好了一切准备，但是现在我们仍然没有得到明确的命令。我们不知道究竟在哪里攻击、什么时候行动，全都不知道。我期望有一个明确的命令，这样可以减少紧张和不安。

……

头上是 V—1 火箭和大炮的可怕吼叫声，也许战斗就要打响。露丝！露丝！露丝！我们就要行动了!!!

我们要把敌人赶出家园，这是一个神圣的使命。我不多说了，就此搁笔。

亲爱的别把我忘了，为我祈福吧！

深爱你的人

这天夜里，在阿登地区，德军集结了 25 个师的兵力，火炮、坦克、飞机等也全部到位。所有的准备工作全部完成，只等最高统帅部一声令下，他们就会开始行动。德军已经为最后的反扑做好了充分准备，而阿登地区的美军对此却一无所知。没有任何人注意到虎视眈眈的德军，盟军司令部也没有人觉察到异样。盟军情报局局长因为生病，请了几天假离开了指挥所。蒙哥马利给艾森豪威尔写了一封信，要求回英国度圣诞节。还没有等艾森豪威尔回复，他就已经回到英国了。在蒙哥马利给艾森豪威尔的信中，他提到过完圣诞节后回来找艾森豪威尔要钱的事情。原来他们俩的赌约是：圣诞节的时候，战争会不会彻底结束，赌注 5 个英镑。蒙哥马利赌的是在圣诞节结束，然而在英国度假的他哪里知道，此刻德军正气势汹汹地准备反攻。

在德军反攻的时候，艾森豪威尔和他的参谋人员正在凡尔赛路易十四大教堂参加婚礼——他的勤务员米基的婚礼。这天，艾森豪威尔的心情非常好。除了米基的婚礼令他高兴外，他还有两件喜事：第一，经过他的努力，丘吉尔终于答应授予他的情人——凯瑟琳·萨默斯比一枚大英帝国勋章；第二，艾森豪威尔被晋升为五星上将，他终于和蒙哥马利军衔相同了。婚礼之后，军官们为艾森豪威尔举行了盛大、隆重的庆祝宴会。他们尽情地喝着香槟，频频举杯祝贺艾森豪威尔。有谁想到危机就在眼前？

其实早在 12 月 12 日下午，在阿登地区，情报人员就听到了坦克的声音，看到了白色的信号弹。但是情报人员却认为这只是德军正常的军队轮换，所以并没有放在心上。由于盟军没有想到敌人会在阿登发动进攻，因此进攻前夕出现的蛛丝马迹并没有引起情报部门的足够重视。

12 月 14 日，美军的 28 师情报部门抓到了两个穿越战线的老百姓。因为这两个人都曾在德国干过活，所以他们立即被送到审讯队。他们说："德军有一支规模相当大的部队渡过了乌尔河。"听到这样的消息，审讯官员大吃一惊。当他把这一情况上报时，上级却说："为了了解情报的真实性，必须进一步审讯。"12 月 15 日，28 师决定把抓到的两个人送到第 1 集团军情报处进一步审问。当他们到达的时候，已经是 12 月 16 日了。12 月 15 日晚上，第 28 师还向上级传递了一份异乎寻常的报告：我们发现附近的德军穿上了大衣，这是以前从来没有过的事情；而且看上去这些士兵非常正规，连哨兵换岗也明显比以前频繁了。尽管得到这样的消息，但仍然并没有引起第 8 军司令部的警觉。而且此时情报局长因为休假，已经离开了指挥所。就这样，盟军一次又一次地失去了发现敌人阴谋的机会。

12 月 16 日早晨，阿登山脉上空响起了炮弹轰炸声。在盟军毫无准备的情况下，德军的攻击开始了，20 万德军像潮水一样扑向美军第 8 军。德军接连几次突破盟军阵地，美军损失惨重，阵脚大乱。到 12 月 17 日夜，一支德军装甲部队已经抵达斯塔佛洛。纳粹德军驾驶着缴获的美军坦克、吉普车等横冲直撞，第 8 军无法抵挡，开始溃退。盟军败退，主要是因为天气给德军帮了大忙。这些天来，盟军因为无法进行空中侦察，所以无法判断敌人后备队的位置和行动、洞察敌人的阴谋。

　　盟军在阿登地区溃退的消息，已经陆续被报道。这引起了全世界人民的关注，罗斯福总统甚至想用原子弹、毒气教训德国。最终他放弃了自己的想法，他对公众说："大家相信艾克吧，为了带给我们和平，他自有办法教训德国人。"然而，要教训德国人，并没有罗斯福说的那样轻松。

3 粉碎反扑
DWIGHT EISENHOWER

　　前线的告急电报，像雪片一样纷纷飞往最高统帅部。其中一份电报说："16 日凌晨，德国人向第 8 军防区发动了猛烈进攻，现在部分地段已被突破。德军正逼近巴斯托涅、圣维特这两个重要的交通枢纽。"布雷德利沮丧极了，因为是他的建议使艾森豪威尔做出了错误的抉择。

　　艾森豪威尔的处境很不妙，他作为盟军最高司令官，刚刚接管盟军地面部队的指挥权就首战败北。若德军吃掉第 8 军的话，盟军真的要败走巴黎了，甚至会被赶回海边。这会挫伤士气，辜负世界反法西斯人民的希望，而且万一被敌人打败，所有的努力都会付之东流。尽管他现在才意识到这是一次有预谋的、精心准备的反攻，但面临考验，无论如何艾森豪威尔都必须想尽一切办法痛击德军，彻底粉碎希特勒的野心。于是，他果断地做出决定，命令布雷德利火速召见巴顿，要求巴顿全力配合霍奇斯，围歼敌人。同时，他命令霍奇斯一定要死守巴斯托涅、圣维特，并派第 18 空降军的两个师增援第 8 军。接到军令后，巴顿立即开始准备，打算晚上就让第 4 装甲师行动。

　　已经穷途末路的希特勒，居然能如此厉害地反扑，实在太可怕了。在他们进攻的时候，盟军没有任何准备，势单力薄的第 8 军很难抵挡。为了缓解第 8 军的压力，必须尽快调兵遣将增援阿登地区。19 日中午 12 点，艾森豪威尔在凡尔赛召开了高级军事会议，各集团军、各兵种的主要负责人都参加了会议。会议开始的时候，气氛非常压抑，与会者的表情一个个都很严肃，为了缓和气氛，艾森豪威尔幽默地说："机会就在我们眼前，大家应该高兴地去抓住它。现在，希特勒这个杀人狂魔给我们送来了下酒的佳肴。我们的羊圈里全是他的肥羊，大家一定要将他们漂亮地赶进屠宰场！下次，我们再相聚的时候，一定是在庆功的喜宴上。大家一定要打起精神、全力以赴，胜利不会太远了。"听了他的话，巴顿的情绪也被感染了，他说："为了下酒菜，让我们振作起来吧。先让这帮混蛋打到巴黎去，等大爷我玩够了再去收拾他们。我们要一口一口地吃，将他们吃得连骨头都不剩。"巴顿的话把在座的人都逗乐了，他们踊跃发表自己的看法和意见。

听完大家的分析，艾森豪威尔说："我们必须做好进攻准备，迅速奔赴阿登，向德军发动强有力的反击。为了彻底挫败敌人，我们最少需要 6 个师的兵力。目前，我们可以从巴顿的第 3 集团军抽调三个师。同时，在缺乏预备兵力的情况下，我们必须让唯一拥有预备队和指挥组织能力的蒙哥马利来指挥第 1、第 9 集团军。"再次让蒙哥马利担任盟军陆军总司令，引起了巴顿、布雷德利等人的不满。在形势危急的情况下，为了顾全大局，艾森豪威尔只能这样做。

艾森豪威尔问巴顿："巴顿，你最快什么时候可以行动？"巴顿自信地说："马上就可以，现在因为开会我无法抽身。"巴顿的回答引来阵阵讥笑声，大家都认为他不严肃，信口开河。艾森豪威尔生气地说："巴顿将军，我命令你严肃点，这不是开玩笑的时候。难道你不知道吗？我会多给你两天时间准备的。"巴顿反驳道："将军，请你相信我，我是认真的。我早就安排好了一切，会议结束后，我直接从这里出发去指挥作战。"当巴顿说在 12 月 22 日早晨开始进攻时，又遭到了一阵讥笑和艾森豪威尔的训斥。巴顿的回答一次次遭到讥笑，连艾森豪威尔也不相信他。这主要是因为情况紧急，没有人能按照艾森豪威尔的要求在很短的时间内组织好部队，立即投入空前猛烈的战斗。

会议结束后，送巴顿走的时候，艾森豪威尔戏谑道："巴顿，真有意思，我肩章上增加一颗星时，就会遭到敌人的大举进攻。"巴顿耸了耸肩回应道："没有办法，艾克。每次遭殃的总是我，我必须为你护驾。"巴顿不说，艾森豪威尔心里也很明白，他非常感激这位骁勇善战、不停给自己带来麻烦的老朋友。

这次凡尔赛会议，令艾森豪威尔险些丢掉了性命。原来，盟军抓住了几个穿着美军制服的德国人。于是，他们大肆搜捕这些假美军。经过审

DWIGHT EISENHOWER

二战时期，盟军最高统帅艾森豪威尔将军和巴顿将军。

讯，他们从一名德军将领口中得知，这些假扮美军士兵的德军有好几队人马，在希特勒的授意下，假扮美军军官押送德国高级将领前往凡尔赛审问，然后伺机谋杀艾森豪威尔。幸亏盟军士兵及时发现了敌人的阴谋，否则后果将不堪设想。

尽管这次刺杀行动失败了，但是希特勒并没有罢手。盟军的情报人员发现，敌人的一个暗杀小组正向巴黎靠近。为了盟军总部官员的安全，盟军保安部门将盟军总部和官员们居住的地方连夜装上了铁丝网。大门口还停放了几辆坦克，日夜都有人守护。任何从这里进出的人，都要检查证件，而且必须经过艾森豪威尔助手的亲自确认后才可以进出。艾森豪威尔住的小别墅，更是布满了岗哨，行动非常不便，连出去散步都不可以。他甚至不停地接到这样的询问电话："最高统帅还活着吗？"还有更荒唐的事情：记者为了证实最高统帅是否活着，强烈要求采访玛咪。玛咪非常担心艾森豪威尔的安危，就不停地给他写信，可是她并没有收到回信，这更使她惴惴不安。

为了安全起见，艾森豪威尔的参谋和安全组坚持让他搬到离指挥部比较近的地方居住。他们安排了一个和艾森豪威尔长得有几分相像的军官住在他的小别墅，而且他每天穿着五星军服，冒充艾森豪威尔来往于别墅和办公室之间。一天夜里，别墅外面发出枪声，像是有入侵者。假冒的艾森豪威尔将军非常紧张，在黑暗里，他穿着睡衣举枪扫射。第二天，人们发现死在别墅外面的"入侵者"竟然是一只野猫。

整天都被"囚禁"着，艾森豪威尔非常生气。他在给玛咪的信中描述了他当时的状况和心情：

玛咪：

情况发生了变化，不过你不用担心我的安危。我整天被他们关在屋子里，都快闷出病来了。他们认为只有这样才能保证我的安全，但我觉得事情没有那么糟糕。再这样下去，我会疯掉的。

因为我，你焦虑不安，我感到很难过。现在是非常时期，是最艰难的日子，我实在无法给你写信，请你一定要理解我。

艾克

巴顿已经行动了，仅仅 3 天的时间，他就出色地完成了战略大转移——第 3 集团军向北前进了 100 多英里。在西线战役中，这是最惊人的成就之一。他首先计划从巴斯托尼发起进攻，巴斯托尼是敌人的后勤基地，战略地位非常重要，阿登南部的 7 条主要公路都在这里汇合。如此重要的地方，德军并没有派重兵把守，他们仅仅把这里看做一个小小的补给中心。

12 月 22 日，巴顿的第 3 集团军对巴斯托尼的德军发起猛烈攻击。虽然暴风雪很大，但是战士们非常勇猛，战斗进展得很顺利。此时，敌人看到了巴斯托尼的重要性。为了不被盟军破坏补给系统，影响他们西进，他们出动了大批部队团团围住巴斯托尼。狂妄自大的德国人派兵劝盟军投降，遭到第 101 空降师麦考利夫的臭骂。麦考利夫的行为极大地激励了美军士兵，他们一个个都下定决心坚守阵地。毕竟寡不敌众，巴斯托尼就要守不住了。在危机时刻，巴顿果断地决定向那里提供大规模的空军支援。于是，艾森豪威尔派出战斗机和轰炸机。

圣诞节前夕，天气晴朗，英美空军终于可以开始轰炸了。他们轮番轰炸德国供应线和公路上的军队、坦克。在空军的援助下，围困巴斯托尼的德军很快就抵挡不住了。德军高级将领建议希特勒撤兵，但是他根本听不进去任何撤退的建议。他下令继续猛攻巴斯托尼，并向前推进。最终，希特勒败下阵来，然而他并没有放弃反攻计划，继续调集兵力，酝酿一场更猛烈的反击。

DWIGHT EISENHOWER

12 月 28 日夜，希特勒召开了一次大规模的军事会议。他对与会的将领们说："命运仍掌握在我们手里，我不相信敌人能抵抗我们 45 个师的进攻。大家应该很清楚，这是一场生死攸关的战争，一旦战败，我们会走向灭亡。所以在这次攻击中，我要求大家必须投入全部精力，直到获得最后的胜利。"

新年在战火中来临，巴顿下令用一种独特的方式辞旧迎新。12 点整，巴顿的第 3 集团军的各炮兵阵地同时开炮。阵阵巨响过后，他们听到了德军阵地传来的鬼哭狼嚎声。

1945 年 1 月 1 日，德国空军发动几个月以来最猛烈的轰炸。经过一整天的轰炸，摧毁了盟军 260 多架飞机。德军新一轮的进攻如此猛烈，使盟军的形势紧张起来。为此，艾森豪威尔再次受到英国报纸的猛烈攻击。为彻底粉碎德军的反扑，艾森豪威尔命令盟军对德军进行大规模的攻击。

是歼灭德军的时候了，1 月 3 日，蒙哥马利命令柯林斯的第 7 军从北面向德军发起进攻。巴顿、布雷德利纷纷开始攻击敌军。经过 5 天的激战，击退了德军。应丘吉尔的要求，1 月 12 日，苏军从波兰的维斯杜拉河猛攻德军。这一进攻重创了德军，柏林也因此受到严重威胁，希特勒只好从西线调兵抵挡苏军的进攻，于是，盟军乘机追击。

1 月 16 日，巴顿领导的第 3 集团军、霍奇斯领导的第 1 集团军在赫法利策胜利会师；23 日，美军攻占圣维特；27 日，第 3 集团军的前锋已抵达乌尔河；到 29 日的时候，德军全被赶回反扑前的阵地上。最终，阿登战役以盟军的胜利宣告结束。

这一役使德军损失惨重，彻底丧失了反攻的能力，但盟军损失也不小。在这场战争中，盟军损失了大量武器装备，伤亡人数高达 7.7 万，胜利是将士们用鲜血和生命换来的。艾森豪威尔在视察战场的时候，看到了一幕终生难以忘却的画面：一位年轻的美国士兵，虽然已经去世，但手里紧握着的枪仍然死死指着德军阵地，右手食指正准备扣动扳机。如果火爆脾气的巴顿看到了这一幕，肯定会上去骂："胆小鬼，你得了炮弹休克症吗？不用再害怕，敌人被打跑了。"这是一位战死的士兵，因为阿登地区的冬天太寒冷，他的尸体被冻僵了，但他却一直保持着战斗时的姿势站在那里。看到这一幕，艾森豪威尔在心里骂道：该死的法西斯，因为你们，不知道还有多少像这样冻僵的尸体在阿登山区。难过的艾森豪威尔暗暗下定决心：一定要以最快的速度彻底打败德国，让他们无力东山再起。

阿登战役的胜利，使艾森豪威尔从舆论界的批评中解脱出来。令艾森豪威尔高兴的是这次战役中蒙哥马利的真诚合作，为此，艾森豪威尔将拨给自己的一架新飞机送给了蒙哥马利。

4 进军莱茵河
DWIGHT EISENHOWER

阿登战役结束之后，艾森豪威尔决定率领盟军向德国本土进军，夺取莱茵河。虽然阿登一役双方都损失惨重，但盟军能得到及时的补充，而德军根本无法及时补充兵力和装备。尽管德国在西线还有66个师的兵力，但其中很多部队的武器装备非常差，有些师连坦克、大炮也没有。此时，希特勒已经没有能力阻止盟军的进攻了。

为了尽快向德国本土推进，艾森豪威尔制订了一个分三步走的计划：第一步，先冲破齐格菲防线，肃清莱茵河以西的德军；第二步，强渡莱茵河，合围鲁尔地区的德军；第三步，发动总攻，与苏联红军在易北河会师。艾森豪威尔的智慧和经验，在这一计划中将充分体现出来。打败德国后，盟军统帅部参谋长史密斯曾说，这次行动除了巴顿的一个不影响大局的违令外，完全是按照最高统帅的计划发展的。

艾森豪威尔拟订的这个计划，得到了丘吉尔和罗斯福两位元首的同意。他们一致认为计划的第一步尤为重要。因为齐格菲防线防护着萨尔、鲁尔两大工业区，只有先攻破这一防线、破坏德国的经济命脉后，接下来的两步才会顺利。然而在雅尔塔会议上，英国总参谋长、陆军元帅布鲁克找出各种借口反对这一计划。在会上，他甚至对艾森豪威尔进行人身攻击。原来在计划的第一步，艾森豪威尔在莱茵河中游地区安排了布雷德利指挥的第12集团军群，而把蒙哥马利指挥的第21集团军群安排在北部莱茵河下游地区。布鲁克不同意这样的安排，他极力要求艾森豪威尔调换蒙哥马利和布雷德利的位置。几番争论后，艾森豪威尔才明白，英国人是怕布雷德利抢在蒙哥马利之前渡过莱茵河。

对于布鲁克的自私，艾森豪威尔非常气愤。他对布鲁克说："无论如何，战争的荣誉也抵不了为得到荣誉而付出的生命。希望您能明白一点，我的计划不是为了某一国或某一人的利益和荣誉。我想告诉您的是，首相先生已经同意了我的计划。"得知丘吉尔同意该计划后，布鲁克勉强同意了。但他的附加条件是：渡过莱茵河的主攻方向，必须是蒙哥马利负责的地区。艾森豪威尔说，辛普森的美军第9集团军将归蒙哥马利指挥。其实这意味着，蒙哥马利承担着突破莱茵河的重任，直到战争彻底结束也是如此。这下，布鲁克和蒙哥马利都高兴了。蒙哥马利还给布鲁克写信说，风暴终于过去，现在天终于放晴了。

第一步冲破齐格菲防线，肃清莱茵河以西德军的行动由蒙哥马利指挥。英军第21集团军群、辛普森的美军第9集团军共同负责完成这一行动。为了行动顺利进行，他们必须先夺取罗尔河水坝。

2月2日，美军开始进攻罗尔河水坝。经过一周的激烈战斗，美军夺取了罗尔河水坝。在进驻罗尔河水坝之后，他们发现德军抢先炸毁了水坝，这样横渡罗尔河的时间被迫推迟了两个星期。

2月13日，艾森豪威尔带着儿子约翰前往那慕尔会见布雷德利。艾森豪威尔为了让儿子尽快成长，把他托付给了布雷德利。此时，约翰已经从西点军校毕业，被分到第71师当步兵排长。1月，他随军上前线了。为儿子赴前线的事，玛咪写信给艾森豪威尔说："儿子正被派往危险的境地，我不能眼睁睁地看着他送死。你为什么不想想办法，以你现在的能力只要你开口说一句话就可以办到。求求你，一定要救我们的儿子。"丈夫在前线，现在唯一的儿子也要奔赴前线，玛咪的心情是可以理解的。艾森豪威尔的信粉碎了玛咪的最后一线希望，他在信中说：

玛咪：

我知道你难过，可是我无法满足你的要求。现在战事紧急，正是需要人的时候，我怎么能像你说的那样做呢？在战场上什么事情都有可能发生，作为总指挥，当看到战士们战死沙场的时候，我也非常难过。千千万万的母亲，都在为战场上的儿子担心，你只是其中之一。我们只有赢了这场战争，才能让所有的母亲放心。

现在，约翰也被卷进了这场无情的战争，你就为他祈祷吧。

若我真的利用自己的权力去干预的话，约翰不仅不会感激我，反而会恨我一辈子的，何况我不会这样做。

玛咪，请你一定要理解我。虽然你在信中说我是个冷血的家伙，但是我知道你心里不是这样想的。一切都因为你太关心儿子的安危，我能理解，但希望以后不要再提这样的要求。

玛咪，请你放心，我会尽最大的努力来保护我们的儿子。

艾克

2月23日，第9集团军对罗尔河对面的德军发起总攻。经过5天的激战，2月28日，德军溃败，辛普森的第9集团军终于渡过了罗尔河，并向杜塞尔多夫挺进。到3月5日，莱茵河西岸残敌已被肃清，盟军可以顺利渡河。

在此期间，丘吉尔和布鲁克一再要求任命亚历山大为地面部队总指挥。在收到布鲁克关于此事的来信后，艾森豪威尔回信说："对于你主张任命亚历山大的事情，我非常反对。现在他的任务是，处理各解放国家的经济问题。而且我不能容忍在我和各集团军群司令之间，安插任何形式的司令部。"艾森豪威尔把给布鲁克的回信另外抄了三份，分别给了马歇尔、丘吉尔和亚历山大。马歇尔当然是站在艾森豪威尔一边，反对任何形式的任命；丘吉尔则说，艾森豪威尔的英国副统帅被降到了只执行这种非军事性的行动，令他非常吃惊。艾森豪威尔只好不断地向这位首相表示，他并无特殊的目的。

连一向和艾森豪威尔作对的蒙哥马利也说："我对目前的形势非常满意，完全没有必要再任命谁来负责战事。"蒙哥马利站在了艾森豪威尔这一边，这令人非常惊讶。任命亚历山大一事，遭到艾森豪威尔和蒙哥马利的强烈反对后，丘吉尔和布鲁克只好作罢。

盟军顺利冲破齐格菲防线，肃清了莱茵河以西的德军。第一步的任务已经完成，盟军就要抢渡莱茵河。这次行动主要由蒙哥马利的第21集团军群、布雷德利的第12集团军群实施。行动前夕，艾森豪威尔对所有指挥员说："莱茵河是一道不可逾越的天堑，它河身很宽、水势难测、水位和流速变化无常，而且敌人能在大河东面打开那些支流的闸门。这里确实是一个可怕的军事障碍，河的北端尤其如此，大家一定要高度重视。"

德军为了阻止盟军横渡莱茵河，在每座桥梁下都安放了足够的炸药。

一旦有危机，德军就会炸毁跨过莱茵河的桥梁。

为了占领一座能够跨过莱茵河的桥梁，辛普森将军等人费尽心思也一无所获。3月7日，第9装甲师的比尔·霍格的B战斗群意外地发现了一座铁路桥。这座桥叫雷马根大桥，路况非常不好，通过此桥过河后，除了一些难以行走的蜿蜒小路外，到处都是森林。所以雷马根大桥没有引起德军的重视，他们并没有及时将它炸毁。盟军占领此桥后，切断了桥梁上所有的电线，德军再也没有启动电源炸桥的机会了。当德军意识到此桥重要的时候，美军已经顺利地占领了这座大桥，而且有4个师在保护这个桥头堡。

当布雷德利把这一好消息告诉艾森豪威尔的时候，他正和将领们共进晚餐。他在电话里说："捡了一个天大的便宜，布雷德利，你真是太棒了！你一定要做好一切过河的准备。这里是我们的最佳突破口，你要想尽一切办法保住这个桥头堡，我会全力支援你。"放下电话后，艾森豪威尔把这一好消息告诉了在座的将领。顿时，他们的欢呼声响成了一片。

当盟军为意外获得这一桥头堡高兴的时候，希特勒都要气疯了。他下令解除了西线总指挥龙德施泰特的职务，并处死了守卫雷马根桥头堡的8位军官。接替龙德施泰特职务的是凯塞林，他将去收拾残局。希特勒下令说："你必须想尽一切办法改变雷马根大桥的被动局面。"

在希特勒的授意下，凯塞林调来了重炮、飞机、浮雷和蛙人，甚至发射了11枚Ｖ1飞弹来破坏这座桥头堡。但是德军并没有得逞，盟军已经在莱茵河东岸站住了脚，而且建起了6座渡河的浮桥。到3月22日，盟军沿整个莱茵河的战线全部巩固下来。

巴顿一直在和蒙哥马利较劲，他希望自己是第一个渡过莱茵河的人。他不止一次地在心里说：我一定要抢在蒙哥马利的前面。为此，他还有自己的计划。然而艾森豪威尔命令他原地待命，不允许采取任何行动。巴顿的计划就被这一命令破坏了，他气急败坏。

为了能按自己的计划行动，巴顿施了一个小小的计谋。这个计谋使他的计划顺利进行，却违反了艾森豪威尔的命令，使艾森豪威尔三步走的计划起了一点儿变化。但是这一变化并没有影响整个战局。

3月16日，在史密斯的陪同下，艾森豪威尔前往第12集团军群司令部会见布雷德利。由于种种原因，艾森豪威尔的飞机无法飞往目的地。于是，艾森豪威尔不得不在其他机场着陆。就是这次飞机在其他机场着陆的偶然事件，使巴顿有机会实施自己的计划了。原来飞机着陆的地方距离巴顿驻地很近，在机场，艾森豪威尔受到巴顿安排的仪仗队和军乐队的隆重欢迎。因为无法会见布雷德利，在巴顿的带领下，艾森豪威尔巡视了三角地带。他们来到特里尔，巴顿为艾森豪威尔准备了丰盛的晚宴，而且找来4名迷人的红十字会女士做陪客。艾森豪威尔非常意外，也很高兴，因为这种款待在前沿部队几乎是没有的。艾森豪威尔哪里知道，巴顿是醉翁之意不在酒。当艾森豪威尔正在兴头的时候，他趁机提出了要第12装甲师的要求。结果可想而知，艾森豪威尔爽快地答应了。

因为第12装甲师投入了战斗，巴顿的攻势更猛了，很快他就取得了法尔茨战役的胜利，还俘虏了8万多德军。德军一路溃败，巴顿迅速向前推进。为了抢在蒙哥马利之前渡河，巴顿命令，第3集团军必须马不停蹄地向莱茵河边挺进。3月21日，他到达了目的地。22日，第3集团军将莱茵河以西的德军全部围困，彻底切断了他们的退路，共俘虏1.1万德军。看到德军士气瓦解，已处在崩溃的边缘，巴顿不想再等了。尽管没有得到上级批准、没有地面炮火准备、没有空中支援，但巴顿决定强渡莱茵河。为了他梦寐以求的愿望——成为第一个跨过莱茵河的盟军高级军官，他不想错失良机。

3月22日晚，巴顿下令立即过河。当晚11时，第5师两个营的兵力开始渡河。22日晚，巴顿的第5师已全部渡过莱茵河，并建立了美军第二个桥头堡阵地。他们几乎没有遇到任何阻击，就顺利过了河。

终于抢在蒙哥马利之前了，兴奋的巴顿真想向全世界宣布这一喜讯。起初，他并没有声张，因为他的行动并没有得到上级的批准。直到23日，他才给布雷德利打电话。巴顿用低沉的嗓音说："布雷德利，告诉你一个好消息，我已经渡过了莱茵河。昨天夜里，我们偷偷地过的河，对岸的德军很少。请替我保守秘密，暂时先不要声张，先看看情况再说。"听了巴顿的话，布雷德利简直不敢相信。他还以为自己听错了，还不停地追问巴顿是否属实。晚上，巴顿再打电话给布雷德利的时候，他的语气就变了，他兴奋地说："布雷德利，今天德军企图摧毁我们的浮桥，被我们打死了30多个。我要让全世界都知道，第3集团军比蒙哥马利先渡过莱茵河。你快向全世界宣布，我们已渡过了莱茵河！"巴顿没有得到上级批准，就擅自抢在蒙哥马利之前渡过了莱茵河，对此艾森豪威尔有些不满，但他也非常高兴。他特意命令布雷德利举行了一次记者招待会，会上还强调了美军取得的胜利。

3月24日早晨，是蒙哥马利渡河之日。就在这天，在埃迪、科德曼的陪同下，精神饱满、一身戎装的巴顿以胜利者的姿态来到莱茵河的浮桥上，他情不自禁地往河里吐了一口唾沫说："莱茵河是一道不可逾越的天堑，这简直是屁话。今天，我就往莱茵河里吐了一口唾沫。"

关于横渡莱茵河的事情，还闹了一个笑话。英国广播公司播出了这样一个消息：祝贺蒙哥马利元帅成功渡过莱茵河，他是现代史上第一个渡过莱茵河的英雄！他打破了无人能攻渡莱茵河的神话！这一消息播报的时候，蒙哥马利还没有过河，他计划在24日渡河。而此时，巴顿的第3集团军早就顺利过河。原来，这是丘吉尔首相提前写的一篇演讲稿，由于播音员的疏忽，提前播放了。

3月24日，丘吉尔首相、英国总参谋长布鲁克、盟军远征军总司令艾森豪威尔亲自来到莱茵河畔视察，慰问将士。艾森豪威尔看到一位士兵好像很沮丧，便走过去询问。这位士兵说："我刚从医院归队，有些不适应。"于是，艾森豪威尔便邀请这位士兵和他一起到河边散散步，并安慰他说："其实，我和你一样紧张，但我们一定要相信自己的力量。这次计划准备得非常充分，我们一定能彻底粉碎德国法西斯的。鼓起勇气，全力以赴。"这位士兵看到盟军总司令如此关心自己，笑着对艾森豪威尔说："长官，谢谢您的鼓励，我已经不紧张了。"说完，他给艾森豪威尔敬了一个标准的军礼，就回队了。

当得知蒙哥马利已经聚集了5 000辆坦克、36艘渡河用的登陆艇、3 500门大炮、3 000架战斗机、500架重型轰炸机和大量的供应物资时，丘吉尔非常满意。他还给斯大林写了一封信说："大量的船只、浮桥已准备就绪，我们百万大军的先头部队也准备好了，我们即将发动强渡莱茵河的主攻。尽管对岸的德军配备有各种现代化武器，一旦我军渡河成功，他们将被我们强大的装甲预备队打败。"与巴顿的渡河声势相比，蒙哥马利可以说是大张旗鼓。

3月24日夜，蒙哥马利的两个师成功地渡过了河。25日，丘吉尔和艾森豪威尔一起到莱茵河边观战。丘吉尔高声欢呼："亲爱的艾克将军，我们就要胜利班师回朝了。"丘吉尔还对艾森豪威尔说："艾克，我们坐船过去看看情况吧。"艾森豪威尔回答说，他是这里的最高统帅，必须要保证首相的安全。

盟军顺利渡过莱茵河，德国彻底丧失了在西线的最后一道天然防线。现在死守柏林是希特勒仅存的一线希望。

战争进行到这个时候，希特勒没有了百万雄师、强兵猛将，他已经成为孤家寡人。德军指挥官们，尤其是陆军总参谋部的军官，越来越害怕元首召见他们。因为他们的元首禁止任何人说德国会失败的话，他已经丧失了理智，变得神经质，动不动就大发雷霆训斥人。此时，希特勒的随从除了希望他能够温和一点儿之外，不敢有其他的奢望。为了避免他莫名其妙地乱发脾气，他身边的人都非常小心。

希特勒就像一只被人砍断利爪、拔掉獠牙的老虎，浑身上下除了一张虎皮什么也没有。尽管如此，不愿认输的他威风依然。每天，他依然霸气十足地指挥仅剩的残兵拼死血战到底。

希特勒非常崇拜普鲁士腓特烈二世，每天闲下来的时候，便如饥似渴地阅读腓特烈二世的文章，有些段落甚至能够倒背如流。他经常不知不觉地念出这些文字：

> 归根结底，取得胜利的决定性因素还是忍耐力、不屈不挠的精神和坚定不移的信念。这是人类存在的最为重要的东西，天赋如果是建立在不屈不挠的精神与狂热的决心上，它将不只是一束幽灵之火，而是可以燎原之火。
>
> 我的军事力量是欧洲最杰出的，然而战斗到如今我得到了什么？我已经没有了将领，军官们已不是指挥员，他们都是无能之辈，部队一团糟。就这样，我失去了一切。
>
> 俄国军队的情况也是一团糟，可是，他们能把仗打下去，而我却不能。所以说重要的是人的永恒的信念，这是军事职业真正的基础。一个人只要有信心和狂热的主宰世界的决心就能够创造世界。

即便如此，希特勒仍抱有征服世界的狂热野心。他对指挥官们说："谁能坚持下去，谁能坚持得更久，谁就能获得最后的胜利，就能在危险中得到一切。现在如果我们说打够了，就此停战吧，后果只会使我们彻底消亡，德国民族也不会再存在。但现在如果美国人说停止战争，结果完全

DWIGHT EISENHOWER

不一样。他们的一切都不会改变，纽约仍然是纽约、芝加哥仍然是芝加哥、旧金山还是旧金山，美国人照样会好好的。所以，我们必须坚持下去，这是情势所迫。现在我们不要指望能从美国和英国那里得到优厚的条件，这是不可能的。"

早在1943年的卡萨布兰卡会议上，美、英、苏等国就德国无条件投降一事已经达成共识。这对于德国人来说，意味着已经排除了任何向西方盟国投降的可能性。此外，希特勒利用种种欺骗、蒙蔽手段，煽动起德国的民族主义，使更多的人将纳粹视为民族复兴的标志。所以，越来越多的德国人在热切地盼望德国秘密武器将会得到发展，德国会取得战争的胜利。

5 德国战败
DWIGHT EISENHOWER

强渡莱茵河成功之后，按原定计划，盟军将立即大举进攻柏林。这次蒙哥马利已经暗暗下定决心：一定要比巴顿先进入柏林。

3月27日，蒙哥马利向艾森豪威尔和英国总参谋长布鲁克递交了一份军事计划。在这份计划中，他主张让美国第9集团军、英国第1集团军向易北河挺进，从那里直捣柏林。他还指出：第21集团军群、辛普森的第9军、巴顿的部队已经会合，即将完成对鲁尔的包围，是向易北河和柏林进发的时候了。

3月28日，艾森豪威尔给蒙哥马利发了一份电报，这份电报令蒙哥马利目瞪口呆。电文的内容大致如下：

蒙蒂：

我们现在的目标是莱比锡和德累斯顿，而不是柏林。首先要围歼鲁尔区德军，然后在卡塞尔地区发动全面进攻，横穿德国中部，沿着埃尔富特—莱比锡—德累斯顿这条线进发，直抵易北河，与苏联红军会师。

你在鲁尔东面同布雷德利会师后，必须立即把辛普森的第9集团军还给他。剩下的事情将由布雷德利去完成，你的任务主要是保护他的北翼。

DWIGHT EISENHOWER

我的目的很明确，主要是分割和消灭敌军、同苏联红军会师。只要斯大林给我情报，这个任务就能顺利完成。

艾克

现在放弃进攻柏林，就意味着把攻克柏林的荣誉拱手让给了苏联人。蒙哥马利非常气愤，他在心里骂道："这个该死的美国人，不知道他脑子里在想什么。"艾森豪威尔的这一决定除了遭到蒙哥马利的责骂外，还遭到丘吉尔和英国军界人士的指责。布鲁克说："艾森豪威尔有什么资格直接和斯大林联系？他根本没有权力擅自更改计划，不让蒙哥马利攻占柏林。"丘吉尔说："柏林是最重要的政治目标，只有柏林才应该是盟军进攻的方向。"对于艾森豪威尔改变计划，他非常着急地写信给罗斯福总统说："我们必须占领柏林。"其实英国之所以这么着急、愤怒，主要是艾森豪威尔影响了他们攻占柏林的荣誉。

虽然艾森豪威尔的计划引来英国人的纷纷指责，但是马歇尔非常赞同他的计划，并全力支持他。马歇尔说："作为盟军最高军事统帅，艾森豪威尔有权力自由地与苏联最高军事统帅斯大林直接联系，这是出于作战的需要。"丘吉尔写给罗斯福的信并不能改变艾森豪威尔的计划，因为此时罗斯福病情很重、危在旦夕，军事大权掌握在马歇尔手中。经过10多天的争论，艾森豪威尔获胜了，一切仍按他的计划进行。其实，艾森豪威尔的计划最终得到英国的同意，是因为他在给联合参谋长委员会的报告中说："在这个计划中，蒙哥马利起着非常重要的作用。他将负责攻占德国北部的港口、占领卢军克、渡过易北河下游，而且主攻的时候，他还会得到一个美军兵团的兵力。如果联合参谋长委员会认为，盟军尽力占领柏林是为了达到政治目的话，我将按照大家的意见修改计划。"

起初，英国人激烈地反对艾森豪威尔的计划是因为他们只看到了自己的利益，而艾森豪威尔并不是单从某一国的利益出发。他反复从政治和军事两方面考虑之后，才决定改变计划的。这次及时修订计划，充分体现了他具有政治家的伟大潜能。

第一，从军事上来讲，艾森豪威尔认为阿尔卑斯山是比柏林还重要的战略目标。夺取柏林需要付出高昂的代价，因为希特勒还在柏林，他会利用德国青年对他的狂热崇拜建立"民族堡垒"和盟军殊死决战。美国情报局已获悉希特勒在阿尔卑斯山修建了飞机制造厂、储备了大量的枪支弹药。如果盟军强攻柏林，将会付出重大的伤亡代价。后来艾森豪威尔在《远征欧洲》一书中说："一切迹象表明，德国打算建立'民族堡垒'，我们绝对不能让他们得逞。一旦希特勒建立了'民族堡垒'，我们将被迫陷入代价惨重的游击战。"布雷德利回忆时说："我们不能轻视'民族堡垒'，它会对我们造成严重威胁。"

第二，为了和盟国之间保持友好的关系，盟军必须放弃柏林。因为早在雅尔塔会议的时候，就明确谈到了战后柏林的归属问题。那时苏美英三国首脑就达成协议，签订了《雅尔塔协定》。按照协议的规定，柏林是在苏联占领区内。后来谈起此事的时候，布雷德利说："就算美军付出惨重的代价占领了柏林，依然要把柏林让给苏联。谁会为了政治上的威望付出重大的牺牲呢？"

第三，在和苏联红军争夺柏林的比赛中，盟军已经输掉了。因为在卢宾桥头堡，苏联红军集结了100多万军队，准备随时向柏林进攻。这个桥头堡距离柏林只有35英里。此时，盟军的力量主要分散在莱茵河以西，那里距离柏林有250多英里。布雷德利回忆说："当时就算我们到易北河之后，苏联红军再强渡奥德河的话，我们依然会输。因为从易北河到柏林还有80公里，仍然比苏军距柏林远，而且这80公里全是湖泊。想顺利到达柏林，我们大约会损失10万人。"

艾森豪威尔的新作战计划在盟国内部引起争论的时候，也引起了记者的关注。在3月27日的记者招待会上，一名记者很直接地问艾森豪威尔："将军，您认为是英美联军还是俄国人先进入柏林？"艾森豪威尔回答："看看距离，你就知道了。"听了艾森豪威尔的回答，记者继续追问："这么说，您是改变了挺进柏林的计划？"艾森豪威尔笑笑说："和上一个问题的答案一样。"

3月28日，艾森豪威尔开始实施自己的计划。这天，除了把自己的新计划送给斯大林外，还给他写了一封信说："进攻柏林的机会就留给苏联红军吧，我军将主攻柏林以南。这样，我们可以把这个国家一分为二。"

4月1日，美国第1和第9集团军在利普施塔特胜利会师，形成了对鲁尔区的包围圈。鲁尔被合围后，艾森豪威尔非常高兴。为了让德军尽快投降，他发表了告德国军民书。同时，艾森豪威尔还下令说，如果敌人不投降、继续顽抗，就彻底毁灭他们！然而鲁尔的德军统帅莫德尔并不打算投降，仍然负隅顽抗。经过近 20 天的激战，鲁尔的德军全部投降。在鲁尔战役中，美军俘敌 32.7 万人。在俘获的德军中，并没有莫德尔，有人说他自杀了。

在德国本土的战争中，巴顿的第 3 集团军仍然英勇无比，一路向北挺进。4 月 6 日，巴顿的军队在赫斯费尔德发现了一个价值 3.5 亿美元的纳粹宝库。宝库里的宝贝充满了血腥味，都是纳粹从欧洲各地的私人住宅里掠夺来的奇珍异宝。宝库里全是金条、欧洲各国铸造的大量金币、美国金币、金盘、银盘、装饰品、大量油画和其他艺术珍品等，看得士兵们眼花缭乱。艾森豪威尔察看了这个宝库后，对纳粹的丑恶行径更是感到无比憎恨，因为他们给人类和人类文化带来了灾难。

查看了纳粹金库后，在巴顿的陪同下，艾森豪威尔又看了纳粹的集中营。他视察了集中营的每个角落，第一次目睹了纳粹犯下的灭绝人性的罪行。看到的一切，让艾森豪威尔决定把纳粹丑恶的罪行公布于众。于是，他分别通知了华盛顿和伦敦政府，让他们派记者、国家立法机关代表团到德国来参观、报道。

盟军在德国腹地飞速进军，胜利的喜悦令他们越战越勇。然而，4 月 12 日，传来罗斯福总统因脑出血逝世的消息，全军上下悲恸不已。艾森豪威尔无比悲痛地对巴顿和布雷德利说："也许罗斯福总统的逝世将会影响未来的和平。"罗斯福的逝世，激起了将士们的决心：一定要彻底粉碎法西斯来悼念罗斯福总统。

罗斯福的死在希特勒的大本营激起了阵阵浪花，这群疯狂的人一度以为希望降临了。在德国，最先得知这一消息的是宣传部长戈培尔。当他的秘书告诉他罗斯福死亡的消息时，他激动得神采飞扬。他一面让秘书给他拿酒，一面打电话约请记者。身为宣传部长，戈培尔知道这意味着什么。他决定对此事进行宣传，让德军重振旗鼓。记者来了之后，戈培尔与他们热烈地交谈着，抒发自己的心情，畅想着不久以后法西斯德国的胜利。记者告别的时候，他还一再要求他们尽快把这一消息发布出去。

送走记者，戈培尔拨通了希特勒的电话。他掩饰不住自己的激动，兴奋地说："元首，我向您祝贺！罗斯福死了，我们的机会来了！元首，这是我们一直期待的奇迹。星象图的预言真灵验啊！这是腓特烈大帝在暗中庇护我们，这回我们一定能赢。"

听了戈培尔的话，希特勒看了一眼墙上腓特烈的画像，久久没有说一句话。电话那头的戈培尔知道，元首也和他一样激动。良久，希特勒才说："这确实是一个机会，很快美军和苏联红军之间就会打得不可开交。到那时，我们就坐收渔翁之利。"

法西斯头目之所以如此相信戈培尔口中的星象图，是因为好多年前它就预言：1939 年将会爆发世界大战，1941 年前德国会获得胜利，之后会发生转折面临失败；但是到了 1945 年 4 月中旬的时候，德国会有新的转机。之前的事情都如星象图预言的那样发展着，所以罗斯福的死被这群狂热的人看成为星象图所预言的转机。

这张星象图和腓特烈传记，成为德国法西斯麻痹人们的工具。戈培尔凭着一张巧嘴大肆宣传，上至德国领袖，下至普通士兵、平民，没有一个人不相信星象图的预言。

得知罗斯福去世的消息后，希特勒的暗堡里洋溢着喜庆，暗堡中所有的人都强烈要求庆祝。他们哪里知道，这只不过是一场梦罢了，醒来后一切都不会改变。

在希特勒的命令下，纳粹头目狂欢了一夜。暗堡里，觥筹交错，载歌载舞。如果没有盟军在柏林上空的轰炸，他们一定会跑到街头狂欢的。所有的人都认为，这是上帝的恩赐。

在大本营最后的日子，希特勒就是靠这张星象图的预言支撑着。

4 月 15 日，盟军发起了最后的总攻。16 日清晨 5 时，奥德河畔近万门大炮齐声怒吼。苏联红军开始向柏林市中心突击。此时，希特勒仍然希望出现奇迹。然而事实是无法改变的，希特勒建造的纳粹大厦已经摇摇欲坠。

末日来临了，希特勒成为孤家寡人。为他效力的人再也顾不了他了，他们各自都在为自己打算。听到布尔什维克党人要来的消息后，外交部长里宾特洛甫匆匆收拾了 5 个大皮箱，拿起早就准备好的假护照逃跑了；纳粹财政部长冯·克罗西克伯爵也收拾好东西，仓皇离开柏林，逃命去了；4 月 24 日，一心想掌握德国权利的法西斯集团的三号人物——希姆莱起草了一份投降书。他说："希特勒不日将自杀，我有权向盟国做出投降的决定。"然而，希姆莱没有得到自己想要的权利，盟军拒绝了他的谈判要求。从新闻报道中，希特勒知道了希姆莱向盟国投降的事情。于是，他下令逮捕卖国贼希姆莱，并革除其一切职务、开除党籍。至于法西斯集团的二号人物戈林也被希特勒逮捕了，因为他想篡权。

苏联红军的攻击依然猛烈，德国并没有任何转机。将军们纷纷劝希特勒逃到南方去，他们说："元首，赶紧走吧，过不了几天敌人切断去南方的路，就走不了了。"尽管很多人都已经纷纷逃命，但希特勒不为所动，他仍然相信腓特烈大帝会显灵，相信他的军队可以打败俄国人。

4月20日，是希特勒56周岁的生日。这天，他举行了隆重的记者招待会。冒险而来的德国将军、记者出席了招待会，并为希特勒庆祝生日。

在记者招待会

1933年1月10日，德意志共和国总统任命希特勒为德国总理，希特勒开始掌权。在希特勒56岁生日这一天，他举行了记者招待会，并在会上回顾了自己掌权的历史。

上，希特勒回顾了自己从1933上台到现在的历程，一一历数着法西斯头目们的"功绩"。他说："戈培尔凭借自己的宣传、演说才能，为我在权力斗争、杀戮犹太人的时候做出了惊人的贡献；戈林在为肢解捷克、吞并奥地利、争取财阀支持等方面立下汗马功劳；身经百战的将军们就更不用说了，是他们为纳粹德国缔造了一支神勇的军队。他们的士气、装备、技术、素质等是无人能敌的。谁能抹杀大家一起努力取得的赫赫战功？"与其说这是希特勒的慰问会、答谢会，还不如说是法西斯自己揭露自己罪行的一次大会。

在苏联红军炮火的袭击下，这场隆重的记者招待会草草收场。此后，希特勒彻底地垮了。战局依然没有好转，身边的人几乎走光了。他身边的警卫也早就厌烦了大本营暗无天日的生活，他们说："精神如此紧张，大家都疲惫不堪。像这样生活，还不如光荣地战死沙场。"

4月30日，苏联红军攻到了国会大厦。希特勒知道一切都完了，该给自己安排后事了。希特勒说他愿意留在柏林以身殉国，其他人愿意走的话，就可以走。其实，苏联红军已经控制了柏林，而且牢牢地掌握了制空权，希特勒插翅也难飞了。这天，阿道夫·希特勒和几个同伴在柏林市的一间地下室里共进了午餐，午餐后，希特勒下达了最后的指令，然后就陪着他的新娘爱娃·布鲁恩走进了另一个房间。爱娃是希特勒的情妇，她于4月15日来柏林与希特勒相会。为了婚礼和葬礼，她才来柏林的。为了做这个"伟大人物"的唯一女伴，她当了希特勒12年的情妇，一天的新娘。结婚那天，她和希特勒一起自杀了。希特勒的司机埃里希·肯普卡说："她一生的大部分时间是在等希特勒，因为无法忍受令人沮丧的身份，她曾两度要自杀。她是德国最不幸的女人，做了一天的新娘就再也无法看到第二天的太阳了。"

希特勒自杀后，他的尸体被抬到总理府花园的一个弹坑中，举行了火葬。为了躲避苏军炮火的猛烈射击，向他告别的德国军官被迫躲进了地堡。在苏联红军炮火的洗礼中，这个杀人如麻、凶残暴戾的魔头，这个妄图建立欧洲和世界霸权的法西斯元凶，走完了他罪恶的一生。为他陪葬的除了爱娃之外，还有戈培尔夫妇。在德国法西斯集团中，他们是自愿为希特勒陪葬的人。

希特勒自杀身亡后，德军的抵抗彻底崩溃。遵照他的遗嘱，海军上将卡尔·邓尼茨继任德国元首。为了分裂盟国，在反苏联盟中与英美携手合作，狡猾的邓尼茨说德军将继续进行反对布尔什维克主义的战争。他向英、美单独发出了投降的信号，他甚至暗示蒙哥马利，他想让东西两线的德军全部向英军投降。

　　英国首相丘吉尔认为世界上最可恶的敌人是苏联共产党，于是他决定接受邓尼茨的投降。对丘吉尔的决定，艾森豪威尔非常气愤，他打电话给丘吉尔说："这是自取灭亡，刚刚取得反法西斯的胜利，怎么能和德国结盟？"艾森豪威尔坚决反对英国的做法，他说除非德国全面投降，否则他不会安排受降仪式。

　　尽管遭到艾森豪威尔的严词拒绝，但是邓尼茨并没有死心。5月4日，他派德伯格海军上将去和艾森豪威尔商谈西线德军投降事宜。这次，邓尼茨仍然没有达到目的，因为艾森豪威尔说："德国必须在东西两线全面投降，否则我不会见任何德国官员。"仍不罢休的邓尼茨并不理会艾森豪威尔，他命令西线的所有德军停火。对此，艾森豪威尔并没有示弱，他发出了最后通牒：德军必须无条件地向所有盟国投降，若德国坚持不在投降书上签字，我将中断一切谈判，在48小时内封锁所有的盟军前线。邓尼茨被迫答应了艾森豪威尔的要求。

　　5月7日凌晨2点，签字仪式在兰斯的职业技术学校二楼的文娱室举行。签字之前，德方代表约德尔一再要求再宽限两天时间。约德尔说："目前，通知所有的德国部队投降需要两天时间，因为现在德国的通信系统已经瘫痪了。"艾森豪威尔从史密斯那里得知这一情况后，生气地说："德国人这样拖延时间，到底想干什么？史密斯，你告诉他必须立即签署投降书。"当史密斯问艾森豪威尔是否去签字时，他斩钉截铁地说："不去，没有正式投降之前，我是不会正眼看这帮混蛋的。"

　　5月7日凌晨2时41分，德国代表约德尔、盟军代表最高统帅部参谋长史密斯、苏军代表苏斯拉帕罗夫将军分别在无条件投降书上签了字。作为见证人，法军萨维兹将军也签了字。签完字，史密斯才把约德尔一行人带到二楼艾森豪威尔的办公室。艾森豪威尔严肃地对约德尔说："如果这份投降书中的条款遭到破坏的话，你必须对之负责。要说的话已经说了，你走吧。"约德尔等德国军官向艾森豪威尔行了一个军礼就走了，艾森豪威尔并没有回礼。半个小时的投降仪式就这样结束了。突然，镁光灯闪个不停。一群记者蜂拥而至，打破了刚才沉闷、庄重的气氛。

　　一名记者说："将军，在这伟大的时刻，作为胜利者，您讲几句吧。"艾森豪威尔心情非常复杂，战争使他成为世界风云人物，但它也给人们带来了无穷无尽的灾难。沉思良久，他才缓缓开口："德国已经彻底失败。

在这栋楼里，德国无条件投降了。"等了很久，记者没有听到艾森豪威尔的下文。一位记者忍不住问道："将军，就这些吗?"艾森豪威尔笑着说道："这已经足够了。"没有了下文，记者们抢着往前挤，想和最高统帅拍一张具有伟大历史意义的照片。后来一名记者提议："将军，您拿着刚才签署投降书的金笔照一张吧。"艾森豪威尔愉快地拿起笔，摆了一个代表胜利的"V"字，拍下了一张具有历史意义的照片。

记者散去后，艾森豪威尔给盟国参谋长联席会议发了一封电报。他在电报里写道："1945 年 5 月 7 日当地时间 2 时 41 分，盟军顺利完成了任务。"

马歇尔对艾森豪威尔的工作非常满意，收到电报后，他以国家、盟国以及美国军队的名义给艾森豪威尔发了一封电报。电报里写道：

艾克：

你出色地指挥了最强大的部队，胜利完成了战争史上最伟大的任务。自你 3 年前到达英国以来，成功解决了许多困难，成功处理了国际政治问题中前所未有的复杂情况。你在军事决策中的勇气和智慧、你的无私、你的果断是令人钦佩的。

为了人类的幸福和平，你创造了伟大的历史。美国军队的一位军官所希望和钦佩的一切，在你身上全都体现出来了。

……

艾克，你是好样的。再多华美的言词也无法表达我对你的敬意和感激。

马歇尔

作为美国军队的总参谋长、盟国参谋长联席会议的主要负责人，马歇尔在电报里高度赞扬了艾森豪威尔。对此，艾森豪威尔非常高兴。

对艾森豪威尔在兰斯举行的投降仪式，斯大林并不满意。他说："柏林是苏军攻克的，苏军才是战胜德国法西斯的主力。无论从地点还是从方式看，兰斯的投降仪式都有损苏军的威望。"于是，苏美英三国政府商量之后决定，5 月 8 日在柏林正式举行德国的投降仪式。

5 月 8 日，正式投降仪式如期举行。在苏联朱可夫元帅的主持下，德国正式向苏联红军最高统帅部、盟国远征军最高统帅部无条件投降。1945 年 5 月 9 日零时，投降书开始生效。至此，德国法西斯被彻底击败。

DWIGHT EISENHOWER
第八章
从将军到总统

选举的结果出来了，艾森豪威尔赢了。他以 55.5% 的选票战胜了民主党候选人，顺利登上美国总统的宝座。艾森豪威尔就这样被推到了历史的前沿，人们相信他们的英雄会为他们创造和平的环境，领导他们走向繁荣与富强。

1 胜利以后
DWIGHT EISENHOWER

　　德国投降的消息迅速传遍了世界，这是人类历史上最快乐的事情。庆祝活动接踵而至，作为统率数百万大军的盟国远征军总司令，艾森豪威尔将军依然很忙碌，他要接待来访的人，要重新部署美国在太平洋的部队，要和盟国占领军首脑商讨占领的事情等等。此外，艾森豪威尔因为战争大名远扬，被邀到各地参加庆祝活动。这些活动费精力、费时间，但他不得不参加。

　　5月15日，庆祝活动开始。艾森豪威尔应邀去伦敦，儿子约翰、布雷德利将军、秘书凯瑟琳·萨默斯比、勤务员吉米陪他一同前往。他们参观了以前工作的地方后，在多尔彻斯特旅馆吃了便饭，然后到剧院观看演出。当人们在剧院发现他们的英雄后，人们齐声欢呼，并强烈要求他讲话。三年来，艾森豪威尔第一次在公众场合露面，他没有想到人们这样欢迎他。艾森豪威尔大声对欢迎自己的人群说："谢谢大家！我非常高兴回到这里！"艾森豪威尔的传记作者斯蒂芬·安布罗斯说："他在英国备受欢迎，无论走到哪里，迎接他的都是人们的欢呼声和鼓掌声。"

　　6月12日上午，英国正式的庆祝活动在伦敦市政厅举行，丘吉尔坚持要艾森豪威尔参加。尽管艾森豪威尔一再要求，不要突出他在战争中的贡献，然而会上人们关注的焦点仍然是他。在豪华的市政大厅，英国政府高级官员、高级将领都是他的听众。这是艾森豪威尔第一次独自做正式讲演，之前他非常认真地准备了几个星期。当他从伦敦市长手中接受威灵顿公爵的宝剑后，他开始了自己的演讲：

　　　　谢谢大家！谢谢给我这样崇高的荣誉，这使我悲喜交加。单凭我一个人的力量，决不可能赢得最后的胜利。即使我有但丁的智慧、上帝的保佑，但若没有千百万英国人和美国人的共同努力，我是不会取得胜利的。今天，我的荣耀是用战士们的生命、同伴的热血换来的。其实，我只是一个代表，真正的荣誉应该属于在反法西斯战场英勇奋战的将士。他们才是民族的英雄，民族的灵魂！在这样的日子，我要衷心地感谢他们！同时，我要感谢英美两国人民，因为他们的默默支持、虔诚祷告带来了今天的和平。

我来自美国，我的国家和英国讲一样的语言、有共同的渊源。每当想到这里，我就觉得我和大家真的很近、很亲。不管是英国人，还是美国人，我们都要为了自己的和平和自由而战。为了和平和自由，我们一起奋斗，终于取得了胜利。我们要牢牢记住那些战争中的战士，虽然他们很平凡，但是他们是最伟大的人。盟国远征军队伍里的战士个个都是好样的，我们要为他们感到自豪！

艾森豪威尔的演讲结束后，雷鸣般的掌声在大厅里响起，经久不息。在掌声中，丘吉尔把他带到阳台上。阳台下面的街道上，黑压压的人群在向艾森豪威尔挥手致意。受到英国人民如此热烈的欢迎，艾森豪威尔动情地说："你们知道吗？我和你们说同样的语言，在伦敦我也有权利像你们一样奔走呼号。"

6月13日，伦敦报纸头版头条就是艾森豪威尔在伦敦市政厅的演讲。报纸上评价说："昨天，艾森豪威尔的演讲实在太精彩了！到现在为止，没有谁的演讲可以和他媲美。"

在英国的庆祝活动结束后，艾森豪威尔又应邀去了法国、捷克斯洛伐克等很多国家。无论他走到哪里，迎接他的都是经久不息的掌声。这次法国之行，他仍然没有逃掉姑娘们的吻。

在马歇尔的要求下，艾森豪威尔于6月下旬回到美国。这位凯旋的战斗英雄，受到了祖国人民的热烈欢迎。回国后，他必须继续那没完没了的演讲。其中在国会两院联席会议上的讲话最为重要，马歇尔为他准备了一份演讲稿。当他把讲演稿给艾森豪威尔的时候，遭到了拒绝。艾森豪威尔说："谢谢你，但是我不喜欢固定的讲演稿，我更喜欢随意地讲。"在演讲的时候，艾森豪威尔讲的尽是些平淡无奇的事情，但仍然赢得了人们热烈的掌声。杜鲁门总统说："艾森豪威尔的演讲虽然平淡，但他的真诚深深地打动了在座的每个人。他的演讲赢得的掌声，是国会历史上最长的。"

在家乡阿比林，艾森豪威尔对乡亲们说："虽然我到过很远的地方，

DWIGHT EISENHOWER

但阿比林在我的心里始终占有重要的位置。"为了听英雄的演讲，镇上的居民很早就在公园里等候了。除了他们之外，还有很多经过长途跋涉，从西部草原来的人。艾森豪威尔很少和乡亲们讲自己的故事，他总是绘声绘色地给乡亲们讲述战士们英勇杀敌的事迹。

在曼哈顿，艾森豪威尔停留了很长时间。他的弟弟弥尔顿是曼哈顿堪萨斯大学的校长，应他的邀请，艾森豪威尔为学生们做了演讲。学生们的热情非常高，除了听演讲外，他们向艾森豪威尔提了许多问题。有位学生说："对我们来说，您只是弥尔顿校长的兄长，不是总司令。在这里，您得不到司令的礼遇，您介意吗？"艾森豪威尔爽朗地笑了，他说："怎么会介意呢。现在，我回家了。你们难道不知道，只有在家里才是无拘无束的？"随后，另一个学生问道："听说在欧洲的时候，英国的蒙哥马利将军总是对您不敬。作为他的上司，您不生气吗？"艾森豪威尔回答："在橄榄球比赛的时候，你的队员对你不尊重，偶尔骂了你一句。作为队长，你认为齐心协力赢得比赛重要，还是赢得队友的尊重更重要？"

回国的日子里，人们关注的都是艾森豪威尔。他下飞机时说："天呀，回家的感觉真好！"第二天，这句话就成为报纸的头版头条。他在国会的正式演说、在街上为人群发表的即兴讲话、他的一言一行等等，都深深吸引着人们的眼球。他的题为《我不过是一个完成职责的堪萨斯农家孩子》的演讲就更不用说了，各家报纸争相报道，《纽约时报》还称赞这篇演说是"杰作"。他在纽约演讲那天，有200多万纽约市民在市政厅外听他演讲。没有听到他演讲的人，就争先恐后地买报纸看。

在庆祝胜利的日子里，请柬像潮水般涌来。富豪、知名人士、各种著名团体、历史悠久的大学、朋友都要求他去发表演说。面对大家的盛情邀请，将军无法拒绝。但他非常为难，他害怕成为饶舌的将军。

6月25日后，艾森豪威尔终于有时间陪家人了。在白硫磺温泉，艾森豪威尔陪儿子约翰、玛咪、岳父、岳母在那里安静地过了一个星期。在这之前，玛咪曾经抱怨说："我很失望，我连拥抱丈夫的机会都没有，因为我不得不把他让给公众。"

7月，艾森豪威尔告别家人，前往柏林准备波茨坦会议。此时，凯仍然在协助艾森豪威尔的工作，但凯不是美国公民，以后不能继续为艾森豪威尔工作了。战争结束了，艾森豪威尔和凯之间的情人关系也将随之结束。虽然三年来他们结下了深情厚谊，但是为了家庭、前程，艾森豪威尔不得不斩断情丝。凯虽然深爱着比她大20多岁的男人，但是她明白，玛咪和约翰的存在使他们不可能再有进一步发展。

一想到以后再也不能陪在艾森豪威尔身边了，凯就非常难过。但她还是忍痛给艾森豪威尔写了一封信，艾森豪威尔回信说：

凯：

我很抱歉，也觉得非常遗憾。

就这样结束我们之间的关系，我也非常苦恼。我们无法摆脱命运的操控！

希望以后的日子里，你能够快乐、乐观。如果有需要帮忙的地方，我很乐意为你效劳。常保持联络吧，我希望能得到你的消息。

多珍重！

苦恼的艾克

不久以后，凯申请了美国公民证。在艾森豪威尔的帮助下，卢·克莱将军为她安排了一份工作。艾森豪威尔对卢·克莱说："在这场战争中，她失去了未婚夫，是个不幸的人。你知道，她曾经忠心耿耿地为我工作。希望能尽力为她安排一份不错的工作。"

就这样，将军和情人的关系彻底结束了。为了让身体不好的玛咪安心生活，艾森豪威尔给她写信说："从此以后，请你放心。你要了解到我对你的爱，不要再胡思乱想。"

7月17日至8月2日，苏美英三国政府首脑和外长在柏林参加了波茨坦会议。会上，三国政府首脑签订了一份《柏林问题议定书》。在这份协议中，明确了战后如何处理德国的问题。同时，还通过了一项决议，这个决议就是美英中苏四国的对日宣言——《波茨坦公告》。

波茨坦会议结束后，艾森豪威尔将军应邀访问苏联。邀请书上写着："你将作为朱可夫元帅的客人，作为第二次世界大战的伟大军事活动家访问苏联。"在"二战"期间，艾森豪威尔和朱可夫建立了友谊。斯大林因为欣赏艾森豪威尔，在6月的时候就邀请过艾森豪威尔，但他并没有接受邀请。这次作为朱可夫的客人，艾森豪威尔欣然接受了邀请，并将参加8

月 12 日在莫斯科举行的体育节。

8 月 11 日，艾森豪威尔和朱可夫一起从柏林飞往莫斯科。一路上他俩说说笑笑，十分开心。随行的约翰说："尽管要通过翻译来交流，但他们依然谈笑风生。"下午 16 时，他们抵达莫斯科。看到莫斯科被毁坏的建筑，艾森豪威尔心情非常沉重，心里充满了对法西斯的仇恨。

8 月 12 日下午，体育游行开始前，斯大林请艾森豪威尔到列宁墓观礼台上与他一起观看游行。对此，艾森豪威尔觉得非常荣幸。因为他是第一位被邀请登上列宁墓观礼台的外国人，而且他并不是共产党员。虽然觉得很荣幸，但艾森豪威尔觉得撇下代表总统的大使独自上去不合适，就婉言拒绝了。斯大林事先就考虑到若让艾森豪威尔一个人去，他肯定会觉得为难，同意让他带两位伙伴一起上去。

体育大游行持续了 5 个小时。艾森豪威尔说："我从来没见到过这样的场面，参加检阅的人都穿着鲜艳的民族服装，他们充满激情的表演，令在场的每个人都沉浸在兴奋和欢乐之中。"除了体育游行给艾森豪威尔留下深刻的印象外，斯大林充沛的精力、敏捷的思维也给他留下了深刻的印象。斯大林对艾森豪威尔的印象也非常好，他说："艾森豪威尔之所以伟大，不仅仅是因为他在军事上的成就。他不像大多数军人那样粗暴、鲁莽，他是一个友好、坦率、心地善良、有人情味的人。"

在苏联，艾森豪威尔一行受到热烈欢迎和盛情款待。艾森豪威尔处处受到优待，苏联方面甚至让他参观了克里姆林宫兵器馆的珍宝，这时克里姆林宫兵器馆尚未对外开放。美国驻莫斯科大使馆的工作人员，没有谁见过这批收藏品。此外，艾森豪威尔还参观了莫斯科的美术馆、地铁、飞机制造厂、国营农场等。看到人们都在为恢复战争的创伤而辛勤劳作，艾森豪威尔满怀热情地说："他们为了祖国，是不怕任何困难的。"

在艾森豪威尔的莫斯科之行将要圆满结束的时候，传来了日本投降的消息。第二次世界大战终于全面结束，世界迎来了新的曙光。

对苏联的访问结束后，艾森豪威尔回到美国。这时，他觉得自己在军界的仕途就要结束了，于是开始思考自己的下半生。此时，他退伍的愿望非常强烈，他说："我才刚过 55 岁，还没有到隐退的时候，但我已经得到了想要的全部荣誉。现在，我可以自由地写作、打打高尔夫球、种种地了。"

1945 年 11 月 11 日，艾森豪威尔到华盛顿参加参议院军事委员会会

DWIGHT EISENHOWER

在美军的密苏里号战舰上，举行了日本无条件投降的签字仪式。至此，第二次世界大战全面结束。

议。此时，杜鲁门总统正在为马歇尔要辞职的事而烦恼。早在8月的时候，马歇尔就向总统提出了辞职，但是总统并没有批准。马歇尔对艾森豪威尔说："我向总统辞职了，推荐你去当陆军部总参谋长。"已经决定隐退的艾森豪威尔说："我本来是打算退休的，但是我会服从上级的安排。"马歇尔说服了杜鲁门，也说服了艾森豪威尔。12月3日，艾森豪威尔正式上任。此时，杜鲁门还让他兼任参谋长联席会议主席。

2 哥伦比亚大学校长
DWIGHT EISENHOWER

担任参谋长后，艾森豪威尔的工作并不顺心。在军队复员时期，担任陆军参谋长是一件很令人头疼的事情。艾森豪威尔想尽力去为复员的士兵解决问题，为许多军官安排二作，但由于没有足够的权力，他无法顺利地

DWIGHT EISENHOWER

解决这些问题，他不得不妥协、让步。

艾森豪威尔和玛咪经历了长久的分离后，终于可以团聚了。幸福舒适的家庭生活、适时的运动逐渐缓解了艾森豪威尔战争时的紧张情绪，工作中的不顺心也因此一扫而光，他又变得轻松快乐起来。接任马歇尔的职务后，艾森豪威尔一家就搬到他原来住的小区里。房子比他们以前的宽敞明亮，而且马歇尔还留了一群可爱的小鸡给艾森豪威尔，他从中得到了不少乐趣，可没多久这些可爱的小鸡就因鸡瘟全都死掉了。为了表达自己的歉意，艾森豪威尔还特意写了一封信给马歇尔。

安定的生活使艾森豪威尔一家有时间在家中招待亲朋好友，艾森豪威尔俱乐部又恢复了往日的生气。此外，艾森豪威尔在商界、政界和军界的朋友也会经常来拜访他们，玛咪仍然像从前一样热情地招待他们。

20年前，艾森豪威尔和玛咪住在华盛顿的时候，他们的社交圈子里都是些默默无闻的军官以及他们的妻子。而现在，艾森豪威尔从战场上凯旋归来以后，形成了"艾森豪威尔热"，他们的新朋友几乎全是百万富翁，其中，大多数人都盘算着利用这位将军的名声进行最冒险的政治赌博——入主白宫。在艾森豪威尔还没有接到新任命之前，有些财团的显贵们就已经开始向他靠拢。在"二战"前，艾森豪威尔对美国商界的领袖人物几乎一个也不认识；"二战"期间见过几个，算是有一面之缘；"二战"结束后，他会见过许多商界名流，即使没有见面的，也有过书信交流。国际商业机器公司的董事长托马斯·华生曾经到五角大楼去拜访艾森豪威尔，并一再邀请他到纽约大都会艺术博物馆去演讲；其他一些大公司重要人物也各有打算，他们纷纷利用自己在社团、大学中的地位来接近艾森豪威尔。其中大多数人都敦促艾森豪威尔参加总统竞选，他们一致认为，艾森豪威尔参加竞选的话，一定可以取得胜利。

艾森豪威尔非常讨厌党派政治，他对自己的处境深感痛苦。他觉得在竞选的时候进行各种宣传活动、请求人们给予支持的做法，与搞政治交易、封官许愿、党派政治没有什么两样。所以艾森豪威尔无法接受大家的好意，不准备参加选举。尽管遭到艾森豪威尔的拒绝，但是热衷此事的人并没有放弃，他们一直在等待合适的机会。

艾森豪威尔一家日子过得非常快乐，不知不觉就到了1947年。这一年6月，儿子约翰宣布要结婚了，这令他们非常快乐。儿媳名叫巴巴拉·汤普森，也是军人的后代。在维也纳，约翰和她相识、相爱。对于约翰的婚事，艾森豪威尔非常兴奋，但是他并不像玛咪那样表现出来。更令他们高兴的是，儿子为了让他们参加婚礼，主动推迟了婚期，并在美国举行婚礼。当时，约翰还在欧洲工作，父亲因为工作的原因不能去参加婚礼，所以约翰的决定令他们非常高兴。

圣诞节临近，艾森豪威尔的参谋长任期要满了。他决定让老部下——布雷德利接替他的职务。布雷德利是他最信任的人之一，他相信布雷德利一定可以做好。2月7日，参谋长职位交接仪式上，杜鲁门总统授予艾森豪威尔一枚代表卓越军功的橡叶勋章。就这样，艾森豪威尔离开了五角大楼。

还没有离开五角大楼之前，他就接到许多大公司、大企业请他去当总

任哥伦比亚大学校长时的艾森豪威尔

经理、董事长的邀请函，而且薪水非常可观。但艾森豪威尔都婉言拒绝了，因为他不想拿名誉做交易。后来，在哥伦比亚大学的董事汤姆·华生真诚的邀请下，艾森豪威尔答应去该校担任校长。起初艾森豪威尔并没有答应，他对华生说："我根本没有教学经验，你应该去找我的弟弟弥尔顿，他才是教育家。"华生说："我们需要的是您。"后来艾森豪威尔听取了总

统的建议后，接受了华生的邀请。哥伦比亚大学给他发出正式聘书，年薪高达 2.5 万美元。

因为在第二次世界大战中艾森豪威尔军功卓著，他拥有许多名牌大学的名誉学位和称号。尽管如此，他就任哥伦比亚大学的校长，还是引来学术界代表人物的强烈反对。他们认为，哥伦比亚大学应当由学者担任校长，而不应该是像艾森豪威尔这样身经百战的将军。在那些学者看来，他只是一介武夫。对此，艾森豪威尔很不高兴。但为了有利于学校的发展，让学者们满意，在与学校的教授们第一次见面的时候，他诚恳地说："虽然我不追求学者的桂冠，但我会虚心听取教授们的意见。为了学校的前途，在处理学术问题的时候，我不会干预，一切由教授们定夺。"

艾森豪威尔经常虚心地向教授们学习，他还经常和年轻的历史教师一起探讨问题。为了学习，他甚至经常到各个班级、院系去听课。校长亲自到班级去和学生们一起学习，这在任何一所名牌大学都是罕见的。因为喜欢物理，他和诺贝尔奖金获得者伊西多·拉比建立了非常亲密的关系。好几次其他院校都想用高薪把拉比挖走，但艾森豪威尔总会想尽一切办法挽留他。在一次聊天的时候，他真诚地对拉比说："你根本不知道我多么需要你，哥伦比亚大学多么需要你。万一你离开的话，哥伦比亚大学的损失将是非常惨重的。"

橄榄球是艾森豪威尔的特长，有时间的时候，他就去球场指导哥伦比亚大学橄榄球队的同学训练。此外，艾森豪威尔还留住了要被耶鲁大学挖走的橄榄球队的教练卢·利特尔。

艾森豪威尔对哥伦比亚大学的贡献不仅仅是为它挽留住了人才，他还为哥伦比亚大学带来了声誉、金钱，并且活跃了同学们的学习气氛。

在哥伦比亚大学任校长的时候，艾森豪威尔还是"全美议事会"的组织者。"全美议事会"主要是召集学者、党派代表、企业家、劳工一起研究全国性问题。这样有利于理论与实践相结合，更好地解决问题。艾森豪威尔组织的"全美议事会"不仅为哥伦比亚大学带来了显赫的名声，还为它带来了发展需要的基金。

此外，艾森豪威尔还把有关战争的原因、后果等纳入学院研究的课题。他说："真是难以想象，居然没有一所美国大学研究战争的问题。"他说服耶鲁大学的威廉·福克斯来哥伦比亚大学负责这一课题。在福克斯的带领下，研究进展得非常顺利。为了这个课题，艾森豪威尔还想尽一切办法去筹措资金。他从不直接要求捐款，他有自己独特的筹款方式。他常常给他的好朋友或熟人写这样的信：

亲爱的迈克：

你好！

你帮帮我吧。现在，哥伦比亚大学为了发明一种抵抗×病毒的药物，正在积极研究。负责这一课题的教授进展得非常顺利，已经到了突破阶段。但因为资金短缺，再也无法揭开×病毒的秘密了。

×病毒将严重威胁我们的生命安全，一旦蔓延开来，后果将不堪设想。万般无奈之下，只好求助于你。帮帮我，也帮帮我们的祖国。

你忠实的朋友　艾克

艾森豪威尔筹措资金的方式基本上都是这样的，而且每次总能顺利地为学校弄来研究款项。有一次，为了筹集50万美元的研究款，艾森豪威尔专程到得克萨斯去见一些石油富豪，艾森豪威尔凭借自己的热忱顺利说服了那些石油富豪。

为了改善美国的农业条件，艾森豪威尔专门创设了一个名为"土壤——美国最大的资源"的研究课题。艾森豪威尔还利用自己的关系，说服了一些国家领导人也参与此事。

虽然艾森豪威尔不是学者，是一名将军，但是他凭借自己的智慧为学院谋求更好的发展，为学院教师带来了高薪。在他短短的任期内，在开展新的计划方面，他取得的成就比大多数校长花10年的时间取得的成就还要大。艾森豪威尔对哥伦比亚大学所作的贡献，并不能因为他是将军不是学者就可以忽视。

艾森豪威尔在哥伦比亚任职时，除了忙于校务外，他还开始撰写回忆录。1948年，他的著作《远征欧陆》第一版问世。这部书在当时引起了巨大的反响，给艾森豪威带来了476 250美元的丰厚收入，同时也提高了他的声望。该书一出版就风行全国，受到了广泛的好评。到1966年年底的时候，这本书在美国销售量高达170万册，成为全美最畅销的传记，被翻译成 22 种文字，在多个国家流传。

　　艾森豪威尔在哥伦比亚大学任职期间，约翰和巴巴拉已经有了两个小男孩。玛咪非常希望有个大房子，让孙子们快乐地成长。艾森豪威尔和玛咪结婚几十年了，这些年来他们总是从这里搬到那里，从来没有一个固定的家。为此，艾森豪威尔觉得很对不起玛咪。为了弥补对玛咪的亏欠，为了恢复艾森豪威尔家族从德国迁居宾夕法尼亚时的面貌，1950 年秋，艾森豪威尔用出版《远征欧陆》的收入，在宾夕法尼亚的葛底斯堡买了一个农场。葛底斯堡是南北战争时期的古战场之一，具有重要的历史意义。它深深吸引了艾森豪威尔，他决定在这里建立一个农庄。

　　在艾森豪威尔任哥伦比亚大学校长的第二年，西方国家发动的"冷战"席卷了全世界。它涉及政治、经济、军事、外交、意识形态等各个领域。1949 年 4 月，冷战的产儿——北大西洋公约组织成立。这一组织是在美国的庇护下，在欧洲产生的政治军事联盟。4 月，美、英、法等 12 国的代表在华盛顿签订了《北大西洋公约》，公约规定：当一国遭到武装攻击时，其他缔约国应采取必要的行动，包括使用武力。1949 年 8 月条约生效时，成立了北大西洋公约组织，简称"北约"。该组织有统一的军队、最高司令官、部长理事会和防务计划委员会等。在政治上，主要负责协调国际上的重大政治问题；在军事上，主要负责研究和制订统一的战略和行动计划，并举行各种军事演习。为了使这个"冷战"的产儿仪表堂堂，北约的创建者想尽量用第二次世界大战的战斗传统来武装它。

　　1950 年 6 月 25 日，朝鲜战争爆发。联合国接受了美国的建议，派兵保卫南朝鲜。此时，战争已经开始，美国政府内部十分混乱，仍然没有决定是否参战。

　　在一次和马歇尔、杜鲁门共进晚餐的时候，艾森豪威尔对杜鲁门说："我们应该尽快将兵力投入朝鲜战场，我始终会真心实意地支持总统。"几个月以后，艾森豪威尔向哥伦比亚大学的董事汤姆·华生提出辞职，他说："新的战争需要我。"就这样，艾森豪威尔离开了哥伦比亚大学。

3 北约武装部队总司令
DWIGHT EISENHOWER

1950 年 12 月 18 日，艾森豪威尔接到杜鲁门总统的电话，杜鲁门说："北约成员国首脑一致同意让你来领导这个组织。"这令艾森豪威尔感到非常失望，因为担任北约的最高司令官必须去欧洲，这意味着他要改变现在的生活习惯。就这样，艾森豪威尔开始走上一条冷战之路。他认为，西方文明的前途必须依靠北约。

为了领导北约成员国的陆、海、空军队，1951 年 1 月 7 日，艾森豪威尔来到巴黎。他聘请艾尔弗雷德·格伦瑟中将担任他的参谋长，格伦瑟是一位优秀的计划专家，同时又是全军最好的桥牌手；此外，艾森豪威尔还聘请蒙哥马利元帅担任他的副职。在北约成员看来，蒙哥马利担任艾森豪威尔的副职是为了突出英美的团结。在巴黎的北约司令部驻地，聚集了来自 12 个国家的 200 名军官。为了组建这一武装部队，艾森豪威尔倾注了许多心血。

北约成立之后，社会主义和资本主义两大阵营的对立日益激烈。作为北约武装部队的最高司令官，艾森豪威尔积极推行美国侵略性的对外政策。在这个政策中，欧洲的地位至关重要。世界社会主义体系建立后，欧洲大陆的整个面貌发生了变化。欧洲成为两种大阵营斗争的中心，在很多方面，它决定着整个国际生活的发展。

艾森豪威尔不断重复一个观点：资本主义世界想免遭苏联共产主义的威胁，必须要统一西方的政治军事。在苏联制成原子武器后，他说："现在，在我国历史上，我们第一次被迫生活在毁灭性的危险之下。"其实，艾森豪威尔所谓的苏联共产主义威胁的说法，主要是为了在政治上和西方右翼集团保持一致。为了阻挠世界民族革命运动的发展，北约企图联合主要资本主义国家的力量。其实，"苏联威胁"成为混淆西方国家舆论视听的工具，成为资本主义集团对外侵略的借口。

美国人民强烈谴责孕育着新军事冒险的侵略政策，甚至有人写信质问艾森豪威尔："请你告诉我，难道我们这一代人真的要成为职业杀手吗？不管如何努力也逃脱不了杀人与被杀的命运吗？你知道吗，情绪忧郁的士兵们经常喝着啤酒，议论世界大事和个人的前途。议论的结果是，在未来的战争中他们只有两种命运。一种是他们厌恶的命运——杀人；另一种是使他们感到恐慌的命运——被人杀。"

他在给这位质问他的陌生朋友回信时，写道："在我看来，这一切都是苏联共产党的错，是他们迫使美国武装起来的。虽然您对我的回信会不满意，但这是无法否认的事实。"艾森豪威尔自己也觉得这样荒唐的理由说服不了任何人。

为了解决北约武装部队兵力不足的问题，美国主张利用西德的军事经济潜力。美国的提议很具诱惑力，但艾森豪威尔比任何人都清楚，接纳德国参加北约将会遭到舆论界的强烈谴责、北约盟国的强烈反对，而且首先是欧洲国家的反对。因为身为北约武装部队最高司令的他，在"二战"中亲眼目睹了德国法西斯的侵略行径。法国因在战争中遭到德国的疯狂侵略，第一个拒绝批准德国加入北约。在同丘吉尔商量后，艾森豪威尔立即成立了英美"研究小组"，研究一旦法国拒绝的话应该采取的具体制裁措施。对于法国的反对，艾森豪威尔的态度就像当时迫使德国投降一样强硬，他说："如果法国一味拖延的话，将是对大西洋国家团结的一个打击。不解决德国问题，苏联人为了自己的利益，总有一天会解决这个问题的。法国必须做出决断，否则一切后果自负。"面对英美两国的威胁，法国政府不得不同意让德国加入大西洋集团。最后，北约成员国一致同意了"普利文"计划，在这个计划中，明确规定允许德国建立一支规模不得大于师的军队，而且这支军队归入北约组织的部队；同时还规定，德国的兵员不得超过整个北约部队人数的20%，而且这支部队的军官由法国人担任。

在解决德国军队问题的过程中，艾森豪威尔意识到，北约这个新的超国家组织中应该包括更多的国家和它们的兵力。他准备将瑞典、希腊、西班牙和南斯拉夫等国吸收进来。

经过艾森豪威尔的不懈努力，在欧洲建立军队的事情进展很快，北约开始建立一支真正的军队了。为了让北约取得广泛的支持，艾森豪威尔不遗余力地通过各种方式推销北大西洋公约，他甚至动用了自己的私人关系。虽然北约在一天天壮大，但与苏联的军队相比，它的力量还是太弱小。于是，有人建议投入核武器。艾森豪威尔认为使用原子弹是不道德的、疯狂的行为，他拒绝了这样的建议。他的目标是建立一支力量强大的常规军队。

对于艾森豪威尔在北约的积极活动，国内右翼报刊开始了对他的攻击。《芝加哥论坛报》指责艾森豪威尔，说他包揽了政府所有的内政外交。对这种指责，艾森豪威尔回击道："我并没有行使政府的权力，我的工作只是为了在欧洲范围内寻求最大限度的合作。"

北大西洋公约组织是一个松散的联盟，协调联盟内各国的关系并不是件容易的事，但对艾森豪或尔来说，它是件麻烦但并不困难的事。艾森豪威尔积极为国际事务奔走，每天与各国政府的首脑打交道，出色地处理了国际重大事件。虽然艾森豪威尔领导北约的时间不长，但他出色地执行了梦想统治世界的美国垄断集团交给他的任务。他用行动证明了他为美国政府服务的诺言，证明他实现美国统治集团提出的侵略性对外政策的决心。在北约的活动，令他的声誉越来越高，巩固了他在美国右翼政治集团中的地位。美国政客们确信，艾森豪威尔能轻而易举地开启通往白宫的大门。

"二战"以来，美国国内要求艾森豪威尔竞选总统的呼声一直很高。但艾森豪威尔本人并没有兴趣，他以为到巴黎担任北约总司令，不会再被竞选总统的问题所困扰。然而事实并非如此，民主党和共和党对他的争取从来都没有停止过，他们不停地派人游说艾森豪威尔，让他作为自己党派的代表参加竞选。美国的民主党、共和党都希望艾森豪威尔上台，许多政治领袖认为，艾森豪威尔的时刻已经到来了。要执行新的政治方针，必须有新的领袖。人门之所以有这样的想法，主要是因为艾森豪威尔从来不表示他喜欢哪一个政党，他尽量避免谈论国内的政治问题，因此谁也不知道他对这些问题的立场，以至于两党都把他看作自己人。而艾森豪威尔并没有意识到自己深孚众望，他说："我没有政治经验、没有从政的记录、没有组织，我不属于任何党派，我根本不可能获得支持，更不可能取得成功。"布彻写信告诉他："大家都预言，你一定会当选的。我劝你还是尽快做出决定吧。"

为了让艾森豪威尔以民主党候选人的身份参加竞选，杜鲁门总统好几次派遣原驻苏联大使约瑟夫·戴维斯去说服艾森豪威尔。戴维斯向艾森豪威尔转达了杜鲁门的意思，他说："在未来的选举中，总统会全力支持你。"尽管这样，艾森豪威尔还是拒绝了杜鲁门的好意。

共和党为了让艾森豪威尔答应作为他们党派的候选人参加竞选，1951

DWIGHT EISENHOWER

年 11 月 4 日，艾森豪威尔的老朋友——共和党有威望的领袖亨利·凯波特·洛奇亲自飞抵巴黎。洛奇对艾森豪威尔说："在美国，很多组织在都支持你。我看你还是赶快决定吧，不要辜负民众对你的期望啊！"艾森豪威尔笑道："你在政界有如此高的声望，为什么不参加竞选呢？"洛奇毫不隐讳地说："因为我很清楚地知道，我是不可能当选的。"在洛奇的一再要求下，艾森豪威尔答应考虑此事。堪萨斯城的出版人罗伊·罗维尔特斯肯定地说："在 30 年前，我就知道艾克是堪萨斯的优秀共和党人。"

艾森豪威尔的支持者和崇拜者从没放弃过努力，他们不断地写信催促艾森豪威尔参加竞选。1952 年 2 月 11 日，一位名叫杰奎琳·科克伦的女士带了一部长达两小时的影片飞往巴黎，片中记录的是人们拥护艾森豪威尔集会的实况。在午夜，15 000 多人高举着"我喜欢艾克！"的标语，大声喊着："我们支持艾克！我们支持艾克！"看完影片，艾森豪威尔被深深地感动。玛咪后来回忆说："看完影片，艾克和我都深受感动。当我们给自己斟上酒举杯的时候，我连想都没有想，就说了一句'为总统干杯'的话。那时，我看到艾克激动的泪水，我是第一个对他说这种话的人。那天，我们三人谈了很久很久，谈他的童年、他的母亲、战争等等。后来，在科克伦的不断催促下，艾克说让他好好考虑考虑。"

整个国家，似乎所有的人都执著地要求艾森豪威尔当总统候选人，这使他意识到想脱身没有那么简单，而且他必须要考虑当总统的事情。毕竟他很快要从军队退休，也应该考虑一下自己今后的路如何走。科克伦走后，艾森豪威尔给他最亲密的朋友们写信述说他的感受。在给斯韦德的信中，他是这样说的：

斯韦德：

我真的无法表达自己的激动和惊奇。你知道吗，当一个人突然意识到自己成为人民迫切期待的对象时，激动的心情是无法用语言来表达的。

看到人民对我的需要，我非常感动。现在如果我还对他们的热情视若无睹的话，大家会骂我是个缺乏感情的家伙。

总而言之，任何语言都无法形容我此刻的心情。

艾克

是做出最后决定的时候了。虽然艾森豪威尔没有当总统的野心，但公众的锲而不舍、国家的责任感使他不得不关注未来的总统是谁。他说："如果取代杜鲁门是响应人民呼声的唯一选择的话，我愿意效劳。"民意测验的结果表明，他是第一选择对象。这令艾森豪威尔既高兴又忧虑。出于对国家和人民的责任感，艾森豪威尔最终做出参加竞选总统的决定。

4 登上总统宝座
DWIGHT EISENHOWER

艾森豪威尔征得白宫的同意，解除他北约武装部队最高司令官职务，从 1952 年 5 月 1 日起退出军队。艾森豪威尔告别北约，于 1952 年 6 月 1 日返回美国。他将作为共和党的总统候选人参加竞选，这使他能得到有势力的垄断资本集团的帮助。此时，这一集团对共和党的倾向大大超过民主党。他的朋友，参议员亨利·凯波特·洛奇正全力以赴地为他筹备竞选。

在竞选活动过程中，艾森豪威尔面临严峻考验。按照计划，他将乘飞机、火车行驶 5 万英里，访问 45 个州的 232 个居民区，并发表 232 次演说。5 万英里相当于绕地球两圈以上，这还不包括乘汽车的路程。所到之处，他都要演说、举行记者招待会、谈话和数千次的握手。对于一个已年过花甲的人来说，这并不是一件轻松的事。尽管艾森豪威尔常常累得筋疲力尽，但他总是表现出极大的忍耐力。偶尔也有发牢骚的时候，当他少得可怜的休息时间突然被采访或其他活动占用时，他会发牢骚说："难道全国委员会的人都是白痴吗？他们居然想选一个死人来当总统。"牢骚过后，他会乖乖地说："走！他们说叫我干什么就干什么！"

为了击败艾森豪威尔，他的政治对手到处制造流言飞语。他们说艾森豪威尔是犹太人，是个只顾打桥牌不顾正事的家伙，还有报道说他和英国的凯仍在秘密恋爱……他们甚至连艾森豪威尔的家人也不放过，说玛咪有嗜酒的习惯，说艾森豪威尔不在国内的时候，玛咪和某某军官有染。这些恶意的毁谤，严重影响到了艾森豪威尔及其家人的生活。既然选择了要走的路，艾森豪威尔并不会因为这些而退缩。

6 月 4 日，在阿比林，艾森豪威尔首次向全国发表政治演说。因为下

DWIGHT EISENHOWER

雨，大看台上几乎一半的位置是空的，场面并不热闹。艾森豪威尔穿着雨衣，面无表情地念着事先准备好的稿子。他说："我不赞同高税收、政府集权、欺骗和腐败等，我是它们的死敌。"这使共和党的保守派彻底放心了，这比他出现在电视机上进行的演说取得的效果还好。这次演说，基本上为他以后的竞选定下了基调。

6月5日，艾森豪威尔举行了一次记者招待会。他的自信、真诚、非凡的人格魅力，给记者留下了深刻而美好的印象，并赢得了普遍信任。记者说："像这样没有准备的问答，比他事先准备好的演说精彩得多，他简直是主宰记者招待会的大师。"《纽约时报》的记者还说："艾森豪威尔平易近人、谦虚，说话直截了当。在回答记者的问题时，他非常简洁、坦率，从来不像知识分子那样绕弯子。"

1952年6月7日至12日，在芝加哥举行了共和党全国代表大会。会上斗争得非常激烈，因为艾森豪威尔并不是唯一的提名总统候选人。他的竞争对手，道格拉斯·麦克阿瑟的呼声也非常高。麦克阿瑟曾是艾森豪威尔的上级，是"一战"时的英雄。这两个战争中的英雄到底谁当总统候选人的问题，共和党内的各集团中曾进行了严肃的谈判。后来，麦克阿瑟并没有获得总统候选人的提名。

艾森豪威尔的对手塔夫脱也对他发起了猛烈攻击。塔夫脱说："在哥伦比亚大学任校长时，艾森豪威尔袒护共产党人。赤色分子在夺取政权的阴谋中，甚至还得到了他的帮助……"对手捏造事实的恶意攻击，使艾森豪威尔非常气愤。对此艾森豪威尔做出了反应，但他并没有以牙反牙攻击对方，他只是在达拉斯发表演说的时候强烈谴责了塔夫脱的卑劣行为。艾森豪威尔这种道义上的高姿态，令人佩服不已。他坦诚、宽容地面对这些莫须有的毁谤，使他获得了更多的支持者。在第一个回合中，艾森豪威尔获得841票，以绝对的优势击败了塔夫脱，成为共和党1952年的总统候选人。获得提名的艾森豪威尔并没有幸灾乐祸，他决定去看望塔夫脱。虽然大家都说应该等着失败者上门拜访才合情理，但艾森豪威尔坚持去看塔夫脱。当塔夫脱接到艾森豪威尔要求拜见他的电话时，非常惊讶。起初艾森豪威尔害怕塔夫脱不答应见面，打完电话他才知道自己的担心完全是多余的。艾森豪威尔哪里知道，麻烦正在等着他。在去见塔夫脱的路上，艾森豪威尔被塔夫脱的支持者围得水泄不通，他根本无法挪步。艾森豪威尔在日记里写道："他们的脸上写满失望和难过，几个月的努力白费了，我完全可以理解他们的心情。"见到塔夫脱后，艾森豪威尔大度地说："我希望我们能成为朋友，为了美国的发展携手共进。"艾森豪威尔的真诚打动了塔夫脱，他们拍了一张值得留念的照片。他们成为朋友，在未来的选举中，塔夫脱让支持自己的人去支持艾森豪威尔，使艾森豪威尔赢得了保守派的支持。

和竞争对手都能成为朋友，并不代表艾森豪威尔没有原则。其实，他也有自己不喜欢的人和事，只是他不表现出来而已。艾森豪威尔不喜欢印第安纳州的参议员威廉·詹纳，他是个非常顽固的保守派。艾森豪威尔不喜欢他的一些个人行为、政治观点，但他始终坚持保证共和党内部团结的原则，所以他从来没有在公众场合表现出对詹纳的不满。其实，这样做对他自己并没有什么坏处。从和塔夫脱竞争到成为朋友就是一个很好的例子，他不仅没有给艾森豪威尔带来坏处，相反还有助于他的选举。艾森豪威尔自己心里始终这样想：多一个敌人，还不如多一个朋友。

在芝加哥，大企业家的头面人物，像"汽车大王"福特二世等知名人士只在幕后左右风云，他们从来都不亲自参加党的全国代表大会。然而这次因为艾森豪威尔竞选总统，他们都亲自出席了共和党代表大会，并积极支持他。第一轮投票的结果出来后，艾森豪威尔还需要9票才能取得胜利。最后，他还是顺利攻克了第一道重要壁垒，因为明尼苏达州代表团团长宣布，该州代表投的票有9票改投艾森豪威尔。

芝加哥共和党全国代表大会后，艾森豪威尔全身心地投入到了竞选中。在竞选中，亚当斯和洛奇成为他最得力的助手。尽管他的助手非常练达、有丰富的政治阅历，但艾森豪威尔并没有完全依赖他们，他亲自组织和主持了自己的竞选活动。对这项全新的事业，艾森豪威尔尽量将一切细节都考虑得非常周到。在战争中，他作为将军需要纠正外交家们造成的混乱局面，而这次，他既是将军，也是外交家，他必须全盘考虑。他说："我必须让一切都天衣无缝。"

9月，艾森豪威尔前往南方开始他的竞选活动。随行的有玛咪、几十位政治顾问、工作人员和记者。为了宣传和咨询的需要，后来又加入了一名医生、一名犹太人和一名天主教徒。为了不让人觉得自己是在为别人跑腿，艾森豪威尔充分调动工作班子成员的工作积极性，让他们按照自己的意愿行事。因此，每个人都干劲十足，工作效率特别高。艾森豪威尔为人处世总有自己的独特方式，连他的竞选演讲也与众不同。他总是在火车站的站台发表演讲，在群众的欢呼声中启动火车，奔向下一个目标。他说话总是简明扼要，从不拖泥带水、矫揉造作，他的这种宣传方式让人觉得干练、亲切，耳目一新，不同于一般政客哗众取宠的演讲。艾森豪威尔的单纯、直率、真诚，被大众所接受，这使得他在南方的宣传非常成功。

在竞选活动中，艾森豪威尔反应非常敏捷，每一步都走得很稳妥。为了争取更多的选票，艾森豪威尔加强了对政府中那些同情共产党的人的攻击，低调处理了评论民主党的腐败问题。艾森豪威尔反共产主义的论调令他的一些支持者感到不安，觉得他与当时臭名昭著的麦卡锡主义走得太近了。其实，艾森豪威尔并不反对介于民主党和共和党之间的第三党所追求的目标，他只是不喜欢某些人的言论而已，而且他一点儿也不喜欢麦卡锡的疯狂做法。

麦卡锡生于 1908 年，是一个爱尔兰裔小农场主的后代。1939 年，他虚报年龄参加巡回法庭法官的竞选，成为威斯康星州历史上最年轻的法官。从此以后，麦卡锡开始了充满欺骗、谎言、阴谋的政治生涯。1946 年，为了当选议员，麦卡锡在竞选中撒谎说："服役的时候，为了保卫战友，我曾无数次光荣负伤，腿上还取出过十几颗子弹。"11 月，谎言使麦卡锡顺利当选为威斯康星州参议员。为了当上一名政治明星，在国内，麦卡锡不遗余力地打击进步势力、煽动清除所谓的共产主义意识形态。

此时，麦卡锡是美国参议院政府活动委员会主席，拥有相当广泛的势力。他篡改事实、诬陷诽谤政府要员。麦卡锡主义是美国国内反共、反民主逆流的典型，它肆意迫害共产党、民主进步人士以及持不同政见的人。艾森豪威尔强烈谴责了麦卡锡的行为方式，但对于麦卡锡对国家的忠诚，他还是持肯定的态度。

普林斯顿高级研究所著名的国际关系学者——爱德华·米德·厄尔是艾森豪威尔的忠实支持者。他给艾森豪威尔写信说："你反共的言论，令我觉得精神上很痛苦。"艾森豪威尔非常尊重厄尔，他回信的时候说："美国人民最需要的是和平与稳定。若我当选，我会给他们带来和平与繁荣，并为结束在华盛顿的共产主义和腐败而努力。"在谈到美国共产党对其他政党的颠覆时，艾森豪威尔说："为了不被共产党颠覆政权、不让赤色影响我们的政府，我会把他们彻底清除掉。"为了在反共口号下开展竞选运动，共和党让加利福尼亚州年轻的参议员——理查德·尼克松作为副总统候选人。尼克松是个狂妄的反共分子，该党的战略家认为艾森豪威尔需要一个有这种名声的副总统候选人。

艾森豪威尔的宣传活动在继续，而此时副总统候选人尼克松出了问题。《纽约邮报》发表了一篇标题为《尼克松的秘密基金》的报道，说尼克松过着的豪华奢侈的生活，其资金来源是富豪们的秘密捐款。其实，尼克松仅仅得到加利福尼亚百万富翁1.8万美元的捐赠。虽然1.8万美元并不是个什么大数目，但尼克松曾经表示过自己很廉洁，极力攻击对手的腐败，所以当报道披露尼克松秘密资金的时候，事态变得非常尴尬，共和党内部也惊慌失措。为此，艾森豪威尔的朋友、专职顾问、随行的记者等都建议他寻求别的竞选伙伴，放弃尼克松。军人出身的艾森豪威尔在"二战"中做出过许多影响历史的决策，此时面临这样的事情，他非常冷静地分析了面临的形势。他说："不要匆匆忙忙下结论，虽然我们不能盲目地支持尼克松，但是在没有听到他的解释之前也不能轻易地放弃他。"艾森豪威尔顶住来自各方面的压力，耐心地等待尼克松的解释。他还公开发表声明："一直以来，我始终相信尼克松是诚实的，十分赞赏他忠于美国并主张把共产党的同情者逐出政府的决心。最近，有报纸攻击他有不道德行为。对于此事，我相信诚实的尼克松会将事情的始末公布于众的。"静观事态发展的艾森豪威尔在催促尼克松站出来澄清事实的同时，也向民主党委婉地表明尼克松是他的人，对报纸披露的事情他不会不闻不问。后来，艾森豪威尔打电话约见尼克松，但是他们谈得并不顺利。在事态明朗之前，艾森豪威尔要尼克松独立面对外界，而尼克松则希望艾森豪威尔站出来，公开表示支持他。终于，尼克松澄清了关于基金会的问题，并公开了自己的经济情况。他说："基金会的存在很正常，民主党也有这样的基金。为了取信于民，民主党的总统和副总统候选人也必须公开自己的经济情况。"尽管尼克松这样做将了民主党候选人一军，但这使艾森豪威尔不得不公开自己的收入情况。为此艾森豪威尔非常恼火，他不想让自己的私人生活卷入政治。从此，因为基金会的事，艾森豪威尔和尼克松之间蒙上了一层阴影。

事实证明，艾森豪威尔处理基金会问题的方法是完全正确的。若在事

DWIGHT EISENHOWER

情没有弄清楚之前，他就放弃尼克松或表示支持他，都可能带来无法想象的后果。在这场危机中，艾森豪威尔向人们证实了他的能力。在事情发生后，他顶住来自各方面的压力，果断地做出了最正确的选择，这正是国家领导者应该具有的素质。

艾森豪威尔总统在针对朝鲜休战发表讲话

在艾森豪威尔的竞选活动中，对外政策问题占有特殊的地位。艾森豪威尔反对打第三次世界大战，所以在竞选过程中，就国际局势他发表了一些令国人满意的见解。他说："苏联、中国、西伯利亚是不可能占领的，即使共产党让出地盘，美国也无法拥有这些地方。一旦发生战争，西欧不一定能给我们军事援助。为了和平，我们应该想尽一切办法遏止战争的发生。"

在谈到朝鲜问题时，艾森豪威尔说："朝鲜问题应该由朝鲜人自己去解决，而不是美国人。为了体面的停战协定，我愿意为之努力。因为轰炸中华人民共和国将是一次冒险，它会给美国带来严重的后果。靠武力解决亚洲争端是行不通的，它会使美国在亚洲声名狼藉。我们不能让亚洲人把我们当做敌人，就算必须打仗，也是让亚洲人打亚洲人。而我们所要做的是，支持捍卫自由事业的一方。"

10月29日，艾森豪威尔宣布："和平是自由人民眼中的瑰宝，美国不能永远陷在朝鲜的泥潭中，所以结束这场孕育着第三次世界大战危险的悲剧冲突，是新政府的第一个任务。如果我当选，我会立即抛弃政治分歧，集中精力结束朝鲜战争。只有这样做，我才能为美国人民的和平事业服务。"之所以这样说，是因为考虑到现实的政治局势，他意识到和平解决朝鲜问题势在必行。艾森豪威尔这样的言论恰到好处，有利于11月的选举。因为作为国家的头号英雄，艾森豪威尔的这番话，给了渴望和平的人们以希望。

11月4日，选举的结果出来了。艾森豪威尔击败了民主党候选人，他赢了。他获得了55.5%的选票，而他的对手史蒂文森只获得44.5%的选票。当玛咪听到选举结果时，激动得流下了泪水。在竞选的过程中，玛咪给了艾森豪威尔很大的帮助和支持。其实，艾森豪威尔的当选，和玛咪的默默支持和关心是分不开的。玛咪不喜欢政治、不喜欢接受采访，但为了丈夫的事业，在身体不太好的情况下，她一直努力地配合整个竞选活动。在丈夫巡回演讲的时候，不管她有多么疲倦，始终都会振作精神和艾森豪威尔在一起，向欢迎他们的人微笑致意。玛咪得到了公众的热爱，甚至有一部分人因为喜欢玛咪而支持艾森豪威尔。

当艾森豪威尔为胜利感到兴奋的时候，他也感到了前所未有的压力，艾森豪威尔被推到了历史的前沿。他的当选，结束了共和党20年没有执政的局面。他设法让共和党在国会中占到了多数，从此共和党控制了参议院。

艾森豪威尔顺利登上了总统宝座，他将来要处理的是一个强国的大事，人们相信他们的英雄会为他们创造和平的环境，领导他们走向繁荣与富强。

DWIGHT EISENHOWER
第九章
入主白宫

　　"艾森豪威尔主义"并没有给各国人民带来一丝好处，它导致了新的军事冲突，使得国际局势越来越紧张。在中东建立的新战争策源地，严重威胁着世界和平，中东国家的人民一致强烈谴责美国的侵略行径。

DWIGHT EISENHOWER

1 重建内阁
DWIGHT EISENHOWER

1953年1月20日，这是一个具有特殊意义的日子，是艾森豪威尔参加总统就职典礼的日子。

上午8时，在亲属和官员们的陪同下，艾森豪威尔前往全国长老会教堂做礼拜。礼拜结束后，艾森豪威尔问玛咪："在今天的就职演说中，是否应该有一段祷告词?"得到玛咪的赞同后，艾森豪威尔立即写了一个简短的祷告词。

一切准备妥当后，艾森豪威尔前往白宫会见杜鲁门夫妇。当艾森豪威尔真诚地提出请杜鲁门——这位就要让出总统宝座的人喝咖啡时，遭到了拒绝。也许杜鲁门是通过这种方式，来告诉新总统他们是对立的。在冷冰冰的气氛中，艾森豪威尔和杜鲁门一起前往国会大厦。为了缓和气氛，艾森豪威尔开口了。他说："出于对您的考虑，1949年我没有参加您的就职典礼。那时如果我出席的话，我怕别人会忽视了您。"杜鲁门并不理会艾森豪威尔的好意，他回敬道："艾克，我怎么会请你参加呢?"就这样，在冷漠的气氛中，他们走过圆形大厅，来到国会的东面。为了新总统的就职仪式，特意在这里建造了一个平台。当他们到达的时候，喜气洋洋的人群已经恭候多时了。在美国历史上，这次参加总统就职典礼的人数是最多的一次。前来出席庆祝活动的共和党人，每个人脸上都洋溢着喜悦。艾森豪威尔穿着一件深蓝色双排扣大衣，颈上围了一条白色围巾，十分引人注目，所有的目光都聚集在他的身上，几乎没有人去注意即将离职的杜鲁门。

12时32分，艾森豪威尔的就职演说就要开始了。

发表演说前，面带笑容的艾森豪威尔把手举过头顶，做了一个代表胜利的"V"字手势。人群的欢呼声持续了很久才停下来，首先艾森豪威尔念了他早晨写的祷告词：

全能的上帝：

我和我未来的政府会竭诚为美国民众服务，但我还是恳请您赐福于我们。在您的指引下，我们会竭尽所能地为您效劳！

在我们的宪法中，明确规定了允许不同政治信仰的党存在，允许它们相互合作。我希望在宪法概念指导下，为了祖国的利益，能与民主党人携手合作。

在这片土地上，我们要用法律来控制我们的言行。我们应该关心所有的人，不管他们的性别、种族和信仰。

祷告词结束之后，在人们热烈的掌声中，艾森豪威尔开始了他的就职演说。他号召消除各民族间的隔阂和不信任，要大家友好相处。他说："历史是不会把国家的重任托付给怯懦者的，我们应该紧紧地团结在一起，勇敢地为我们的国家承担一切！"

在国内政策方面，艾森豪威尔主张增加最低工资、扩大社会保险。在谈到外援和对外贸易时，他明确地指出：美国需要市场和生产原料，所以在经济上闭关自守是不行的。此外，艾森豪威尔还谈到了生产率问题，他强调说："为了振兴国家的经济，不管你是何种政治派别，都要努力贡献自己的力量。我希望在农场和工厂中，能产生更大的力量、更高的效率。"

在谈到外交政策的时候，艾森豪威尔说："我们的政府会为了寻求世界范围的和平而努力，我们不会妥协，也不会厌烦。但是人民必须认识到，善与恶的力量已经集结了。和平对我们来说太重要了，我们寻求不折不扣地实现我们全部信仰的和平……若能依靠和平来解决问题的话，我是不会轻易用枪的。我们要为我们所希望的和平而努力，懦弱的人只能进避难所，只有勇敢的人才能看到希望。"此外，在演说中，他特别强调了所谓的共产主义威胁和战争的危险问题。他说目前面临的挑战除了侵略成性的共产主义外，就是战争的危险。所以他主张加强和盟国之间的团结、协作。大部分在场的人士，都对艾森豪威尔的讲话表示欢迎。

在人群的掌声和欢呼声中，艾森豪威尔的就职仪式结束了。之后，举行了人民的祝贺游行。晚上，艾森豪威尔夫妇出席了庆祝就职的舞会，舞会一直持续到半夜，艾森豪威尔度过了兴奋而劳累的一天。

令艾森豪威尔高兴的是，他的儿子约翰特意从朝鲜战场回来参加他的就职典礼。当艾森豪威尔得知这是杜鲁门的安排时，心里非常感激杜鲁门。就职典礼后，他给杜鲁门写了一封信，真诚地感谢他体贴下属。杜鲁

DWIGHT EISENHOWER

门回信说："这是应该的，儿子应该参加父亲的就职典礼。"虽然艾森豪威尔和杜鲁门没有成为朋友，但他一直真心诚意地感激杜鲁门。

第二天，艾森豪威尔着手组建内阁。艾森豪威尔有自己的用人标准，在他看来，要办好事情必须依靠大家的共同努力，仅仅他一个人在那里发号施令是无济于事的。他说："我需要的是有能力、有重大成就、经过考验、敢想敢做的人，我需要能挑重担、共享荣誉的工作人员。而且他们必须是依靠自己的努力获得成就、懂得如何管理巨大企业的人。只有与他们一道工作，才能有所作为。"艾森豪威尔的用人标准和别人不一样，因此他挑选阁员的方法相当特殊，目的性十分明确。他的第一个内阁被人称为"一个自来水厂的工人和八个百万富翁的政府"。他挑选的部长，大多数都与他年龄相仿，而且他们都是经过精心挑选的各实业界中财力雄厚的财阀。其中，"自来水厂的工人"是为了陪衬，没有多长时间他就离职了。

在挑选内阁和白宫工作人员的时候，艾森豪威尔任命约翰·福斯特·杜勒斯来担任国务卿这一重要职务。很多人都不喜欢他，都试图说服艾森豪威尔不要任命杜勒斯。有人对艾森豪威尔说："杜勒斯是个自高自大的家伙，古板得令人受不了。此外，他还喜欢说教、喜欢夸夸其谈。总而言之，他的缺点非常多，没有人能和他合作。"连丘吉尔也说："杜勒斯是个愚蠢的人，我很不愿意见到他。我甚至有意说不清楚他的名字，叫他'杜里士'。"尽管很多人反对任命杜勒斯，但是艾森豪威尔非常欣赏这个人。他坚持认为，担任国务卿的最合适的人选只有杜勒斯。他说："杜勒斯出生在一个外交世家，他的外祖父、舅父都担任过国务卿。而且他本人也有渊博的知识、丰富的经验。1919 年，在凡尔赛和平大会上，杜勒斯曾是美国代表团中的成员。他还是克伦·威尔律师事务所的高级成员，该事务所在国际交易中，代表美国许多大公司的利益。过去 10 年，杜勒斯一直是共和党外交政策的发言人，他还起草过日本和平条约。可以说，他一生都在为担任这一职务而锻炼着。不用这样一个善于处理各种复杂的问题、对外交事务了如指掌的人，那么我还能用谁?"当杜勒斯知道总统的决定后，非常兴奋，并且非常感谢新总统对他的信任，他对艾森豪威尔说："我了解世界各国人民之间错综复杂的关系，我不会让您失望的，我们将成为历史上最成功的班子。"

国务卿的问题解决后，艾森豪威尔挑选的第二个人是瑟夫·道奇。道奇是底特律银行的总裁，精于财道。艾森豪威尔认为，让道奇对财政预算进行把关，可以做到万无一失。于是，他任命道奇为预算局局长，并让他制定1954年的预算。接着艾森豪威尔让亚当斯协助布朗内尔和克莱的工作，让他们三人组织一个班子，并向他提出任命其他内阁成员的建议。艾森豪威尔充分信任他们，给了他们很大的权力。克莱和布朗内尔首先会见洛奇，他们对洛奇说："你可以任意挑选你在政府中愿意担任的职务，但是总统希望你担任他的助理或者驻联合国大使。"洛奇毫不犹豫地选择后者之后，艾森豪威尔请亚当斯任总统助理，其地位相当于阁员，他还把洛奇的职务级别提高到仅次于国务卿。

很快，艾森豪威尔需要的内阁成员就确定下来。司法部长由布朗内尔担任；内政部长由俄勒冈州卸任州长道格拉斯·麦凯担任，他曾是一名有成就的汽车商人；商务部长由辛克莱·威克斯担任，他是一名保守派的商人；邮政部长由共和党全国委员会主席阿瑟·萨默菲尔德担任；农业部长由埃兹拉·塔夫脱·本森担任，他是农庄合作组织的代理人；劳工部长由马丁·德尔金担任，他是芝加哥劳联的水电工人联合会主席；财政部长由乔治·汉弗莱担任，他是克利夫兰的马克·哈纳公司的董事长，这是一家有广泛业务活动的联合大企业；国防部长由查尔斯·威尔逊担任，他是世界上最大私人汽车公司的总经理。在所有的部长中，任命劳工部长是最令艾森豪威尔头痛的。经过多次筛选，最后他才选中了马丁·德尔金。在新内阁中，他是唯一的天主教徒、唯一的民主党人。这一任命还曾引来纷纷议论，塔夫脱说："这是不可理解的，总统先生居然让工会人士担任内阁中处理劳工关系的关键职务。"在艾森豪威尔的内阁里，没有谁是有经验的行政官员，几乎都是白手起家、自己创业、事业有成的商人或律师。艾森豪威尔喜欢组织严密的官僚机构，所以他按照在远征军最高司令部和英国战时内阁所采取的方针，把自己精心挑选的助手们组织起来。实际上，这个政府以很快的速度实现了国家机构的军事化。

除杜勒斯外，内阁成员中，艾森豪威尔与财政部长乔治·汉弗莱的私人关系最为密切。他们都喜欢打猎、钓鱼、打球，而且都害怕财政赤字。在他们第一次见面的时候，艾森豪威尔开玩笑说："乔治，看你的秃头居然和我的一样。"尽管他们私交甚密，但是涉及公事的时候，他们遵守原则，公事公办。在任命汉弗莱为财政部长的时候，艾森豪威尔就向他表示：属于汉弗莱权限的事他绝对不会妄加干预，也不会乱批条子。

进入白宫后，虽然艾森豪威尔的事情很多，但他以军人的纪律严格要求自己。每天早晨 8 点，他都会准时来到办公室，然后一直工作到下午 6 点，甚至更晚，中间也不休息。即使在吃午饭的时候，他也会想着工作。为了缓解一天的疲劳，艾森豪威尔会在晚餐时喝杯鸡尾酒。为了使自己接触各种观点，解决形形色色的问题，他总会阅读大量的材料，认真听取各方面的意见。

除了工作之外，艾森豪威尔的生活也很有规律。他每天 6 点起床，吃过早点后，就开始读《纽约时报》、《先驱论坛报》、新闻杂志等。他会飞快地浏览报纸上的主要新闻。艾森豪威尔经常会给报社捎去几句话，表扬某一篇文章或某一栏目。前任总统杜鲁门看报之后，如果发现有不满意的地方，他会写信给编辑表示他的愤怒；而艾森豪威尔从来都不这样做，他发泄愤怒的方式是沉默或对朋友发牢骚。对于报纸上的批评，艾森豪威尔说："令我反感的是报纸批评我的私人生活，至于我的政策，我觉得每个人都有权利发表自己的看法。"

当了总统后，艾森豪威尔总是很忙碌，几乎连吃饭的时间都没有。这令玛咪非常苦恼，她说："艾克从来都没有好好吃过一顿饭，不管摆在他面前的是什么，他都是囫囵吞下去。他经常一边看电视新闻，一边吃饭。吃完饭之后，他就没完没了地研究文件、报告等，直到深夜 11 点才会停止工作。除非有演讲或应酬，才会例外。睡觉前，他一定会读几页西部小说，否则他会难以入眠。因为看这类小说用不着动脑筋就能进入幻想世界，这样艾克在读小说的时候就能很好地休息。"成为总统以后，为了让工作人员能随时向他请示或汇报，艾森豪威尔不得不放弃了自己喜爱的钓鱼、高尔夫球和桥牌等活动。

尽管看到艾森豪威尔忙得连吃饭的时间都没有，玛咪常常为之苦恼，但是她非常幸福。除了在"二战"期间分开外，他们基本上一直生活在一起。玛咪甚至还特意买了一张大床，她愉快地说："我喜欢在半夜翻身的时候，拍拍艾克的光头。这种感觉，真的很好！"玛咪因为身体不好，所以这张床就成为她的指挥阵地。她常常在床上管理家务、读信、回信、接待来访的人。此时，玛咪成为艾森豪威尔事业中举足轻重的人。为了艾森豪威尔，原来羞怯的玛咪，现在在公开和私人场合都给了他重要帮助。在公共场合，她总是穿着得体地站在艾森豪威尔身旁，面带微笑静静地听他们的谈话，需要她说话的时候，她会及时开口。私下里玛咪记住了艾森豪威尔的助手、秘书、顾问的名字、生日，在圣诞节或他们生日的时候，玛咪会为他们送去一份礼物。此外，她还经常出席或主持许多大型的社会活动，为艾森豪威尔的朋友和他们的妻子举行宴会。总之，作为妻子，她做到了艾森豪威尔所要求的一切。

2 朝鲜停战
DWIGHT EISENHOWER

　　艾森豪威尔当选总统后，迫切需要解决的是朝鲜问题。此时，美国在朝鲜战争的漩涡中挣扎了很久。朝鲜战争是第二次世界大战后，美国在朝鲜半岛蓄意进行的一场大规模的侵略战争。这是美国政府的政治军事冒险，他们企图武力霸占中国领土台湾。麦克阿瑟扬言，鸭绿江并不是中朝两国不可逾越的障碍。

　　朝鲜、中国、世界和平都面临威胁。面对威胁，中国人民行动了。周恩来总理说，我们的邻国遭受美国的侵略，我国人民不会置之不理；同时，美国企图侵略我们，这是更不能容忍的。在中共中央政治局会议上，毛泽东主席指出："形势表明我们参战利益大，不参战损失大。所以，我们必须参战！"毛泽东和周恩来的讲话、中国政府声援朝鲜并谴责美国政府的宣言迅速传遍了全世界。为了和平、保家卫国，中国人民志愿军准备抗美援朝。中国各族人民举行了声势浩大的示威游行。

　　在朝鲜人民军、中国人民志愿军的联合抗击下，形势发生了转变。到1950年12月中旬的时候，局势已经明朗，朝鲜民主主义人民共和国的领土被收复了。对美国来说，继续进行战争的前途是暗淡的。然而，面对着中朝人民的英勇抗击，杜鲁门进行原子弹讹诈，他说："为了打击朝鲜，美国政府正在考虑使用原子弹的问题。"驻朝司令麦克阿瑟恼羞成怒地说："必须用原子弹轰炸中华人民共和国，和蒋介石的军队一道对中国大陆作战。"

　　杜鲁门的话就像扔在水里的石头，激起阵阵波浪。美国国内反战的声音、国际舆论的谴责，迫使白宫不得不采取措施。对美国来说，保住面子，结束这场实际上打输了的战争是个非常棘手的问题。此时，摆在眼前的只有一条路，那就是尽快签订和平协定。然而在和谈的过程中，南朝鲜总统李承晚企图破坏和平谈判，再燃战火，他说："我要利用北朝鲜和中国战俘，破坏谈判。没有美国，南朝鲜军队会单独战斗。"听到这样的声音，美国极右势力也表示不消灭共产势力决不罢手。驻朝司令麦克阿瑟再次提出了与中华人民共和国交战的方案。

当选美国总统后，艾森豪威尔到朝鲜前线视察。

谈判困难重重，直到 1952 年艾森豪威尔参加竞选总统前，谈判仍无实质性的进展。艾森豪威尔抓住机会，在演讲中，他提出了和平解决朝鲜问题的主张。他说："尽快体面地停止朝鲜战争，这是新政府的首要任务。为了解决这一问题，我将亲自前往朝鲜。"为了尽早结束这场战争，在就职典礼前，艾森豪威尔前往朝鲜考察。他说："美国并没有一个真正有效的长期、全面的战略计划，仅仅只在亚洲采取了杂乱的、不协调的守势。为了和平，我们有义务防止新的战争发生，而且我们有能力减少发生第三次世界大战的危险。"

DWIGHT EISENHOWER

　　因为朝鲜停战的事情，艾森豪威尔和杜鲁门之间发生了不愉快。1952年12月5日，全国制造商协会在纽约举行了一次集会。在会上，陆军上将麦克阿瑟说："我有一个解决朝鲜冲突的办法，而且这个办法不会挑起全球冲突。"他还表示除了艾森豪威尔以外，他不会把这个办法告诉任何人。艾森豪威尔的顾问不太相信麦克阿瑟的话，他们一致认为在竞选总统的关键时刻，与麦克阿瑟牵连在一起是不明智的。尽管参谋们反对与麦克阿瑟联系，而且在某些事情上艾森豪威尔和麦克阿瑟还有不同意见，但他坚持要和麦克阿瑟取得联系。他说："毕竟麦克阿瑟是一个伟大的军人，我想知道他有什么好主意。无论谁有什么好意见，我都愿意倾听。"既然艾森豪威尔决定和麦克阿瑟联系，参谋们再反对也是没有用的，于是他们建议艾森豪威尔秘密联系，但遭到拒绝。艾森豪威尔给麦克阿瑟拍了一份电报，他说："对于你公开表示愿意同我讨论朝鲜停战问题，我非常感谢。我想知道你的全部意见和经验，期待着同你会谈。"麦克阿瑟回电说："在职务上，我个人同这件事有密切的联系，但是国内没有人对我的意见感兴趣，你是第一个。对此，我特别感谢你。"

　　12月9日，在艾森豪威尔的授意下，他的新闻秘书詹姆斯·哈格蒂公布了他和麦克阿瑟的这两份电报。当杜鲁门总统从报纸上看到这两份电报后，勃然大怒。第二天，他召开了记者招待会。在会上，杜鲁门对麦克阿瑟和艾森豪威尔大肆攻击，他说："麦克阿瑟说他有结束战争的好计划，对此我表示怀疑。即使他有，也应该先告诉我，而不是艾克。至于艾克，他说为了和平解决朝鲜的战事去朝鲜考察，这只不过是一种迷惑人心的举动。"对于杜鲁门总统在记者招待会上的攻击，艾森豪威尔非常恼火，但他并没有表露出来。

　　在竞选期间，艾森豪威尔还收到一封来自明尼苏达州的信。信是这样写的：

　　艾克：

　　　　我代表明尼苏达州的选民，坚决要求停止朝鲜战争。事实证明，战争是无法遏制共产主义的。"一战"使共产主义在俄国取得了胜利，而"二战"仍是以苏联共产主义在半个世界的胜利而宣告结束。新的世界大战结局如何？也许共产主义将在全世界取得胜利。这是无法预测的，也是有可能实现的。

你知道大众的意见吗？在全世界，有90％以上的人反对朝鲜战争。不解决朝鲜问题，只依靠电台、大型报纸、通用汽车公司等来帮助的话，你将无法得到人民的支持和信赖。

明尼苏达州的一位选民

在艾森豪威尔当选美国总统后，反战运动在美国蓬勃发展。为了让新总统履行选举前的诺言，停止朝鲜战争，请愿书和各种与朝鲜战争有关的书信像雪片一样飞往白宫。有一封致艾森豪威尔的信是这样写的："总统先生，您必须设法终止这场战争。请您设身处地地想想朝鲜战争带来的苦难和不幸，如果是您的孩子在忍受这种痛苦，您会忍心不管吗？"

在美国最困难的时刻，艾森豪威尔成为白宫的主人。此时，摆在他面前的只有两条路。第一是通过谈判停战，从而"获得一种光荣的和平"；第二是扩大战争，通过大规模的攻势击败中国共产党，然后统一朝鲜。

作为一名军人，艾森豪威尔深知对中国发动进攻的严重后果。他说："如果发动了这一进攻的话，我们得不到主要盟国的支持，因为他们反对这种冒险。在朝鲜打仗，我们没有机会打赢这场战争。因为打过鸭绿江就会冒犯国际舆论，而且中国的力量是不容忽视的。"原本美国指望一旦开战，它的盟友就会派兵，而美国主要提供军火和指挥官，结果事与愿违，不管白宫如何施加压力，盟国都不向朝鲜派兵。这样一来，美国人不得不自己承担战争的政治、经济、军事道义上的担子。如此沉重的负荷，可能会使美国的对外政策宣告破产。艾森豪威尔说："美国还没有强大到能够背负全世界，所以必须想办法和平解决战事。"

艾森豪威尔担任总统后，做出的重大决策之一就是选择第一条路，解决了朝鲜问题。中国人民士气如此高昂，艾森豪威尔认识到，如果一直这样打下去，美国耗尽巨大的人力物力还不一定能打赢；同时，他们无法承受国际舆论的谴责，所以艾森豪威尔才决定走第一条路。

艾森豪威尔进入白宫之后，为了逐步解决朝鲜问题，他开始采取各种步骤。5月22日起，艾森豪威尔派杜勒斯访问印度。杜勒斯向印度当局表示，美国"愿意光荣地结束战争"。艾森豪威尔之所以安排这样的访问，是希望通过外交途径告诉中国当局他们的态度。

　　6月初，板门店谈判过展顺利。此时，南朝鲜总统李承晚又开始阻挠谈判。他说："我不同意签订任何使朝鲜处于分裂状态的协议，美国必须答应帮助大韩民国统一朝鲜。如果停战后，在90天以内召开的国际政治会议没有能统一朝鲜，而且也没有解决办法的话，必须重新恢复战争。"6月6日，艾森豪威尔写信给李承晚，并在信中表明了美国的立场，他说："到底是以政治或其他方法来统一朝鲜，还是继续以战争来实现统一？现在，我们必须做出抉择。为了达成朝鲜的统一，使朝鲜人民尽早摆脱战争的苦难，我们没有理由使苦难丛生的战争继续。"除了表明美国的立场外，艾森豪威尔还说："为了让大韩民国在和平状况下恢复生产、建设国家，战后在取得国会拨款后，美国政府会继续在经济上援助大韩民国。"尽管艾森豪威尔这样说，李承晚还是拒绝停战条款，他说："为了把中共军队赶出我们的国土，我们会单独作战。因为对我们来说，停战意味着死亡。"此外，南朝鲜国民议会达成共识，一致反对停战条款。此时，南朝鲜到处都是反对停战的游行示威队伍。

　　为了说服李承晚，让他同意停战，6月26日，美国助理国务卿罗伯逊奉艾森豪威尔之命会见了李承晚，他说："在任何情况下，美国都会停战。停战后，美国会帮助重新建设南朝鲜的。"后来，在美国的压力下，李承晚让步了，并书面答应让"联合国军"指挥他的军队。他在给杜勒斯的信里说："尽管我对停战条款心存疑虑，但我将对美国的政策让步。为了给联合国一个通过政治协议来统一朝鲜的机会，南朝鲜政府将遵守停战协定。"李承晚还写信给艾森豪威尔说："出于对您的尊重，我不会再阻挠停战。"美国助理国务卿罗伯逊顺利完成了任务，1953年7月26日，白宫接到了朝鲜停战协议签字的消息。

　　7月26日下午，艾森豪威尔发表了演说。他说："带来伤亡的战斗终于结束了，我非常高兴。有一点我必须提醒大家，我们不能放松警惕，不能停止对世界和平的追求。这次，我们仅仅赢得了停战，而不是世界范围的和平。"

　　战争结束了，当记者采访艾森豪威尔问他有什么感想时，他回答说："终于停止了战争，我希望我的儿子不久就能回家来。我希望所有的父亲都能如愿以偿，他们的儿子一定会归来。"艾森豪威尔还告诉记者，要与人为善，而不要与人交恶。

DWIGHT EISENHOWER

在朝鲜战争中，中国人民和朝鲜人民赢得了最后的胜利。美国惨遭失败，被迫签订了停战协定。对此，美国政治评论家约瑟夫·格登作出这样的评论：

在美国不愉快的经历中，朝鲜战争算是其中之一。在同中国共产党的较量中，美国使用了除原子弹以外的所有武器，而中国……制服了拥有现代化军事力量的美国。朝鲜战争结束后，大多数美国人都急于把它从记忆中轻轻抹掉。朝鲜战争是美国第一次没有胜利班师回朝的战争，这一事实是无论如何也抹杀不掉的。

朝鲜战争是"二战"后美国军事、外交战略的转折点，它是美国第一次试图用武力来阻止共产主义的军事扩张。在这种冒险行动的漫漫长路上，朝鲜战争只是第一步。朝鲜战争爆发后不久，在印度支那与当地起义者作战的法国人得到了美国的军事援助，后来这场起义演变成为越南战争，这是美国冒险行动的继续。

无论这种冒险行动的结果如何，在以后的 10 年中，美国把国家的资源、声望、名誉越来越多地投入到欧洲、东南亚、非洲和拉丁美洲。这不仅要消耗美国联邦政府的财力，而且要消耗他们的物力。在远离故土的地方，有多少士兵在枕戈待旦，又有多少家庭在期盼，期盼丈夫、儿子、父亲的归来。

美国政府中，很多人反对、抱怨朝鲜停战一事。为此，艾森豪威尔也受到了冷遇。很多人都无法接受失败的结果，他们主张在朝鲜打持久战。而艾森豪威尔不想让更多的战士死在战场，所以他选择了多数人反对的"体面和平"。艾森豪威尔并不认为这是耻辱，他认为是巨大的成就，值得自豪。军人出身的艾森豪威尔身经百战，他比任何人都清楚战争的无情。为了缔造和平、为了千百万美国士兵的生命，艾森豪威尔毅然放弃国会的虚荣、自己的荣誉，签订了停战协定。

历时三年的朝鲜战争，是美国历史上流血最多的一次战争，而且是战而不胜之役。对那些自命不凡的"美国世纪"的鼓吹者们来说，这无疑是一次最沉重的打击。而艾森豪威尔——这位当年的盟军最高统帅，一向只接受无条件投降的胜利者，在成为总统之后，他坦然地面对国会的不理解，面对并非胜利甚至可以说是失败的结局。

3 参议员麦卡锡
DWIGHT EISENHOWER

朝鲜战争结束后，美国的冷战气氛并没有减弱。美国害怕苏联的攻击，担心异己分子会渗透到政府颠覆美国，所以在国际上，美国政府一直与苏联对抗，而且在国内积极清除隐藏在国家内部的共产党人，清除所谓的"共产主义意识形态"，打击进步势力。20 世纪 40 年代末到 50 年代初，美国以集权、政治迫害、独裁为基本特征的麦卡锡主义盛行，掀起了以其为代表的反共、排外运动。这一运动涉及美国政治、教育、文化等领域的方方面面。

在艾森豪威尔总统任期的头两年里，麦卡锡一直困扰着他。他们之间矛盾重重，几乎不能容忍对方。在艾森豪威尔参加竞选的时候，共和党人称赞麦卡锡是他们的"宝贵财产"。当时，麦卡锡激烈地攻击马歇尔，将叛徒、谋杀的罪名安在马歇尔头上。为此，艾森豪威尔竟然删掉了竞选演讲稿中赞扬马歇尔的话。他这样做，主要是为了取得威斯康星州的参议员——麦卡锡的支持。而现在共和党的"宝贵财产"，居然成为艾森豪威尔的眼中钉，总想找借口除之而后快。本来，艾森豪威尔希望麦卡锡的活动只是些反共、反民主措施，不会危及美国政府的利益。然而在美国政界，麦卡锡的影响日益扩大，个人野心不断膨胀，他发起的政治迫害活动愈演愈烈，开始危及美国政府。艾森豪威尔同麦卡锡之间的争斗越来越激烈，麦卡锡甚至公开攻击艾森豪威尔政府，并指控他叛国。在他指控艾森豪威尔之前，华盛顿政界中有人说："美国的第二号人物是麦卡锡。罗斯福去世后，在美国公共生活中，没有一个人有像麦卡锡这样的影响力。"艾森豪威尔在日记中写道："在我前进的道路上，麦卡锡是绊脚石。"

1953 年春，麦卡锡逐渐将手伸向外交领域。美国政府任命波伦为驻苏大使，麦卡锡公然反对这一任命。4 月，麦卡锡发动了查禁进步书刊的运动，在两名年轻助手科恩和沙因的协助下，他清查了美国驻欧洲各国大使

DWIGHT EISENHOWER

馆的藏书目录。在这次清查中，麦卡锡指控有 290 个单位的图书馆内藏有 200 万册赞扬共产党和亲共产主义的书籍，他主张将这些书全部焚毁。通过这次查禁，美国有 75 位作家的书全被列为禁书，连著名的小阿瑟·史莱辛格、马克·吐温、托玛斯·杰斐逊的作品也被列入了"禁书"。为此美国国务院甚至发布了这样的命令：在任何情况下，美国驻外单位的图书馆都不允许收藏共产党人的著作。此时，就连美国国务院、国防部、美国政府印刷局等要害部门都未能逃脱麦卡锡的魔爪。

在麦卡锡焚书运动的影响下，美国国内一些城市和学校的图书馆也发生了"焚书"的活动，纷纷查禁、焚毁任何可疑的书籍、杂志。在得克萨斯州的圣安东尼奥市的公共图书馆内，只要是共产党人著的书，封面上都印上了醒目的标记，而且还附上了作者被传讯审问的次数。

麦卡锡猖獗的活动激起了公众的反对。为此，艾森豪威尔召开了记者招待会。虽然他并不赞成麦卡锡的焚书活动，但是他并没有带给人们满意的答复。在欧洲，人们都说麦卡锡是美国的希特勒。英国工党领袖说："麦卡锡和艾森豪威尔总统，到底谁的权力大啊？"在美国国内，人们都说："共和党是没有希望的，它受到致命的分裂……一半是艾森豪威尔的，一半是麦卡锡的。"对于美国的现状，国务卿杜勒斯非常忧虑，他对艾森豪威尔说："现在，许多欧洲领导人都认为，我们正在麦卡锡的领导下走上法西斯之路。"

1953 年 7 月，麦卡锡的助手马修斯写文章指责美国耶稣教会的牧师，说他们被共产党渗透。看到这一文章后，教会立即将电话打到白宫抗议马修斯的诬蔑。艾森豪威尔立即谴责马修斯，说他写这样的文章是不负责任的行为，并迫使麦卡锡解除其职务。这是麦卡锡在 1953 年受到的唯一挫折，也是艾森豪威尔与麦卡锡的第一次交锋，他们之间的矛盾日益激化。

不久以后，麦卡锡指控美国陆军驻新泽西州的一个雷达中心站内有"共产党的间谍"。经过长期调查后，发现根本没有这么回事。但是麦卡锡仍不甘心。此后，他的政治迫害变本加厉，调查范围扩大到了荒谬可笑的地步。9 月，麦卡锡在记者招待会上说，他决定在军队中追查异己。为了迫使陆军部按照他的意愿任命他的助手沙因，他和助手科恩向军队施加压力。

1953 年 12 月，麦卡锡将目标对准了美国陆军。在新泽西州蒙默思堡的陆军信号实验室，他开展了一次迫害共产主义者的调查活动。麦卡锡抓住一位陆军牙科医生的晋升、退役一事大做文章。这名医生名叫欧文·佩雷斯，麦卡锡指控他是进步的美国劳工党成员，并要求对他进行忠诚调查。然而，佩雷斯所在的部队不理会麦卡锡的调查。后来，根据《医生服役法》的规定，佩雷斯被晋升为少校，而且佩雷斯退役的申请也得到上级的批准。得知这一消息后，麦卡锡勃然大怒，他说："陆军里面有共产党人渗透，这是毫无疑问的，我一定要深入追究此事。"从此以后，麦卡锡就走上了自我毁灭之路，因为他的所作所为激怒了美国陆军。

1954 年 2 月 19 日，麦卡锡的调查小组在纽约举行了一次听证会。除了佩雷斯以外，出席听证会的还有佩雷斯所在营的司令官、陆军部战功卓著的拉夫尔·兹维克准将。在听证会上，麦卡锡问兹维克："谁晋升的佩雷斯？"兹维克并没有正面回答麦卡锡的话，而是反问了他一句。对于兹维克的回答，麦卡锡很不满意。他接着问道："一个将军明明知道他的部下是共产党，他不仅不免他的职，反而让他光荣退役，这样做应该吗？你说，这到底是什么原因？"

兹维克回答说："我不知道。"

恼怒的麦卡锡说："兹维克，你必须提供涉及这一案件的全部人员名单。这是我的命令，必须在 24 小时内执行。"

兹维克准将说："对不起，我不能为您效劳。"

遭到拒绝的麦卡锡恼羞成怒，他当众污蔑兹维克："你这个没有脑子的家伙，竟然包庇共产党阴谋分子。你根本不配穿军装，应该解除你司令官的职务。任何保护共产党的将军，都不配穿这套制服。"

陆军部长史蒂文斯闻讯后说："我将亲自出席听证会作证，兹维克等人不要在麦卡锡的调查小组里露面。"

得知这一消息后，麦卡锡威胁史蒂文斯，他说："谁为共产党说话，我就要砸烂他的脑袋，任何人都不例外。"

2 月 23 日，麦卡锡举行了一次秘密宴会，陆军部长史蒂文斯应邀赴宴，他愚蠢地相信，这是一次可以进行妥协的机会。在餐桌上，双方约定会上谈的内容不能向任何人透露。史蒂文斯哪里知道，这是麦卡锡设的圈套，只等他往里钻。在麦卡锡的诱导下，史蒂文斯同意了麦卡锡提出的草案。草案规定：

为了使调查顺利进行，陆军部长史蒂文斯将提供所有与佩雷斯的提升和退役有关的人员名单。如果委员会需要，这些人和兹维克将军都将提供相关证词。

随后，麦卡锡就把草案的内容泄露给了记者。第二天，报纸的头版头条刊登的都是这一消息。醒目的标题中基本上都有陆军部投降、屈服等字眼。关于这一消息，《纽约时报》刊登了这样的报道：

在政府的指示下，史蒂文斯向麦卡锡低头

昨天下午，参议员麦卡锡得到了自己想要的东西。美国陆军投降了，这是不可否认的事实。不管艾森豪威尔总统是否愿意承认，参议员麦卡锡分享了军队的指挥权。

此外，漫画家布洛克还画了一幅关于此事的漫画，讽刺艾森豪威尔和美国陆军部向麦卡锡投降。除了媒体、报界大肆渲染此事外，麦卡锡逢人就得意洋洋地说："在签字的时候，史蒂文斯低声下气，非常乖巧。"

不幸的史蒂文斯非常恼火，他恨自己，也恨麦卡锡的卑鄙。对此艾森豪威尔也很生气，他在日记中写道：

麦卡锡是个可恶的家伙，史蒂文斯率领的军队根本不需要他插手。

……

不久以后，这个可恶的家伙就会用我的名字，而不是史蒂文斯。这个野心勃勃的家伙想当总统。我想说的是：他在做梦，除非等到全世界的人都死光了，他才能当上总统。

为了澄清同麦卡锡签订草案的事情，艾森豪威尔亲自为史蒂文斯起草了一份演讲稿。在记者招待会上，史蒂文斯说："我并没有向麦卡锡投降，也没有答应他公布相关的人事档案，这一切都是麦卡锡的阴谋。在原则上，我从来没有退却，也不能容忍任何侮辱军方的事情发生。"为了进一步表示对史蒂文斯、对陆军的支持，艾森豪威尔陪同史蒂文斯去北加利福尼亚旅行。

在艾森豪威尔的支持下，陆军部准备对麦卡锡的挑衅进行反击。3月11日，美国陆军部公布了麦卡锡的助手沙因入伍后的一系列恶行。麦卡锡

DWIGHT EISENHOWER

曾要求陆军部任命沙因担任陆军部长助理，而且允许他在陆军中享有某些特权。他的无理要求遭到陆军部的拒绝后，他与陆军部的关系恶化。从那时起，他就扬言总有一天要搞垮陆军。当陆军部公开沙因的事情后，麦卡锡反击说："陆军部之所以这样做，是因为他们想利用沙因要挟我，不让我揭发陆军部有共产党的事情。"于是，国会决定举行陆军部和麦卡锡的听证会。

1954 年 4 月 22 日至 6 月 17 日，一共举行了 36 次听证会。美国各电视台纷纷转播了审判麦卡锡的听证会实况，美国公众终于迎来了他的垮台。

听证会刚开始的时候，形势似乎对麦卡锡有利。但到了 5 月 3 日，情况发生了变化。陆军部的特别法律顾问——波士顿的高级律师约瑟夫·韦尔奇出示了有力的证据，证明了麦卡锡的罪行。

韦尔奇还出示了一张照片，当众揭发了麦卡锡的卑劣行径。这是史蒂文斯和麦卡锡的助手沙因微笑的照片，是在一个空军基地拍的。然而，史蒂文斯从来没有和沙因拍过照。韦尔奇说："这张照片是史蒂文斯和别人拍的，这张照片是麦卡锡的助手科恩合成的。他把史蒂文斯旁边的人剪掉了，换上了沙因的像。"尽管韦尔奇说的是事实，但是科恩满口否认，说他根本不知道是怎么回事。

此外，韦尔奇指控麦卡锡有一份联邦调查局的秘密文件，说他是个违法分子。韦尔奇质问麦卡锡："你手上为什么会有秘密文件，你是如何得到的？如果文件是重新打印出来的话，这等于是重新发表。"从法律上说，麦卡锡有一份偷窃来的文件，所以他是个违法分子。同时麦卡锡又犯了藐视国会罪，因为他拒绝回答韦尔奇提出的问题。终于，麦卡锡的丑行在观众面前曝光。这仅仅是开始，更精彩的还在后面。

为了搞臭韦尔奇，在听证会上，麦卡锡当着全国电视观众的面，不顾事实肆意攻击韦尔奇的一名叫弗雷德·费希尔的年轻助手。6 月 9 日，麦卡锡指控费希尔是美国共产党控制的律师协会的成员，这个协会是共产党的壁垒。韦尔奇愤怒地说："参议员，你还有没有良知啊？费希尔曾经参加过律师协会，但是那并不是共产党控制的。这一点，你比任何人都清楚。在这之前，我从来无法想象你的残忍、不择手段。为了自己的目的，你竟然这样诬陷一个青年。如果上帝真的存在的话，他会看清楚一切，你不会得到他的任何帮助。"毫无疑问，韦尔奇的斥责是听证会最精彩的部分，他赢得了在场听众的热烈掌声。听证会规定：与会的人是不准鼓掌的。但是鼓掌的人并没有被法警撵走，而且有些法警自己也在鼓掌。

6月17日，陆军部和麦卡锡的听证会结束了。1954年12月2日，在全国上下的一片声讨声中，美国国会通过了谴责麦卡锡的决议案。在美国历史上，参议员受到参议院决议的公开谴责是罕见的。一蹶不振的麦卡锡并不甘心就这样退出历史舞台，听证会结束后，他对记者说："对我来说，这样的结果并没有什么。我的工作被迫中断了10个月，现在事情结束了，我将继续寻找政府中的异己分子、叛国分子。"后来，他给艾森豪威尔写信说："美国面临共产主义的巨大威胁，他们的力量已经渗透到了各个领域。"

在激烈的争论中，白宫保持了明智的沉默。直到争论结束，艾森豪威尔在说起此事时，仍然比较隐讳。6月17日，艾森豪威尔在哥伦比亚大学演讲时，他说："无论是渴望个人权力的人，还是恶意煽动的政治家，只要他们试图在精神上控制我们，都应当受到谴责。"在听了艾森豪威尔的演讲后，毫无疑问，记者是和总统站在一起的。《纽约时报》在报道中宣称，总统口中应遭到谴责的人就是暗指麦卡锡。

1957年5月2日，麦卡锡死于肝硬化。临死前，他还在疯狂地喊着："他们要谋杀我！"麦卡锡的死，宣告了麦卡锡时代的结束。终于，艾森豪威尔不用再为麦卡锡的事情烦恼了，美国的噩梦结束了。

4 "艾森豪威尔主义"
DWIGHT EISENHOWER

朝鲜战争结束后，美国继续打着对不发达国家进行经济、军事援助的幌子，对其进行大肆侵略。其实，艾森豪威尔果断坚决地结束朝鲜战争并不是放弃了打击共产党，他采取了非正面的方式继续与共产主义进行斗争。艾森豪威尔之所以毫不犹豫地选择停战，主要是为美国经济发展赢得机会。

1956年，埃及将苏伊士运河收归国有。这引起了英、法武装干涉的国际冲突，这就是苏伊士事件，又称"苏伊士运河危机"。

苏伊士运河自凿通后，一直被英、法所控制，他们手中掌握了运河公司95％的股票，英国甚至还获得了在运河区驻兵的权利。根据1954年的英、埃协定，1956年6月12日，英国军队全部从运河区撤走。7月26日，埃及政府宣布将苏伊士运河收归国有。为此英、法疯狂反对，并采用军事威胁、经济制裁等手段，妄图迫使埃及改变决定。10月31日，英、法借"保护运河"为名，侵入埃及，轰炸开罗、亚历山大港等地。面对外敌入侵，埃及人民在世界各国人民的支持下，奋起反抗侵略者，取得了胜利。

埃及的胜利，沉重地打击了摇摇欲坠的殖民主义体系。这时，伊朗也发生了争取石油国有化的斗争。埃及、伊朗维护主权的行动，是中东民族革命积极发展的开端。如果发展下去，会从根本上改变这个地区的整个面貌。所有这一切，特别是埃及收回苏伊士运河事件，引起了西方世界的震惊。此时，为了充当西方大国反对民族解放运动的主要突击力量，以色列挑起了和阿拉伯国家之间的武装冲突。美国统治集团认为，埃及、伊朗等国的所作所为是对整个西方世界的挑战。资产阶级报刊议论纷纷，他们说："埃及的行动也许会带来连锁反应。要是其他国家都仿效埃及的话，整个殖民主义体系就会彻底瓦解。"法国《世界报》指出，"苏伊士运河是个标志，如果这个标志倒塌，国有化将接踵而至。当所有的石油公司破产的时候，西方的威望将彻底消失。"《纽约先驱论坛报》报道说："在中东，苏伊士仍然是西方的标志。"《纽约时报》赤裸裸地写道："英国不仅仅是我们主要的盟国，它和我们在远东分享着石油财富。若我们失去了，他们得不到也是必然的。"《美国新闻与世界报道》甚至还有一则这样的报道：

> 埃及的行为会带来数不清的灾祸，其他小国受它的影响会采取同样的行动。只要这些小国能抓住现今世界自由贸易通道，他们就会给我们带来灾难。巴拿马可能会封闭巴拿马运河；经过伊拉克、沙特阿拉伯到地中海的石油管输油的权利，也许会被叙利亚、约旦收回；西班牙也可能要求封闭直布罗陀海峡的权利……

对西方报刊厚颜无耻的言论，埃及政府并没有沉默。纳赛尔总统发表讲话，他说："埃及之所以收回运河，就是因为帝国主义不停地叫嚣说苏伊士运河是他们的标志。"

DWIGHT EISENHOWER

为了报复埃及，英、法、美、以色列的军队开始进攻埃及。埃及得到苏联的支持，美国政府将这看做是危险的信号，率先采取行动。为了恢复中东殖民主义秩序、为冲突制造借口，美国国务卿提出了所谓的"杜勒斯计划"。这个计划的实质是让埃及放弃自己的主权、取消苏伊士运河国有化的计划，并把运河永远交归某种国际机构管理。损害埃及主权的"杜勒斯计划"遭到埃及政府的强烈反对，纳赛尔说："埃及人民坚决反对帝国主义对苏伊士运河的国际管制。"

"杜勒斯计划"失败后，杜勒斯又建议对埃及实行经济制裁。这种制裁主要有两种方式，第一种是尽量从非洲输送石油；第二种是增加从美国领土供应石油的量。这是一个损害其他西方国家的利益，最大限度地为自己谋求利益的计划。对此计划，美国《每日新闻》是这样评论的：中东大部分经济事务的领导权被美国紧紧抓到了手里，而这却严重损害了其同盟者的利益。美国的用心很明显，他们想打着"国际管制"的幌子，独占苏伊士运河。

不管美国如何威胁，埃及就是不屈服。埃及《人民报》报道说："真理在埃及人手里，任何威胁和恐吓都是没有用的。"纳赛尔总统说："我们绝对不允许帝国主义损害埃及的主权。"在和埃及的较量中，艾森豪威尔认识到第三世界对美国的重要性，他说："如果第三世界不繁荣，美国的繁荣也不能维持下去。因为第三世界的生活条件得不到改善的话，它就要变成共产党。这样一来，西方将得不到原料，美国的经济也将受到严重的影响。我们必须正视现实，采取适应当前斗争的新的对外政策。"中东地区有丰富的石油，而且开采价格低廉，这个区域直接靠近苏联和东欧，战略地位十分重要，而苏伊士运河则方便运输石油。所有这些，都像磁铁一样吸引着美国的注意力。

斯大林去世后，两种不同意识形态的对抗并没有就此消失，美国与苏联的关系仍然相当紧张。社会主义国家的崛起，给西方世界造成恐慌，使他们加紧了对第三世界国家的干预和控制。两大阵营为了谋求发展，在打击对方的同时都在争取可能的支持。艾森豪威尔执政时期，两个阵营的对抗正在升温。艾森豪威尔明白，"二战"刚结束，国民经济需要恢复，但反对共产主义也是不容忽视的。无论放松哪一边，都会给美国的发展造成不利影响，而且会直接影响美国确立霸权地位。这样看来，艾森豪威尔积极推行反对共产主义的政策，与当时的国际形势有很大的关系。他说："冷战已经从局势比较稳定的欧洲、朝鲜转移到了局势动荡的非洲、中东等地。在那里，人类的 1/3 卷进了一场争取自由、摆脱极度贫困的斗争。对全世界来说，这是一股新兴力量、新兴国家崛起的斗争。共产党人想利用这种斗争，让第三世界跟着他们走，以此达到剥削第三世界的目的。为了和平、自由、免受'共产主义威胁'，美国不得不采取新的外交政策。"实际上，艾森豪威尔主义是对新近走上独立发展道路国家的一个奴役计划。虽然艾森豪威尔说得冠冕堂皇，但是掩盖不了这个政策的侵略性。它是一种新的侵略工具，是地地道道的殖民主义。这是美国继杜鲁门主义后，对中东地区的又一个侵略性纲领，是美国争夺世界霸权中的一个新阶段。

为了维护美国垄断阶级的利益、控制中东，美国决定实施新的外交政策。1957 年 3 月 9 日，艾森豪威尔总统签署了美国对中东的政治纲领。这一纲领被称为"艾森豪威尔主义"。其内容主要有以下两个方面：

第一，同中东国家进行经济合作，并给他们经济、军事上的援助；

第二，如果这些国家面临"共产主义侵略"，总统有权在中东使用美国的武装部队保护他们。

此时，在中东，美国垄断组织拥有丰富的石油资源，其价值为 2750 亿美元。从这里的投资中，美国石油垄断组织获得的利润高达 75%。这比世界上任何石油公司的利润要高出好多倍，所以艾森豪威尔政府对中东地区给予特别的关注。

其实，早在艾森豪威尔担任北约武装部队最高司令的时候，他就开始积极探讨针对中东的对外政策问题。1951 年，伊朗政府做出了石油开采、加工工业实行国有化的决定。伊朗的这一举动，使资本主义大国在中东的石油利益第一次遭到沉重的打击。美国统治集团想占领英国在伊朗丧失的阵地，但是他们失败了。为了自己的利益，美、英两国联合起来，投入到反摩萨台政府的斗争。丘吉尔认为，资本主义大国在第三世界"合法"的经济权利，因伊朗事件这一具有国际性质的事件而损害。于是他找到北约司令部，要求保护自己国家的"权利"。英美策划了共同制裁伊朗国有化的运动，其中艾森豪威尔扮演了中间人的角色。这是艾森豪威尔在中东问题上最初的行动之一。

为了更好地控制中东，美国的政客们把"艾森豪威尔主义"给中东国家"援助"这一条提到了首位。对中东各国人民来说，美国政策的实质非常明显，无论他们怎样巧妙地辩解，都改变不了侵略实质。埃及总统纳赛尔说："我们的愿望是反对外国的奴役、剥削，提高人民的生活水平。"所以，"艾森豪威尔主义"遭到中东和世界各国人民的强烈反对。埃及《政治局刊》主编鲁兹·优素福说："这个穿着和平外衣的实际上带有侵略性的'主义'，不是为了保护、帮助中东各国人民，而是为了掠夺他们。"

中东各国人民的民族解放斗争，迫使一些老牌的资本主义国家撤退。这样一来出现了"真空地带"，美国统治集团想去填补英法两国空出来的位置。美国粗暴地干涉他国的内政，而面对美国的侮辱和粗暴干涉，中东各国人民怎么会视而不见呢？他们清楚地知道美国只会破坏他们的经济，绝对不可能给他们带来利益。叙利亚议员豪拉尼说，美援计划的目的是侵略、破坏中东的一切。中东人民坚决反对损害他们主权独立的所谓援助计划。

美国国务卿杜勒斯说："我们之所以提出'艾森豪威尔主义'，主要为了同共产主义作斗争。为了完成石油垄断组织的任务，美国政府不得不以政治、军事条件来决定。"由此可见，实施"艾森豪威尔主义"只是一个圈套。美国政府为了建立起自己的统治，企图以空谈"援助"为掩护，引诱中东各国人民落入这个圈套。除了中东以外，美国还在拉丁美洲采用同样的方法来维护自己的利益。为了巩固在北美洲的垄断组织，美国对拉美国家进行了几百次武装干涉。

实际上，"艾森豪威尔主义"的允诺并没有给各国人民带来一丝好处。它导致了新的军事冲突，使得国际局势更加紧张，而且在中东建立的新战争策源地严重威胁着世界和平。中东国家的人民对"艾森豪威尔主义"的一致谴责表明，力图在中东、在全世界建立自己统治的美国将不会有好下场。

在美国著名教授罗伯特·马凯维尔写的《更完善的联盟》一书中，他做了如下有趣的自白：

> 在国际生活中，生活着世界大部分人口的东方国家的作用日益增长。他们不信任我们的友谊、不相信我们的话，因为在我们的国家里，对待这些国家代表人物就像对待下贱的人一样。而在他们的国家里，对待任何一个美国人的态度都是友好的。

这就是美国政府大肆吹嘘的美国式的"自由"。

第十章
告别白宫

　　阳春三月，艾森豪威尔步入天堂，一个传奇的生命静静地结束了。作为军事家，他尽到了战胜对手的职责；作为政治家，他的名字却和冷战政策连在了一起。关于他的功过是非，美国人民和世界人民心中自有看法。

DWIGHT EISENHOWER

1 "扶蒋反华"政策
DWIGHT EISENHOWER

日本投降后，美国政府企图取代日本在中国的地位，公然干涉中国内政，积极帮助国民党反动派发动内战。图为美国向国民党政府派驻的军事顾问。

一直以来，美国政府对中国的台湾岛就别有用心。蒋介石集团败退台湾后一直在高喊：一年准备，两年反攻，争取第四年成功收复大陆，重返金陵故都。美国政府企图利用蒋介石，帮助他进攻中国大陆，以此来达到侵略中国、侵略东南亚国家的目的。早在杜鲁门任总统的时候，美国政府在发动侵略朝鲜战争的同时，就派第七舰队闯进台湾海峡，企图霸占中国的领土。美国妄想把台湾当做"不沉的航空母舰"来实现他们的目的。艾森豪威尔入主白宫后，他极力奉行扶蒋反华的政策，曾多次给台湾海峡带来严重危机。

DWIGHT EISENHOWER

1953 年 2 月 2 日，驻日本东京的美国远东军总司令遵从艾森豪威尔的指示，发布了这样的命令：现行紧急指令中，关于中国国民党向中国大陆作战的基地不包括台湾和澎湖列岛这一条，现在予以撤销。美国的这一做法遭到其盟友英国的反对，英国政府警告美国政府："这一行动根本不能带来军事优势，反而会遭到十分不幸的反应。"但对英国的警告，美国政府置之不理。从此以后，在美国第七舰队的支持和纵容下，盘踞在台湾的蒋介石集团经常对大陆进行骚扰。正如印度总理贾瓦哈拉尔·尼赫鲁所说，这个命令加重了世界上的恐惧症。

在台湾海峡，美国加紧了扩大侵略战争的部署。1954 年 12 月 2 日，在华盛顿，艾森豪威尔和蒋介石公开签订了《中美共同防御条约》。该条约宣称，美蒋将采取行动对付"共同危险"。美国开始行动了，有记者透露美国将在亚洲大陆和中国共产党作战。此时，为了配合正面"反攻大陆"，美国间谍机关——"西方企业公司"积极地在中国金门、白犬、马祖、大陈等岛设立特务机关，对大陆派遣特务、发展"游击武装"、建立"游击基地"；美国海军作战部长卡涅宣布：美国在太平洋的海军部队随时可以接受任何任务；美国军事顾问团利用海岛上的险峻地形，帮助蒋介石在中国沿海岛屿构筑了"反攻大陆"的前哨阵地。他们建起了各种碉堡，在岛的四周和岩缝里，还埋下了大量的地雷和爆炸物。蒋介石以为，解放军会被美国人吓跑，不敢贸然进攻他所盘踞的海岛。

然而蒋介石的如意算盘打错了，面对美蒋嚣张的挑衅，中国政府并没有退缩。1954 年 12 月 8 日，中华人民共和国发表声明：《中美共同防御条约》是非法的、无效的，我国政府不会承认。为了维护中国人民的尊严和主权，1955 年 1 月 18 日，中国人民解放军向一江山岛发起猛烈进攻。在解放军强烈的攻势下，美蒋苦心经营的前哨阵地被解放军击垮了。

一江山岛上，蒋军的阵地、防御工事、通讯遭到严重破坏，各部队之间根本无法联络。在大型作战舰队的掩护下，解放军以小型登陆艇为主体的登陆船队，在一江山岛海岸抢滩登陆。

激战 53 小时后，一江山岛获得解放。在一江山岛战斗中，国民党守军司令王生明顽固抵抗、"浴血奋战"，结果做了美蒋的牺牲品。

一江山岛解放后，解放军的矛头直指大陈岛。失去了苦心经营的护卫台湾的大门，蒋介石非常着急，不知所措。为了使其余海岛上的蒋军免遭歼灭，1955 年 2 月 5 日，艾森豪威尔命令第七舰队和其他美国部队"协助"蒋介石的军队，从南麂、大陈等海岛撤退到台湾。

在艾森豪威尔的"劝逼下"，蒋介石只好派儿子蒋经国到大陈岛，执行"坚壁清野"的撤退计划。为了让岛上的 33 779 人乖乖撤走，他们说："最激烈的战斗即将来临，为了保住性命，必须撤走。"台湾政府的"国防部长"俞大维、"国防部第三厅"副厅长蒋纬国、"海军总司令"梁序昭也一起负责指挥撤退，真可谓兴师动众。离弃世代相守的家园，岛上的居民哀痛不已，他们纷纷哭诉着。面对哭诉的人群，蒋经国举行了升旗仪式，他强装镇静地勉励大家："不要失望，也不要悲伤。总有一天，我们一定会打回来。"升旗仪式结束后，在美军第七舰队的保护下，岛上的居民被迫撤离。大陈岛的撤退，谱出"反攻无望论"的凄凉乐章。

一江山岛惨败，大陈岛放弃。此时，还有谁相信蒋介石带他们回大陆的梦话？对此，美籍华人作家江南发表了这样的评论：

> 一江山是个弹丸之地，中共必争。对于艾森豪威尔政府所标榜的"战争边缘"政策，中共根本不放在眼里。他们毅然发动陆海空三军，强行夺取。
>
> ……
>
> 毛泽东之所以在《中美共同防御条约》签订之后不久用兵，是因为他想看看美国的真实意图。同时，也为了给蒋介石猛掴一掌。他要让蒋家王朝知道：这个条约并不是万灵符，有它解放军一样照打不误，而且想什么时候打就什么时候打。

和中国共产党的交锋失败后，主张在远东采取强硬政策的人建议艾森豪威尔对中国实行海上封锁。这一建议，得到参议院共和党政策委员会主席诺兰的赞同，他说："实行封锁，如果不引起盟国分裂的话是'最适宜的'措施。"这一主张遭到西方盟国的反对，因为它影响了他们和中国人之间的贸易。英国人说："影响我们和中国的贸易还是次要的，我们主要是怕封锁会引发和中国的战争，甚至会导致新的世界大战。"此外，这一主张还遭到第三世界国家的强烈反对。

美国政府的侵略行径，遭到中国人民乃至世界人民的强烈反对。邪恶终究无法战胜正义，美国侵略者在自己编织的罗网中越陷越深，愈来愈难以逃脱。蒋介石集团悄悄藏起了"军事反攻"的招牌，打出了"政治为主，军事为辅"的旗号。对于美国在华的政策，美国民主党议员汉弗莱供认说："在台湾问题上，美国政府已经陷入了困境。"《纽约时报》评论说："为了让国民党实现收复大陆的迷梦，美国愚蠢地一步一步向前走，最终会将美国带进一个进退两难的噩梦中。"

艾森豪威尔扶蒋反华的政策到处碰壁，这使他伤透了脑筋。艾森豪威尔的身体状况也大不如前……

1957年11月25日午饭后，艾森豪威尔坐在办公桌前回复信件。突然，他感到头晕目眩，觉得信里的字好像跑出来了似的。他按铃叫过秘书怀特曼后，就沮丧地瘫倒在椅子上。怀特曼进来看到总统的模样，惊呆了。因为他吐词不清、语无伦次，怀特曼根本不知道他在说什么。怀特曼赶紧叫来隔壁办公室的安迪·古德帕斯特，让他把总统扶到床上去休息。在古德帕斯特的搀扶下，艾森豪威尔行走并不困难，他也没有感觉到任何异样。到了艾森豪威尔的寝室，古德帕斯特帮他脱下衣服后扶他躺下。当总统的保健医生斯奈德匆匆赶来时，发现他已经睡着了。闻讯后，玛咪和他们的儿子约翰也来了。神经科专家诊断的结果是轻微中风。斯奈德医生说："也许是总统脑中一根小的毛细血管发生了痉挛。"这天，艾森豪威尔要出席国宴，总统助理兼办公厅主任谢尔曼·亚当斯见他身体状况不好，就打电话给副总统尼克松，要求他代替总统出席晚上的宴会。

当斯奈德等人准备离开的时候，卧室的门突然打开了。原来是艾森豪威尔，他穿着浴衣和拖鞋面带笑容地站在那里。大家非常吃惊，玛咪着急地问："艾克，你为什么不好好躺着，起来干什么？"疑惑的艾森豪威尔断断续续地说："我……我为什么……不该起来？我还要去出席宴会。"万一出了事情怎么办，玛咪等人坚决反对他出去。在大家的劝说和威胁下，艾森豪威尔只好乖乖地躺下。这一夜，约翰和斯奈德在床边轮流陪伴艾森豪威尔，发现他睡得非常好。早上经过医生的检查，发现他除了说话困难外，其他一切都很正常。

白天，约翰、斯奈德、玛咪一直陪着艾森豪威尔，因为说话困难，他就冲他们笑或用身体语言来交流。下午的时候，艾森豪威尔指着墙上的一幅油画，试图说出这幅画的名字，但他怎么也想不起来，沮丧的他不停地在宽大的双人床上翻滚。玛咪等人没有办法，只有大声喊出他们所能想到的任何一个词，但是艾森豪威尔不停地摇头。直到玛咪喊出"走私犯"三个字的时候，面带笑容的他才不停地点头。艾森豪威尔用手示意玛咪再说一遍，他想跟着玛咪念。但是玛咪重复了好几遍，艾森豪威尔都没有念出来，他只好放弃。

几天之后，除了偶尔会说话不清楚外，艾森豪威尔感觉身体好多了。于是，他坚持要求上班处理公务，任谁劝阻也没有用。到感恩节的时候，艾森豪威尔的说话功能基本恢复，偶尔有些多音节长字说不清楚。为此，他非常恼火，担心一直这样，就无法履行总统的职责了。此时，已经67岁高龄的艾森豪威尔，他的身体状况的确令人担忧。艾森豪威尔的第二届任期还剩三年，美国垄断集团害怕他无法完成剩下的任务。最令他们担忧的不是总统的身体状况，而是总统不肯将权力移交给尼克松。于是，要求艾森豪威尔移交权力的建议铺天盖地地袭来。报纸上、电视新闻到处都是这样的建议，艾森豪威尔甚至还收到许多专栏作家、编辑催促他辞职的信件。

报纸的建议和要求辞职的信件，令艾森豪威尔非常恼火，他说："目前我非常好。"为了向大家证明自己已经完全康复、能够胜任工作，艾森豪威尔加强了担负起全部职责的决心。这在办公室引起恐慌，因为他的助手们认为他应该再休息几天。办公室没有人能说服艾森豪威尔，秘书怀特曼只好打电话告诉杜勒斯。因为杜勒斯是内阁中的高级成员，也是和艾森豪威尔关系比较密切的人。在听到怀特曼说"从今天开始，总统决定恢复工作"的话之后，杜勒斯非常无奈，在心里嘀咕：他根本认识不到他需要休息，必须有人来掌控局势。为此，杜勒斯伤透了脑筋。他担心艾森豪威尔不能执行职务，如果强行阻止艾森豪威尔工作，就变成了图谋不轨——篡权。

苦闷的杜勒斯不知道如何是好，最后他给医生打了电话。医生说："总统继续沮丧下去的话，情况会越来越糟糕。他积极地参加工作，并不是一个坏主意。尽管如此，我还是希望他多休息几天。"杜勒斯说："如果总统思维方式正常的话，就应当接受医生的建议。"因为报纸和信件让艾森豪威尔辞职的事情，影响了他的情绪。固执的艾森豪威尔执意要开始工作，他说："如果三个星期后，我不能去欧洲参加北大西洋公约组织的会议，我们再谈辞职的事情。"于是，固执的艾森豪威尔拖着疲惫的病体，继续执行他那"国际宪兵"的任务。

2 台湾海峡危机
DWIGHT EISENHOWER

在金门、马祖，台湾国民党当局一直在源源不断地增加兵力。到 1958 年的时候，那里的兵力达到 10 万多人，占蒋介石总兵力的 1/3。面对蒋介石的不断挑衅，中国共产党做出了有力的回击。

1958 年 8 月 23 日，金门岛对面，中国人民解放军的 6 个海岸炮兵、36 个陆军炮兵营严阵以待。金门岛上，正在享受晚宴的国民党军官，怎么也没有想到"灾难"向他们袭来。下午 5 点 30 分，在福建前线总指挥叶飞上将"轰岛！"的命令声中，炮弹呼啸着向金门和马祖岛飞去。经过一夜的炮击，国民党损失惨重。

8 月 25 日，艾森豪威尔在北卡罗来纳州参加一年一度的行动演习。杜勒斯向他汇报说："在金门和马祖，蒋介石和中国人民解放军发生了冲突，蒋介石军队的伤亡不小。据我估计，中共企图封锁这两个地区，使国民党守军挨饿。"听了杜勒斯的汇报后，艾森豪威尔说："危险远不只是金门和马祖，情况比你想得要复杂得多。若失去了金门和马祖的话，台湾也保不住。而且日本、泰国、越南、菲律宾等国的安全都将受到威胁，美国的利益也会受到严重损失。"

8 月 27 日，在记者招待会上，艾森豪威尔向全世界宣布："美国将准备承担台湾空防、提供护航，介入'台海危机'。如果中共真的要进攻金门、马祖两岛的话，我们将考虑批准对中国共产党的机场使用战术原子武器，我们已经做好了准备。"就这样，艾森豪威尔舞起了核大棒。

8 月 29 日，艾森豪威尔下令从第六舰队调出两艘航空母舰，尽快驶过苏伊士运河加入在台湾海峡的第七舰队。此时，美国国务卿杜勒斯发表声明说："美国有义务保卫台湾不受武装进攻，总统已经得到国会的联合决议授权，可以使用美国的武装部队来保护金门、马祖等地。"

美国政府在台湾地区的冒险活动，引来很多爱好和平的美国人的反对。他们担心美国因此陷入一场战争，所以不赞同美国政府对中国的挑衅。美国公众不满政府对华的挑衅政策，纷纷给报纸写信，反对杜勒斯的好战声明。《纽约邮报》的读者在信中质问美国政府："你们支持的是从中国大陆被赶出来的卖国政权，你们到底打算牺牲多少美国人的性命去支持他们？"《每日镜报》的读者写来一封这样的信：

国务卿大人：

　　台湾是中国人的台湾，美国有什么资格来决定中国岛屿的命运？请问国务卿大人，您所说的美国有义务保护台湾，您的义务从何而来？美国根本无权保卫像金门、马祖等岛上的中国国民党人。如果我们去保卫他们，我们就会被斥为侵略，而且事实确实如此。

　　……

　　难道美国政府没有义务保护自己子弟兵的生命吗？难道朝鲜的教训还不够吗？

真正热爱祖国的人

　　一些著名的民主党人纷纷写信给总统艾森豪威尔，他们在信中说："为了使金门和马祖继续处在蒋介石的控制下，美国采取军事行动将得不到任何美国的主要盟国的支持。这实际上是对中国内政的干涉，美国人不会同意为此而卷入战争的。您应该冷静地考虑问题，和国会领袖磋商后再做出决定。"

　　此外，美国统一独立社会党竞选委员会发了一份电报给艾森豪威尔。电文里写道："我们强烈反对美国政府在远东的冒险政策。为了制止艾森豪威尔和杜勒斯采取'战争边缘'的外交政策，美国国会必须立即召开特别会议。为了防止再次爆发世界大战，为了维护和平，我们要求美国政府立即下令，让美国军队撤出金门、马祖以及这些岛屿四周的其他地方；同时，我们要求政府不要再干涉中华人民共和国的内政，也不要插手其他国家的内政。"

　　9月4日，艾森豪威尔、古德帕斯特、杜勒斯在商讨台湾问题时，杜勒斯说："尽管使用原子弹会冒政治风险，但我还是全力支持使用它。当我们的武器库中存放这些武器的时候，我们就已经承认了使用这些武器是要冒风险的。在任何规模的冲突中，我们的国防都适应于使用这些武器。如果因为世界舆论而不使用它们，就要修改我们的国防条例。"尽管杜勒

DWIGHT EISENHOWER

斯这样说，但是艾森豪威尔仍然犹豫不决。他说："万一我们使用原子武器攻击了中国的机场，共产党很可能会报复的，他们也会用核武器攻击台湾的。"这天，艾森豪威尔授权杜勒斯发表声明：

> 台湾海峡的安危和金门、马祖岛息息相关，为了保卫台湾，我们必须确保金门、马祖岛的安全。为此，我们将直接以武力介入这两个岛屿。目前看来，还未判定有此必要。
>
> ……
>
> 如果总统先生认为情势迫使我们必须采取行动时，我们将毫不犹豫做出决定。

看到这样的声明，美国前国务卿艾奇逊指责政府说："看来，政府就这样满不在乎地听任自己卷入了中国的战争，在错误的道路上越滑越远。在这场战争中，我们没有朋友、盟国，根本不值得牺牲任何一个美国人的生命。"

1958 年 9 月 6 日，也就是美国国务卿杜勒斯发表声明后的第二天，中华人民共和国总理周恩来说："1958 年 9 月 4 日，在美国总统艾森豪威尔的授权之下，美国国务卿杜勒斯发表声明。在声明中，他公然进行战争挑衅，威胁我国政府，说要在台湾海峡扩大对中华人民共和国的侵略。这使台湾地区原本紧张的局势加剧，这严重威胁到远东和世界的和平。为此，我将代表中国政府发表声明。"于是，周恩来总理就台湾海峡地区的局势发表了这样的声明：

> 一、台湾和澎湖列岛自古就是中国的领土。在第二次世界大战以后，它们已经由日本的一度侵占归还了中国。中国人民行使主权解放这些地区，完全是中国的内政。这是中国人民的神圣不可侵犯的权利。美国政府自己也曾经正式声明不在台湾地区卷入中国的内争。如果不是因为美国政府后来背弃自己的声明进行了武装干涉，台湾和澎湖列岛早已获得解放，早已在中华人民共和国政府的管辖之下。这是全世界一切公正舆论所一致承认的、不可抹杀的事实。
>
> 二、美国支持盘踞在台湾和澎湖列岛的早已被中国人民唾弃的蒋介石集团，并且直接用武力侵占台湾和澎湖列岛，是干涉中

国内政、侵犯中国领土完整和主权的非法行为，是同联合国宪章和一切国际法准则直接冲突的。美国和蒋介石集团签订的任何所谓条约和美国国会通过的任何有关的决议，对中国人民是完全无效的，他们决不能使美国的侵略行为合法化，更不能成为美国在台湾海峡地区扩大侵略范围的借口。

　　三、中国和美国在台湾海峡地区的国际争端和中国人民解放自己领土的内政问题，是性质完全不同的两件事。美国一贯企图把这两件事混淆起来，以掩盖它对中国的侵略和干涉。这是绝对不允许的。中国人民完全有权采取一切适当的方法，在适当的时候，解放自己的领土，不容许任何外国干涉。如果美国政府悍然不顾中国人民的再三警告和世界人民的和平愿望，继续对中国进行侵略和干涉，把战争强加在中国人民的头上，美国政府必须承担由此而产生的一切严重后果。

（引自 1958 年 9 月 7 日《人民日报》）

　　9 月 7 日，艾森豪威尔下令说："为了让蒋介石的船队顺利向金门运送补给，从今天开始，美国海军开始为他们护航。"得到命令后，美国海军在台湾地区迅速集结了大量的舰艇、飞机和海军陆战队员。从下午 3 点左右到傍晚 7 点，一直有 4 艘美国军舰在金门、厦门附近的海域活动。为此，中国外交部发言人奉命发言，对美国舰队入侵中国领海一事提出了严重警告。此外，毛泽东主席向在福建前线参战的部队发出了一道命令。他说：只许打蒋介石的舰队，不准打美国舰队。万一美国舰队向我军开火，也不要还击。接到命令后，前线的部队非常吃惊，有的人还以为传错了。发出这样的命令肯定令人大惑不解。前线的指战员，没有一个人知道毛泽东的真实用意。

　　当由美国军舰护航的国民党补给舰队抵达金门料罗湾港口时，中国人民解放军全线炮轰国民党的军舰和运输船。解放军一开炮，美国护航舰队就丢下国民党军舰和运输船，独自溜走了。结果可想而知，国民党军舰被击沉了好几艘。在解放军向国民党军舰开火的时候，美国军舰之所以有如此的举动，肯定是按照命令执行的。是艾森豪威尔下令，不让他们与中国人民解放军发生直接军事冲突。

　　福建前线总指挥叶飞上将如实向周恩来总理汇报了敌人的情况，告知他一开火美国军舰就独自跑了。在与中国人民的较量中，美国政府输了，这就是毛泽东下令只打蒋介石舰队的真正用意。之所以开火后美国人跑了，因为是毛泽东号准了美国政府的脉——他们终究是不愿替蒋介石卖命的。

　　美国的侵略行径遭到国际舆论的强烈谴责，而中国人民争取主权的斗争是正义的，它赢得了全世界人民的同情和支持。苏联部长会议主席写信警告艾森豪威尔说："你必须悬崖勒马，否则必将招致恶果。你应该明白，美军不撤离台湾，远东就没有和平。你对中国的侵略就是对苏联的侵略，就是无视苏联的存在，无视世界和平。你以为核讹诈就能吓倒苏联、吓倒中国吗？告诉你，你想错了。如果美国执迷不悟，对中国发动原子进攻，那么它立即会遭到同类武器的猛烈反击。不信，你就拭目以待吧。"

　　为了和平解决台湾问题，10月6日，彭德怀元帅向台湾、金门、马祖军民发表了建议国共双方举行谈判的文告。

　　发布文告后，彭德怀就下令让炮击金门岛的士兵停止炮击。他说：我们停止炮击是为了让金门军民得到充分补给，以利于他们固守。兵不厌诈，也许国民党以为我们在采取欺骗手段，其实，这不是诈，这是民族大义。我们这样做有益于台湾、金门、马祖等岛的中国人，不利于美国。这样做，对我们自己也没有损失。为了对付美国人，我们必须把中美界限分得清清楚楚。

　　在这场斗争中，中国政府做到了有理有据，分寸掌握得恰到好处。

　　接到彭德怀的布告后，台湾发言人说，一会儿停、一会儿打，这只不过是共产党的一条诡计罢了。所以，顽固的台湾当局毫无悔悟，他们拒不接受和谈，加紧战争准备，还高叫着反攻大陆。他们甚至还邀请杜勒斯到台湾，策划进一步实施《中美共同防御条约》。

　　为了惩罚执迷不悟的国民党当局，彭德怀元帅下令，从10月20日开始恢复前线的炮击。此时，杜勒斯正在赴台途中。金门重新响起炮声，这令他惊慌失措，美蒋会谈的计划也被彻底打乱。杜勒斯无可奈何地说："会谈的原计划被打乱，因为解放军恢复了对金门蒋介石军队的炮击。我们不可能在重燃的炮火中会谈，这与停火后的会谈性质是完全不一样的。"

　　据当时西方通讯社报道：在金门岛恢复炮击的时候，美国国务卿杜勒斯正在前往台北的途中。在听到恢复炮击的消息后，他立即打电话给艾森豪威尔商谈与台湾会谈之事。此时，美国时间是清晨 5 时 30 分，还在睡梦中的艾森豪威尔被电话铃吵醒之后，和杜勒斯谈了几十分钟。据说，因为台湾和谈一事，美国务院和艾森豪威尔、国务院和杜勒斯以及杜勒斯和助理国务卿罗伯逊之间，通过长途电话进行了多次商谈。本来是中国人自己的事情，美国人却如此兴师动众，实在是荒唐可笑。

台湾海峡危机之时，禁止核试验的辩论在激烈进行，而黎巴嫩危机还没有解决……艾森豪威尔因为插手他国的内政忙得焦头烂额，同时，他还要背负舆论的压力。然而，事情并没有按照他设想的方向发展。艾森豪威尔说："只要遇到有 8 结尾的年份，好像总会倒霉。1918 年，我错过了第一次世界大战；1928 年，我在巴黎写书，我觉得事业好像就从此停顿了一样；1938 年，是我在菲律宾的最后一年，与麦克阿瑟有过一些斗争，为此我甚至担心永远不能离开他和这个岛屿；1958 年，是我一生中最倒霉的一年。"艾森豪威尔的解释有些牵强和迷信，无论他怎样解释，也掩盖不了他对华侵略的实质。最终他对华讹诈的计划并没有成功，这也许是他认为1958 年是最倒霉的一年的原因之一吧。

3 艰难的历程
DWIGHT EISENHOWER

对艾森豪威尔来说，1958 年是最倒霉的一年。这一年，美国的内政外交都令他忧心。除了台湾问题之外，国内的中期选举，其他一系列的政策等等都困扰着艾森豪威尔。

美国宪法规定，美国国会由参议院和众议院组成。国会选举每两年举行一次，一次是同四年一度的总统选举一起举行，另一次是在两次总统选举之间举行。两次总统选举之间举行的国会选举，通常称为"中期选举"。中期选举是两党政治实力的体现，也是两党选举策略、选举能力的较量，所以它历来被视为两年后大选的预演。如果某党派在中期选举中失败，会给两年后的大选蒙上阴影。1958 年，为了赢得中期选举，美国共和党、民主党两大主要政党展开了激烈的竞争。

DWIGHT EISENHOWER

1958 年 10 月中期选举的时候，民主党抓住一切机会，大肆攻击共和党。他们抓住艾森豪威尔和共和党内保守派的分歧大做文章。对此，艾森豪威尔回击说："民主党又不是没有分歧，你们能团结起来仅仅是因为两年一次的政治竞选罢了。"

在竞选期间，为了说服民主党降低批评的调子，艾森豪威尔要求杜勒斯强调美国国防态势如何坚强。但是民主党参议员们对此不感兴趣，他们关心的是竞选期间可能出现的情况。肯尼迪直截了当地问杜勒斯："在导弹竞赛中，我们的地位究竟如何？"杜勒斯说："对于这一问题，最有资格回答的是国防部。"这个答复并不令人满意，所以肯尼迪继续谈论"导弹差距"，继续对共和党以及艾森豪威尔政府进行攻击。对此，艾森豪威尔非常生气，他对肯尼迪不断地提到"导弹差距"、夸大其词的谈论非常厌恶和愤怒。

1958 年 11 月 4 日，中期竞选的结果出来了。在新成立的国会中，民主党在两院中的人数比共和党多出了一半。艾森豪威尔不得不连续面对三届由反对党控制国会的现实，这在美国历史上还是第一次。中期选举使艾森豪威尔和共和党遭到了前所未有的失败，此时，他们都感到前途黯淡。尽管如此，艾森豪威尔并不是特别悲观，他觉得还有一线希望，因为他相信自己在预算平衡、国防开支等方面的计划会赢得南部民主党人的信赖。然而他失望了，在关键时刻，民主党人还是向着民主党人，他们没有向艾森豪威尔伸出援手。

中期选举对艾森豪威尔的打击不小，冷静下来后，也就只能让它告一段落了。此时，不是关心共和党利益的时候，因为禁止核试验问题已经被提上了日程。10 月 31 日，在日内瓦要召开一个停止核武器试验的会议，艾森豪威尔不得不着手准备此事。

在这次会上，美苏谈判并不顺利。在关于禁止核试验的议程问题上，美苏并没有达成共识。之所以会是这样的结果，主要有三个方面的原因：

第一，美苏双方都不愿意首先停止核试验。

第二，在谈判期间，艾森豪威尔要面对来自国内的压力。为了防空和防御导弹，美国国防部提出需要更多的小型武器。此外，有部分美国人坚持进行更多的核试验。他们说："尽管知道总统在日内瓦为裁军的事谈判，但我们仍然会向总统提出爆炸更多核弹的要求。"

第三，美苏双方无法取信于对方。赫鲁晓夫上任之初，就在核裁军问题上采取了欺诈行为，这让艾森豪威尔现在根本无法相信苏联人。同时，苏联人也没有办法相信美国人。

除了核问题外，内阁的纷争也是令艾森豪威尔头痛的事情之一。政府的各个部门为了各自的利益相互争夺，矛盾重重；有了问题他们又互相推卸责任，闹得不可开交。他无法顺利解决这些问题，决定先把它们放在一边。艾森豪威尔开始考虑平衡预算，然而事情进展得并没有想象中的顺利。

为了做到1960年的预算平衡，艾森豪威尔召集共和党的领袖开会。在会上，他说："为了做到预算平衡，应该先保证共和党内部不要出问题。我们必须节约开支，彻底实施土地银行计划。"艾森豪威尔的主张遭到大农场主的反对，因为实施土地银行计划就意味着要他们让出自己的利益。艾森豪威尔制订土地银行计划，本来是为了补贴中小型农场主的，然而款项都落入了大农场主的口袋里，小农场主什么利益也没有得到。但大农场主并不领情，因为从长远来看，他们的利益受到威胁，所以他们通过各种途径取得参议员们的帮助，让他们也反对艾森豪威尔。原子能委员会主席麦科恩、新任国防部长汤姆·盖茨、共和党领袖等，几乎没有一个人支持艾森豪威尔。

当艾森豪威尔向国会提出减少大农场津贴的议案时，遭到否决。此外，白宫的新闻记者们没有一个人站在他这一边。在记者招待会上，记者们的提问都带有敌意。有记者直白地问："我们何时能赶上苏联？难道总统不怕他们的打击吗？为什么美国不为国防做更多的事情，而要在开支上大做文章？"艾森豪威尔说："你们想制造更多、更大的火箭存放在仓库里吗？这是不合情理的，我们根本不需要那么多，而且美国的国防是强大的、令人望而生畏的。"

为了实现预算平衡的目标，艾森豪威尔决定采取强硬手段。他公开宣布："我会阻止一切造成预算不平衡的事，任何可能使预算不平衡的法案，我都会否决。就算国会不同意我的决议，我也有办法。为了平衡开支，我将采取增加税收的措施。"艾森豪威尔这样做，第一是为了限制国会，第二是要让人民理解他所做的一切，希望得到人民的大力支持。此外，艾森豪威尔积极发动他的亲朋好友来支持他的计划。经过他不懈的努力，取得

DWIGHT EISENHOWER

了许多有钱有势的人的支持。到 1960 年年底，美国政府有了 10 亿美元的盈余，艾森豪威尔的财政平衡运动取得了成效。

1958 年年底，艾森豪威尔又遇到了一件烦心的事情。英国将军蒙哥马利出版了自己的回忆录，其中有些部分涉及他与艾森豪威尔之间的矛盾，这令身为总统的艾森豪威尔有些下不了台。"二战"期间，蒙哥马利和艾森豪威尔共事，由于种种原因，他们之间有些误会和矛盾。本来这很正常，但是被蒙哥马利公开了，影响非常不好。为了英美两国的关系不受到影响，艾森豪威尔和"二战"时采取的态度一样——他没有找蒙哥马利算账，又一次忍住了。

对艾森豪威尔来说，1958 年真是多事之秋。此时，与艾森豪威尔共事多年的国务卿杜勒斯已经 70 岁了，身体状况每况愈下。因为癌症，他做过手术。尽管手术做得很成功，但他觉得自己无法再胜任工作，私下里向艾森豪威尔提交过辞呈。但是艾森豪威尔珍惜与杜勒斯共事的机会和友谊，而且也没有找到合适的人来接替他的工作，所以没有接受杜勒斯的辞呈。他一再向杜勒斯表示，希望他可以坚持到自己任期满。盛情难却，最终杜勒斯答应了总统的要求。然而，疾病是无法由人控制的，癌症并没有因为杜勒斯的事情没有做完和总统的盛情而停止侵蚀他的身体。不久以后，杜勒斯因病情恶化再次住进了医院。此时，他的癌细胞已经扩散，医生们放弃了手术治疗，开始对他进行化疗。

杜勒斯在住院期间，仍然坚持处理各种事务。他一直支持艾森豪威尔的工作，直到 1959 年 4 月。艾森豪威尔经常去医院看望他，抽不出空去的时候，也会打电话问候。就是利用这点探病问候的时间，杜勒斯也总会和艾森豪威尔谈论军备竞赛、禁止核试验等问题。

除了杜勒斯的病令艾森豪威尔难过外，此时更令他难过的是民主党人对杜勒斯的中伤。民主党人抓住杜勒斯的病情，要求他辞职，并大力中伤他的政策。艾森豪威尔愤怒地说："杜勒斯觉得还能工作时，他就要在位。只要他说不能再尽力工作时，他就会离职的。"此外，他还痛斥民主党，说他们做的都是卑鄙龌龊之事。

在一次去医院探望杜勒斯的时候，艾森豪威尔难过地对杜勒斯说："要是我当初接受你的辞呈，也许就不会有今天的局面了。"杜勒斯安慰道："您不要太难过，是时候了。我很遗憾，无法履行对您的承诺，但是我必须考虑美国的将来。"在这次谈话中，杜勒斯再次向艾森豪威尔提出辞职，并推荐内赫脱接任国务卿，他认为目前只有内赫脱是最佳人选。此时，杜勒斯的病情进一步恶化，而且身体已极度虚弱，他已经无法再回到工作岗位了。

艾森豪威尔终究无法拗过疾病，他不得不同意杜勒斯辞职，并接受了他的建议。官员们纷纷猜测：杜勒斯的国务卿生涯真的要结束了，总统到底会让谁来接替他呢，会是我吗？在众人的期盼中，谜底揭晓。1959年4月18日，艾森豪威尔下令任命内赫脱接任国务卿。在一次记者招待会上，艾森豪威尔还高度评价了杜勒斯的才干，肯定了他的工作成就。

5月24日，在医院，约翰·福斯特·杜勒斯的心跳停止了。5月27日，悲伤的艾森豪威尔参加了杜勒斯的葬礼。杜勒斯的离去对美国来说，失去了一位优秀的国务卿；对艾森豪威尔而言，失去了一位忠实的不知疲倦工作的伙伴。虽然除了工作以外，杜勒斯和艾森豪威尔并没有太多的交流，但他了解艾森豪威尔，在他眼里，艾森豪威尔是美国最伟大的总统之一。虽然杜勒斯古板、傲慢，还常常与自己意见不一致，但艾森豪威尔非常欣赏他的才干。杜勒斯知识渊博，无论遇到什么问题，艾森豪威尔都会向他咨询。在他那里，艾森豪威尔从来不用担心得不到建议。

69岁的艾森豪威尔体弱多病、精力不济，觉得压力越来越大。他的身体和精神状况令家人非常担心，为了给他更多的关心和照顾，儿媳巴巴拉带着孩子们和他一起生活。虽然不住在白宫，但他们可以经常见面。家庭的支持和儿孙们带来的乐趣，给艾森豪威尔带来了新的力量。艾森豪威尔充满信心，乐观地迎接他第二任总统的最后一年。

4 告别白宫
DWIGHT EISENHOWER

60年代开始以后，美国对共产主义的敌对情绪更加严重，冷战的气氛越来越浓。此时，美国国内的两党都把精力放在了下一届的选举上，在竞选宣传中，他们都高喊：加大力度打击共产主义。政治伙伴忙于总统竞选，没有人理会艾森豪威尔。为了给人们留下美好的印象，这一年艾森豪

DWIGHT EISENHOWER

威尔决定继续进行某种"实际的裁军"。在他的总统任期内，这是最后的主要工作目标。1960年年初，他拟定了禁止核试验条约。

为了削减国防开支，艾森豪威尔在不停地奔波。尽管很多人攻击他忽视国家安全，但他并不在乎，依然为达成实际裁军而努力。他甚至还积极与苏联联系，与他们商讨核裁军的问题。1960年3月，苏联表示愿意停止一部分核试验。得知这一消息，艾森豪威尔既高兴又担忧。因为苏联提出的条件是美国也停止部分核试验，而艾森豪威尔怕苏联人搞鬼。其实，艾森豪威尔的担忧并不是多余的。当艾森豪威尔正忙于筹备裁军问题的多国首脑会议的时候，他钻进了苏联领导人赫鲁晓夫设计的圈套。

5月2日，艾森豪威尔从助手那里得知，美国的V-2侦察机深入苏联境内后下落不明。他的助手说："据估计，飞机很可能是被苏联人击落的，而且飞行员已经死亡。"这事出在多国首脑会议前夕，这对会议是非常不利的。为了大局，艾森豪威尔希望赫鲁晓夫暂时不要声张此事。然而，赫鲁晓夫好像故意要和艾森豪威尔作对。5月5日，赫鲁晓夫发表讲话，他说："在苏联，发现了一架侵犯苏联领空的美国间谍飞机。现在这架飞机已经被苏联打下来了。美国的这种行为是侵略性挑衅，其实美国一直在想办法阻碍、破坏多国首脑会议。"就这样，赫鲁晓夫利用V-2飞机事件让美国扮演了不仁不义的角色。同时，赫鲁晓夫把攻击的矛头指向了美国军方和五角大楼，他这样做正好迎合了美国的民主党人。因为美国面临大选，民主党人正好可以大肆攻击艾森豪威尔，指责他身为总统却不知道政府内发生的事情。

为了自己的名誉，艾森豪威尔完全可以说他不知道这件事情，甚至可以说美国的V-2飞机的活动完全是为了维系美国的安全。艾森豪威尔一心只在多国首脑会议上，所以他什么也没有说。尽管如此，赫鲁晓夫在此问题上还是不停地追击艾森豪威尔。艾森豪威尔被迫做出反应，他指示国家宇航局发表了一个声明：

> 1956年以来，V-2飞机一直在执行美国国家宇航局研究高空气象状况的计划。5月1日，其中的一架飞机下落不明。最后一次和驾驶员联系，是在飞越土耳其上空的时候。那时，驾驶员说氧气不足。据分析，这架飞机很有可能偏离航线，进入了苏联领空。

　　美国国家宇航局发表声明后，赫鲁晓夫并不想就这样轻易放过艾森豪威尔，他公开了一张坠毁飞机的照片。赫鲁晓夫说："这就是美国间谍飞机 V－2 的残骸，而且我们已经抓到了该机的飞行员。"其实，赫鲁晓夫公布的照片根本不是 V－2 飞机，也没有抓到飞行员，这全都是无稽之谈。赫鲁晓夫之所以这样做，是为了给艾森豪威尔和美国政府制造压力。因为一旦艾森豪威尔被卷入间谍活动的话，对他本人和美国都是非常危险的事情。

　　为了保护总统的声誉，焦急的国务卿内赫脱会见了国防部长和其他高级官员。他们一起商议之后，并没有得出切实可行的解决办法。后来，内赫脱在艾森豪威尔的授意下发表了一项声明："在我国总统艾森豪威尔的授意下，我们一直在用正统和非正统的方式了解苏联的军事、工业的发展状况。但关于间谍和飞行侦察的事情，总统先生并不知道。V－2 飞机只是一般性飞行，它是为了保护美国不受突然袭击。"和赫鲁晓夫的进攻相比，艾森豪威尔的反击没有一点儿力度。对此，国内对总统不满的声音越来越多。民主党就更不用说了，他们乘机对艾森豪威尔大加指责。

　　沮丧的艾森豪威尔不得不承认，V－2 飞机事件使他掉进了赫鲁晓夫的陷阱。很快，报纸上就有了大篇幅关于美苏即将开战的报道，这使美国惊慌失措。赫鲁晓夫甚至还放出消息说，苏联正在审讯美国的那名飞行员。艾森豪威尔知道这肯定是无稽之谈，于是他借机说："我根本不知道 V－2 飞行的事。"赫鲁晓夫之所以这样紧追不舍地攻击艾森豪威尔和美国政府，是因为他知道美国绝对不会因此不参加多国首脑会议。

　　1960 年 5 月 14 日，艾森豪威尔前往巴黎参加多国首脑会议。刚抵达巴黎，赫鲁晓夫就向艾森豪威尔发起挑战，他说："因为美国 V－2 飞机侵犯苏联领空，艾森豪威尔必须公开向苏联道歉，并保证今后不再发生类似的事情。否则，苏联将不参加首脑会议。"

　　第二天，艾森豪威尔与英国首相共进早餐，他说："在使用卫星之前，美国空军将不会再误入苏境。"艾森豪威尔与英国首相一致认为，有必要澄清这一点。于是，艾森豪威尔决定在会上先发言，表明美国的态度以及对裁军的立场。然而，戴高乐刚刚宣布开会，赫鲁晓夫就站起来要求发言。他猛烈地抨击艾森豪威尔的战争政策以及美国政府。他说得唾沫横飞，声音也越来越大。戴高乐忍不住对赫鲁晓夫的翻译说："这间房子的音响效果很好了，主席完全没有必要提高嗓门。"听了翻译的话后，赫鲁晓夫狠狠地瞪了戴高乐一眼，压低声音继续发言。这次，他非常激动，他甚至指着头顶叫道："有人从我的头顶飞过了。"当戴高乐打断他，告诉他也有人飞过他的头顶时，赫鲁晓夫说："难道不是您的美国盟友吗？"

戴高乐回答："不是的，是主席您。为了给我们留下深刻印象，您发射了一颗卫星。没有得到我的允许，它就在法国上空飞越了 19 次。它们难道就没有拍摄我们国家的相片吗？您打算如何取信于我？"

赫鲁晓夫说："难道您以为我会做这种事情吗？我可以向上帝起誓，我的这双手是绝对干净的。"

戴高乐为艾森豪威尔解围，令他非常高兴。然而，戴高乐的话却气坏了赫鲁晓夫。

在最后的声明中，赫鲁晓夫说："苏联不再欢迎艾森豪威尔。"

艾森豪威尔说："你完全没有必要走这样的极端。"听了艾森豪威尔的话，赫鲁晓夫拂袖而去，会议就这样不欢而散。

原本艾森豪威尔来巴黎是希望讨论实质性的问题，然而会议却无果而终。多国首脑会议没有解决裁军问题，冷战和军备竞赛依然在继续。

早在 1959 年 9 月 15 日至 28 日，赫鲁晓夫访问美国的时候，他和美国总统艾森豪威尔就裁军、美苏关系等问题进行了一系列的讨论。赫鲁晓夫说："苏美两国领导人能坐在一起会谈，这表明人类历史进入了新时期。"然而短短的几个月之后，赫鲁晓夫的态度就发生了如此大的转变，美苏关系趋于紧张，这令艾森豪威尔非常苦恼。

到 1960 年，美国的核武器库已经膨胀到令人惊骇的程度，库房存有 6 000 多枚各式各样的核弹头。它的存在除了给敌人造成威慑、给世界安定带来威胁外，还给美国自身带来了不安全的隐患。裁军的希望彻底破灭了，艾森豪威尔消沉了许多。

除了裁军问题令艾森豪威尔苦恼外，古巴问题也时时困扰着他。古巴领导人卡斯特罗曾公开抨击美国，没收了美国在古巴的一些财产并大张旗鼓地进行着反美活动。为此，艾森豪威尔头痛不已。

1960 年 7 月 6 日，艾森豪威尔签署了对古巴实行经济制裁的法案。同时，美国还扬言要对古巴采取军事行动。其实，美国所谓的军事行动只是虚张声势罢了。艾森豪威尔不想在南美问题上集中力量，因为即将成为共和党总统候选人的尼克松需要艾森豪威尔的支持。然而美国的行为却激怒了苏联，赫鲁晓夫威胁说："为了使古巴免受军事进攻，我们要使用火箭来保护他们。"为了谴责苏联干涉美洲事务，美国召集美洲国家外交部长开了一次会议，号召所有美洲国家对抗卡斯特罗。然而，赫鲁晓夫并不甘心，他在刚果、古巴等国制造了一系列麻烦。这些事件使美苏关系受到影响，后来双方关系进一步恶化。

这一年，退休也是艾森豪威尔考虑的问题。他打算退休以后，在他的葛底斯堡农场安安静静地写回忆录。为了写作的需要，秘书怀特曼保存的私人信件、电话记录摘要、内阁会议记录等等，将首先送到葛底斯堡去。他的儿子约翰计划辞职担任文件保管员，帮助父亲写回忆录。

当艾森豪威尔把自己的写作计划告诉秘书怀特曼时，怀特曼说："我非常愿意为您服务，只要您愿意让我为您做事情。"艾森豪威尔说："我心甘情愿地为国家牺牲了我的生活，8年来你一直在为我工作。我想我成为平民后，你是不会愿意继续为我工作的。"怀特曼在日记中这样写道："这是总统先生说的最愚蠢的话，我很难过。其实，我对国家的献身，远远比不上我对他的忠诚。"

几乎每一位总统都会关心同一个问题，国家的下一任统治者是谁？艾森豪威尔一直在冷眼旁观，直到总统竞选的最后阶段，他才站出来为共和党候选人尼克松加油。

共和党中有人支持洛克菲勒参加下一届总统竞选，也有人支持尼克松。对于共和党提名洛克菲勒作为候选人，艾森豪威尔是非常反对的。他说："洛克菲勒是个成功的商人，但没有当总统的智慧和品格，他不会是个出色的总统。"艾森豪威尔认为，在国防开支方面，尼克松的立场和肯尼迪是一样的，虽然艾森豪威尔相信他的忠诚，但觉得尼克松不足以胜任总统的职务，因为他还没有得到充分的锻炼。艾森豪威尔常常为此事叹息，觉得自己很失败，竟然没有为共和党培养出成功的总统接班人。但如果必须在洛克菲勒和尼克松之间选择的话，他更愿意选择后者。

竞选运动的高潮，是共和党候选人尼克松与民主党候选人肯尼迪之间的辩论。为了不让肯尼迪获得更高的知名度，艾森豪威尔曾劝说尼克松不要答应辩论。然而尼克松认为，通过辩论可以贬低肯尼迪，更多地展示自己。所以自信的尼克松并没有听取艾森豪威尔的劝告，毅然参加了辩论。

DWIGHT EISENHOWER

结果正如艾森豪威尔所说，辩论没有给尼克松的竞选带来任何帮助，而肯尼迪却在辩论中出尽了风头。

民意测验表明，肯尼迪的支持率明显高于尼克松。这下，艾森豪威尔和尼克松真的着急了，因为此时离大选的日子已经不远。艾森豪威尔决定帮助尼克松。7月26日，在共和党全国代表大会上，艾森豪威尔发表演说，但谈论最多的是自己的作用，这是他8年来的政绩，根本没有谈尼克松担任总统的资格。尼克松气愤地说："选举并不是退回到50年代，而是将来谁会领导美国。"

为了进一步帮助尼克松，艾森豪威尔决定进行更多的竞选活动，扩大自己的演说计划。一直以来，尼克松总是受到艾森豪威尔的冷遇，所以当艾森豪威尔决定帮助他的时候，他非常高兴。但他高兴得太早了，大选前一个星期，玛咪给了他当头一棒。这一天，玛咪给尼克松的妻子帕特·尼克松打电话说："艾克现在的身体状况不好，那么多演讲会令他非常劳累，我担心他会吃不消。如果可能的话，请你转告尼克松，不要让艾克参加那么多竞选活动，或者干脆取消他的演讲计划。"当妻子转达了玛咪的意思后，尼克松别无选择，只有放弃。当艾森豪威尔主动和尼克松商讨未来几天的活动如何安排时，尼克松委婉地拒绝了总统的好意。遭到拒绝，艾森豪威尔的自尊心受到了极大的伤害。就这样，他俩不欢而散，失去了改善关系的最后一次机会。艾森豪威尔一直都不知道，尼克松这样的态度和玛咪有关。

11月8日，竞选结果出来了，尼克松失败了。年仅43岁的民主党候选人肯尼迪当选为美国第35届总统。

艾森豪威尔离任前夕，雪片般的信件向他飞来。纷纷邀请他到俱乐部、慈善机构任职，到大学发表演讲等，而且酬金非常丰厚。艾森豪威尔决定静下心来写回忆录，所以婉言谢绝了来自各地的邀请。很早以前，他就在为写回忆录作准备，大批的文件、信件、电话记录等资料已经运到葛底斯堡。为了给他写回忆录提供帮助，艾森豪威尔在那儿组建了一个工作组。对他来说，卸任后最重要的事情就是写白宫的回忆录。8年来，白宫发生的事情都与他密切相关。白宫充满了种种回忆，有成功的喜悦，有纷争的苦恼，有失意的消沉，同时也有伟大的友谊。

因为艾森豪威尔曾在白宫做了8年的主人，他的盛名、他的《远征欧陆》一书所获得的巨大成功，都令美国的一些出版商们心动，都想出版他的回忆录。缘于和双日出版社社长格·布莱克的情谊，艾森豪威尔最终决定让他来出版自己的回忆录。尽管他们之间没有签订合同，只达成一项非正式的协议，但艾森豪威尔相信布莱克。

1960 年圣诞节后，艾森豪威尔给他的亲朋好友写了一封信，信的内容是相同的。他在信中写道："在我的一生中，直到'二战'结束后，我作为一名'重要人物'归国为止，大家都叫我艾克。从 1961 年 1 月 21 日起，我要求你们一律叫我艾克。"

卸任前夕，有人建议艾森豪威尔发表一篇告别演说，以此对他的工作做个总结，并展望美国的未来。艾森豪威尔欣然同意了这个不错的建议，认真地准备了演说词。1961 年 1 月 17 日晚上 8 点 30 分，70 高龄的艾森豪威尔通过广播、电视向美国人民发表了告别演说：

我目睹了战争的恐怖、连绵不断的哀伤，我知道再爆发战争将会彻底摧毁数千年来人类艰难地建立起来的文明。为了自由、和平，我不得不在此重申裁军问题。目前，以互相信任为基础的裁军仍是件绝对必要的、迫切的事情。对此，我自己也很遗憾，因为在我的任期内，我没有解决好这件事情。

我国国防建设的开支，比所有企业的净收益还多，所以我们必须创立一个规模巨大的、永久性的军事工业。只有这样，才可以保证收支平衡。

为了和平，仅仅依靠大量金钱做基础的军备竞赛是行不通的，因为军备竞赛付出的代价与得到的利益是无法保持平衡的。为了防御外敌入侵，美国进行军备竞赛，建立了一个庞大的军事机构，然而美国自身的安全也受到这个机构的严重威胁。

在美国历史上，巨大的军火工业、庞大的军事机构相结合，这是前所未有的事情。现在各个部门已经被这种军事化渗透了。政府各级决策部门必须严密注意，坚决防止军事工业利益集团掌握不该掌握的东西。一旦权力错位，军事、工业联合体会影响到国家各级决策机构，会造成惨重的损失。这是一种潜在的危险，我们决不能让它危害我们的自由、和平以及民主进程。

DWIGHT EISENHOWER

地球在不断地变小，我们不能让我们的生存空间充满恐惧、仇恨，我们要的是一个互相信任和尊敬、平等的联盟。在这个联盟中，弱者也应得到同样的信任，用我们的道德、经济、军事力量来保护他们。虽然过去多次受挫，但我们不能因此而抛弃它，我们要为和平的生存空间而努力。

为了使民主世世代代延续下去，我们的政府不能为了目前的享受而大肆掠夺明日的宝贵资源。否则，会把我们子孙后代的物质财富抵押出去，同时，我们还会失去包括政治、精神在内的所有遗产。

此外，必须警惕科研人员。因为他们存在潜在的威胁，政府会不自觉地成为这些杰出人才的俘虏。两次世界大战改变了科技工作者、发明家的研究方式，现在他们的研究、实验不再是自己独立完成，而是按照一定的需要联合起来。他们共同开发一项或几项产品，尤其表现在军事、工业联合体上。所以联邦政府在雇佣学者、给他们分配科研项目和经费的时候，必须严肃认真地对待。

我们面临全球范围的、冷酷无情的、手段阴险的、无神论性质的共产主义意识形态，它将带来无穷尽的危险。所以我们必须学会调停，把不同的力量组织在一起。这项伟大的工作靠的不是武力，而是靠我们的聪明才智和世界和平的目的。我不得不承认，我的官员在这个领域的确是令人失望的。这项工作需要机警敏锐、善于言辞的天才，而我的官员没有担负起历史赋予他们的神圣使命。

作为一个公民，为了世界和平，我将永远不会停止努力。我希望，一个持久的和平就在眼前。战争已经避免，这是多么令人高兴的事情啊！为了这个目的，我们要做的事情还很多。

为了全世界的和平，我祈祷所有种族、职业、信仰的人民团结起来一起努力，彻底清除地球上的贫穷、疾病和愚昧无知。所有人都应学会博爱，携手创造一个和平温馨的生存环境。这样，世界各国人民将在相互尊重和友爱的环境中，共享和平生活。

对于肯尼迪个人，艾森豪威尔并不反感。在竞选过程中，他始终很尊敬艾森豪威尔，从来不对艾森豪威尔进行个人攻击，总是很小心、公正地评价他的政绩，这使艾森豪威尔感到一丝欣慰。在继任总统以前，就像当年艾森豪威尔自己去见杜鲁门一样，肯尼迪也到白宫拜见了艾森豪威尔。他们会见的气氛，比当初艾森豪威尔与杜鲁门会面时的气氛融洽多了。

其实，这种会见大多都是因为礼节的需要。艾森豪威尔和肯尼迪的会见非常顺利、愉快，他们就像认识多年的一对老朋友在聊天一样。热情、谦虚，没有表露一丝得意的肯尼迪是独自来白宫的，没有带任何随从。肯尼迪表现得很得体，给艾森豪威尔留下了良好的印象。本来会见是例行公事，艾森豪威尔简单、粗浅地介绍工作就可以了，但他详细地向肯尼迪介绍了白宫的工作、目前政府的状况等等，甚至还向肯尼迪强调了平衡开支的重要性。肯尼迪听得非常认真，他对艾森豪威尔的观点表示赞同。

在这次会见中，艾森豪威尔专门向肯尼迪讲解了"总统的提包"的用处。他说："'总统的提包'是军备竞赛以后，专门为总统制造的一个通讯设备，主要是用来与战略空军司令部、导弹部队这两个行动速度最快的部门联系的。通过这一设备，总统随时随地可以与他们取得联络，并在必要的时候采取最有效的行动。只有在有特殊用途的时候，总统本人才会启动这个提包上面的按钮。平时，这个提包都由专人看管。"

在愉快的会见结束的时候，肯尼迪对艾森豪威尔说："在合适的领域，您是否愿意以合适的方式继续为国家服务？"艾森豪威尔爽快地答应了肯尼迪的请求，他说："当然愿意为国效力，但是这种服务最好不要有过多的旅行。"

新总统就职的日子一天天临近，艾森豪威尔不得不离开白宫。

1月20日，大雪纷飞，新总统的就职典礼就在这样的天气里举行。这天上午，艾森豪威尔的大部分时间都是靠在空空的保险柜上，就这样与怀特曼回忆往事。是分别的时候了，艾森豪威尔和玛咪从人群面前走过，向他们一一道别。许多人眼里都写满了不舍，脸上挂着伤心的泪水。肯尼迪一家在民主党人的陪同下，前来拜会。

中午时分，大法官厄尔·沃伦主持了让位仪式——美国历史上年龄最大的总统，让位给当选的最年轻的新总统。仪式过后，人们的全部注意力都转到了新总统夫妇身上。艾森豪威尔夫妇像所有卸任者一样变得黯淡无光，他们悄悄地退了出来。

DWIGHT EISENHOWER

5 最后的岁月
DWIGHT EISENHOWER

办公室的参谋长、战火中叱咤风云的统帅、满腹经纶的哥伦比亚大学校长、指点江山的总统——艾森豪威尔退休了。尽管他十分想回到农场，过一种悠闲的田园生活，然而一想到离开白宫，他的心中仍然不是滋味。在大选中，共和党候选人尼克松的失败让他觉得共和党被人民抛弃了，他自己被历史抛弃了。尽管如此，他不得不面对现实——他已经真真实实地退出了。

1961 年 1 月，国会通过了一个特别法案。法案规定：艾森豪威尔卸任后，重新获得他在 1952 年辞去的五星上将军衔。作为退休的总统，艾森豪威尔每年有 2.5 万美元退休金和 5 万美元办公费，比他作为五星上将的收入高得多。重获五星上将的军衔，令艾森豪威尔非常高兴。

关于退休后的生活，艾森豪威尔曾有过各种各样的想法，比如在小溪边垂钓、打高尔夫球、玩桥牌、偶尔写些国内问题的文章或在得克萨斯购买一个农场、在威斯康星置一座避暑庄园，在那里与玛咪谈古论今、游山玩水等等。他觉得为国效劳了 50 年，心力交瘁的自己应该好好休息，享点儿清福了。从此，他不再参与国家紧急问题的处理、不再参加会议、不再做演讲报告，就在青山绿水间悠闲地生活，写写自己的回忆录。

1961 年 1 月底，艾森豪威尔一家沿着熟悉的道路，回到了葛底斯堡的农场。走过了这么多风风雨雨，他终于得到了休息的机会，可以和荣辱与共的妻子玛咪在这里安度晚年了。

他们的宅第从外表看，是移民时代的式样，但内部设备却完全是现代化的。室内陈设精美，都是从各国首脑、美国百万富翁们赠给艾森豪威尔的礼物中精心挑选出来的。玻璃走廊宽敞明亮，是阅读和作画的最佳场所。在整个总统任期内，玛咪白天很少见到艾森豪威尔，而在葛底斯堡，他们夫妇经常携手在向阳的走廊里俯视绿油油的田野，一起看电视、作画等。对他们来说，农场的生活远远比白宫的生活更温馨、更有趣。

艾森豪威尔和玛咪都非常喜欢这座农场，这里的气候非常宜人，除了

第十章 告别白宫

冬季稍微冷一些之外，其他季节都令人很舒适。此外，这里的位置也很理想，离华盛顿和纽约都很近，朋友聚会非常方便。当旧友来访时，艾森豪威尔会亲自掌勺做菜，因为玛咪只会做奶油软糖、烤牛肉、焙土豆。玛咪笑着解释说："我年轻的时候，父母从不允许我下厨。除了不会煮饭外，我应该算是个好妻子。"

除了占地 246 英亩的葛底斯堡的农场外，艾森豪威尔还租了 305 英亩的土地。18 世纪的时候，这里是他的祖先们安家落户的地方，所以他很高兴使这里恢复昔日的生机。在这里，艾森豪威尔饲养上百头良种安古斯牛。安古斯牛长大后，大多数都被艾森豪威尔卖给了屠宰场，其中最优良的作为种牛出售。他的每头牛都能在市场上卖个好价钱。艾森豪威尔说："我很怕人家把我的牛当做种牛，万一产下劣种牛崽，被人叫作'艾森豪威尔安古斯'的话，我会受不了的。"

为了使安古斯牛在冬季有草料，艾森豪威尔种植了大量的草料，还种了玉米、大麦、大豆、燕麦和高粱等农作物。为了喂养他的安古斯牛犊，他饲养了 14 头荷尔斯泰因乳牛。此外，艾森豪威尔还养狗给孙儿们逗乐，养马让他们驰骋。此时，艾森豪威尔的儿子约翰、儿媳巴巴拉带着孩子住在农场的一幢独立小房子里，和艾森豪威尔的住处仅隔一英里左右。孝顺的儿子、儿媳和活泼可爱的孙子，给艾森豪威尔夫妇的晚年增添了无穷无尽的乐趣。

艾森豪威尔的农场位于古战场的边缘，经常有众多的旅游者前来凭吊战场。他们都会来观看艾森豪威尔的农场，亲眼看看这位前总统的风采，并与他摄影留念。虽然应付这些游客很累，但是艾森豪威尔依然很高兴，因为这证明人们并没有将他遗忘。偶尔他去城里的时候，总是有人请他签名、给他拍照，想办法使他相信他们投过他的票。尽管艾森豪威尔嘴上常常说："太苦恼了，实在是拿他们没有办法。以后一定要小心，不能让他们认出我。"其实，他的心里还是非常高兴的，因为"诉苦"后不久，他就会说："如果人们不喜欢我，那将是件很糟糕、很失败的事情。玛咪，难道不是吗？"

回归大自然，回到农场生活的艾森豪威尔仍然关心政治，他对共产主义的敌意丝毫没有减轻。有一天，他的老朋友布雷德利来看望他，两人在谈到"共产主义的危害"时，艾森豪威尔说："美国政府应该更猛烈地对他们发起进攻。"

半年以后，在双日出版社高级编辑塞缪尔·S. 沃恩和儿子约翰的帮助下，艾森豪威尔开始撰写《白宫岁月》的回忆录。虽然有人帮助，但是要写一部总统回忆录远远没有《远征欧陆》那么简单。《远征欧陆》的结局是取得了战争胜利，是一个非常完美的故事。而写白宫回忆录，其中涉及的问题很多，而且有些问题根本没有解决，至于以后如何发展是无法预料的。在一定程度上，这些问题都给艾森豪威尔的工作增加了难度。

经过 4 年的努力，《白宫岁月》方才完成。《白宫岁月》一共有两卷，第一卷于 1963 年 11 月 9 日出版，副标题为《授权改革》；第二卷于 1965 年出版，副标题为《开展和平运动》。第一版，双日出版社印了 125 000 册，开始销路很好，但在两个星期后，它的销路就开始下降，因为这时肯尼迪总统遇刺身亡，人们的视线都转移到了这件事情上。《开展和平运动》出版后，销路也不错，但是从未达到《远征欧陆》的销售额。对于《白宫岁月》，人们的评价非常高。在《纽约时报》上，著名政治评论家詹姆士·赖斯顿写了一篇赞扬的评论，他说："在书中，真实地再现了一代总统的风范！"

写完《白宫岁月》后，艾森豪威尔接着撰写了《悠闲的话，对朋友们谈家常》。这是一部自传体小说，发行量很大。《纽约时报》评论说："在《悠闲的话》一书中，我们这个时代里最持久、最受人欢迎的英雄之一，有血有肉、栩栩如生地再现人们面前。"

70 多岁的艾森豪威尔身体状况越来越差，他虚弱的身体很令人担忧。有一天，新任的陆军参谋长威斯特摩兰前来探望。在艾森豪威尔的房间外面，陆军军乐队为他演奏了一首小夜曲，坐在轮椅上的艾森豪威尔被推到窗边看演奏，为了表示感谢，他微笑着挥动手里的一面小五星旗。窗外，乐队在演奏；窗内，极度虚弱的艾森豪威尔吃力地挥动着一面小旗。在场的每个人都热泪盈眶，而艾森豪威尔则非常平静地说着让威斯特摩兰照顾好陆军，祝贺他提升的话语。

一天下午，艾森豪威尔把儿子叫到身边说："一直以来，我最放心不下的人就是你的母亲。现在我总算放心一些了，因为在今年 8 月，议会已经通过了一项法令。法令规定，政府将为前总统遗孀提供终生特工服务。"

预感到艾森豪威尔已经时日不多了。1968 年的感恩节，玛咪安排了和他一起共进火鸡的晚宴。后来，他的儿媳巴巴拉说："那天，父亲的身上盖着陆军军用被子。他死灰般的脸上没有一丝血色，蓝色的眼睛睁得很大，样子非常吓人。"

艾森豪威尔也意识到自己的时日不多了。1969 年 3 月的一天下午，阳光暖暖地照在玻璃上。为了再看一眼自己的农场，为了再和玛咪享受一次煦暖的阳光，艾森豪威尔让玛咪推他出去，他们围着农场走了一圈又一圈。看着在农场周围奔跑的牛群，看着地里绿油油的庄稼，艾森豪威尔满意地笑了。玛咪知道艾森豪威尔大限将至，看着他的笑脸，心里是说不出地痛。是啊，她怎能眼睁睁地看着相伴一生的人就这样离去？忙碌一生的艾克，终于可以闲下来陪她了，可是上帝却下了要召见他的命令。

1969 年 3 月 24 日，艾森豪威尔的心脏病突然发作。他呼吸渐渐困难，医生忙着给他插管输送氧气。3 月 25 日，一直昏睡不醒的艾森豪威尔醒了一会儿。也许就在今夜，他就会和家人告别，所以他决定趁清醒的时候和家人说说话。尽管大家让他好好休息，但他坚持要说。他对儿子说："约翰，你一定要好好照顾你的母亲，不要让她觉得孤单。我对不起她，那些年让她受了很多苦。她曾经是个漂亮的姑娘，什么都不用愁，可是结婚后，她什么都要自己做。你看她的手那么枯瘦，以前可是白白嫩嫩的，还有她的……"听了艾森豪威尔的话，守候在身边的人都伤心不已。大家都劝他休息，可是他坚持要对每个人把话说完。突然，他的声音减弱，他又晕过去了，病情进一步恶化。医生叮嘱说："一定要注意，不要让病人激动。"

3 月 28 日，艾森豪威尔再次醒过来，他带着笑容的脸上有了血色。大家心里都很清楚，这是回光返照。艾森豪威尔注视着玛咪，用尽生命最后的力气，紧紧握着她的手轻轻地说："上帝召我去了，我们要分手了。亲爱的，我会在天堂为你祈福。"说罢，他的手慢慢垂了下去，在玛咪悄悄滑落的泪水中，艾森豪威尔的心脏停止了跳动。就这样，一个传奇的生命静静地结束了。

4 月 2 日，在艾森豪威尔的家乡阿比林举行了他的葬礼。在下葬的时候，宣布了他的遗言："我始终爱我的祖国！我始终爱我的夫人！我始终爱我的儿子！我始终爱我的孙子！"

作为丈夫和父亲，他的亲人永远怀念他。此时，有一个人好像已经被

DWIGHT EISENHOWER

人们遗忘了，她就是凯瑟琳·萨默斯比——将军战时的情人。她并没有忘记艾森豪威尔，她说她将永远怀念艾森豪威尔将军。在凯瑟琳·萨默斯比被诊断得了癌症，只有 6 个月期限的时候，在回忆和将军走过的路时，她在日记中是这样写的：

> 在美国的报刊上，我和艾克将军的事情曾经掀起轩然大波，引来人们的纷纷议论。其实战争结束的时候，我们是考虑过结婚的，而且还做了一些准备。然而，现实是无情的。在艾克凯旋回国后，一切都变了。
>
> 为了事业，艾克牺牲了爱情。我们之间的真挚爱情只在双方心灵深处留下了深刻的痕迹，永远只是一个美好的记忆罢了。一直以来，我都兴趣盎然地生活着。漫漫长夜，追忆往事，和将军在一起的日子一一浮现在眼前，令人难以忘怀。我永远不知道什么时候会有大事发生，即使发生了，我也需要很久才能领悟，我遇到艾克将军就是如此。那时他是少将，他肩上的两颗星并没有给我留下什么印象。
>
> 如今，将军已去，不久我也将随他而去。我写了一本名为《难以忘怀——我和德怀特·艾森豪威尔的恋情》，谨以此书向我所钟爱的人艾克将军真诚地告别。同时，我希望世人通过这本书了解我和艾克将军的爱情真相。

作为军事家，艾森豪威尔尽到了战胜对手的职责；作为政治家，他的名字和冷战政策连在了一起。他的功过是非，美国人民和世界人民心中自有看法。作为第二次世界大战战胜法西斯的英雄，人民始终怀念他。

附录　艾森豪威尔大事年表

1890 年 10 月 14 日，艾森豪威尔出生于美国得克萨斯州的丹尼森。

1891 年冬天，艾森豪威尔随父母迁居堪萨斯州的阿比林。

1911 年 6 月 12 日，艾森豪威尔进入西点军校学习。

1915 年 6 月，艾森豪威尔从西点军校毕业，被授予少尉军衔。9 月，艾森豪威尔被派往休斯敦萨姆堡军营服役。

1916 年，艾森豪威尔被派往陆军第 56 步兵团任军需官，在此结识玛咪，并与她结婚。结婚这一天被授予中尉军衔。

1917 年 4 月 6 日，美国对德宣战，几天后艾森豪威尔被授予上尉军衔。9 月 24 日，艾森豪威尔的长子艾基出生。12 月 1 日，艾森豪威尔被派往莱文沃斯堡，负责训练军官。

1918 年 6 月 17 日，艾森豪威尔被授予少校军衔。10 月 14 日，艾森豪威尔被晋升为坦克军团团长，而且晋升为临时中校，被授予了一枚奖章。

1919 年秋天，艾森豪威尔与巴顿一起筹建步兵坦克学校。

1920 年 7 月 30 日，艾森豪威尔恢复上尉军阶。8 月 2 日，艾森豪威尔晋升为少校。

1921 年 1 月 2 日，艾森豪威尔的长子艾基患猩红热夭折。

1922 年 1 月，艾森豪威尔前往巴拿马美驻军第 20 旅，任康纳将军的参谋。8 月 3 日艾森豪威尔的第二个儿子约翰·艾森豪威尔出生。

1925 年 8 月，艾森豪威尔进入利文沃思堡参谋学院学习。

1926 年 6 月，艾森豪威尔以第一名的成绩从利文沃思堡参谋学院毕业。毕业后，他在作战委员会工作。

1928 年 1 月，艾森豪威尔进入华盛顿陆军大学进修深造。6 月，艾森豪威尔完成了陆军大学的学业。之后，艾森豪威尔重返作战委员会工作。

1929—1933 年，艾森豪威尔任美国陆军部副部长办公室助理。

1933—1935 年，艾森豪威尔担任参谋长麦克阿瑟的办公室助理。

DWIGHT EISENHOWER

1935—1939 年，艾森豪威尔随麦克阿瑟前往菲律宾，任美驻菲律宾军事顾问和麦克阿瑟的助理。

1936 年 7 月 1 日，在艾森豪威尔和玛咪的结婚纪念日上，他得到了中校军衔。

1939 年 9 月 3 日，英法对德宣战，第二次世界大战爆发。

1940 年 2 月，艾森豪威尔被委派到驻加利福尼亚的第 15 步兵团担任副团长，兼任第一营营长，他的工作主要是帮助训练新兵。6 月 22 日，法国向纳粹德国投降。

1941 年 3 月 11 日，艾森豪威尔晋升为上校。9 月，艾森豪威尔晋升为准将。12 月 7 日，日本袭击珍珠港，太平洋战争爆发。第二天，美国对日宣战。

1942 年 3 月 9 日，艾森豪威尔被晋升为少将。3 月 10 日，艾森豪威尔的父亲戴维·艾森豪威尔去世。6 月 11 日，艾森豪威尔被任命为美国驻欧洲战区司令。7 月 7 日，美国政府授予艾森豪威尔中将军衔。8 月，盟军参谋长联席会议任命艾森豪威尔为盟军总司令，负责指挥"火炬"行动。11 月 13 日，艾森豪威尔与达尔朗签署了"达尔朗协议"。

1943 年 1 月 20 日，艾森豪威尔晋升为四星上将。5 月 13 日，盟军彻底控制北非，突尼斯战事结束。12 月 7 日，艾森豪威尔被任命为指挥"霸王"行动的盟军远征军最高统帅。

1944 年 6 月 6 日清晨，盟军开始在法国北部诺曼底登陆。8 月 25 日，盟军解放巴黎，诺曼底战役结束。

1945 年 5 月 8 日，德国无条件投降，欧洲战争从此结束。11 月 20 日，杜鲁门总统接受马歇尔总参谋长的辞呈，任命艾森豪威尔接替其职务。

1948 年 2 月 7 日，艾森豪威尔辞去总参谋长职务，并从军中退役。6 月 7 日，艾森豪威尔出任哥伦比亚大学校长。12 月底，艾森豪威尔的回忆录《远征欧陆》一书出版发行。

1950 年 12 月 16 日，艾森豪威尔辞去哥伦比亚大学校长职务，恢复军职，担任北大西洋公约组织欧洲盟军总司令。

1951 年 1 月 1 日，艾森豪威尔前往巴黎，担任北大西洋公约组织武装部队总司令。

1952 年 5 月 30 日，艾森豪威尔交卸军职，回国竞选总统，在大选中获胜。

1953 年 1 月 20 日，艾森豪威尔就任美国第 34 任总统。

1956 年 2 月 29 日，艾森豪威尔宣布竞选连任总统。11 月 6 日，艾森豪威尔获得连任。

1957 年 3 月 9 日，"艾森豪威尔主义"出台。

1959 年 9 月，赫鲁晓夫访问美国。他和美国总统艾森豪威尔就裁军、美苏关系等问题进行了一系列讨论。

1960 年 5 月 14 日，艾森豪威尔前往巴黎参加多国首脑会议。11 月 8 日，民主党人肯尼迪当选为美国第 35 任总统。

1961 年新总统宣誓就职，艾森豪威尔离开白宫，回到他的葛底斯堡农场安度晚年。

1963 年 11 月 9 日，艾森豪威尔的《白宫岁月》第一卷《授权改革》出版。

1965 年，艾森豪威尔的《白宫岁月》第二卷《开展和平运动》出版。此后，还写了一部自传体小说《悠闲的话》。

1969 年 3 月 28 日，艾森豪威尔因心脏病发作去世，终年 79 岁。